새로운 도서, 다양한 자료 동양북스 홈페이지에서 만나보세요!

www.dongyangbooks.com
m.dongyangbooks.com

홈페이지 도서 자료실에서 학습자료 및 MP3 무료 다운로드

PC

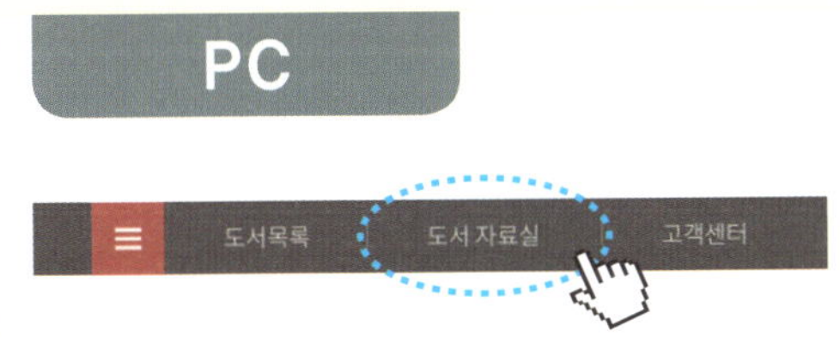

❶ 홈페이지 접속 후 **도서 자료실** 클릭
❷ **하단 검색 창**에 검색어 입력
❸ MP3, 정답과 해설, 부가자료 등 첨부파일 다운로드

* 원하는 자료가 없는 경우 '요청하기' 클릭!

MOBILE

* 반드시 '인터넷, Safari, Chrome' App을 이용하여 홈페이지에 접속해주세요. (네이버, 다음 App 이용 시 첨부파일의 확장자명이 변경되어 저장되는 오류가 발생할 수 있습니다.)

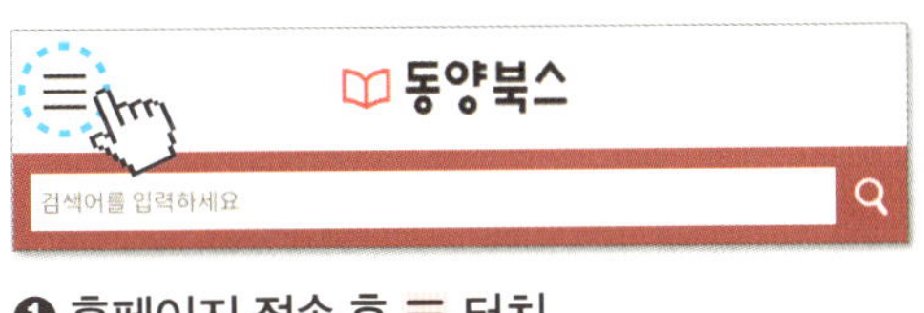

❶ 홈페이지 접속 후 ☰ 터치

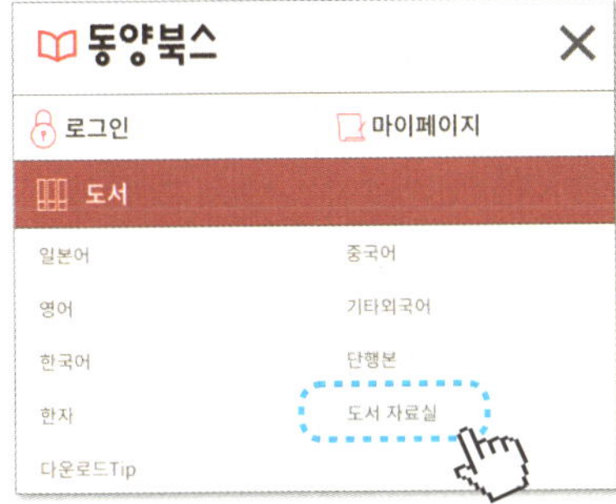

❷ 도서 자료실 터치

❸ **하단 검색창**에 검색어 입력
❹ MP3, 정답과 해설, 부가자료 등 첨부파일 다운로드

* 압축 해제 방법은 '다운로드 Tip' 참고

미래와 통하는 책

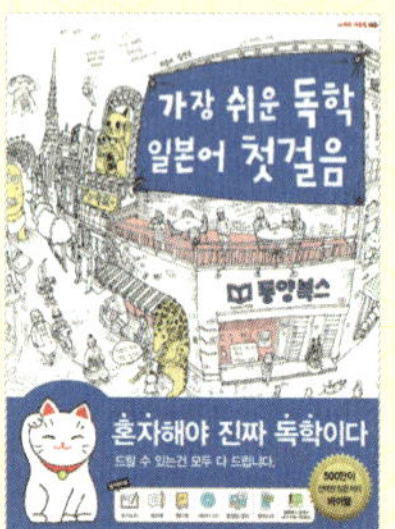
가장 쉬운 독학
일본어 첫걸음
14,000원

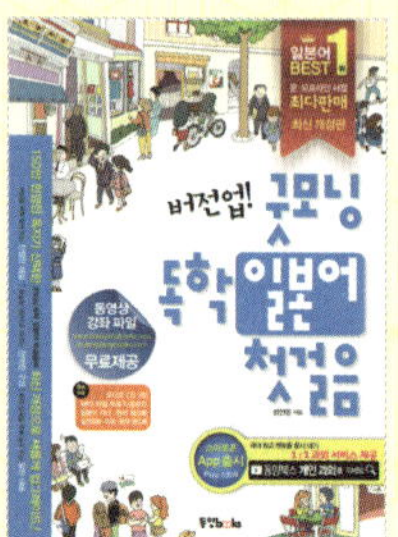
버전업! 굿모닝
독학 일본어 첫걸음
14,500원

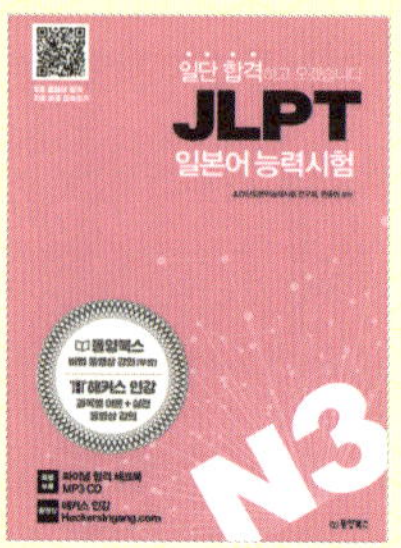
일단 합격하고 오겠습니다
JLPT 일본어능력시험 N3
26,000원

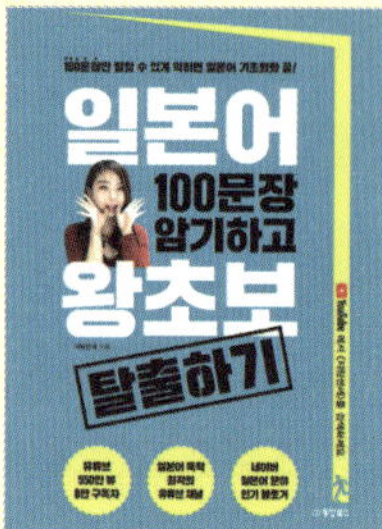
일본어 100문장 암기하고
왕초보 탈출하기
13,500원

가장 쉬운 독학
중국어 첫걸음
14,000원

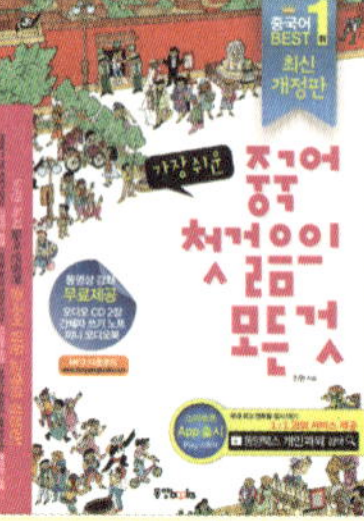
가장 쉬운 중국어
첫걸음의 모든 것
14,500원

일단 합격 新HSK
한 권이면 끝! 4급
24,000원

중국어
지금 시작해
14,500원

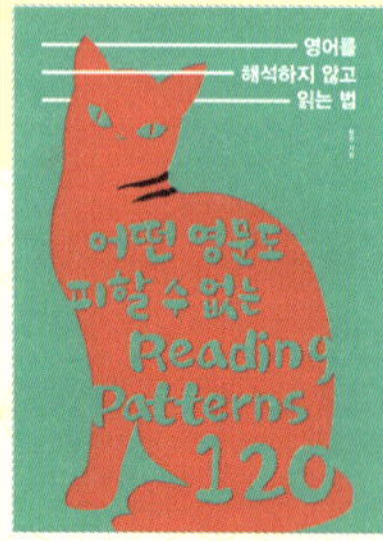
영어를 해석하지 않고
읽는 법
15,500원

미국식
영작문 수업
14,500원

세상에서 제일 쉬운
10문장 영어회화
13,500원

영어회화
순간패턴 200
14,500원

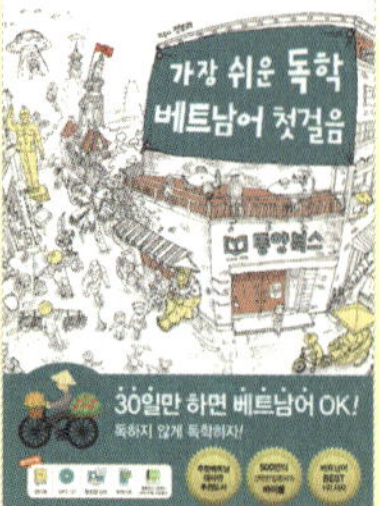
가장 쉬운 독학
베트남어 첫걸음
15,000원

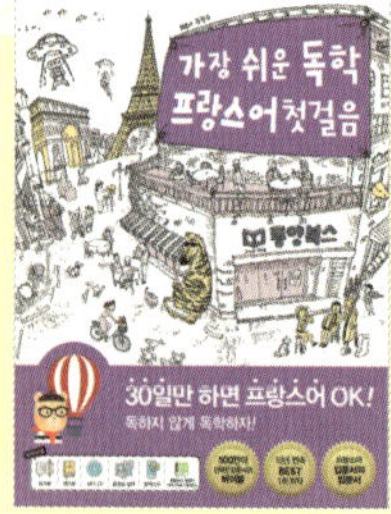
가장 쉬운 독학
프랑스어 첫걸음
16,500원

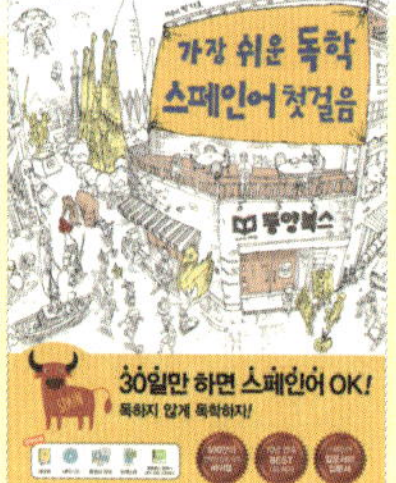
가장 쉬운 독학
스페인어 첫걸음
15,000원

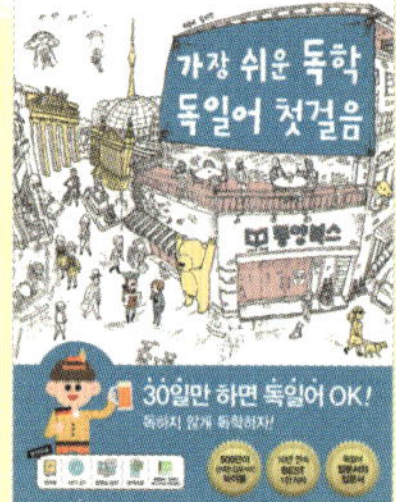
가장 쉬운 독학
독일어 첫걸음
17,000원

프랑스어 중고급의 모든 것

주장수 지음

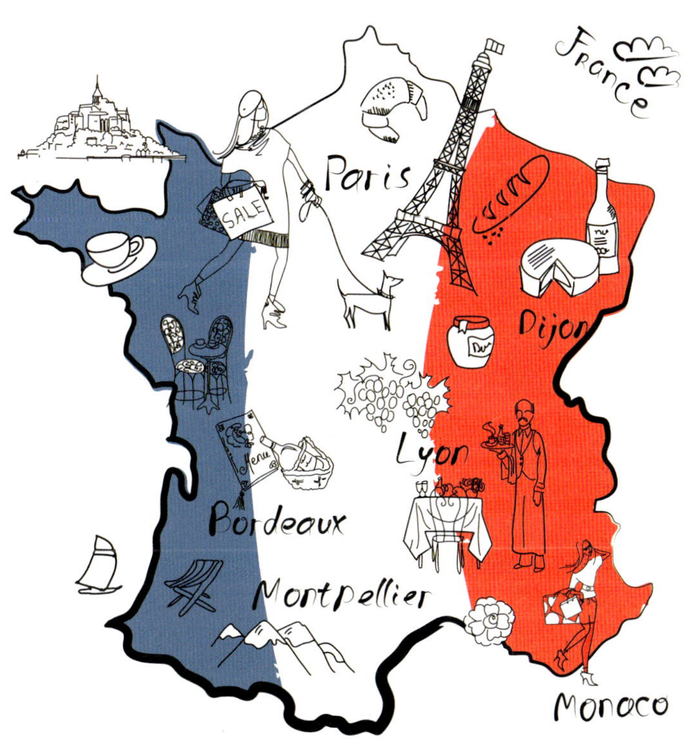

동양북스

첫걸음 끝내고 보는

프랑스어 중고급의 모든 것

1판 6쇄 인쇄 | 2021년 10월 15일
1판 6쇄 발행 | 2021년 10월 25일

지은이 | 주장수
발행인 | 김태웅
마케팅 | 나재승
제 작 | 현대순
기획 편집 | 김현아
디자인 | 남은혜, 신효선

발행처 | 동양북스
등 록 | 제10-806호(1993년 4월 3일)
주 소 | 서울시 마포구 동교로 22길 12 (04030)
구입문의 | 전화 (02)337-1737 팩스   (02)334-6624
내용문의 | 전화 (02)337-1763   dybooks2@gmail.com

ISBN 978-89-98914-02-8 13760

이 도서의 국립중앙도서관 출판예정도서목록(CIP)은 서지정보유통지원시스템 홈페이지(http://seoji.nl.go.kr)와
국가자료공동목록시스템(http://www.nl.go.kr/kolisnet)에서 이용하실 수 있습니다.
(CIP제어번호:CIP2014016504)

머리말

Bonjour à tous !

　2008년에 출간된 『가장 쉬운 프랑스어 첫걸음의 모든 것』으로 많은 분들이 프랑스어 초급 레벨을 완성하는 것을 보고 큰 기쁨을 느꼈습니다. 국내 프랑스어 교재 부문에서 연속 '베스트셀러 1위' 자리를 꾸준히 지키면서 해외에서도 출간되는 큰 성과를 이뤘습니다. 그 성원에 진심으로 감사드립니다. 프랑스어를 더욱 쉽고 효과적으로 가르칠 수 있도록 노력해야겠다는 마음가짐으로 다양한 프랑스어 교육 프로젝트를 준비해 왔습니다. 특히 중급 이상의 레벨에 도전하는 학습자들이 어떻게 하면 프랑스어 회화를 재미있게 배울 수 있을지, 또 어렵기로 소문난 프랑스어 문법을 체계적이고 꼼꼼하게 완성할 수 있을지에 대해 고민했습니다.

　이 책의 〈회화편〉은 프랑스 유학을 준비하는 한 학생의 이야기를 중심으로 구성되어 있습니다. 프랑스 현지인들이 자주 쓰는 살아있는 문장을 만나볼 수 있을 뿐만 아니라 프랑스 유학 준비에 필요한 절차 및 유용한 정보도 얻을 수 있을 것입니다.

　중급 이상 난이도의 프랑스어는 다양한 문법을 완성해야 하기 때문에 〈문법편〉을 비중 있게 다루었습니다. 다양한 예문들을 반복적으로 제시했기 때문에 자연스럽게 문법을 연습하고 습득할 수 있을 것입니다. 〈문법편〉으로 먼저 틀을 다진 후에 〈회화편〉을 공부한다면, 배운 문법 내용을 대화문에 적용할 수 있어 보다 효과적일 것으로 생각합니다.

　끝으로 이 책이 프랑스어를 배우고자 하는 분들이 목표를 달성하는 데 큰 도움이 되었으면 합니다.

Bon courage et à très bientôt !

주장수 저

차례

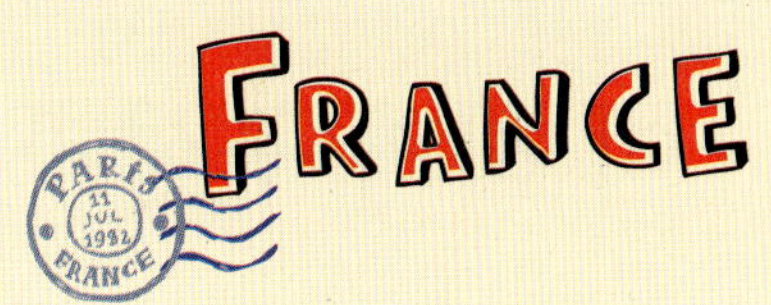
FRANCE
PARIS
11 JUL 1992
FRANCE

이 책의 구성과 특징

과 소개

각 과의 본문에서 배울 핵심 내용들이
소개되어 있습니다.

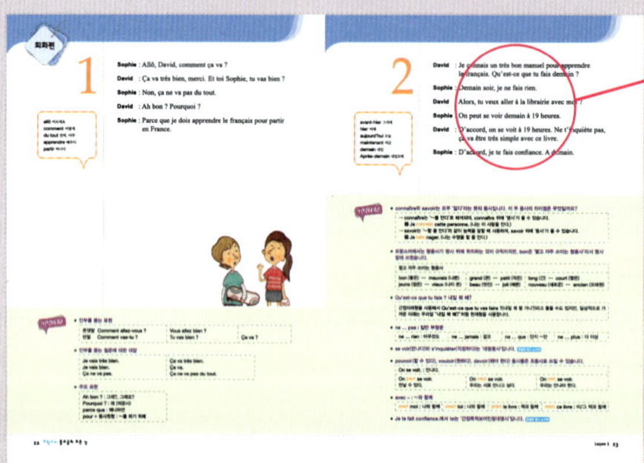

기본 회화

상황별 기본 회화를 익힙니다. 꼭 알아
야 할 구문과 문법 사항이 포함된 부분
을 미리 소개한 것입니다. CD 음원을
활용해 발음과 문장을 꼭 암기하세요.

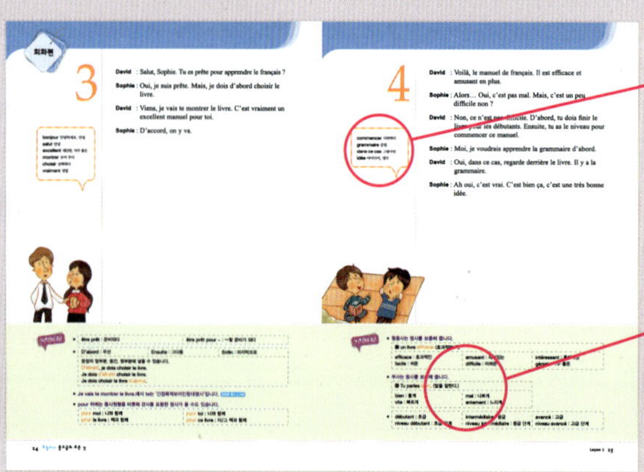

단어

각 페이지마다 새로 나온 단어들을 소
개했습니다. 꾸준하게 외워 보세요. 실
력이 됩니다.

기억해 줘

학습에서 꼭 필요한 문법이나 표현 등
을 쉽게 설명해 놓았습니다. 꼼꼼하게
공부하세요.

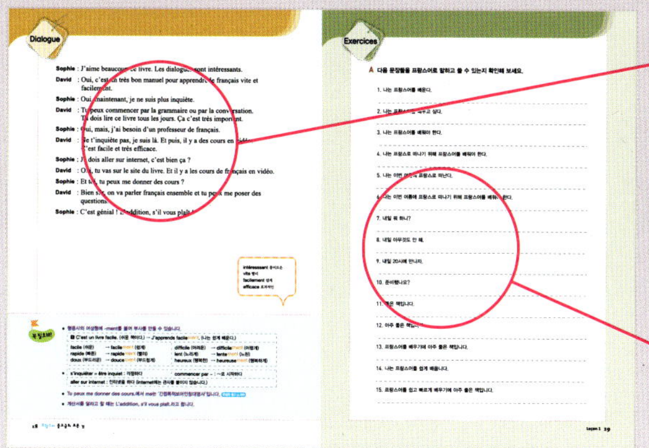

실전 회화

실전에 유용하게 사용되는 회화문으로 반복 학습의 효과를 가질 수 있습니다. 먼저 교재를 보지 않고 CD를 들어본 후 잘 들리지 않는 부분은 교재를 확인하면서 반복 학습하세요.

연습문제

각 과의 이해도를 체크할 수 있도록 꼭 알고 넘어가야 할 문제만을 실었습니다. 틀린 문제는 다시 한 번 꼭 확인해 보세요.

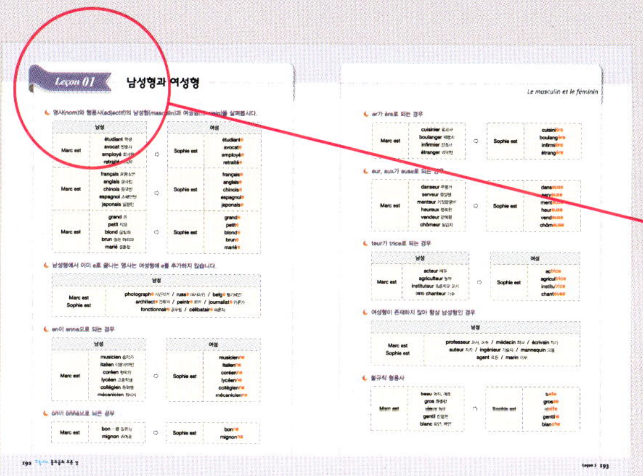

문법편

회화편에서 미처 다루지 못한 부분이나 다루었다 하더라도 설명이 미약했던 부분을 다양한 예문과 함께 소개하고 있습니다. 중급 레벨의 문법을 확실하게 다져 보세요.

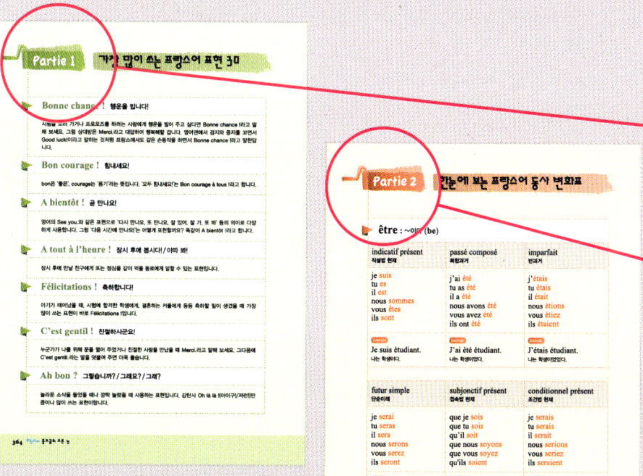

부록

가장 많이 쓰는 프랑스어 표현 30

표현들을 모두 외워 보세요. 실전에서 유용하게 활용할 수 있을 겁니다.

한눈에 보는 프랑스어 동사 변화표

꼭 알아야 할 중요한 동사를 모아 예문과 함께 동사 변화표를 정리했습니다. 복잡한 프랑스어 동사 변화를 한눈에 살펴볼 수 있습니다.

이 책의 활용법

1. 회화편

모두 15가지 주제별 회화 중심으로 구성되어 있으며, 회화문과 함께 단어 정리는 물론 핵심 문법 설명까지 꼼꼼하게 정리하였습니다. 프랑스어 중급 난이도 이상의 실력을 다지는 데 확실한 근거를 제시합니다. 또한 동양북스 홈페이지에서 회화편 강의를 누구나 수강하실 수 있습니다.

2. 문법편

흔히 어학 교재를 고를 때 회화와 문법 교재를 따로 사게 됩니다. 하지만 이 교재는 실용 회화와 문법 모두를 담고 있어 더욱 효율적이고 체계적인 상호 학습이 가능합니다. 중급 레벨 이상의 문법 실력을 쌓음으로써 프랑스어 실력을 향상시킬 수 있습니다.

3. CD

기본 회화, 실전 회화 전편이 수록되어 있습니다. 모든 회화를 원어민의 목소리로 녹음하여 듣고 따라 말하기 학습을 할 수 있습니다.

4. 무료 동영상 강의

인터넷을 이용할 수 있는 곳이라면 언제 어디서나 수강이 가능하도록 무료 동영상 강의를 만들었습니다. 동양 TV 홈페이지(http://www.dongyangtv.com)를 방문하시면 24시간 무료로 수강할 수 있습니다. 또한 스마트폰으로도 강의를 수강할 수 있습니다 (m.dongyangbooks.com). 학원에 갈 시간이 없거나 빠른 시간 내에 프랑스어를 배우고 싶은 분들을 위한 최선의 서비스가 프랑스어 학습의 길잡이가 되어 드립니다.

회화편

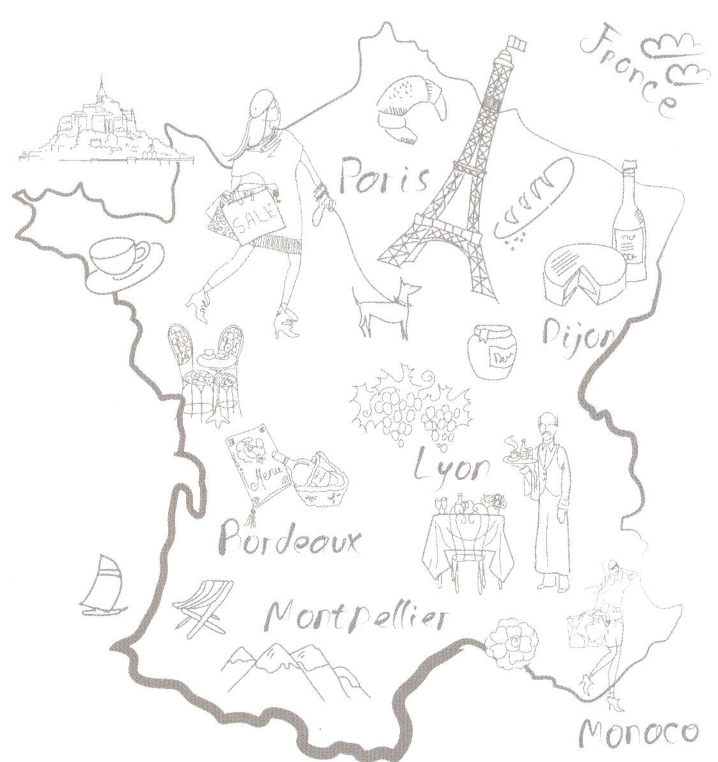

France
Paris
Dijon
Lyon
Bordeaux
Montpellier
Monoco
SALE
Menu

프랑스 사람들의 인사법

프랑스 사람Français을 만나면 어떻게 인사해야 할까요?

처음 만나면 보통 악수를 많이 합니다. 그리고 살짝 볼을 마주치며 반가움을 표시하는 프랑스 특유의 인사법, 바로 비즈Bise를 하기도 합니다. 서로의 볼을 한쪽씩 번갈아 맞대며 '쪽' 소리를 내는 건데요. 아침 인사로 부모님께, 자녀에게, 친구에게 하거나 또는 생일처럼 특별한 날에, 오랜만에 반가운 사람을 만났을 때, 선물을 받았을 때 그리고 처음 만나는 사람과도 반갑게 비즈를 할 수 있습니다. 여러 명을 한자리에서 만나게 되면 그 자리에 있는 모든 사람들에게 돌아가며 비즈를 하기도 하는데요. 여자끼리는 비즈를 많이 하는 편이지만, 남쪽 지역을 제외하고는 남자끼리는 보통 악수를 나눕니다.

재미있는 것은 지역의 풍습에 따라 비즈를 할 때 볼을 마주치는 횟수가 다르다는 건데요. 일반적으로는 두 번이지만 남쪽 지역에서는 세 번, 서쪽 지역에서는 네 번까지 하는 곳도 있습니다. 이렇게 지역마다 비즈를 하는 횟수가 조금씩 달라서 그 횟수를 표시한 지도가 있을 정도랍니다.

프랑스에서 누군가 반가워서 악수나 비즈를 하러 다가온다면 당황하지 말고 Ça va ? 또는 Comment allez-vous ?라고 물으며 악수 또는 비즈를 해 보세요.

Leçon # 01

프랑스어 공부를 위한 책 고르기

학습 포인트

- 친구와 약속 정하기
- 할 것을 제안하기
- 일상적인 대화하기

1

Sophie : Allô, David, comment ça va ?

David : Ça va très bien, merci. Et toi Sophie, tu vas bien ?

Sophie : Non, ça ne va pas du tout.

David : Ah bon ? Pourquoi ?

Sophie : Parce que je dois apprendre le français pour partir en France.

allô 여보세요
comment 어떻게
du tout 전혀, 아주
apprendre 배우다
partir 떠나다

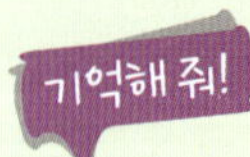

* **안부를 묻는 표현**

존댓말	Comment allez-vous ?	Vous allez bien ?	
반말	Comment vas-tu ?	Tu vas bien ?	Ça va ?

* **안부를 묻는 질문에 대한 대답**

Je vais très bien.	Ça va très bien.
Je vais bien.	Ça va.
Ça ne va pas.	Ça ne va pas du tout.

* **주요 표현**

Ah bon ? : 그래?, 그래요?
Pourquoi ? : 왜 (의문사)
parce que : 왜나하면
pour + 동사원형 : ～를 하기 위해

2

David : Je connais un très bon manuel pour apprendre le français. Qu'est-ce que tu fais demain ?

Sophie : Demain soir, je ne fais rien.

David : Alors, tu veux aller à la librairie avec moi ?

Sophie : On peut se voir demain à 19 heures.

David : D'accord, on se voit à 19 heures. Ne t'inquiète pas, ça va être très simple avec ce livre.

Sophie : D'accord, je te fais confiance. A demain.

avant-hier 그저께
hier 어제
aujourd'hui 오늘
maintenant 지금
demain 내일
après-demain 내일모레

* **connaître와 savoir는 모두 '알다'라는 뜻의 동사입니다. 이 두 동사의 차이점은 무엇일까요?**

> → connaître는 '~를 안다'로 해석되며, connaître 뒤에 '명사'가 올 수 있습니다.
> 📌 Je connais cette personne. (나는 이 사람을 안다.)
> → savoir는 '~할 줄 안다'와 같이 능력을 말할 때 사용하며, savoir 뒤에 '동사'가 올 수 있습니다.
> 📌 Je sais nager. (나는 수영을 할 줄 안다.)

* **프랑스어에서는 형용사가 명사 뒤에 위치하는 것이 규칙이지만, bon은 '짧고 자주 쓰이는 형용사'라서 명사 앞에 쓰였습니다.**

짧고 자주 쓰이는 형용사		
bon (좋은) ↔ mauvais (나쁜)	grand (큰) ↔ petit (작은)	long (긴) ↔ court (짧은)
jeune (젊은) ↔ vieux (나이 든)	beau (멋진) ↔ joli (예쁜)	nouveau (새로운) ↔ ancien (오래된)

* **Qu'est-ce que tu fais ? 내일 뭐 해?**

> 근접미래형을 사용해서 Qu'est-ce que tu vas faire ?(내일 뭐 할 거니?)라고 물을 수도 있지만, 일상적으로 가까운 미래는 우리말 "내일 뭐 해?"처럼 현재형을 사용합니다.

* **ne ... pas : 일반 부정문**

ne ... rien : 아무것도	ne ... jamais : 결코	ne ... que : 단지 ~만	ne ... plus : 더 이상

* **se voir(만나다)와 s'inquiéter(걱정하다)는 '대명동사'입니다.** 문법편 참고 p.208

* **pouvoir(할 수 있다), vouloir(원하다), devoir(해야 한다) 동사들은 조동사로 쓰일 수 있습니다.**

On se voit. : 만나다.		
On peut se voir. 만날 수 있다.	On veut se voir. 우리는 서로 만나고 싶다.	On doit se voir. 우리는 만나야 한다.

* **avec ~ : ~와 함께**

avec moi : 나와 함께	avec toi : 너와 함께	avec le livre : 책과 함께	avec ce livre : 이/그 책과 함께

* **Je te fait confiance.에서 te는 '간접목적보어인칭대명사'입니다.** 문법편 참고 p.308

3

David : Salut, Sophie. Tu es prête pour apprendre le français ?

Sophie : Oui, je suis prête. Mais, je dois d'abord choisir le livre.

David : Viens, je vais te montrer le livre. C'est vraiment un excellent manuel pour toi.

Sophie : D'accord, on y va.

bonjour 안녕하세요, 안녕
salut 안녕
excellent 대단한, 아주 좋은
montrer 보여 주다
choisir 선택하다
vraiment 정말

기억해 줘!

* être prêt : 준비되다	être prêt pour ~ : ~할 준비가 되다

* d'abord : 우선	ensuite : 그다음	enfin : 마지막으로

문장의 앞부분, 중간, 뒷부분에 넣을 수 있습니다.
D'abord, je dois choisir le livre.
Je dois d'abord choisir le livre.
Je dois choisir le livre d'abord.

* **Je vais te montrer le livre.** 에서 te는 '간접목적보어인칭대명사'입니다. 문법편 참고 p.308

* **pour** 뒤에는 동사원형을 비롯해 관사를 포함한 명사가 올 수도 있습니다.

pour moi : 나를 위해	pour toi : 너를 위해
pour le livre : 책을 위해	pour partir : 떠나기 위해

4

David : Voilà, le manuel de français. Il est efficace et amusant en plus.

Sophie : Alors… Oui, c'est pas mal. Mais, c'est un peu difficile non ?

David : Non, ce n'est pas difficile. D'abord, tu dois finir le livre pour les débutants. Ensuite, tu as le niveau pour commencer ce manuel.

Sophie : Moi, je voudrais apprendre la grammaire d'abord.

David : Oui, dans ce cas, regarde derrière le livre. Il y a la grammaire.

Sophie : Ah oui, c'est vrai. C'est bien ça, c'est une très bonne idée.

기억해 줘!

* **형용사는 명사를 보충해 줍니다.**

예 un livre efficace (효과적인 책)

efficace : 효과적인 facile : 쉬운	amusant : 재미있는 difficile : 어려운	intéressant : 흥미로운 génial : 아주 좋은

* **부사는 동사를 보충해 줍니다.**

예 Tu parles bien. (말을 잘한다.)

bien : 좋게 vite : 빠르게	mal : 나쁘게 lentement : 느리게

* débutant : 초급 niveau débutant : 초급 단계	intermédiaire : 중급 niveau intermédiaire : 중급 단계	avancé : 고급 niveau avancé : 고급 단계

5

David : Les dialogues du livre sont faciles et très réalistes.

Sophie : Je vais partir en France cet été. Alors, je dois apprendre vite.

David : Ce livre est parfait pour toi. Je t'offre ce livre. C'est mon cadeau pour ton départ en France.

Sophie : Merci, c'est gentil.

David : Alors, on va prendre un café ?

Sophie : D'accord, on y va.

> dialogue 대화
> réaliste 현실적인
> parfait 완벽한
> cadeau 선물

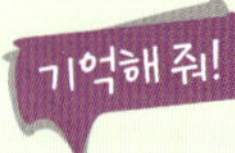

* 계절 la saison

le printemps : 봄	l'été : 여름	l'automne : 가을	l'hiver : 겨울
ce printemps : 이번 봄	cet été : 이번 여름	cet automne : 이번 가을	cet hiver : 이번 겨울

* **Je t'offre ce livre.**에서 te는 '간접목적보어인칭대명사'입니다. 문법편 참고 p.308

* départ : 출발, 출국 ↔ arrivée : 도착, 입국

* **C'est gentil.** 친절하시네요.
  상대방이 친절을 베풀 때 고마운 마음을 나타내기 위해 사용하는 표현입니다.

* on은 il/elle과 같이 3인칭 단수형으로 동사 변화가 되지만, 뜻은 nous와 같이 '우리'라는 뜻입니다.

6

Serveur : Bonjour, qu'est-ce que je vous sers ?

Sophie : Je voudrais un chocolat chaud, s'il vous plaît.

David : Moi, je vais prendre un café au lait.

Sophie : Excusez-moi. Mais, où sont les toilettes, s'il vous plaît ?

Serveur : Juste là, vers l'entrée à votre gauche.

Sophie : Merci.

chocolat 초콜릿
café au lait 카페오레
toilettes 화장실
entrée 입구

* 웨이터가 주문을 받을 때는 Qu'est-ce que je vous sers ? 또는 Vous avez choisi ?라고 묻습니다.

  sers는 servir(서빙하다) 동사이고, choisi는 choisir(선택하다) 동사입니다.

* 음식을 주문할 때는 Je voudrais ~, s'il vous plaît 또는 Je vais prendre ~라고 할 수 있습니다.

* Excusez-moi는 '죄송합니다' 또는 누군가에게 무언가를 물어볼 때는 '실례합니다'의 의미로 쓰일 수 있습니다.

* 화장실의 위치를 물을 때는 Où sont les toilettes ?라는 표현을 사용합니다.

* juste가 형용사로 쓰이면 '올바른, 정의로운, 공정한, 정확한'이란 뜻이 됩니다.

  예 C'est juste. (맞습니다.)
  Il est juste. (그는 공정합니다.)

* juste가 부사로 쓰이면 '정확하게, 바로, 간신히'라는 뜻이 됩니다.

  예 C'est juste là. (바로 여기입니다.)
  Je suis arrivé juste avant vous. (당신 바로 전에 도착했습니다.)

Sophie : J'aime beaucoup ce livre. Les dialogues sont intéressants.

David : Oui, c'est un très bon manuel pour apprendre le français vite et facilement.

Sophie : Oui, maintenant, je ne suis plus inquiète.

David : Tu peux commencer par la grammaire ou par la conversation. Tu dois lire ce livre tous les jours. Ça c'est très important.

Sophie : Oui, mais, j'ai besoin d'un professeur de français.

David : Ne t'inquiète pas, je suis là. Et puis, il y a des cours en vidéo. C'est facile et très efficace.

Sophie : Je dois aller sur internet, c'est bien ça ?

David : Oui, tu vas sur le site du livre. Et il y a les cours de français en vidéo.

Sophie : Et toi, tu peux me donner des cours ?

David : Bien sûr, on va parler français ensemble et tu peux me poser des questions.

Sophie : C'est génial ! L'addition, s'il vous plaît !

intéressant 흥미로운
vite 빨리
facilement 쉽게
efficace 효과적인

꼭 필요해!

* 형용사의 여성형에 -ment를 붙여 부사를 만들 수 있습니다.

> 예 C'est un livre facile. (쉬운 책이다.) → J'apprends facilement. (나는 쉽게 배운다.)

facile (쉬운) → facilement (쉽게)	difficile (어려운) → difficilement (어렵게)
rapide (빠른) → rapidement (빨리)	lent (느리게) → lentement (느린)
doux (부드러운) → doucement (부드럽게)	heureux (행복한) → heureusement (행복하게)

* s'inquiéter = être inquiet : 걱정하다	commencer par ~ : ~로 시작하다
aller sur internet : 인터넷을 하다 (internet에는 관사를 붙이지 않습니다.)	

* **Tu peux me donner des cours.** 에서 **me**는 '간접목적보어인칭대명사'입니다. 문법편 참고 p.308

* 계산서를 달라고 할 때는 **L'addition, s'il vous plaît.** 라고 합니다.

A 다음 문장들을 프랑스어로 말하고 쓸 수 있는지 확인해 보세요.

1. 나는 프랑스어를 배운다.

2. 나는 프랑스어를 배우고 싶다.

3. 나는 프랑스어를 배워야 한다.

4. 나는 프랑스로 떠나기 위해 프랑스어를 배워야 한다.

5. 나는 이번 여름에 프랑스로 떠난다.

6. 나는 이번 여름에 프랑스로 떠나기 위해 프랑스어를 배워야 한다.

7. 내일 뭐 하니?

8. 내일 아무것도 안 해.

9. 내일 20시에 만나자.

10. 준비됐나요?

11. 좋은 책입니다.

12. 아주 좋은 책입니다.

13. 프랑스어를 배우기에 아주 좋은 책입니다.

14. 나는 프랑스어를 쉽게 배웁니다.

15. 프랑스어를 쉽고 빠르게 배우기에 아주 좋은 책입니다.

불어와 영어가 비슷한 이유

영어와 불어는 알파벳alphabet부터 문법grammaire, 어휘vocabulaire까지 흡사한 면이 많습니다. 그래서 영어를 구사하면 불어를 더욱 쉽게 배울 수 있지요. 영어에서도 불어와 비슷하거나 같은 단어가 많은 것은 일단 영어와 프랑스어가 로마의 공용어였던 라틴어의 영향을 받았고, 역사적 변동 안에서 두 언어가 서로 섞이는 과정을 겪었기 때문입니다.

11세기부터 영국의 사교계에서는 불어를 사용했고 지금도 교양과 지성을 나타내는 언어로 인식되어 있습니다. 그 후로도 영국 법정에서 프랑스어를 사용하기도 했으며, 다양한 분야에서 불어에서 유래된 단어들을 많이 받아들이게 되었습니다.

결국, 오늘날 전 세계는 프랑스의 언어가 아닌 영국의 언어가 세계 공통어가 되었지요. 과거 프랑스인들은 모국어에 대한 자부심이 커서 외국인들이 길을 물으면 프랑스 말만 쓴다는 이야기도 있었어요. 하지만 지금은 그렇지 않답니다. 불어를 아끼고 사랑하는 프랑스 사람들의 마음은 여전히 크지만 말입니다.

세계화되어 가는 국제 사회에서 영어뿐만 아니라 다른 외국어를 구사하는 것은 큰 장점입니다. 프랑스어는 외교, 문학, 예술, 건축, 음악, 패션, 과학, 무역, 관광 등의 분야를 목표로 하거나 이 분야에 종사하는 사람들에게 아주 유용한 언어입니다.

Leçon **O2**

일기 쓰기

학습 포인트
- 날짜 쓰기
- 과거시제 사용하기
- 하루 일과 말하기

1

Le dimanche 20 janvier 2013

Aujourd'hui, je suis allée à la librairie avec David.

Il m'a offert le livre de français.

Il est vraiment très gentil.

Nous avons pris un café ensemble.

Ensuite, je suis rentrée chez moi.

J'ai téléphoné à David pour dire merci pour le livre.

J'aime beaucoup ce livre.

Je vais étudier le français tous les jours.

librairie 서점
ensemble 함께
téléphoner 전화하다
étudier 공부하다

기억해 줘!

*** 복합과거 시제** 문법편 참고 p.266

일반적으로 avoir를 조동사로 놓고 뒤에 과거분사를 넣으면 됩니다.	
Je mange. (먹는다.) → J'ai mangé. (먹었다.)	Je parle. (말한다.) → J'ai parlé. (말했다.)

왕래발착이나 장소 이동에 관한 동사는 조동사 avoir 대신 être를 씁니다.	
Je vais. (간다.) → Je suis allé. (갔다.)	Je rentre. (들어간다.) → Je suis rentré. (들어갔다.)

être 동사를 조동사로 써서 복합과거를 만들 때는 과거분사를 주어의 성과 수에 일치시켜야 합니다.	
Elle va. → Elle est allée.	Nous rentrons. → Nous sommes rentrés.

*** Il m'a offert le livre de français.** 에서 me는 '간접목적보어인칭대명사'입니다. 문법편 참고 p.308

offert는 3군 동사 offrir(선물하다)의 과거분사입니다.

*** 과거분사**

pris : 3군 동사 prendre의 과거분사	téléphoné : 1군 동사 téléphoner의 과거분사

*** 근접미래 : aller + 동사원형**

J'étudie. (공부한다.)	→ Je vais étudier. (공부할 것이다.)
Je parle. (말한다.)	→ Je vais parler. (말할 것이다.)
Je mange. (먹는다.)	→ Je vais manger. (먹을 것이다.)
Je vais. (간다.)	→ Je vais aller. (갈 것이다.)

2 Le lundi 21 janvier

Aujourd'hui, je me suis levée à 7 heures.

J'ai pris mon petit-déjeuner et j'ai pris ma douche.

Je suis partie de la maison vers 8 heures et demie.

J'ai pris le métro et je suis arrivée à l'école vers 9 heures 10.

Je suis arrivée en retard.

Demain, je vais arriver en avance.

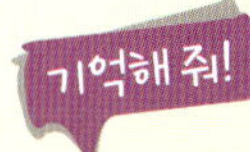

* 대명동사를 복합과거로 만들 때는 avoir 동사 대신 être 동사를 조동사로 사용합니다.

  Je me lève. → Je me suis levé.

* '아침 식사를 하다'와 '샤워를 하다'는 소유형용사를 사용해서 표현할 수도 있습니다.

  Je prends le petit déjeuner. = Je prends mon petit déjeuner.
  Je prends une douche. = Je prends ma douche.

* Je suis partie de la maison ~ 문장에서 partie에 e가 있는 이유는 말하는 사람이 Sophie, 즉 여성이기 때문입니다.

  | Il est parti. → Elle est partie. | David est parti. → Sophie est partie. |

* 시간을 표현하는 방법

Quelle heure est-il ?	A quelle heure prenez-vous le petit-déjeuner ?
몇 시예요?	몇 시에 아침 식사를 하세요?
Il est 9 heures 5.	Je prends le petit-déjeuner à 8 heures.
9시 5분입니다.	8시에 아침 식사를 합니다.
Il est environ 10 heures.	Je prends le petit-déjeuner vers 8 heures.
대략 10시입니다.	8시경에 아침 식사를 합니다.

* 교통수단

  | Je prends la voiture. 차를 탄다. | Je prends le métro. 지하철을 탄다. | Je prends le bus. 버스를 탄다. |
  | Je vais en voiture. 자동차로 간다. | Je vais en métro. 지하철로 간다. | Je vais en bus. 버스로 간다. |

3

Le 22 janvier

Aujourd'hui, je suis arrivée en cours à 9 heures moins dix.

Je suis arrivée en avance.

J'aime beaucoup les professeurs de l'école.

Les cours sont intéressants.

J'apprends beaucoup de choses avec eux.

A midi, j'ai déjeuné au restaurant universitaire avec des amis.

Je suis partie de l'école vers 5 heures et je suis allée au café avec les amis.

professeur 선생님
restaurant 식당
restaurant universitaire
　학교 식당
midi 정오
minuit 자정
discuter 이야기를 나누다
longtemps 오랜 시간 (부사)

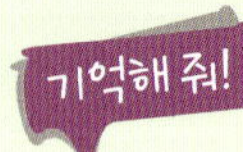
기억해 줘!

* '〜시 〜분 전' 표현

| 8시 55분 → 9 heures moins 5. (9시 5분 전) | 19시 50분 → 20 heures moins 10. (저녁 8시 10분 전) |

*

| arriver en cours : 수업에 도착하다
les cours de français : 프랑스어 수업 | être en cours : 수업 중이다
Je suis en cours de français. : 프랑스어 수업 중이다. |

*

| J'aime beaucoup. : 마음에 든다. | J'aime beaucoup ~ : ~가 참 마음에 든다 |

*

| beaucoup : 많이 | beaucoup de ~ : 많은 ~ | beaucoup de choses : 많은 것 |

* 강세형 인칭대명사

moi 나	toi 너	lui 그	elle 그녀
nous 우리	vous 당신	eux 그들	elles 그녀들
avec moi : 나와 함께	avec toi : 너와 함께	avec lui : 그와 함께	avec elle : 그녀와 함께
avec nous : 우리와 함께	avec vous : 당신과 함께	avec eux : 그들과 함께	avec elles : 그녀들과 함께

4

Le mercredi 23 janvier 2013

Je discutais avec des amis, et tout à coup, j'ai entendu la voix de David.

David est arrivé avec ses amis.

Alors, nous avons pris le café ensemble.

Les amis de David étaient sympas.

Ils étaient drôles et ils nous ont offert le café.

Je suis rentrée chez moi vers 20 heures.

Mon chien dormait sur le canapé.

J'ai préparé le dîner pour moi et pour mon petit chien.

chez moi 나의 집
chez toi 너의 집
chez lui 그의 집
chez elle 그녀의 집
chez nous 우리 집
chez vous 당신의 집
chez eux 그들의 집
chez elles 그녀들의 집
drôle 웃기는
amusant 재미있는

* **반과거 : 프랑스어의 과거 표현에는 '복합과거'와 '반과거'가 있습니다.**

  → 복합과거는 완료된 행위, 정확한 시간에 일어난 사건, 순간에 일어난 행동을 말할 때 사용합니다.
  위 대화문에서 J'ai entendu la voix de David.(다비드의 목소리가 들렸다.)'는 정확한 시간에 일어난 사건이기 때문에 복합과거가 쓰였습니다.
  → 반과거는 진행 중인 행위, 배경이나 상태를 묘사, 반복적인 과거를 묘사할 때 사용합니다.
  Je discutais avec des amis.(친구들과 이야기하고 있었다.)는 진행 중인 행위이기 때문에 반과거가 쓰였습니다.

* **entendre와 écouter는 모두 '듣다'라는 뜻의 동사입니다. 이 두 동사의 차이점은 무엇일까요?**

  → entendre는 '들리다'로 해석되며, 내 의사와 상관없이 들리는 것을 뜻합니다.
  📌 Je ne vous entends pas très bien. (잘 안 들립니다.)
  → écouter는 '듣다'와 같이 의식적으로 귀 기울여 듣는 것을 의미합니다.
  📌 J'écoute la radio. (라디오를 듣는다.)

* **sympa는 '좋은'이란 뜻의 형용사로, sympathique의 줄임말입니다.**

  여성형에 e가 추가되지 않고 복수에도 s가 추가되지 않지만, 복수형일 때는 일반적으로 s를 넣어서 씁니다.

* **Ils nous ont offert le café.에서 nous는 '간접목적보어인칭대명사'입니다.** 문법편 참고 p.308

* **mon chien의 mon은 '소유형용사'입니다.** 문법편 참고 p.220

* **Mon chien dormait ~ 문장에서 '강아지가 잠자고 있었다'는 진행 중인 행위이기 때문에 반과거가 쓰였습니다.**

  J'ai préparé le dîner.에서는 '저녁 식사를 준비했다' 즉, 정확한 시간에 한 행동이기 때문에 복합과거가 쓰였습니다. '저녁 식사를 준비하고 있었다'라는 문장이었다면 반과거를 써야 하는 상황이 됩니다.

5

Le jeudi 24 janvier

Aujourd'hui, j'ai passé une bonne journée.

J'ai eu une bonne note à l'examen du DELF.

J'étais très contente.

J'ai fait beaucoup d'efforts pour cet examen.

Je suis prête pour partir en France.

Je dois m'inscrire à l'université en France et faire la demande de visa.

Demain, je vais préparer le dossier pour l'inscription à l'université.

Je partirai en France.

Je réaliserai mon rêve.

s'inscrire 등록하다, 가입하다
demande 요청, 신청, 요구
dossier 서류
avoir une bonne note
 좋은 점수를 받다
eu 동사 avoir의 과거분사
été 동사 être의 과거분사
fait 동사 faire의 과거분사
faire des efforts 노력하다
faire beaucoup
d'efforts 많은 노력을 하다

기억해 줘!

* passer는 '보내다, 지나가다, 패스하다, 합격하다' 등 다양한 뜻을 가진 동사입니다.

Passez une bonne journée.	좋은 하루 보내세요.
Je suis passé devant la poste.	우체국 앞을 지나갔습니다.
Passe-moi le ballon.	나에게 공을 패스해 줘.
J'ai passé l'examen.	시험에 합격했다.

* Demain, je vais préparer ~는 가까운 미래이기 때문에 '근접미래' 시제가 쓰였습니다.

가까운 미래를 나타낼 때는 '근접미래'를 쓸 수 있습니다.
Je partirai en France.는 보다 먼 미래이기 때문에 '단순미래' 시제가 쓰였습니다.

* Je partirai(떠날 것이다)와 Je réaliserai(이룰 것이다)는 '단순미래' 시제입니다. 문법편 참고 p.282

일반적으로 동사원형에 다음의 어미를 붙이면 됩니다.
-ai   -as   -a   -ons   -ez   -ont

Je partirai.	나는 떠날 것이다.	Tu partiras.	너는 떠날 것이다.
Il/Elle partira.	그는/그녀는 떠날 것이다.	Nous partirons.	우리는 떠날 것이다.
Vous partirez.	당신은 떠날 것이다.	Ils/Elles partiront.	그들은/그녀들은 떠날 것이다.

6

Vendredi

Demain, c'est déjà le week-end.

Le temps passe vite.

Hier, mes amis m'ont donné un cadeau.

Ils m'ont offert un livre sur le bonheur.

Ce livre est excellent, mais je préfère les romans.

Demain, j'irai au cinéma avec David.

Nous parlerons français.

Je lui poserai des questions sur la grammaire française.

déjà 벌써, 이미
C'est le week-end.
  주말이다.
C'est déjà le week-end.
  벌써 주말이다.
J'ai vu ce film.
  이 영화를 봤다.
J'ai déjà vu ce film.
  이미 이 영화를 봤다.
donner un cadeau =
  offrir un cadeau
  선물을 주다
un livre sur ~에 관한 책
un livre sur la psychologie
  심리학에 관한 책
poser 놓다, 제시하다
poser des question
  질문하다(질문을 던지다)

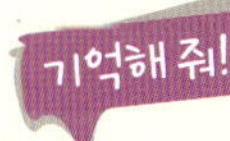

* 단순미래를 만들 때 3군 동사의 경우, 어간이 불규칙적일 수도 있기 때문에 하나씩 외워야 합니다.
문법편 참고 p.282

aller → ir	J'irai : 나는 갈 것이다	venir → viendr	Je viendrai : 나는 올 것이다
être → ser	Je serai : 나는 ~일 것이다	avoir → aur	J'aurai : 나는 ~를 가질 것이다
vouloir → voudr	Je voudrai : 나는 원할 것이다	faire → fer	Je ferai : 나는 할 것이다
devoir → devr	Je devrai : 나는 해야 할 것이다	savoir → saur	Je saurai : 나는 알 것이다
partir → partir	Je partirai : 나는 떠날 것이다	pouvoir → pourr	Je pourrai : 나는 할 수 있을 것이다
prendre → prendr	Je prendrai : 나는 ~를 잡을 것이다		

* 현재, 복합과거, 반과거, 단순미래

Nous parlons français.	우리는 프랑스 말을 합니다.
Nous avons parlé français.	우리는 프랑스 말을 했습니다.
Nous parlions français.	우리는 프랑스 말을 하고 있었습니다.
Nous parlerons français.	우리는 프랑스 말을 할 것입니다.

Je vais au cinéma avec David.	다비드와 영화관에 갑니다.
Je suis allé au cinéma avec David.	다비드와 영화관에 갔습니다.
J'allais au cinéma avec David.	다비드와 영화관에 가고 있었습니다.
J'irai au cinéma avec David.	다비드와 영화관에 갈 것입니다.

David : Salut Sophie, ça va ? Excuse-moi, je suis en retard. Tu as attendu longtemps ?

Sophie : Non, je suis arrivée il y a 10 minutes. J'écrivais mon journal intime.

David : C'est une bonne méthode pour progresser en français.

Sophie : Oui, mais, je fais encore beaucoup de fautes de français.

David : Ce n'est pas grave. Tu es encore débutante. Tu vas progresser. Tu vas voir.

Sophie : Bon, on va acheter les tickets de cinéma ?

David : J'ai déja réservé sur internet. La séance est à 17 heures et quart.

Sophie : On est en avance. Qu'est-ce qu'on fait ?

David : On peut aller se promener dans le parc.

Sophie : Je n'aime pas marcher. Mais, je préfère aller regarder les magasins. Il y a des magasins sympas ici.

> Excuse-moi. 미안해.
> Excusez-moi. 미안합니다.
> méthode 방법, 방식
> attendu 동사 attendre (기다리다)의 과거분사
> progresser 늘다
> faute 틀림, 실수
> acheter 사다, 구입하다
> réserver 예약하다

꼭 필요해!

* il y a + 시간 : ~ 전에

il y a 10 minutes : 10분 전에	il y a une heure : 1시간 전에	il y a a trois jours : 3일 전에

dans + 시간 : ~ 후에

dans 10 minutes : 10분 후에	dans une heure : 1시간 후에	dans trois jours : 3일 후에

* '나는 ~를 쓰고 있었다'이기 때문에 **J'écrivais** ~와 같이 반과거가 쓰였습니다.

> '나는 ~를 썼다'였다면 **J'ai écrit** ~와 같이 복합과거가 쓰였을 것입니다.

* '~시 반' 표현은 **et demie**를 사용합니다.

> La séance est à 17 heures et demie. 상영 시간은 17시 반이다.

> '~시 15분' 표현은 et quart를 사용합니다. → J'ai rendez-vous à 17 heures et quart.
> 17시 15분에 약속이 있다.
> '~시 15분 전' 표현은 moins le quart를 사용합니다. → Il est 8 heures moins le quart. 8시 15분 전이다.

> 참고로, moins le quart의 le는 거의 발음하지 않습니다.

* on은 '우리'라는 뜻이지만, 동사 변화는 **il/elle**과 같이 변화합니다.
일상적인 대화에서 프랑스 사람들은 **nous**보다 on을 자주 씁니다.

> On est en avance. = Nous sommes en avance. 우리는 일찍 왔다.
> Qu'est-ce qu'on fait ? = Qu'est-ce que nous faisons ? 우리 뭐 할까?
> On peut aller se promener dans le parc. = Nous pouvons aller nous promener dans le parc.
> 공원에 산책하러 갈 수 있겠다.

A 다음 문장들을 프랑스어로 말하고 쓸 수 있는지 확인해 보세요.

1. 나는 아침 식사를 한다.

2. 나는 아침 식사를 했다.

3. 나는 일찍 도착한다.

4. 나는 일찍 도착했다.

5. 다비드는 도착했다.

6. 다비드는 그의 친구들과 도착했다.

7. 서류를 준비한다.

8. 내일 서류를 준비할 것이다.

9. 내일 학교 등록을 위한 서류를 준비할 것이다.

10. 프랑스 문법에 대한 질문을 할 것이다.

11. 2013년 10월 20일 일요일

12. 1983월 4월 1일 (참고: 1일은 un 대신 premier를 씁니다.)

13. 나 늦었지. 오래 기다렸어?

14. 일기를 쓰고 있었어.

15. 우리 뭐 할까?

프랑스어에서 유래된 외래어

장르 genre	살롱 salon	콩트 conte	레스토랑 restaurant
아방가르드 avant-garde	부띠크 boutique	바캉스 vacances	카페오레 café au lait
르네상스 renaissance	파라솔 parasol	데뷔 début	셰프 chef
마담 madame	망토 manteau	앙코르 encore	카페 café
피앙세 fiancé, fiancée	카바레 cabaret	디스코텍 discothèque	뷔페 buffet
노엘 Noël	부케 bouquet	발레 ballet	그라탱 gratin
엘리트 élite	마사지 massage	콩쿠르 concours	크레이프 crêpe
크레용 crayon	비데 bidet	에티켓 étiquette	파르페 parfait
크로키 croquis	샹들리에 chandelier	아틀리에 atelier	피망 piment
데생 dessin	코르셋 corset	쿠데타 coup d'Etat	빵 pain
팔레트 palette	란제리 lingerie	부르주아 bourgeois	바통 bâton
그랑프리 grand prix	루주 rouge	마로니에 marronier	엘레강스 élégance
앙상블 ensemble	무스 mousse	뉘앙스 nuance	아듀 adieu

프랑스어를 이용한 국내 브랜드나 상품 이름도 많이 찾아볼 수 있습니다.

라네즈 La Neige : 눈	라끄베르 Lac Vert : 초록색 호수
뚜레쥬르 Tous Les Jours : 매일	레종 Raison : 이유
쿠크다스 Couque D'Asse : 벨기에 아스 지방의 쿠키	몽쉘통통 Mon Cher Tonton : 나의 소중한 삼촌
앙팡 Enfant : 어린이	쁘렝땅 Printemps : 봄
쁘띠첼 Petit Gel: 작은 젤	에꼴 Ecole : 학교
모나미 Mon Ami : 나의 친구	메종 리브르 Maison libre : 자유로운 집
에뛰드 Etude : 연구	마몽드 Mamonde : 나의 세상(Mon monde)
파리크라상 Croissant : 초승달, 크루아상(빵)	상떼빌 Santevil : 건강 도시

Leçon **03**

프랑스 학교에 등록하기

학습 포인트
- 학교에 전화하기
- 지원서 작성하기
- 편지 쓰기

1

Secrétaire : Secrétariat de l'Université de Bordeaux, bonjour.

Sophie : Bonjour, je vous appelle pour l'inscription. Je vous appelle de la Corée du Sud. Je suis une étudiante coréenne. Est-ce qu'il est possible de m'inscrire depuis la Corée du Sud ?

Secrétaire : Oui, c'est possible. Vous devez aller sur le site internet de l'université et télécharger le dossier d'inscription. Vous le remplissez et vous nous envoyez le dossier avec les pièces à fournir.

Sophie : Quelles sont les pièces à fournir ?

Secrétaire : Vous devez nous envoyez votre lettre de motivation, un CV et des photocopies de vos diplômes. Vous verrez dans le dossier la liste des pièces à fournir.

Sophie : D'accord, merci beaucoup.

Secrétaire : Je vous en prie. Bonne journée.

Sophie : Bonne journée, merci.

secrétariat 비서실
 (학교 등록을 위한 사무실)
secrétaire 비서실 또는
 학교 사무실의 담당자
inscription 등록
s'inscrire 등록하다
aller sur le site internet
 사이트를 방문하다
télécharger 다운로드하다
dossier 서류
dossier d'inscription
 등록 서류
remplir 채우다, 작성하다
envoyer 보내다
fournir 제출하다, 공급하다
pièces à fournir
 제출할 증명서

기억해 줘!

* lettre : 편지
CV = curriculum vitae : 이력서
diplôme : 학위, 증서

lettre de motivation : 자기소개서
photocopie : 복사, 복사본
liste : 리스트

* 주요 표현

Je vous appelle pour ~ : ~를 위해 연락드립니다	Je vous appelle de ~ : ~에서 연락드립니다
Je vous appelle. : 나는 당신을 부릅니다(전화합니다).	Je m'appelle ~ : 나는 나를 ~라고 부릅니다(이름)

Est-il possible de ~ ? / Est-ce possible de ~ ? : ~하는 것이 가능한가요?
Il est possible de ~ / C'est possible de ~ : ~하는 것이 가능합니다

C'est possible ? 가능한가요?	C'est possible. 가능합니다.

2

Demande de candidature

Civilité	: Mme. □ Mlle. ■ M. □
Nom de Famille	: Lee
Prénom	: Sophie
Date de naissance	: Le 14 / 07 / 1983 (Jour / Mois / Année)
Nationalité	: Sud-coréenne
Adresse	: 122-1309 Hyundai APT, Sarang-dong, Gangnam-gu
Ville	: Séoul
Code postal	: 135-100
Pays	: Corée du Sud
Téléphone	: 82-10-3333-4444
E-mail	: sophie@monemail.com
Profession	: Etudiante
Etudes	: Economie
Numéro de candidature	: 200024535
Numéro d'étudiant	: 259907
Date de la demande	: 31/08/2014

demande 요청
candidature 입후보
nationalité 국적
profession 직업
etudes 전공, 학위
numéro 번호
date 날짜

3

Pièces à fournir :

Ne joignez à ce dossier que des photocopies.

Vous présenterez les originaux si vous recevez un avis favorable.

— Lettre de motivation

— Curriculum vitae

— Photocopie du relevé des notes du baccalauréat

— Photocopie des diplômes obtenus et relevés de notes

— Une enveloppe timbrée à 2,56 euros, format 260x330, libellée à vos noms et adresse

— Une enveloppe timbrée à 1,86 euros, format 260x330, libellée à vos noms et adresse

— 3 enveloppes autocollantes libellées à vos noms et adresses et affranchies au tarif en vigueur

Pièce 서류 (증명서)
dossier 관계 서류
fournir 제출하다
joindre 첨부하다
présenter 소개하다,
  제시하다
original 원본
recevoir 받다
avis 통지
favorable 긍정적인, 합격된

기억해 줘!

joindre : 첨부하다	joindre à ~ : ~에 첨부하다	ne ... que : ~만

* 명령문이 부정문일 때는 ne가 문장 맨 앞에 오게 됩니다.

Partez. → Ne partez pas.	Appelez. → N'appelez pas.	Joignez. → Ne joignez pas.

présenter : 소개하다, 제시하다 si ~ : ~ 한다면 avis : 의견, 통지	original : 본래의, 원본 recevoir : 받다 ↔ envoyer : 보내다 favorable : 호의로운, 긍정적인 ↔ défavorable : 반대하는

* relevé des notes = relevé de notes : 성적표

4 Lettre de motivation

Cher Monsieur le Directeur,

Je m'appelle Sophie Lee et je vis actuellement à Séoul, en Corée du Sud.

J'ai suivi toute ma scolarité en Corée du Sud : l'école primaire et le collège à Busan, et le lycée à Séoul. Après mon baccalauréat, je suis entrée à l'université de Gang-Nam et j'ai étudié les sciences économiques.

Lorsque j'étais en troisième année, je suis allée en France pour étudier à l'Université de Bordeaux pendant deux mois grâce à un programme d'échange. J'ai énormément apprécié mon séjour et j'ai décidé de retourner dans cette ville afin de retrouver cette université si chaleureuse et mes nouveaux amis.

énormément =
  beaucoup 매우, 무척
apprécier = aimer
  평가하다, 즐기다
séjour 체류, 여행
carte de séjour 체류증
retourner = revenir
  돌아가다
afin de = pour ~를 위해
chaleureux 따뜻한, 열렬한
décider 결정하다

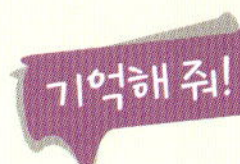

* 편지의 서두에는 Cher / Chère / Chers / Chères를 넣습니다.

Cher monsieur / Chère madame / Chers messieurs / Cher David / Chère Sophie

* directeur : 교장, 원장, 부장, 소장 | suivre : 뒤따라가다, 수강하다(학교를 다니다)

scolarité : 재학, 취학 기간	école : 학교	école primaire / primaire : 초등학교
collège : 중학교	lycée : 고등학교	baccalauréat : 대학 입학 자격시험
université : 대학교	économie : 경제	sciences économiques : 경제학
science : 학문, 과학		

première année : 1학년	deuxième année : 2학년	troisième année : 3학년
quatrième année : 4학년	licence : 학사, 자격증, 허가	master : 석사
doctorat : 박사		programme d'échange : 교환 프로그램

pendant ~ : ~ 동안	depuis ~ : ~부터
pendant 2 mois : 2개월 동안	depuis 2 mois : 2개월 전부터

5

Je suis revenue en Corée et j'ai étudié la langue française. Maintenant, je pratique couramment le français et j'ai réussi le DELF B2.

Je souhaite poursuivre mes études en master dans votre université car c'est le meilleur moyen de réaliser mon objectif, qui est de travailler dans le domaine d'économie internationale.

Je vous remercie de bien vouloir prendre en considération ma demande d'inscription à l'Université de Bordeaux.

Je vous prie d'agréer, monsieur le directeur, l'expression de mes sentiments distingués

Sophie Lee

revenir 돌아오다
le français = la langue française 프랑스어
maintenant 이제, 지금
pratiquer 구사하다
couramment 유창하게
réussir 성공하다
souhaiter = vouloir 원하다, 소망하다
poursuivre 뒤쫓다, 계속하다
les études 학업, 공부
meilleur 최고의
moyen = manière 방법
réaliser 현실화하다
objectif = but 목표

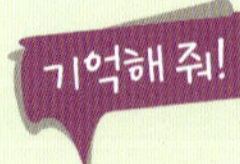

* qui est de travailler에서 qui는 '관계대명사'입니다. 문법편 참고 p.318

travailler : 일하다, 공부하다	domaine : 분야
Je vous remercie. = Merci. : 감사합니다.	Je vous remercie de ~ : ~하는 것에 대해 감사하다
prendre en considération : 고려하다	demande : 질문, 의뢰, 요청
inscription : 등록	s'inscrire : 등록하다

* 편지를 끝마칠 때는 다음 문장을 반드시 넣어야 합니다.

Je vous prie d'agréer, ... , l'expression de mes sentiments distingués.
Veuillez agréer, ... , l'expression de ma considération distinguée.

참고로, 이메일이나 엽서 등에서는 Cordialement을 자주 씁니다.

6

Bonjour,

Votre inscription en Master d'economie est validée.

Vous recevrez, dans les meilleurs délais, votre carte d'étudiant de l'Université de Bordeaux.

Recevez l'assurance de nos sentiments les meilleurs.

Le Service de la Scolarité
UNIVERSITE DE BORDEAUX - Bâtiment F
351 rue de la libération
33500 Bordeaux
Tel. 05 40 00 60 00 / Fax. 05 40 00 60 78

validé 유효한, 합격한
recevoir 받다
délais 기간
meilleurs délais
　빠른 기간
le Service de ~ ~ 부서
bâtiment ~ ~ 건물, ~동

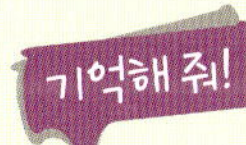

* 이메일에서는 인사말로 **Cher**가 아닌 **Bonjour**를 씁니다.

* **기간 표현**

dans + 시간 : ~ 후에			
dans 3 heures	dans 3 jours	dans 3 mois	dans 3 ans

il y a + 시간 : ~ 전에			
il y a 3 heures	il y a 3 jours	il y a 3 mois	il y a 3 ans

* 이메일이나 엽서 등을 끝마칠 때는 간단히 **Cordialement**을 가장 많이 쓰지만,
다음 표현들을 쓸 수도 있습니다.

Sincèrement	Bien cordialement	Recevez l'assurance de nos sentiments les meilleurs.

* **프랑스 주소**
건물의 번호 뒤에 길 이름이 옵니다. 그리고 그 아래에는 우편번호와 도시 이름이 옵니다.

351 (건물 번호)	rue de la liberation (길 이름)	33500 (우편번호)	Bordeaux (도시 이름)

* **프랑스 전화번호**

전화번호는 10자리 숫자로 되어 있으며, 맨 앞의 두 숫자는 지역을 의미합니다. 예를 들어, 파리와 수도권 지역은 01로 시작합니다. 06은 휴대전화 번호입니다. 05 40 00 60 00의 경우 05로 시작하기 때문에 프랑스 남부 지역의 번호임을 알 수 있습니다.

Secrétaire : Secrétariat de l'Université de Bordeaux, bonjour.

Sophie : Bonjour, je m'appelle Sophie Lee. Je suis inscrite dans votre université et je vous appelle parce que j'ai besoin d'un document.

Secrétaire : Oui, qu'est-ce que vous avez besoin comme document ?

Sophie : Je suis coréenne du sud, et pour faire la demande de visa auprès de l'ambassade de France, j'ai besoin du certificat d'inscription.

Secrétaire : D'accord, pas de problème. Je vous l'envoie à votre adresse en Corée ?

Sophie : Oui, mais je dois l'avoir le plus tôt possible pour pouvoir être présente le jour de la rentrée.

Secrétaire : Je vais vous envoyer le certificat cet après-midi.

Sophie : D'accord. Je vous remercie monsieur.

Secrétaire : Je vous en prie. Bonne journée.

Sophie : Merci. Bonne journée monsieur.

être présent 출석/참석하다
jour 날
rentrée 개학, 개강
ce matin 오늘 아침
cet après-midi 오늘 오후
ce soir 오늘 저녁
cette nuit 오늘 밤
cette semaine 이번 주
ce mois 이번 달
cette année 올해

* parce que ~ : 왜냐하면

> Je vous appelle pour ~ : ~를 위해 전화드립니다
> 예 Je vous appelle pour l'inscription. 등록을 위해 전화드립니다.
> Je vous appelle parce que ~ : ~ 때문에 전화드립니다
> 예 Je vous appelle parce que je suis en Corée. 한국에 있기 때문에 전화드립니다.

* avoir besoin de : ~가 필요하다

> j'ai besoin d'un document. 서류가 필요합니다.
> Qu'est-ce que vous avez besoin comme document ? 어떤 서류가 필요하세요?
> Qu'est-ce que vous prenez comme dessert ? 어떤 디저트로 하시겠어요?
> Qu'est-ce que vous prenez comme boisson ? 어떤 음료로 하시겠어요?

*

demande de visa : 비자 신청	demande de carte de séjour : 체류증 신청
auprès de ~ : ~ 옆에, ~에게	Pas de problème. = Il n'y a pas de problème. : 문제없습니다./알겠습니다.

* Je vous l'envoie à votre adresse en Corée ?에서 l'은 '직접목적보어인칭대명사'입니다. 문법편 참고 p.300

tôt : 일찍/빨리	le plus tôt : 최대한 일찍/빨리	plus tôt : 더 일찍/빨리	le plus tôt possible : 가능한 한 최대한 일찍/빨리
tard : 늦게	le plus tard : 최대한 늦게	plus tard : 더 늦게	le plus tard possible : 가능한 한 최대한 늦게

A 학교 지원서를 작성해 보세요.

Demande de candidature

1. Civilité : Mme. ☐   Mlle. ☐   M. ☐

2. Nom de Famille :

3. Prénom :

4. Date de naissance : Le   /   /   (Jour / Mois / Année)

5. Nationalité :

6. Adresse :

7. Ville :

8. Code postal :

9. Pays :

10. Téléphone :

11. E-mail :

12. Profession :

13. Etudes :

14. Numéro de candidature :

15. Numéro d'étudiant :

B 다음 문장들을 프랑스어로 말하고 쓸 수 있는지 확인해 보세요.

1. 안녕하세요, 등록 관련해서 전화드립니다.

___

2. 한국에서 전화드립니다.

___

3. 알겠습니다. 감사합니다.

___

4. 서류가 하나 필요해서 전화드립니다.

___

5. 가능한 한 최대한 빨리 받아야 합니다.

___

예술과 낭만의 도시, 파리

예술과 낭만의 도시, 파리Paris 는 누구나 한 번쯤은 가 보고 싶어 하는 곳입니다. 화려한 역사가 고스란히 묻어나는 파리만의 독특한 분위기 때문인지 파리는 전 세계에서 가장 많은 관광객이 방문하는 도시가 되었습니다.

자동차로 파리를 둘러본다고 할 때 외곽 도로를 이용하면 1시간 정도가 걸리지만, 중심부로 가로질러 가면 30분 정도가 걸립니다. 그만큼 외곽을 제외한 파리의 면적은 서울의 6분의 1 정도로 꽤 작은 도시라고 볼 수 있는데요. 샹젤리제Champs-Elysées 거리에서 콩코르드 광장place de la Concorde으로 바로 이어지고 튈르리 공원Jardin des Tuileries, 루브르 박물관Musée du Louvre, 오페라Opéra de Paris, 센강Seine, 오르세 박물관Musée d'Orsay, 그리고 에펠탑la tour Eiffel까지 모두 걸어서 방문할 수 있을 정도로 서로 가까운 거리에 있습니다.

1900년도에 지어진 파리의 지하철은 오래된 만큼 지저분하다고 느끼는 사람들도 많지만, 버스와 함께 파리는 대중교통 시설이 편리하게 잘 구축되어 있습니다. 곳곳에 신용카드로 쉽게 대여할 수 있는 공공자전거 벨리브Vélib를 이용하면 더욱 재미있게 파리를 구경할 수 있을 겁니다. 파리는 외곽까지 포함하면 서울만큼 큰 도시를 이루게 되는데 지하철과 바로 연결된 RER에흐으에흐로 이동할 수 있어 편리합니다. 이런 파리의 편리한 교통 체계 때문에 한가한 외곽 지역에 거주하면서 얼마든지 도시 생활을 누릴 수 있답니다.

대부분의 파리지엥들Parisien이 휴가를 떠난 여름이면 파리는 전 세계에서 몰려든 관광객들로 이색적인 분위기를 연출하는데요. 여행자들은 세계에서 가장 아름다운 도시에 있다는 것에 행복해하지만, 정작 파리지엥들은 이런 멋진 도시에 살고 있다는 것을 잘 모르는 것 같기도 합니다.

프랑스에 가면 파리뿐만 아니라 프랑스의 다양한 크고 작은 마을들을 방문하고 다양한 프랑스 사람들을 만나면서 곳곳에 숨겨져 있는 보물과 같은 진정한 프랑스를 느껴 보기 바랍니다.

Leçon

04

대사관에 비자 서류 접수하기

학습 포인트

- 친구와 전화 통화하기
- 이력서 작성하기
- 자기소개서 작성하기

1

David : Alors, tout va bien pour ton départ en France ?

Sophie : Oui, maintenant, je suis étudiante à l'Université de Bordeaux.

David : Félicitations ! Tu as reçu ta carte d'étudiant ?

Sophie : Oui, j'ai reçu le certificat d'inscription aussi. Maintenant, je dois préparer le dossier pour la demande de visa.

David : Tu as pris rendez-vous auprès de Campus France et l'ambassade de France à Séoul ?

Sophie : Oui, j'ai rendez-vous la semaine prochaine.

David : Tu as besoin d'aide ?

Sophie : Oui, je veux bien, merci. C'est gentil.

David : D'abord, regardons les documents nécessaires pour le visa.

tout 모든 것 (대명사)
pour ~ ~를 위해
départ 출발
partir 떠나다
arrivée 도착
arriver 도착하다
maintenant 지금, 이제
Félicitations ! 축하해!
reçu 동사 recevoir(받다)의 과거분사
certificat 확인서
devoir 해야 한다
préparer 준비하다
préparation 준비
dossier 서류
demande 요청, 문의
demander 물어보다
prendre rendez-vous = prendre un rendez-vous 약속을 잡다
auprès de ~에게, ~ 쪽에

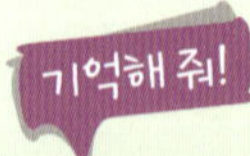

* Campus France : 프랑스 대사관 교육진흥원	Ambassade de France : 프랑스 대사관
avoir rendez-vous = avoir un rendez-vous : 약속이 (잡혀) 있다	

* semaine : 주	prochain : 다음
la semaine prochaine : 다음 주	la semaine dernière : 지난주
le mois prochain : 다음 달	le mois dernier : 지난달
l'année prochaine : 내년	l'année dernière : 작년

* avoir besoin de ~ : ~가 필요하다	je veux bien : 좋지, 그래
d'abord : 우선	document : 문서
nécessaire : 필요한	visa : 비자

2

Dossier pour Campus France

1/ Attestation d'inscription = Certificat d'inscription

2/ Photocopie des diplômes obtenus

3/ CV(Curriculum vitae) + Lettre de motivation

4/ Formulaire Campus France dûment rempli

5/ Photocopie du passeport

Dossier pour la demande de visa auprès de l'Ambassade

1/ formulaire dûment rempli et signé, avec les photographies requises apposées

2/ photocopie de votre passeport

3/ justificatifs de garantie financière

4/ justificatifs d'hébergement

5/ justificatifs attestant d'une assurance médicale internationale

attestation 증명서, 허가서
inscription 등록
photocopie 사본
obtenir 취득하다
motivation 동기, 의욕
dûment 정식으로, 제대로
remplir 채우다
signer 서명하다
requis 요구되는
apposer 붙이다, 첨부하다

* **Campus France**

학생 장기 비자를 받기 위해서는 캠퍼스 프랑스와 프랑스 대사관, 두 곳에 서류를 각각 제출해야 합니다.

3

formation 교육, 학력
langue 언어
maternel 모국어
niveau avancé 고급 레벨
niveau moyen = niveau
   intermédiaire 중급 레벨
niveau débutant 초급 레벨
expérience
   professionnelle 직업 경험
expérience personnelle
   개인적인 경험
organisation
   humanitaire 복지 단체
responsable 책임, 책임자
chargé 맡은
clientèle 고객, 고객층
centre d'intérêt 관심 분야,
plongée sous-marine
   스쿠버다이빙
littérature 문학, 독서

CV (Curriculum vitae)

Sophie LEE

122-1309 Hyundai APT,

Sarang-dong, Gangnam-gu

Séoul, Corée du Sud

sophie@monemail.com

FORMATIONS

1996- 1999	Collège Jang-Yeon à Séoul
1999-2002	Lycée Chang-Ju à Séoul
2002-2006	Université de Gang-Nam – Sciences économiques

Langues	Coréen : maternelle
	Français : niveau avancé
	Anglais : niveau moyen
	Japonais : niveau débutant

EXPERIENCES PROFESSIONNELLES

septembre - décembre 2004	Organisation humanitaire Voyage humanitaire en Afrique
septembre - décembre 2005	Magasin de chaussures Responsable de chargé de clientèle

CENTRES D'INTERET

Plongée sous-marine
Licence de plongée

Loisirs
Littérature, Cinéma, Voyages, Musique

4

Sophie LEE

Séoul, le 21 février 2013

122-1309 Hyundai APT,
Sarang-dong, Gangnam-gu
Séoul, Corée du Sud

Monsieur l'Ambassadeur
30 Hapdong Seodaemungu
Séoul, Corée du Sud

Objet : Demande de visa

Cher Monsieur l'Ambassadeur,

Je m'appelle Sophie Lee et je suis de nationalité sud-coréenne. Et je vous sollicite afin de pouvoir obtenir le visa pour étudier en France.

* **프랑스 편지 양식**

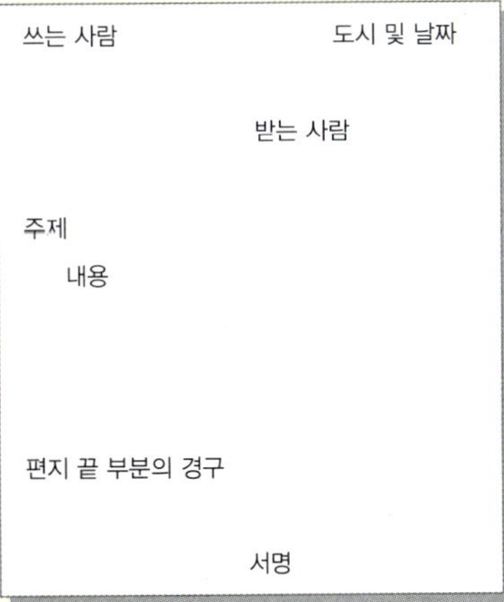

5

J'ai déjà vécu en France puisque j'ai étudié à l'Université de Bordeaux pendant deux mois grâce à un programme d'échange avec mon université. Je souhaite partir en France afin de suivre les cours à l'Université de Bordeaux, mais aussi pour retrouver mes amis et la vie en France. Je ne suis restée que deux mois mais j'ai beaucoup aimé la vie à la française et sa culture.

Mon ambition est de travailler pour la Corée et la France, car ce sont les deux pays que j'aime. Et pour cela, j'ai beaucoup de choses à apprendre en étudiant en France et également à travers de nombreuses rencontres que je ferai en France. Après mes études de master à l'université de Bordeaux, je reviendrai en Corée avec d'excellentes compétences dans le domaine économique. Je voudrais travailler pour les intérêts des deux pays que j'aime tant.

vécu 동사 vivre(살다)의 과거분사

puisque ~ ~이므로, ~ 때문에

grâce à ~ ~ 덕분에

souhaiter = vouloir 원하다, 바라다

trouver 찾다, 발견하다

retrouver 다시 만나다, 다시 찾다

vie 삶

rester 남다, 남아 있다, 머무르다

culture 문화

culture française 프랑스 문화

ambition = objectif 목표, 꿈

car = parce que 왜냐하면

기억해 줘!

* les deux pays que j'aime(내가 좋아하는 두 나라)에서 que는 '관계사'입니다. 문법편 참고 p.318

cela = ça : 이것, 그것 beaucoup de choses : 많은 것	chose : 것 beaucoup de choses à ~ : ~할 많은 것

* en étudiant en France(프랑스에서 공부하면서)에서 étudiant은 '제롱디프(en + 현재분사)'입니다.

également = aussi : ~도	à travers : ~를 통해
nombreux ~ : 많은 ~, 수많은 ~ (명사 앞에 위치하는 형용사이기 때문에, 복수일 때는 부정관사 des 대신 de를 쓰게 됩니다.) des nombreuses rencontres → de nombreuses rencontres	

* rencontres que je ferai(내가 이룰 만남들)에서 que는 '관계사'입니다. 문법편 참고 p.318

après ~ : ~ 다음에 excellent : 훌륭한, 아주 좋은 intérêt : 이익, 이자	reviendrai : 동사 revenir(돌아오다)의 단순미래형 compétence : 능력, 역량 tant : 그렇게, 그토록, 많이

6

Je vous remercie de bien vouloir accepter ma demande de visa. Je suis certaine que le séjour en France sera une grande opportunité d'apprendre plus sur ma spécialité, mais aussi d'avoir de nouvelles expériences que je ne pourrai jamais avoir ailleurs.

En vous remerciant, je vous prie de croire, Monsieur l'Ambassadeur, à ma très haute considération.

Sophie Lee

accepter 받아들이다, 수락하다
refuser 거부하다, 거절하다
être certain = être sûr 확신하다
Je suis certain. = Je suis sûr. 나는 확신해.
opportunité 좋은 기회
apprendre sur ~ ~에 대해 배우다
spécialité 전공 분야, 특산물
ailleurs 다른 곳

* Je vous remercie de ~ = je vous remercie de bien vouloir ~ : ~하게 해 주시면 감사하겠습니다
Je vous remercie d'accepter ~ = Je vous remercie de bien vouloir accepter ~
: ~하도록 허락해 주시면 감사하겠습니다

* 긴 문장은 다음과 같이 나눠서 보면 이해하기 쉽습니다.

Je suis certaine : 나는 확신합니다
que le séjour en France sera une grande opportunité : 프랑스 유학이 큰 기회가 될 것임을
d'apprendre plus sur ma spécialité : 저의 전공 분야에 대해 더 배울 수 있는
mais aussi (= et) : 뿐만 아니라
d'avoir de nouvelles expériences : 새로운 경험을 쌓을 수 있는
que je ne pourrais jamais avoir ailleurs : 다른 곳에서는 절대로 경험하지 못할

Sophie : Merci. Grâce à toi, j'ai bien préparé tout le dossier.

David : Je t'en prie. Maintenant, il faut réussir l'interview à Campus France.

Sophie : Oui, j'ai peur. Ça va être difficile.

David : Non, ne t'inquiète pas. Ça va être facile.

Sophie : Tu dis ça parce que tu parles bien français. Mais moi, j'ai encore des difficultés.

David : Il faut bien préparer, c'est tout. On va préparer ensemble les questions.

Sophie : Il faut se présenter, c'est ça ?

David : Oui, c'est important de savoir se présenter, et surtout d'expliquer clairement ton objectif. Pourquoi veux-tu partir en France ?

Sophie : Je pars en France pour étudier, mais aussi pour plusieurs raisons.

David : Voilà, il faut expliquer tout ça. L'interview est dans une semaine. On a encore le temps de bien préparer.

important 중요한
C'est important de +
동사원형 ~하는 것은 중요하다
C'est important de
parler français.
프랑스어를 하는 것은 중요하다.
expliquer 설명하다
clairement 분명하게,
명백하게
savoir 알다
savoir parler français
프랑스어를 할 줄 안다
savoir se présenter
자기소개를 할 줄 안다
plusieurs 수많은 ~
voilà 바로 그거야,
여기 ~가 있습니다
expliquer 설명하다
temps 시간
avoir le temps de
＋동사원형 ~할 시간이 있다
ensemble 함께, 같이
question 질문
réponse 대답, 답변

꼭 필요해!

* tout는 '모든'이란 뜻의 형용사입니다. 문법편 참고 p.336

* il faut 표현 : falloir 동사는 3인칭 단수로만 변화합니다.

devoir 동사의 경우, 주어를 모든 인칭으로 사용할 수 있지만, falloir 동사는 주어를 비인칭 il로만 쓸 수 있습니다. 주어 il은 비인칭으로 〈Il faut + 동사원형〉 표현에 쓰입니다.	
Il faut venir. = On doit venir. 와야 한다.	Il faut préparer. = On doit préparer. 준비해야 한다.
Il faut réussir. = On doit réussir. 성공해야 한다.	Il faut me présenter. = Je dois me présenter. 나를 소개해야 한다.

* avoir peur : 두려워하다	avoir des difficultés : 어려움이 있다

* C'est tout ? 이게 전부입니까?/이게 다야? C'est ça ? 이게 맞습니까?/이게 맞아?	C'est tout. 이게 전부입니다./그게 다야. C'est ça. 이게 맞습니다./이게 맞아.

A 프랑스어로 이력서를 작성해 보세요.

<table>
<tr><td></td></tr>
<tr><td>FORMATIONS</td></tr>
<tr><td>Langues</td></tr>
<tr><td>EXPERIENCES PROFESSIONNELLES</td></tr>
<tr><td>CENTRES D'INTERET</td></tr>
</table>

Vive les vacances ! (휴가 만세!)

프랑스 사람들에게 '휴가_{vacances}는 삶의 이유'라고 말할 수 있을 정도로 큰 의미가 있습니다. 1년 동안 여름이 되면 어디로 떠날지 고민하고, 찾아보고, 저축하면서 '바캉스'를 준비하지요. 휴가를 떠나지 않는다는 것은 불행을 의미할 정도로 프랑스 사람들은 모두 7, 8월이 되면 어디론가 떠난답니다.

프랑스에서 휴가 열풍은 1936년도에 처음 정부가 1년에 2주 유급휴가를 주는 것을 의무화하면서 시작됐습니다. 이 유급휴가 기간이 1956년에는 3주, 1969년에는 4주, 그리고 1982년에는 5주로 점차 늘어나 지금 프랑스의 7, 8월은 나라 전체가 휴가 중이라고 해도 과언이 아닐 정도로 편안한 휴식 기간이 되었습니다.

프랑스 사람들은 캠핑을 좋아해서 캠핑장은 미리 예약하지 않으면 자리가 없을 정도인데요. 캠핑장도 호텔처럼 등급별로 별 하나짜리부터 호화스러운 별 5개짜리까지 다양하게 있답니다. 특히 캠핑카로 떠나는 여행은 더욱더 매력적일 것입니다. 여름에 프랑스 곳곳의 캠핑장의 분위기를 꼭 한번 느껴 보기 바랍니다.

프랑스 사람들은 매년 새로운 나라에 다니며 새로운 문화를 체험하는 것을 좋아합니다. 특히 따뜻한 휴양지를 선호하는 편인데요. 그중 프랑스의 클럽 메드_{Club med}는 1950년에 유급휴가가 대중화되면서 유명해진 곳입니다. 클럽 메드로 휴가를 간다면 많은 프랑스 사람을 만나 볼 수 있을 겁니다.

2009년 여름, 사르코지 대통령도 브루니 영부인과 함께 프랑스 남부 지방으로 3주 동안 휴가를 떠났습니다. 대통령이 3주 동안 휴가를 떠날 수 있다는 게 신기하지 않나요? 게다가 휴가를 떠나기 전에 회사가 폐업해서 데모를 하던 400명의 실업자에게 각각 12,000유로를 지급하기로 결정하고, 휴가를 떠나지 못하는 아이들을 위해서는 셍드니_{Saint-Denis}의 축구 경기장을 거대한 아쿠아파크로 만들어서 무료로 아이들을 초대했더군요. 이런 소식을 접하면 프랑스는 정말 멋진 나라라고 느껴집니다. 그런데 장관들도 다 휴가를 떠난다면 나라가 어떻게 운영되는지 조금은 궁금하기도 합니다.

비자를 위한 인터뷰 성공하기

학습 포인트

- 면접관과 대화하기
- 자기소개 하기
- 다양한 질문에 답하기

1

Examinateur : Bonjour. Entrez.

Sophie : Bonjour.

Examinateur : Asseyez-vous.

Sophie : Merci.

Examinateur : Alors, vous parlez français ?

Sophie : Oui, je parle français.

Examinateur : Très bien. Vous pouvez vous présenter ?

Sophie : Oui, bien sûr. Je m'appelle Sophie. Mon nom de famille est LEE. J'ai 24 ans et je suis étudiante en quatrième année d'économie à l'Université de Gangnam. Je voudrais partir en France pour étudier à l'Université de Bordeaux.

Examinateur : Vous parlez très bien français. Comment avez-vous appris le français ?

Sophie : J'ai appris avec des manuels de français et aussi avec des cours en vidéo.

Examinateur : Vous avez un très bon niveau de français.

Sophie : Merci.

---

nom de famiile 성
prénom 이름
Bien sûr. 물론이지요./
　당연하지요.
manuel 교재
cours en vidéo
　동영상 강의

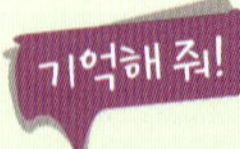

* entrer 동사   Entrez. 들어오세요.   Vous entrez. 당신은 들어옵니다.
  s'asseoir 동사   Asseyez-vous. 앉으세요.   Vous vous asseyez. 당신은 앉습니다.

* se présenter = faire sa présentation : 자기소개를 하다

  Je me présente. = Je fais ma présentation.
  Vous vous présentez. = Vous faites votre présentation.
  Je peux me présenter. = Je peux faire ma présentation.
  Vous pouvez vous présenter. = Vous pouvez faire votre présentation.

* J'ai appris le français.   나는 프랑스어를 배웠습니다.
  Vous avez appris le français.   당신은 프랑스어를 배웠습니다.
  Avez-vous appris le français ?   프랑스어를 배웠습니까?
  Comment avez-vous appris le français ?   어떻게 프랑스어를 배웠습니까?

2

Examinateur : Pouvez-vous me montrer votre passeport ?

Sophie : Oui, tenez.

Examinateur : Montrez-moi aussi votre certificat d'inscription à l'université.

Sophie : Attendez. Voilà le certificat.

Examinateur : Pourquoi voulez-vous partir à Bordeaux ?

Sophie : Je suis déjà allée à l'Université de Bordeaux en programme d'échange avec mon université. Et j'ai beaucoup aimé ce séjour. Alors, j'ai voulu retourner à cette université. Je ne suis restée que 2 mois, mais j'ai adoré cette ville, cette université et mes nouveaux amis.

Examinateur : Qu'est-ce que vous avez fait pendant ces 2 mois ?

Sophie : Alors, j'ai suivi les cours d'économie internationale à l'Université de Bordeaux. Les professeurs étaient extraordinaires. Ce sont des spécialistes de l'économie française. Dans le campus, j'ai pu rencontrer des étudiants français très accueillants.

économie
internationale 국제경제학
extraordinaire =
formidable 아주 좋은,
대단한
spécilaité 전공 분야
spécialiste 전문가
campus 캠퍼스
accueillant 친절한,
호의적인

기억해 줘!

* montrer : 보여 주다

Je montre mon passeport.	나는 나의 여권을 보여 준다.
Vous me montrez.	당신은 나에게 보여 줍니다.
Montrez-moi.	보여 주세요.

* J'ai aimé. 좋아했습니다.	J'ai bien aimé. 괜찮았습니다./좋았습니다.
J'ai beaucoup aimé.	J'ai énormément aimé. = J'ai adoré.
마음에 들었습니다./아주 좋았습니다.	매우 좋았습니다.

* retourner à ~ : ~로 돌아가다	rester : 남아 있다, 머무르다

Je ne suis resté que 2 mois = Je suis resté seulement 2 mois. 2개월만 있었습니다.

3

Examinateur : Alors, quelle est votre spécialité ?

Sophie : Ma spécialité est l'économie internationale.

Examinateur : Pourquoi partez-vous en France pour étudier l'économie ?

Sophie : Je pars en France parce que je voudrais travailler entre la Corée et la France. La France est la cinquième puissance économique mondiale et je pense qu'il y a beaucoup de choses à faire entre ces 2 pays.

Examinateur : Dans quel domaine ?

Sophie : Par exemple, dans le domaine des produits électroniques, la Corée a beaucoup de produits innovants à exporter. Et puis la France a des produits culturels uniques. Je voudrais importer en Corée les films français et aussi la musique française. J'adore les films français et les chansons des artistes français.

Examinateur : Ah bon ? Quel est votre film préféré ?

Sophie : J'adore les films comme *Le Fabuleux Destin d'Amélie Poulain* ou encore *Intouchables*.

---

produit 제품
produit électronique 전자 제품
innovant 혁신적인
importer 수입하다
exporter 수출하다
à exporter 수출할
importation 수입
exportation 수출
artiste 예술가
ah bon ? 그래요?/ 그렇습니까?
comme ~ ~와 같은
comme moi 나와 같은

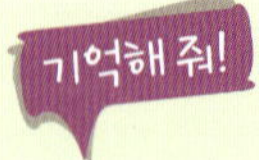

* **Alors**는 '우선', '그래서'의 뜻도 있지만, 일상적으로 말을 시작할 때 자주 사용합니다.

* Quelle est votre spécialité ? 당신의 전공이 무엇입니까?
  Quel est votre film préféré ? 좋아하는 영화가 무엇입니까?
  Quel est votre prénom ? 이름이 무엇입니까?
  Quelles sont vos qualités ? 당신의 장점들은 무엇입니까?

* '내 생각에는' 또는 '~인 것 같다'라는 표현을 하고 싶을 때는 **Je pense que** ~를 사용합니다.

C'est grand. 크다.	→ Je pense que c'est grand. 큰 것 같다.
Vous parlez bien français. 프랑스어를 잘한다.	→ Je pense que vous parlez bien français. 프랑스어를 잘하는 것 같다.
Il y a beaucoup de choses à faire. 할 것이 많다.	→ Je pense qu'il y a beaucoup de choses à faire. 할 것이 많은 것 같다.

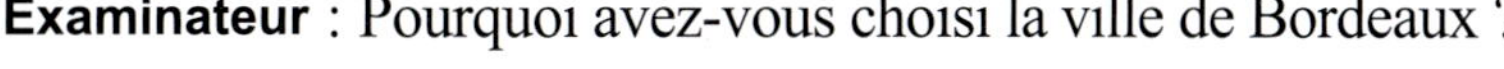

4

Examinateur : Pourquoi avez-vous choisi la ville de Bordeaux ?

Sophie : J'ai choisi la ville de Bordeaux parce que j'aime beaucoup cette ville. Les habitants sont chaleureux et la ville est magnifique.

Examinateur : Qu'est-ce que vous ferez quand vous serez en France ?

Sophie : D'abord, j'irai voir mes amis. Et je visiterai les autres villes plus souvent.

Examinateur : Quelles villes voulez-vous visiter ?

Sophie : Je voudrais visiter le sud de la France, les villes comme Nice, Montpellier et Marseille.

Examinateur : Vous aimez la France ?

Sophie : Oui, c'est mon pays préféré.

Examinateur : Vous aimez la langue française ?

Sophie : Oui, j'aime beaucoup le français parce que c'est une très belle langue. J'aime la littérature française, surtout les romans français.

---

quelles villes 어떤 도시들을
quels pays 어떤 나라들을
l'est 동쪽
l'ouest 서쪽
le sud 남쪽
le nord 북쪽
langue 혀, 언어
langue française =
  français 프랑스어
littérature 문학
roman 소설

기억해 줘!

* | J'ai choisi. 나는 결정했습니다 | Pourquoi avez-vous choisi ? 왜 결정하셨나요?

* | Vous ferez ~ : 당신은 ~할 것입니다 (faire) | Qu'est-ce que vous ferez ? 당신은 무엇을 할 것입니까?
  Vous serez ~ : 당신은 ~일 것입니다 | quand vous serez ~ : 당신이 ~일 때

* | d'abord : 우선 | finalement : 마지막으로
  j'irai : 나는 갈 것이다 (aller) | je visiterai : 나는 구경할 것이다 (visiter : 구경하다, 방문하다, 여행하다)
  souvent : 자주 | plus souvent : 더 자주

* | C'est mon pays préféré. 내가 가장 좋아하는 나라이다.
  C'est mon plat préféré. 내가 가장 좋아하는 요리이다.

5

Examinateur : Avez-vous des loisirs ?

Sophie : J'aime le sport. Quand j'étais à Bordeaux, j'ai fait du tennis avec des amis. J'ai beaucoup aimé. Je fais de la natation et je joue du piano également.

Examinateur : Avez-vous déjà travaillé ?

Sophie : Oui, j'ai travaillé dans un magasin de chaussures à Séoul. Et j'ai fait du volontariat dans une organisation humanitaire.

Examinateur : Quel est votre projet après vos études ?

Sophie : Je voudrais travailler dans le domaine de l'économie entre la Corée et la France.

Examinateur : Allez-vous faire un doctorat après votre master ?

Sophie : Non, je pense que je vais travailler directement après mon master. Pour le moment, je ne veux pas faire de doctorat.

faire du volontariat
　자원봉사를 하다
organisation
　humanitaire 복지 단체
projet = objectif 목표
les études 공부, 연구
un doctorat 박사 학위
un master 석사 학위
directement 바로
pour le moment
　지금으로서는

기억해 줘!

* Avez-vous des loisirs ?/Quels sont vos loisirs ? : 취미가 있으신가요?

quand j'étais à ~ : 제가 ~에 있었을 때	quand j'étais enfant : 제가 어렸을 때

*

faire du tennis : 테니스를 치다	faire de la natation : 수영을 하다
faire du piano = jouer du piano : 피아노를 치다	faire du foot = jouer du foot : 축구를 하다

jouer 동사를 쓸 때는 운동의 경우 전치사 à를 쓰고, 악기의 경우 전치사 de를 씁니다.

* **Je ne veux pas faire de doctorat.에서 un 대신 de가 쓰인 이유가 무엇일까요?**

그것은 부정의 de가 쓰이는 경우이기 때문입니다. être 동사가 아닌 동사일 때 그리고 ne … pas가 있는 부정문일 때 부정관사 un, une, des 대신 de를 쓰는 규칙이 적용됩니다.

Je mange une pomme.	→ Je ne mange pas de pomme.
J'ai une voiture.	→ Je n'ai pas de voiture.
Je fais un doctorat.	→ Je ne fais pas de doctorat.
Vous avez un projet ?	→ Vous n'avez pas de projet ?

6

Examinateur : Vous avez un très bon niveau de français et votre projet est cohérent.

Sophie : Merci. Je pense que ce sera une grande opportunité de pouvoir étudier et de vivre en France.

Examinateur : Vous faites encore quelques fautes de français, mais vous allez progresser rapidement en étudiant en France.

Sophie : Oui, j'ai encore beaucoup de progrès à faire. Et mon accent n'est pas parfait.

Examinateur : Je vous conseille de regarder la télévision française et d'écouter la radio le plus souvent possible.

Sophie : Pardon, je n'ai pas très bien compris. Pouvez-vous répéter, s'il vous plaît ?

Examinateur : Avant de partir en France, je vous conseille d'aller sur les sites français pour regarder la télévision française et écouter la radio sur internet.

Sophie : Oui, d'accord. Merci pour votre conseil.

Examinateur : Très bien. Votre entretien est terminé.

Sophie : Je vous remercie. C'était un plaisir de discuter avec vous.

Examinateur : C'était un plaisir pour moi également. Bon courage pour la suite.

Sophie : Merci beaucoup. Bonne journée.

---

cohérent 일관성 있는
opportunité
 = occasion 기회
quelque 약간의
faute 틀림
progresser 발전하다,
 실력이 늘다
progrès 발전, 향상
rapidement = vite 빨리
encore 또, 아직
accent = prononciation
 발음
parfait 완벽한
conseiller 충고하다,
 추천하다
conseiller de + 동사원형
 ~하도록 충고하다, 추천하다
souvent 자주
le plus souvent
possible 가능한 한 자주
rapidement 빨리
le plus rapidement
possible 가능한 한 빨리
avant de + 동사원형
 ~하기 전에
conseil 충고, 추천
entretien 인터뷰
terminer = finir 끝나다
C'était un plaisir de +
 동사원형 ~하는 것이 기뻤습
 니다
discuter 이야기를 나누다
avec ~ ~와 함께

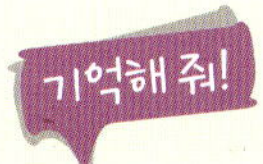

* 잘 못 알아들었거나 이해하지 못해서 다시 묻고 싶을 때는 Pardon, je n'ai pas très bien compris. Pouvez-vous répéter, s'il vous plaît ?라는 표현을 사용합니다.

* pour moi : 나를 위해, 나에게도   Bon courage. : 힘내세요.   suite : 다음, 앞으로

David : Alors, ça a été ?

Sophie : Oui, ça s'est bien passé. L'examinateur était très sympa.

David : Tu vois, il ne faut pas avoir peur.

Sophie : Oui, c'est vrai. Merci David.

David : Je suis content de savoir que tout s'est bien passé.

Sophie : Maintenant, il faut attendre le résultat.

David : Tu auras le visa. J'en suis sûr.

Sophie : Oui, j'éspère que j'aurai le visa.

David : Tu l'auras. Ne t'inquiète pas. Prépare ton départ en France.

Sophie : Je suis heureuse de pouvoir repartir à Bordeaux.

David : Tu vas me manquer.

---

attendre 기다리다
résultat 결과
auras 동사 avoir의 2인칭 단수미래형
J'en suis sûr. 나는 확신해.
préparer 준비하다
repartir 다시 떠나다
Tu me manques. 보고 싶다.
　(나에게 네가 부족하다.)
Tu vas me manquer.
　보고 싶을 거야.
Vous me manquez.
　보고 싶습니다.
Vous allez me manquer.
　보고 싶을 겁니다.

꼭 필요해!

* Ça a été ? = C'était bien ? = Ça s'est bien passé ? 괜찮았어?/잘됐어?
Ça a été. = C'était bien. = Ça s'est bien passé. 괜찮았어./잘됐어.

* Tu vois. 거봐. | Tu vas voir. 두고 봐.

* Je suis content de + 동사원형 : ~하게 되어 기쁘다
Je suis content de savoir que ~ : ~가 된 것을 알게 되어 기쁘다
Je suis heureux de + 동사원형 : ~하게 되어 행복하다
Je suis heureux de savoir que ~ : ~가 된 것을 알게 되어 행복하다

* tout s'est bien passé에서 tout는 대명사입니다. tout는 형용사뿐만 아니라 대명사 또는 부사로도 사용할 수 있습니다.

* '~이길 바라다'는 표현은 J'espère que ~를 사용해서 나타낼 수 있습니다.

C'est grand. 크다. → J'espère que c'est grand. 크면 좋겠다.
Tu manges une pomme. → J'espère que tu manges une pomme.
사과를 먹는다. 사과를 먹으면 좋겠다.
J'aurai le visa. 비자를 받을 거야. → J'espère que j'aurai le visa. 비자를 받았으면 좋겠다.

A 다음 문장들을 프랑스어로 말하고 쓸 수 있는지 확인해 보세요.

1. 안녕하세요. 들어오세요. 앉으세요.

2. 프랑스어를 하십니까?

3. 자기소개를 해 보시겠어요?

4. 어떻게 프랑스어를 배웠나요?

5. 왜 프랑스로 가려고 하시나요?

6. 당신의 전공이 무엇입니까?

7. 좋아하는 영화가 무엇입니까?

8. 프랑스에 있을 때 무엇을 하실 겁니까?

9. 어떤 도시들을 구경하고 싶나요?

10. 프랑스를 좋아하세요?

11. 프랑스어를 좋아하세요?

12. 취미가 있으신가요?

13. 일을 해 본 적이 있으신가요?

14. 공부를 마치면 어떤 계획이 있으신가요?

15. 죄송하지만 잘 이해하지 못했습니다. 다시 말씀해 주시겠어요?

파리 오픈 테니스 대회 롤랑 가로스Roland-Garros와 유명한 칸Cannes 영화제가 시작하는 봄이 오면 프랑스인들은 조금씩 겨울잠에서 깨어나기 시작합니다. 따스한 봄 햇살이 조금만 내비쳐도 모두 선글라스를 쓰고 여름 맞이 준비를 하지요. 아마 햇빛soleil을 싫어하는 프랑스 사람은 거의 없을 겁니다. 프랑스 사람에게 한국 사람들은 여름에 뜨거운 햇빛을 피해 그늘에 있길 좋아하고 자외선 차단력이 뛰어난 선크림을 선호한다고 말하면 의아해합니다. 우리나라와는 달리 프랑스에서는 동색으로 그을린 피부를 멋지고 아름답다고 생각하기 때문이랍니다.

프랑스어로 '선탠하다'는 '자신을 동색으로 만들다'라는 뜻의 se bronzer라고 하는데요. '동'이란 뜻의 bronze 명사에서 온 동사입니다. 프랑스인이 유난히 햇빛을 사랑하는 이유는 햇살이 마음을 편하게 해 주고 건강에도 좋다고 생각하기 때문입니다. 게다가 그을린 피부는 프랑스에서 부richesse를 상징하기도 하는데요. 아마도 따뜻한 휴양지로 선탠을 즐기러 갈 만큼 여유로운 삶을 산다는 표시로 생각하기 때문이 아닐까 싶습니다. 어떤 오픈카 광고에서 Gagnez du temps(시간을 버세요)!라는 카피를 내건 걸 보면 차로 이동하는 시간 동안에도 잠시나마 선탠을 즐기는 것을 좋아하는 프랑스인의 성격을 알 수 있습니다.

프랑스 사람들은 심지어 겨울에도 스키장에서 일광욕을 즐깁니다. 스키장의 산 정상에 위치한 레스토랑restaurant이나 바bar에는 편히 누워 일광욕을 즐길 수 있는 선베드가 있는데, 많은 이가 선글라스를 쓰고 태양을 향해 누워 있는 것을 볼 수 있습니다. 온통 하얀 눈으로 덥혀 있는 산속에서는 사방에서 반사되는 햇빛이 더욱 강하게 피부를 그을리게 되는데요. 이때 UV를 차단하는 선글라스나 스키 고글은 필수용품입니다. 12월의 크리스마스 휴가와 2월의 스키 휴가 시즌이 끝나면 선글라스 또는 스키 고글 자국이 남은 사람들을 주변에서 쉽게 찾아볼 수 있습니다. 2~3주 정도 남아 있는 이 자국은 겨울스포츠를 좋아하는 사람만이 가질 수 있는 '영광의 자국'이라 할 수 있답니다.

하지만 선탠의 계절은 뭐니 뭐니 해도 여름이 아닐까 싶습니다. 많은 프랑스인에게 휴가란 소설책 한 권을 읽거나 잡지를 보면서 일광욕을 즐기는 것과 같습니다. 바닷가로 나와 아침 햇살을 맞으며 하루를 시작하고 오후에 또다시 같은 자리로 나와 독서 외에는 아무것도 하지 않으며 하루를 보냅니다. 지루하겠다 싶지만 특별한 목적 없이 햇빛을 향해 누워 아무것도 하지 않는 시간, 프랑스인에게는 그것이 진정한 휴식이자 휴가라고 하네요. 어떻게 보면 프랑스인에게 '휴가vacances는 선탠bronzage'이라고 말해도 과언이 아닐 정도랍니다.

Leçon **06**

공항에서 택시를 타고 숙소로 가기

학습 포인트

- 비행기 안에서의 대화
- 공항 검사관과의 대화
- 택시 기사와의 대화

1

Chef de cabine : Mesdames, Messieurs bonjour. Mon nom est Aurélie, votre chef de cabine.

Le commandant de bord Monsieur Dupont et l'ensemble de l'équipage ont le plaisir de vous accueillir à bord de cet Airbus 330 d'Air France, membre de Skyteam.

Nous nous assurons de votre sécurité et de votre confort durant ce vol à destination de Paris CDG.

Veuillez attacher et ajuster votre ceinture de sécurité.

Nous vous souhaitons un très bon voyage.

commandant de bord 기장
chef de cabine 사무장
nom 이름, 성
l'ensemble de ~ = tout ~ 전체
équipage 승무원 팀
avoir le plair de ~ ~하게 되어 기쁩니다
accueillir 맞이하다
à bord de ~ (탈것) 안에
membre 멤버, 팀
assurer de ~ ~에 대해 안전하게 하다
sécurité 안전
confort 편안함
durant = pendant ~ 동안
vol 비행

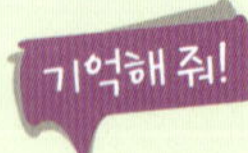

* à destination de ~ : ~로 향하는 | en provenance de ~ : ~에서 오는

* CDG = Charles de Gaulle : 파리의 샤를드골 공항
veulliez + 동사원형 : ~ 해 주시기 바랍니다 (방송에서만 사용)
ajuster : 조절하다, 맞추다
ceinture de sécurité : 안전벨트
voyage : 여행

Orly : 파리의 오를리 공항
attacher : 매다
ceinture : 벨트
souhaiter : 바라다, 원하다

2

Stewardess : Puis-je vous aider ?

Sophie : Je n'ai pas pu prendre le repas parce que je dormais. Je peux prendre le repas maintenant ?

Stewardess : Oui, bien sûr. Vous avez le choix entre le plat de bœuf et le plat de poisson.

Sophie : Je vais prendre le poisson, s'il vous plaît.

Stewardess : Que désirez-vous comme boisson ?

Sophie : Qu'est-ce que vous avez comme jus ?

Stewardess : Nous avons du jus d'orange et du jus de raisin.

Sophie : Je vais prendre le jus d'orange.

Stewardess : Très bien. Vous avez besoin d'autres choses ?

Sophie : Oui, je voudrais aussi le casque pour écouter de la musique.

Stewardess : Oui, je vous apporte tout ça.

Sophie : Merci.

steward 남자 승무원
stewardess 여자 승무원
Que puis-je vous aider ?
무엇을 도와드릴까요?
repas 식사
Je dormais. 나는 자고
있었다. (dormir 동사)
prendre le repas =
manger 식사하다
vous avez le choix
선택이 있다
vous avez le choix
entre ~ et ~
~와 ~의 선택이 있다
bœuf 소고기
poisson 생선

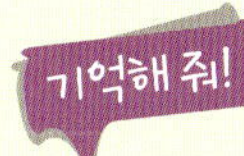

* Que désirez-vous comme ~ ? : ~로는 어떤 것을 원하시나요 ?
désirer = vouloir = souhaiter : 원하다
Qu'est-ce que vous avez comme ~ ? : ~로는 어떤 것이 있나요?

* jus : 주스　　　　jus d'orange : 오렌지 주스　　　　jus de raisin : 포도 주스
casque : 헤드셋　　Je vais prendre ~ : ~로 하겠습니다
écouteurs : 이어폰　Vous avez besoin d'autres choses ? : 다른 필요한 게 있으신가요?

* Je vous apporte ~ : ~를 가져다 드리겠습니다　　apporter : 가져다주다
tout ça : 이 모든 것을　　　　　　　　　　　　　ça = cela : 이것

3

Chef de cabine : Mesdames, Messieurs, nous abordons notre descente vers Paris.

Nous vous invitons à regagner votre siège et vous assurer que vos bagages à mains sont situés sous le siège devant vous ou dans les coffres à bagages.

Les portes et les issues doivent rester dégagées de tout bagages.

Si vous changez d'aéroport avec une correspondance sur un vol Air France, veuillez vous présenter aux comptoirs Air France et récupérez ensuite vos bagages enregistrés.

aborder 접근하다, 시작하다
descente 하차, 하행
descendre 내려가다
montée 오르기, 상승
monter 올라가다
inviter 초대하다
inviter à + 동사원형
　　~ 하시기 바랍니다
regagner 되돌아오다,
　　다시 얻다
gagner 얻다, 이기다
perdre 잃다, 손해를 보다
siège 좌석
assurer 확인하다, 보증하다
bagage 짐
bagage à mains
　　핸드 캐리 여행 물품, 휴대품
situer 위치하다
ou 또는

*	sous : 아래에	devant : 앞에	dans : 안에	coffre : 트렁크
	sur : 위에	derrière : 뒤에	à côté de : 옆에	coffre à bagages : 짐칸

* 긴 문장은 두 문장으로 나눠서 살펴보면, 좀 더 쉽게 이해할 수 있습니다.

> Nous vous invitons à regagner votre siège : 좌석으로 돌아와 주시기 바랍니다
> + Nous vous invitons à vous assurer que vos bagages à mains sont situés sous le siège devant vous ou dans les coffres à bagages : 휴대용 가방이 여러분 앞의 좌석 아래 또는 짐칸 안에 위치하였는지 확인해 주시기 바랍니다
> = Nous vous invitons à regagner votre siège et vous assurer que vos bagages à mains sont situés sous le siège devant vous ou dans les coffres à bagages. : 좌석으로 돌아와 주시고 휴대용 가방이 여러분 앞의 좌석 아래 또는 짐칸 안에 있는지 확인해 주시기 바랍니다.

*	porte : 문	fenêtre : 창문	dégagé de ~ : ~에 막힘 없는
	entrée : 입구	issue = sortie : 출구, 결말	dégagé : 막힘 없는, 환히 트인

*	si : 만약	changer : 바꾸다, 변화하다	changer de ~ : ~를 바꾸다
	comptoir : 카운터	correspondance : 환승	se présenter : 소개하다, 오다
	récupérer : 되찾다	ensuite : 다음, 그다음	enregistré : 접수된
			enregistrer : 접수하다, 녹화하다, 녹음하다

4

Contrôleur : Bonjour.

Sophie : Bonjour.

Contrôleur : Qu'est-ce que vous allez faire en France ?

Sophie : Je vais étudier à l'université de Bordeaux.

Contrôleur : Vous avez le visa ?

Sophie : Oui, j'ai le visa.

Contrôleur : Combien de temps vous allez rester en France ?

Sophie : Je vais rester 2 ans, pour terminer le master.

Contrôleur : Où est-ce que vous allez habiter ?

Sophie : Je vais habiter dans la résidence universitaire.

Contrôleur : Très bien. Bonne journée.

Sophie : Merci, bonne journée.

terminer = finir 마치다
où 어디
résidence 거주지
résidence universitaire
　대학 기숙사

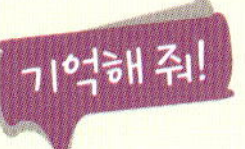

* 　contrôleur : 검사관, 조사관　　　　contrôler : 검사하다
combien : 얼마나　　　　　　　　combien de temps : 얼마큼의 시간 동안
combien d'années : 몇 년 동안　　combien de jours : 며칠 동안

5

Sophie : Excusez-moi.

Passant : Oui.

Sophie : Où est-ce que je peux prendre un taxi, s'il vous plaît ?

Passant : Alors, pour prendre un taxi, vous devez aller tout droit et vous verrez le panneau de la station de taxis.

Sophie : Je vais aller vers la Tour Eiffel. Je peux prendre le métro ou le bus ?

Passant : Je ne sais pas. Je pense qu'il y a un RER pour aller au centre de Paris. Mais vous avez trop de bagages pour prendre le RER ou le bus. Je pense que c'est mieux de prendre un taxi, non ?

Sophie : Oui, je vais prendre le taxi. Donc, je vais par là ?

Passant : Oui, vous allez tout droit. Ce n'est pas loin.

Sophie : Merci monsieur.

Passant : Je vous en prie. Bonne journée.

Sophie : Merci, bonne journée.

---

passant 행인
Excusez-moi. 실례합니다.
tout droit 직진
à droite 오른쪽
à gauche 왼쪽
panneau 표지판
station de taxis 택시 정류장
station de métro 지하철역
arrêt de bus 버스 정류장
RER 파리 수도권 열차

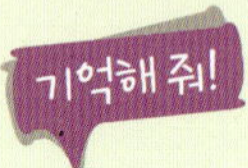

기억해 줘!

* Je ne sais pas. : 몰라요.
trop de ~ : 너무 많은 ~
C'est mieux. : 그게 더 낫네.
donc = alors : 그럼, 그래서
loin : 멀리

centre : 중심, 시내
mieux : 나은
C'est mieux de + 동사원형 : ~하는 것이 낫다
là : 이쪽, 여기, 저기
près : 가까이

6

Chauffeur de taxi : Bonjour.

Sophie : Bonjour.

Chauffeur de taxi : Vous avez beaucoup de bagages.

Sophie : Oui, je suis désolée. J'ai beaucoup de bagages.

Chauffeur de taxi : Oh, ce n'est pas grave. Je vais mettre vos bagages dans le coffre.

Sophie : Merci.

Chauffeur de taxi : Alors, où est-ce que vous allez ?

Sophie : Je vais à l'hôtel de la Tour Eiffel. Vous connaissez ?

Chauffeur de taxi : Non, je ne connais pas cet hôtel. Vous avez l'adresse ?

Sophie : Oui, tenez.

Chauffeur de taxi : Très bien. Alors, on y va.

chauffeur 기사, 운전자
bagage 짐
coffre 트렁크

* Je suis désolé. : 죄송합니다, 실례합니다.
mettre : 놓다, 넣다
adresse : 주소

Ce n'est pas grave. : 괜찮습니다.
Vous connaissez ? : 아시나요? (connaître 동사)
On y va. = Allonz-y. : 갑시다.

Chauffeur de taxi	: D'où venez-vous ? Vous êtes japonaise ou chinoise ?
Sophie	: Non, je suis coréenne.
Chauffeur de taxi	: Je suis désolé. C'est parce qu'il y a beaucoup de touristes japonais et chinois.
Sophie	: Il y a beaucoup de coréens aussi.
Chauffeur de taxi	: Oui, il y a quelques touristes coréens. Mais, il n'y a pas beaucoup de coréens en France.
Sophie	: Il y a beaucoup de coréens aux Etats-Unis ou au Canada. Mais en France, il n'y a pas beaucoup de coréens.
Chauffeur de taxi	: Vous êtes touriste ?
Sophie	: Non, je suis venue en France pour étudier.
Chauffeur de taxi	: Qu'est-ce que vous allez étudier ?
Sophie	: Je vais étudier l'économie.
Chauffeur de taxi	: C'est votre première visite en France ?
Sophie	: Non, c'est ma deuxième fois. Il y a beaucoup de voitures aujourd'hui.
Chauffeur de taxi	: Oui, c'est parce qu'il est 19 heures. Il y a toujours des bouchons à cette heure là.
Sophie	: On va arriver dans combien de temps ?
Chauffeur de taxi	: On va arriver à peu près dans une heure. Je pense qu'il y aura moins de bouchons dans le centre de Paris.

> voiture 자동차
> bouchon 교통 체증
> Je suis désolé. =
> Excusez-moi. =
> Pardon. 죄송합니다./
> 실례합니다.
> C'est parce que ~
> ~하기 때문이다
> touriste 관광객
> quelque 약간의, 다소의
> Etats-Unis 미국
> Canada 캐나다

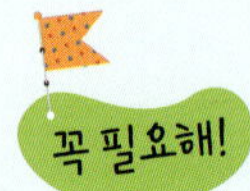

＊ D'où venez-vous ?에서 De가 있는 이유는 무엇일까요?

그것은 문장에 venir de 표현이 있기 때문입니다. '당신은 한국에서 왔다'라고 말하려면 venir de 표현을 사용해서 Vous venez de Corée.라고 해야 합니다. 이렇게 de가 들어가야 하는 문장을 où를 사용한 의문문으로 만들면 Vous venez d'où ?가 됩니다. de가 유지 되어야 하는 것이지요. 그래서 이 문장을 도치하게 되면 의문사가 맨 앞에 위치하게 되며 D'où venez-vous ?가 되는 것입니다.

A 다음 문장들을 프랑스어로 말하고 쓸 수 있는지 확인해 보세요.

1. 지금 식사를 할 수 있나요?

2. 생선 요리로 하겠습니다.

3. 주스로는 어떤 것이 있나요?

4. 오렌지 주스로 하겠습니다.

5. 프랑스에서 무엇을 하실 겁니까?

6. 프랑스에서 얼마 동안 있으실 건가요?

7. 어디에서 사실 겁니까?

8. 택시를 어디에서 탈 수 있나요?

9. 지하철이나 버스를 탈 수 있나요?

10. 모르겠네요.

11. 쭉 가세요.

12. 멀지 않습니다.

13. 짐이 많으시네요.

14. 주소가 있으신가요?

15. 공부하러 프랑스에 왔어요.

최대한 신체의 많은 부분을 햇빛에 노출해야 진정한 선탠이 아닐까요? 뜨거운 햇살이 비치는 날이면 프랑스 사람들은 남녀노소 할 것 없이 모두 약속이라도 한 것처럼 바닷가plage로 '출근'해서 옷을 벗습니다. 우리나라의 해변과 다른 것은 가슴을 내놓고 선탠하는, 즉 토플리스topless 일광욕을 즐기는 여성들이 많다는 것과 할아버지 할머니들도 선탠을 즐긴다는 점입니다.

독특하게도 프랑스에는 알몸으로만 들어갈 수 있는 나체 해수욕장이 있습니다. 프랑스 사람들이 나체 해수욕장을 찾는 이유는? 다른 게 아니라 자연을 사랑하고 햇빛을 좋아하기 때문입니다. 선탠을 할 때 수영복 자국이 남는 게 싫어서 나체 해수욕장을 찾는 이들도 있지만, 나체 해수욕장은 일부 프랑스 가족의 '전통'이기도 합니다. 나체 해수욕장이 있는 캠핑장에서는 옷을 입을 수 없는 게 규칙이고, 캠핑장에 있는 마트에서 쇼핑을 할 때도 알몸으로 카트를 끌고 다녀야 합니다. 요즘은 프랑스에서 이런 '자연주의Naturisme'를 즐기는 사람들을 놀리는 추세이긴 하지만 이런 자연주의자Naturiste들을 위한 캠핑장은 매년 단골 휴가객들을 맞이하고 있습니다. 물론 이런 나체 해수욕장은 극소수의 극단적인 경우이고, 대부분 바닷가와 캠핑장은 정상적으로 운영되고 있습니다.

프랑스인들이 햇빛을 사랑하는 것은 부인할 수 없는 사실입니다. '날씨가 좋다'는 프랑스어로 'Il fait beau. Il fait chaud.'라고 하는데요. 프랑스인에게 날씨가 좋다는 것은 '햇빛이 나고 덥다'는 것을 의미합니다. 요즘 환경오염에 의해 지구 온도가 점점 높아지고 열대화되어가는 지역이 많다고 하지만, 이것이 프랑스인들에게는 꼭 나쁜 소식만은 아니라고 농담하기도 합니다.

Leçon # 07

기차를 타고
프랑스 학교 기숙사에 도착

학습 포인트

- 호텔 프런트 담당자와의 대화
- 기차역에서의 대화
- 기숙사 관리인과의 대화

1

Sophie	: Bonjour, j'ai réservé une chambre.
Réceptionniste	: Oui, c'est à quel nom ?
Sophie	: Au nom de Sophie Lee.
Réceptionniste	: Vous pouvez épeler votre nom ?
Sophie	: Oui, c'est L E E.
Réceptionniste	: Vous avez réservé une chambre simple pour une nuit avec le petit déjeuner.
Sophie	: Oui.
Réceptionniste	: Tenez. Voici la clé. C'est la chambre 607 au sixième étage. Il y a l'ascenseur à votre gauche.
Sophie	: Merci.
Réceptionniste	: Bonne soirée.
Sophie	: Vous aussi. Merci.

réserver 예약하다
réservation 예약
chambre simple 싱글룸
chambre double 더블룸
pour une nuit 하룻밤
pour 2 nuits 이틀 밤
première étage 1층
deuxième étage 2층
ascenseur 엘리베이터
à votre gauche
　당신에게서 왼쪽

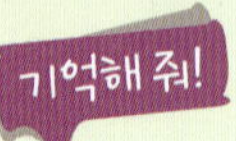

* réceptionniste : 프런트 담당자　　C'est à quel nom ? : 어떤 이름으로요?
réception : 호텔 카운터　　　　　Au nom de ~ : ~ 이름으로요
épeler : 철자를 부르다　　　　　Vous pouvez épeler ? = Comment ça s'écrit ? : 어떻게 쓰나요?

2

Sophie : Bonjour.

Employé : Bonjour.

Sophie : J'ai réservé un billet pour Bordeaux.

Employé : Vous avez le numéro de réservation ?

Sophie : Oui, tenez.

Employé : Je suis désolé. Ce train est annulé en raison de grève.

Sophie : Pardon. Je n'ai pas très bien compris, vous pouvez répéter, s'il vous plaît ?

Employé : Vous ne pouvez pas prendre ce train parce qu'il y a la grève.

Sophie : Comment est-ce que je dois faire pour prendre le train pour aller à Bordeaux ?

Employé : Vous devez attendre jusqu'à ce soir. Sinon, je peux vous rembourser votre billet maintenant.

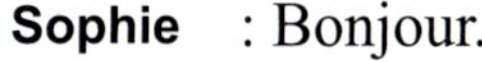

billet (기차, 비행기) 표
ticket (버스, 지하철) 표
numéro 번호
annuler 취소하다
annulé 취소됨
annulation 취소
grève 파업
comment 어떻게
attendre 기다리다
Attendez. 기다리세요.

* **jusqu'à ~ :** ~까지

| jusqu'à demain : 내일까지 | jusqu'à Paris : 파리까지 | jusqu'au 14 juillet : 7월 14일까지 |

* sinon : 아니면

  remboursement : 환불

  rembourser : 환불하다

  maintenant = tout de suite : 지금

3

Sophie : Il n'y a aucun train pour Bordeaux aujourd'hui ?

Employé : Vous avez un train à 20 heures 40. Si vous réservez maintenant, vous pouvez prendre ce train.

Sophie : Oui, alors je vais réserver ce train.

Employé : Je vais vous rembourser votre billet et ensuite réserver le train de ce soir.

Sophie : D'accord.

Employé : Vous réservez en première ou en seconde classe ?

Sophie : En seconde classe, s'il vous plaît.

Employé : Vous prenez un aller simple ou un aller-retour ?

Sophie : Ce sera un aller simple.

Employé : Voilà votre billet. Je suis désolé pour cette grève.

Sophie : Ce n'est pas grave.

ensuite = puis 그다음에
classe 좌석, 등급, 교실, 반
première 첫 번째, 일등석
seconde = deuxième 두 번째, 이등석
aller simple 편도
aller-retour 왕복

기억해 줘!

* ne ... aucun : 아무것도, 하나도
예 Il n'y a aucun train. (기차가 하나도 없다.)
Il y a un train. = Vous avez un train. (기차가 있습니다.)
Si ~ : 만약, ~ 한다면

4

Annonce : "Votre attention, s'il vous plaît. Le train numéro 1384 en provenance de Nice, va arriver à 20 heures 35 voie D.

Le train numéro 2114 qui vient de Cannes, va entrer en gare à 20 heures 47 voie B.

Le train numéro 3427 qui part à Bordeaux, va entrer en gare à 20 heures 50 voie F."

"Le train numéro 3427 à destination de Bordeaux va partir. Prenez garde à la fermeture automatique des portes."

"Vous êtes arrivés à la gare de Bordeaux. Assurez-vous que vous n'avez rien oublié dans le train."

voie 길, 차선, 선로
Prenez garde. =
Attention. 조심하세요./
　주의하세요.
fermeture 닫힘
fermer 닫다
ouverture 열림
ouvrir 열다
automatique 자동
manuel 수동
porte 문
fenêtre 창문
s'assurer = vérifier
　확인하다
assurer 보증하다,
　안전하게 하다

* annoncer : 알리다, 공고하다　　annonce : 알림, 방송
  attention : 조심, 주의　　Votre attention, s'il vous plaît. : 안내방송 드립니다.

* en provenance de ~ = qui vient de ~ : ~에서 오는
  à destination de ~ = qui part à ~ : ~로 가는 ~로 향하는

5

Accueil de la résidence

Sophie : Bonjour, je suis désolée. Je suis en retard.

Concierge : Je sais. C'est à cause de la grève. Ils sont toujours en grève de toute façon.

Sophie : Oui, j'ai été surprise. Je suis heureuse d'être là, ce soir.

Concierge : Oui, vous avez de la chance parce que les autres étudiants ne sont pas venus aujourd'hui. Ils vont peut-être arriver demain. Vous devez être fatiguée.

Sophie : Oui, un peu.

Concierge : Vous avez fait un bon voyage quand même ?

Sophie : Oui, ça va. Je vais bien dormir ce soir.

Concierge : Alors, vous avez votre carte d'étudiant ?

Sophie : Oui, voilà.

arriver 도착하다
peut-être 어쩌면
quand même 그래도
faire un voyage =
  voyager 여행하다
un peu 조금
beaucoup 많이

기억해 줘!

* accueil : 안내 카운터
résidence : 레지던스
Je sais. : 알아요.
à cause de ~ : ~ 때문에
de toute façon : 어차피
surprendre : 놀라게 하다
être heureux de ~ : ~해서 행복하다/기쁘다
autre : 다른

accueillir : 맞이하다
résidence universitaire = cité universitaire : 기숙사
Je ne sais pas. : 몰라요.
toujours : 항상
être surpris : 놀라다
surprise : 놀라움, 놀라운 일, 선물
avoir de la chance : 운이 좋다, 행운이 있다
autres personnes : 다른 사람들

* **Vous devez être fatiguée.**는 '당신은 피곤해야 합니다.'가 아닌 '피곤하시겠습니다.'라는 뜻입니다.

devoir 동사는 '해야 한다'라는 뜻도 있지만, 이 예와 같이 상황을 가정할 때 사용하기도 합니다.

6

Concierge : Venez par là. Je vais vous montrer votre chambre. On y va ?

Sophie : Oui, on y va.

Concierge : Donc, vous allez passer 2 ans dans ce campus. Vous verrez. C'est très agréable ici.

Sophie : Il n'y a pas trop de bruit le soir ?

Concierge : Non, ça va. Normalement, c'est plutôt calme. Mais ce soir, c'est l'anniversaire d'un étudiant. C'est pour ça qu'il y a du bruit. S'il y a du bruit le soir, appelez-moi.

Sophie : Merci.

Concierge : Voici votre chambre. Ce n'est pas très grand. Mais, il y a tout ce qu'il faut.

Sophie : Il y a la machine à laver ?

Concierge : Oui, il y a aussi une télévision, un réfrigérateur, un four à micro-ondes, un canapé, un lit, un bureau et une douche. Si vous voulez la wi-fi, c'est en option.

Sophie : Combien ça coûte ?

Concierge : C'est 7 euros par mois. Venez au bureau demain, je vais vous inscrire.

Sophie : D'accord, merci.

Concierge : Voilà. Je vous souhaite une très bonne nuit.

Sophie : Merci monsieur. A vous aussi.

---

par ~ ~로
montrer 보여 주다
chambre 방
donc = alors 그래서, 그러니까
passer 보내다
agréable 좋은, 재미있는, 편안한
trop 너무
trop de ~ 너무 많은 ~
bruit 소리
normal 정상적인
normalement 원래는, 평상시에는
plutôt ~한 편이다
calme 조용한
bruyant 시끄러운
anniversaire 생일
pour ça 그렇기 때문에
si + il = s'il
appeler 부르다, 전화하다
voici ~ = voilà ~ 여기 ~가 있습니다
tout ce qu'il faut 필요한 모든 것
machine à laver 세탁기
télévision 텔레비전
réfrigérateur 냉장고
four à micro-ondes 전자레인지
canapé 소파
lit 침대
bureau 책상
douche 샤워실
wi-fi = connection internet 와이파이, 인터넷 접속
option 옵션
en option 옵션으로
par mois 한 달에
Je vous souhaite ~ ~하기 바랍니다

Marie : Salut, tu es nouvelle ?

Sophie : Oui, je suis arrivée hier soir.

Marie : Moi, c'est Marie. Et toi ?

Sophie : Je m'appelle Sophie.

Marie : Tu viens de quel pays ?

Sophie : Je viens de la Corée du Sud.

Marie : La Corée du Sud ? J'adore ce pays. J'adore la Kpop.

Sophie : C'est vrai ? Tu connais Psy ?

Marie : Oui. Je connais Big Bang aussi. J'adore. Ils sont beaux.
Tu peux m'apprendre le coréen ?

Sophie : Oui, bien sûr. Qu'est-ce que tu étudies à l'université ?

Marie : J'étudie l'art contemporain. J'adore les artistes asiatiques.
Et toi, quelle est ta spécialité ?

Sophie : Je suis en économie.

Marie : Bienvenue parmi nous.

Sophie : Merci.

> nouveau/nouvelle
> 새로운, 신입
> art 예술
> art contemporain
> 현대 예술
> asiatique 아시아의,
> 아시아인
> être en ~ 과에 있다
> bienvenue 환영해,
> 환영합니다
> parmi ~ 중에/가운데/안에

 꼭 필요해!

* Tu viens de quel pays ? = De quel pays viens-tu ? 어느 나라에서 왔니?
Je viens de la Corée du Sud. 나는 한국에서 왔어. *Je viens de Corée라고 하는 경우 'la'를 생략합니다.
(여성명사 나라는 de 다음에 관사를 넣지 않습니다. 하지만 Corée du Sud 형태로 '남쪽'이라고 할 때는 'la'를
넣습니다.)
Je suis coréen/coréenne. 나는 한국 사람이야.

* apprendre : 배우다

J'apprends le français. 프랑스어를 배우다.
Je t'apprends le français. 나는 너에게 프랑스어를 가르친다.
Tu m'apprends le français. 너는 나에게 프랑스어를 가르친다.
Tu peux m'apprendre le français ? 나에게 프랑스어를 가르쳐 줄 수 있어?

A 다음 문장들을 프랑스어로 말하고 쓸 수 있는지 확인해 보세요.

1. 방 하나를 예약했어요.

2. 철자를 말씀해 주시겠어요?

3. 좋은 저녁 보내세요.

4. 보르도로 가는 표를 예약했습니다.

5. 예약 번호 있으신가요?

6. 오늘 저녁까지 기다리셔야 합니다.

7. 죄송합니다. 늦었습니다.

8. 놀랐어요.

9. 어제 저녁에 도착했어.

10. 어느 나라에서 왔어?

11. 한국에서 왔어.

12. 대학교에서 무엇을 공부하니?

13. 네 전공이 뭐야?

14. 나에게 프랑스어를 가르쳐 줄 수 있어?

15. 환영해.

프랑스 사람들은 참 친절합니다. 문화적으로 친절이 몸에 배어 있다고도 할 수 있는데요. 예를 들어, 문을 열고 지나갈 때 뒷사람을 배려해서 문을 잡아 주는 것을 흔히 볼 수 있습니다. 특히 맞은편에서 여자나 노인이 오는 것을 보면 남자는 꼭 문을 열어 주고, 이런 친절을 받은 사람들은 웃으며 "Merci."라고 인사합니다.

프랑스 사람들이 서로를 배려하는 모습은 운전할conduire 때도 찾아볼 수 있는데요. 오히려 양보가 지나친 게 아닐까 싶을 정도랍니다. 일단 횡단보도에 사람이 기다리고 있으면 자동차는 대부분 멈춥니다. 그것은 뒤에 차가 오는지 보다 횡단보도에서 기다리고 있는 사람을 먼저 배려하기 때문인데요. 횡단보도가 빨간불이어도 차가 없으면 사람들은 당연하다는 듯이 길을 건넙니다. 그러다 차가 오면 보행자가 멈추는 것이 아니라 차가 사람이 길을 건널 수 있도록 멈춰 섭니다. 또한, 운전자들 사이에서도 누군가 방향지시등을 켜면 브레이크를 밟아서라도 양보해 주는 것을 당연하게 생각한답니다.

만약 프랑스에서 운전하게 된다면 한 가지 주의할 점이 있는데요. 그것은 바로 직진하는 차보다 오른쪽에서 오는 차가 우선이라는 것! 물론 고속도로나 국도와 같이 달리는 길에서는 직진하는 차가 우선이지만, 작은 길에서는 진입하는 길 위에 하얀 선이 없을 때 오른쪽에서 오는 차가 우선이랍니다. 그래서 이런 길에서는 오른쪽에서 차가 오는지 확인하고, 차가 있다면 양보해야 합니다. 양보를 안 하고 사고가 날 경우, 사고의 책임은 직진하는 차에게 있기 때문에 항상 오른쪽에 차가 오는지 주시하면서 운전해야 합니다.

Leçon **08**

은행 계좌 만들기, 체류증 신청하기

학습 포인트
- 은행에서의 대화
- 구청에 제출할 서류 확인
- 휴대전화 구입 및 통화

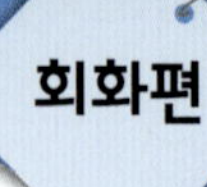

1

banque 은행
banquier 은행원
recevoir 받다
reçu 받음, 영수증
date 날짜
adresse 주소

Banquier : Bonjour, qu'est-ce que je peux faire pour vous ?

Sophie : Bonjour, je voudrais ouvrir un compte, s'il vous plaît.

Banquier : Pour ouvrir un compte, vous devez prendre un rendez-vous avec notre conseiller.

Sophie : D'accord. Je voudrais prendre un rendez-vous, le plus tôt possible.

Banquier : Vous allez recevoir une lettre avec la date et l'heure du rendez-vous. Quelle est votre adresse ?

Sophie : J'habite à la résidence universitaire de Bordeaux.

Banquier : Très bien. Je pourrais avoir votre adresse complète ?

Sophie : Oui, c'est le 14 avenue de la Résidence, 33000 Bordeaux.

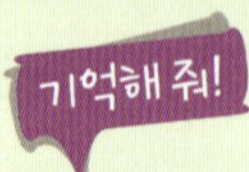

* Qu'est-ce que je peux faire pour vous ? 당신을 위해 제가 무엇을 할 수 있을까요?
ouvrir un compte : 계좌를 개설하다
prendre un rendez-vous = prendre rendez-vous : 약속을 잡다
conseiller : 상담원, 권하다, 조언하다

tôt : 빨리, 일찍	tard : 늦게
le plus tôt : 가장 빨리	le plus tard : 가장 늦게
le plus tôt possible : 가능한 한 가장 빨리	le plus tard possible : 가능한 한 가장 늦게

* Je pourrais ~ : ~할 수 있을까요? | complet/complète : 완전한

2

Objet : Confirmation de rendez-vous

Mademoiselle,
Suite à notre entretien du 23/08/2013, je vous confirme votre rendez-vous avec votre conseiller, M. Arnaud, qui vous recevra à l'agence BNP Paribas, le 25/08/2013 à 15H00.

Vous devez apporter une pièce d'identité, un justificatif de domicile et votre carte d'étudiant.

Veuillez recevoir, mademoiselle LEE, nos salutations distinguées.

objet 주제
confirmation 확인
confirmer 확인하다
suite 다음
suite à ~ ~ 후에
entretien 만남, 미팅
agence 지점
justificatif 증명서
domicile 주거지

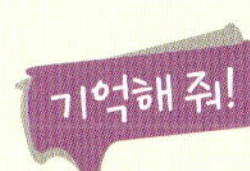

| * | M. = monsieur | Mme. : madame | Mlle. : mademoiselle |

* Veuillez recevoir, … , nos salutations distinguées. (간단한 편지 끝 부분의 경우)

* 프랑스에서 가장 대중적인 은행들

| BNP Paribas | Crédit Lyonnais | Crédit Agricole |
| La Poste | Société Générale | |

3

1/ Justificatifs d'identité

— Passeport en cours de validité avec le visa

— 4 photos d'identité récentes

— Acte de naissance (traduit en français)

2/ Justificatifs de domicile

— Vous êtes locataire : contrat de location ou quittance de loyer, ou facture d'électricité, ou d'eau, ou de gaz, ou de téléphone de moins de trois mois.

— Vous êtes hébergé chez un particulier : attestation d'hébergement, pièce d'identité de la personne qui héberge, justificatif de domicile de cette personne.

— Vous êtes logé en Cité Universitaire ou en foyer : attestation d'hébergement.

3/ Justificatifs de scolarité

— Inscription pour l'année universitaire en cours (carte d'étudiant)

---

site internet 인터넷 사이트
préfecture 구청
identité 신분
en cours de ~ ~ 중인
validité 유효
traduit 번역된

4/ Justificatifs de ressources

— attestation de bourse, précisant son montant

— ou ressources personnelles d'un montant supérieur à 460 euros/mois : 3 derniers relevés d'un compte bancaire ouvert en France ou 3 derniers bulletins de salaire + autorisation provisoire de travail ou virement bancaire

— ou prise en charge par une personne résidant en France : lettre de prise en charge + pièce d'identité et ressources de la personne qui prend en charge. (3 documents au total)

5/ Un timbre de l'Agence Nationale de l'Accueil des Etrangers et de Migrations (ANAEM) d'un montant de 55 euros. (première demande)

6/ Un certificat médical délivré après une visite médicale obligatoire à l'ANAEM.

ressource 자금
attestation 증명서
bourse 장학금, 보조금
préciser 확실히 하다,
　명시하다
montant 액수
supérieur à ~ ~ 이상의
compte 계좌
étranger 외국인
visite 방문
médical 의료적인
obligatoire 의무적인

4

Vendeur : Bonjour, je peux vous aider ?

Sophie : Oui, je cherche un smartphone pas trop cher.

Vendeur : D'accord. Avec abonnement ou sans abonnement ?

Sophie : Avec abonnement c'est moins cher ?

Vendeur : Oui, tout à fait. Par exemple, ce smartphone est excellent. Il a un grand écran et il est très fin.

Sophie : Il est léger ?

Vendeur : Oui, il est plutôt léger et il a beaucoup de fonctions très utiles. Regardez.

Sophie : Combien ça coûte ?

Vendeur : Alors, il y a une promotion. Le prix du téléphone seul est de 479 euros. Mais avec un abonnement SFR de 24 mois, vous l'aurez à 199 euros.

Sophie : Combien est-ce que je dois payer par mois ?

Vendeur : Le forfait est à 59 euros par mois.

Sophie : C'est cher.

Vendeur : Oui, mais les appels, les SMS et l'internet sont illimités.

Sophie : Illimités ? C'est intéressant.

---

smartphone 스마트폰
pas trop cher
 너무 비싸지 않은
avec ~ ~와 함께
sans ~ ~ 없이
abonnement 정기 가입
abonner 정기 가입하다
moins cher 덜 비싼
plus cher 더 비싼
écran 화면
fin 얇은, 끝, 마지막
épais 두꺼운
léger 가벼운
lourd 무거운
fonction 기능
utile 유용한
promotion 할인 행사
seul 혼자, 단독

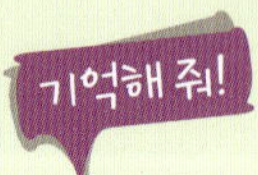

* Tout à fait. = Exactement. : 맞습니다.　　par exemple : 예를 들면

* 프랑스 통신사로는 SFR, Orange, Bouygues가 있습니다.

| forfait : 요금제 | appel : 통화 | SMS = texto : 문자 | illimité : 무제한 |

5

Marie	: Salut Sophie.
Sophie	: Salut Marie, comment ça va ?
Marie	: Ça va très bien, et toi ?
Sophie	: Ça va. Mais je suis un peu fatiguée.
Marie	: Ah bon ? Pourquoi ?
Sophie	: Je suis fatiguée parce que je n'ai pas beaucoup dormi.
Marie	: Tu as des soucis ?
Sophie	: Non, c'est à cause du décalage horaire.
Marie	: Il y a combien d'heures de décalage entre la France et la Corée ?
Sophie	: Il y a 8 heures de décalage. Il est 3 heures du matin en Corée, mais je n'arrive pas à dormir.
Marie	: Tu dois être fatiguée. Tu dois te reposer.
Sophie	: Oui, il faut que je me repose.
Marie	: Ça ira mieux dans quelques jours.
Sophie	: Oui, je vais finir par m'adapter à l'heure française.
Marie	: Tu veux venir manger chez moi ?
Sophie	: Oui, d'accord. C'est gentil. Merci.

être fatigué 피곤하다
dormir 자다
se coucher 자려고 눕다
soucis 걱정
décalage 차이, 간격
ça va mieux 나아졌다
ça ira mieux 나아질 것이다
quelque 몇
quelques jours 며칠
finir 끝내다
finir par + 동사원형
　결국 ~ 하다
s'adapter 적응하다
heure française
　프랑스 시간
chez moi 나의 집
chez Marie 마리의 집
décalage horaire 시차

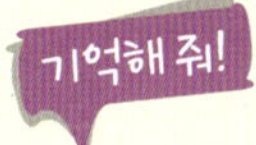

* Il y a combien d'heures de décalage ? = Combien d'heures de décalage y a-t-il ?
얼마큼의 시차가 있나요?

arriver à + 동사원형 : ～에 다다르다　　　　　　arriver à dormir : 잠이 오다

* **devoir être**는 가정을 할 때 사용하는 표현입니다.

Tu **dois être** fatigué.는 '너는 피곤해야 한다.'가 아닌 '너는 피곤하겠다.'라는 뜻입니다.

* se reposer : 쉬다, 휴식을 취하다　　　　Tu dois **te reposer**. 너는 쉬어야 한다.
Il faut que + 접속법 : ～ 해야 한다　문법편 참고 p.330　　**Il faut que** tu te reposes. = Tu dois te reposer.
너는 쉬어야 한다.

David : Allô, Sophie ?

Sophie : Oui, David. C'est moi.

David : Alors, comment ça va ? Tout se passe bien en France ?

Sophie : Oui, tout va bien. J'aime bien.

David : Tu es où ?

Sophie : Je suis dans ma chambre. J'ai eu une longue journée.

David : Qu'est-ce que tu as fait aujourd'hui ?

Sophie : Ce matin, j'avais rendez-vous avec la banque. J'ai ouvert un compte. Ensuite, je suis allée au bureau de la résidence universitaire pour l'attestation d'hébergement. J'ai mangé au restaurant universitaire. J'ai retrouvé les amis d'ici. C'était super. Ils étaient très contents de me revoir. Ils m'ont aidé pour le dossier de titre de séjour. Nous sommes allés sur le site de la préfecture. J'espère que j'aurai vite ma carte de séjour.

David : Tu n'es pas trop fatiguée ?

Sophie : Non, ça va. Je suis un peu fatiguée à cause du décalage horaire, mais je suis heureuse quand même. Et toi, comment ça va en Corée ?

David : C'est comme d'habitude. C'est la routine.

Allô. 여보세요.
C'est moi. 나야.
tout 모든 것 (대명사)
se passer 되어가다.
  진행되다
long / longue 긴
court / courte 짧은
super = très bien
  아주 좋은
espérer 바라다
quand même 그래도
habitude 습관
comme d'habitude
  항상 그렇듯이
routine 일상

* **Tu es où ? = Où es-tu ?** 너 어디에 있어?

말할 때는 도치하지 않고, 〈주어+동사+의문사〉 구조로 말할 수 있습니다.

A 다음 문장들을 프랑스어로 말하고 쓸 수 있는지 확인해 보세요.

1. 계좌를 개설하고 싶습니다.

2. 약속을 잡으셔야 합니다.

3. 가능한 한 가장 빨리 약속을 잡고 싶습니다.

4. 주소를 알 수 있을까요?

5. 신분증과, 거주증명서, 학생증을 가져오셔야 합니다.

6. 너무 비싸지 않은 스마트폰을 찾고 있습니다.

7. 이 스마트폰은 훌륭합니다.

8. 가벼운가요?

9. 보세요.

10. 조금 피곤해.

11. 잠을 많이 못 잤어.

12. 나는 잠이 오지 않아.

13. 피곤하겠다.

14. 쉬어야 해.

15. 우리 집에 와서 식사할래?

프랑스에서는 운전할 때 경적klaxon을 잘 사용하지 않는 편입니다. 아마도 프랑스 사람들 대부분은 경적을 한 번도 눌러 본 적이 없다고 말해도 과언이 아닐 겁니다. 빨간색 신호등에서 파란불로 바뀌었는데 앞차가 출발하지 않는다면? 프랑스 사람들은 그냥 기다립니다. 성격이 웬만큼 여유롭지 않은 사람들에게는 정말 힘든 일이죠. 앞차에 탄 연인이 신호가 바뀐지도 모르고 키스를 하는 것을 보면서도 가만히 기다려 주는 센스를 가진 운전자들을 프랑스에 살면서 여러 번 보았습니다. 사소한 것이지만 이런 면에서 프랑스 사람들은 여유롭게 배려하며 사는 멋진 사람들인 것 같습니다.

마지막으로 프랑스인들의 친절함을 보여 주는 다른 사례는 길거리에서 길을 물어볼 때입니다. 프랑스에서 누군가에게 길을 물어본다면 아주 친절하고 자세한 설명을 들을 수 있을 겁니다. 몇 번째 길에서 어느 쪽으로 가야 하고, 가는 길에 무엇이 보이며, 어느 정도의 시간이 걸리는지까지 매우 열정적으로 설명해 줍니다. 만약 길을 물어 본 사람이 길을 잘 모를 경우에는 물어본 사람이 "Ça va aller 괜찮아요."이라고 말해야 할 정도로 무척 미안해합니다. 유난히 길을 열심히 설명해 주던 프랑스 사람들을 떠올려 보면 미소가 지어질 정도로 참 친절한 프랑스인들입니다.

Leçon **09**

생활용품 및 음식 고르기

학습 포인트

- 제빵사, 마트 직원, 약사, 웨이터, 상인과의 대화
- 거리에서 길 물어보기
- 친구와의 대화

1

Sophie : Bonjour, une baguette, s'il vous plaît.

Boulanger : Très bien. Et avec ceci ?

Sophie : Je voudrais aussi deux croissants.

Boulanger : Ce sera tout ?

Sophie : Je vais prendre aussi, une tarte aux fraises, s'il vous plaît.

Boulanger : Vous avez besoin d'autre chose ?

Sophie : Non, ce sera tout.

Boulanger : Alors, une baguette, deux croissants et une tarte aux fraises, ça fait 9 euros 80, s'il vous plaît.

Sophie : Tenez.

Boulanger : On ne prend pas la carte bleue parce que la machine est en panne. Je suis désolé.

Sophie : Ce n'est pas grave. Alors, je vais payer en espèce. Voilà.

Boulanger : Merci. Voici votre monnaie. Au revoir. Bonne journée.

Sophie : Merci. Bonne journée à vous aussi.

baguette 바게트
croissant 크로아상
tarte 파이
tarte aux fraises 딸기 파이
tarte au chocolat 초코파이
carte bleue = carte de crédit 신용카드
machine 기계
être en panne 고장 나다
payer 지불하다
en espèce 현금으로
par carte bleue 카드로
monnaie 잔돈
argent 돈, 은

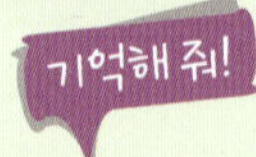

* Et avec ceci ? = Vous avez besoin d'autres choses ? = Ce sera tout ? 다른 필요한 것 있으세요?

Ce sera tout ? 이게 다인가요?	Ce sera tout. 이게 다입니다.

* Je vais prendre aussi ~ : ~도 주세요

* Ça fait ~ euros : 다 합해서 ~유로입니다

2

Sophie : Excusez-moi.

Employé : Oui, je peux vous aider ?

Sophie : Où sont les bouteilles d'eau, s'il vous plaît ?

Employé : Le rayon boissons est au fond du magasin, à votre droite.

Sophie : Merci. Je cherche aussi le rayon produits laitiers.

Employé : Les produits laitiers se trouvent à votre gauche. Juste là.

Sophie : Je ne l'avais pas vu. Merci.

Employé : Je vous en prie. Bonne journée.

Sophie : Merci. Bonne journée.

bouteille 병
bouteille d'eau 물병
au fond 끝 부분에
magasin 가게, 매장

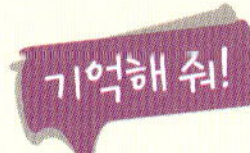

*** Je peux vous aider ? 도와드릴까요?**

puis는 peux의 예전 형태입니다. 이 문장에서는 특별히 puis를 쓰기도 합니다.

*
rayon boissons : 음료 코너	rayon produits laitiers : 유제품 코너
rayon surgelés : 냉동 코너	rayon poissonnerie : 생선 코너
rayon petit-déjeuner : 아침 식사 코너	rayon épicerie : 향신료 코너
rayon charcuterie : 가공제품 코너	rayon boucherie : 정육 코너

*
se trouver = être : ~에 있다 (위치를 나타낼 때만)	juste là : 바로 여기

3

Sophie : Excusez-moi. Est-ce qu'il y a une pharmacie à côté d'ici ?

Passant : Oui, je crois qu'il y a une pharmacie, mais je ne me rappelle plus. Je ne suis pas d'ici. Je suis désolé.

Sophie : Ce n'est pas grave. Merci.

…

Sophie : Excusez-moi. Je cherche la pharmacie, s'il vous plaît.

Passant : La pharmacie ? Alors, vous prenez cette rue. Vous allez tout droit. Ensuite, au fond de la rue, vous tournez à gauche. Vous allez tout droit et vous tournez à la deuxième rue à droite.

Sophie : Est-ce que c'est loin d'ici ?

Passant : Non, c'est à 5 minutes d'ici. C'est près d'ici.

Sophie : Merci beaucoup.

Passant : De rien, bonne journée.

Sophie : Merci, bonne journée.

pharmacie 약국
hôpital 병원
croire 믿다
Je crois que ~ =
  Je pense que ~
  ~인 것 같다
se rappeler =
  se souvenir 기억하다
être d'ici 이곳 사람이다

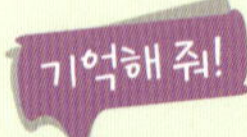

기억해 줘!

* prendre la rue : 이 길로 가다 aller tout droit : 곧장 가다, 직진하다
tourner à gauche : 왼쪽으로 돌다 tourner à la première rue à gauche : 첫 번째 길에서 왼쪽으로 돌다
tourner à droite : 오른쪽으로 돌다 tourner à la deuxième rue à droite : 두 번째 길에서 오른쪽으로 돌다

* être loin de ~ : ~에서 멀리 있다 être près de ~ : ~에서 가까이 있다
être à 5 minutes de ~ : ~에서 5분 거리에 있다 être à 500 mètres de ~ : ~에서 500미터 거리에 있다

4

Pharmacien : Bonjour.

Sophie : Bonjour, je voudrais un médicament contre la grippe, s'il vous plaît.

Pharmacien : Vous avez de la fièvre ?

Sophie : Oui, j'ai de la fièvre et je tousse beaucoup.

Pharmacien : Vous avez mal à la tête aussi ?

Sophie : Oui, j'ai un peu mal à la tête.

Pharmacien : Je vais vous donner ce médicament. Prenez 2 comprimés, 2 fois par jour, le matin et le soir, après le repas.

Sophie : Est-ce que vous avez des pastilles contre la toux ?

Pharmacien : Bien sûr. Voilà. Il vous faut autre chose ?

Sophie : Non, ce sera tout. Merci.

pharmacien 약사
médecin 의사
médicament 약
contre 맞서는, 반대의
grippe (유행성) 감기
rhume 감기
fièvre 열
toux : 기침
tousser 기침하다

기억해 줘!

* **avoir mal** : 아프다

avoir mal à la tête : 머리가 아프다	avoir mal à l'estomac : 위가 아프다
avoir mal au ventre : 배가 아프다	avoir mal ici : 여기가 아프다
avoir des nausées : 머리가 아프다 (어지러움)	

comprimé : 알약	pastille (약) = bonbon (간식) : 사탕	
fois : 번	2 fois : 두 번	2 fois par jour : 하루에 두 번
avant : 전	après : 후	repas : 식사

* **Il vous faut autres choses ?** : 다른 것이 필요하신가요?

5

Serveur : Bonjour, qu'est-ce que je vous sers ?

Sophie : Un café au lait, s'il vous plaît.

Serveur : Très bien. Vous avez besoin d'autre chose ?

Sophie : Oui, qu'est-ce que vous avez comme sandwich ?

Serveur : Alors, nous avons des sandwichs au jambon, au jambon cru, au thon et au fromage.

Sophie : Je vais prendre un sandwich au thon.

Serveur : Très bien. Je vous apporte ça tout de suite.

Sophie : Merci.

(Quelques minutes plus tard…)

Sophie : S'il vous plaît.

Serveur : Oui.

Sophie : Je voudrais l'addition, s'il vous plaît.

Serveur : Vous n'avez pas beaucoup mangé. Ce n'était pas bon ?

Sophie : Si c'était bon, mais je n'avais pas très faim.

apporter 가져오다
plus tard 후에
addition 계산서
bon 맛있는
si (부정의문문에서 '아니요'라고 부정으로 답할 때 사용)
avoir faim 배고프다

기억해 줘!

* **Qu'est-ce que vous avez comme ~ ? / Qu'est-ce qu'il y a comme ~ ? : ~로는 어떤 것이 있나요?**

* sandwich au jambon : 햄 샌드위치　　sandwich au jambon cru : 날 햄 샌드위치
sandwich au thon : 참치 샌드위치　　sandwich au fromage : 치즈 샌드위치

6

Sophie	: Bonjour, je voudrais 3 pommes et 2 poires, s'il vous plaît.
Marchand	: Oui, mademoiselle. Et avec ceci ?
Sophie	: Est-ce que les fraises sont bonnes ?
Marchand	: Oui, aujourd'hui, les fraises sont délicieuses. Regardez cette couleur. Vous pouvez sentir ce parfum. Ce sont les meilleures fraises de la région. En plus, elles ne sont pas chères. Ces fraises sont à 3 euros les 500 grammes.
Sophie	: Alors, je vais prendre 500 grammes de fraises aussi.
Marchand	: Voici les fraises. Et je vous offre cette orange.
Sophie	: Oh. Merci.
Marchand	: Il vous faut autre chose ?
Sophie	: Non ce sera tout. Ça fait combien ?
Marchand	: 3 pommes, 2 poires et 500 grammes de fraises, ça fait 7 euros 80, s'il vous plaît.
Sophie	: Tenez.
Marchand	: Voici votre monnaie. Merci, au revoir.
Sophie	: Merci à vous. Au revoir.

marchand 상인
marché 시장
légume 채소
fruit 과일
pomme 사과
poire 배
fraise 딸기
orange 오렌지
délicieux 맛있는
couleur 색
sentir 느끼다, 냄새를 맡다
parfum 향
région 지역
~ euros les ~ grammes
　~그램에 ~유로
offrir 선물하다

Sophie : Salut Marie. Ça va ?

Marie : Ça va. Et toi.

Sophie : Ça va. Tu as mangé ce soir ?

Marie : Non, je n'ai pas encore dîné.

Sophie : Tu veux venir manger chez moi ?

Marie : Oui, super. Attends. Je me prépare et j'arrive.

Sophie : Prends ton temps. Je t'attends chez moi.

Marie : Tu as fait la cuisine ?

Sophie : Oui, j'ai fait des plats coréens.

Marie : Je n'ai jamais mangé de plats coréens. Ce n'est pas trop épicé ?

Sophie : J'ai fait des plats qui ne sont pas épicés. J'espère que tu vas aimer.

Marie : J'adore la cuisine chinoise et la cuisine japonaise. Alors, je pense que je vais aimer la cuisine coréenne.

Sophie : La cuisine coréenne est très différente.

Marie : J'ai hâte de découvrir.

Sophie : A tout à l'heure.

Marie : A tout de suite.

dîner 저녁 식사를 하다
venir manger 먹으러 오다
Attends. 기다려.
Attendez. 기다리세요.
se préparer 준비하다
prendre son temps 천천히 하다

* faire la cuisine : 요리를 하다   plat : (한 가지) 요리
 épicé : 매운   cuisine : (여러 가지) 요리
 différent : 다른   avoir hâte de + 동사원형 : 빨리 ~하고 싶다
 découvrir : 발견하다, 처음으로 ~해 보다   découverte : 발견
 A tout à l'heure. : 이따 봐.   A tout de suite : 잠시 후에 봐.

A 다음 문장들을 프랑스어로 말하고 쓸 수 있는지 확인해 보세요.

1. 바게트 하나 주세요.

2. 크로아상 두 개도 주세요.

3. 생수(물병)들이 어디에 있나요?

4. 여기 주위에 약국이 있나요?

5. 기억이 안 나네요.

6. 약국을 찾고 있어요.

7. 여기서 5분 거리예요.

8. 여기서 가까워요.

9. 감기약 하나 주세요.

10. 열이 있으신가요?

11. 머리도 아프신가요?

12. 사과 세 개와 배 두 개 주세요.

13. 이 딸기들은 500그램에 3유로예요.

14. 500그램 주세요.

15. 집에서 기다릴게.

프랑스의 사회복지 제도

'프랑스' 하면 '데모grève'가 먼저 생각난다고 할 정도로 프랑스에서는 수시로 크고 작은 데모가 많이 일어납니다. 최근에도 공장 노동자, 경찰관, 군인, 유치원 교사, 대학교수, 학생, 비행기 조종사, 의료진, 공항 직원, 택시 기사 등 각계각층 사람들의 데모가 끊이질 않고 있는데요. 하지만 중요한 것은 거의 모든 데모가 폭력 없이 평화적으로 이루어진다는 점입니다. 이렇게 프랑스에서는 각 분야에 종사하는 사람들이 서로 협력하여 자신들이 당연히 누려야 할 권리를 찾아가고, 정부와 사회 또한 그것을 인정하고 있습니다.

프랑스는 교육, 의료, 복지에 지출되는 예산이 프랑스 정부의 예산 중 가장 중요한 부분을 차지할 정도로 사회복지 제도가 참 잘 되어 있는 나라입니다. 경제적으로 어려운 가정은 국가의 보조금으로 생계의 도움을 받을 수 있고, 학생들은 유치원부터 대학교, 대학원까지 모든 교육을 무료로 누리면서 적지 않은 금액의 보조금bourse을 받습니다. 또 실직할 경우에도 생활하기에 충분한 실업수당을 받습니다. 이외에도 장애인 보조금, 고아수당, 신학년수당, 재택아동보육수당 등 다양한 수당 제도가 있고 노인복지, 장애인 복지, 아동복지 등의 복지 제도 및 노령연금, 유족급여, 질병급여, 출산급여, 의료급여, 가족수당급여 등 일일이 다 열거하기 어려울 정도로 다양한 급여 제도가 마련되어 있습니다.

프랑스 복지 제도는 미국이나 다른 선진국들과 비교하면 그 완성도가 아주 높은 것으로 평가되는데요. 금전적인 이유로 '정상적인 생활을 할 수 없는 것', '교육을 받지 못하는 것', '치료받지 못하는 것', 그리고 '나라에서 일자리를 만들어 주지 못하는 것' 등 불공평하다고 생각하는 프랑스인들이 수많은 이념의 발전과 투쟁을 통해 이루어 낸 제도système들이라고 할 수 있습니다.

물론 이런 사회복지 제도가 사회에 악영향을 끼치기도 합니다. 무거운 세금과 복잡한 제도 때문에 사실상 복지에 사용하는 비용을 세금으로서 지불하는 기업들과 중·고소득층의 불만이 높아질 수밖에 없는 상황이기도 한데요. 오늘날 이루어지는 치열한 자본주의 경쟁에서 밀리지 않으려면 프랑스는 이 분야의 개혁réforme이 불가피하다고 보는 사람들이 늘어나는 추세입니다.

Leçon **IO**

프랑스 학교에서의
첫날

학습 포인트

- 오랜만에 만난 친구와의 대화
- 학교에서의 대화
- 일기 쓰기

1

Marc : Sophie ? C'est toi !

Sophie : Salut Marc. Comment vas-tu ?

Marc : Ça fait longtemps. Ça fait plaisir de te revoir.

Sophie : Moi aussi, je suis super contente de te revoir.

Marc : Alors, tu es arrivée quand ?

Sophie : Je suis arrivée il y a 3 semaines.

Marc : Pourquoi tu ne m'as pas appelé ? Tu n'as pas mon numéro ?

Sophie : Non, je n'ai pas ton numéro. Et puis, j'avais beaucoup de choses à faire.

Marc : Je suis content de te revoir en tout cas.

Sophie : C'est quoi ton numéro de téléphone ?

Marc : Alors, c'est le 06 89 21 53 74.

Sophie : D'accord. Maintenant, j'ai ton numéro.

Marc : Tu as pris ton petit-déjeuner ?

Sophie : Oui, mais on peut aller prendre un café si tu veux.

Marc : Alors, on y va.

---

longtemps 오랜 시간
Ça fait longtemps.
　오랜만이야.
plaisir 기쁨
ça fait plaisir 기쁘다,
　날 기쁘게 한다
ça fait plaisir de +
　동사원형 ~해서 정말 좋다
super 너무 (très 대신
　말할 때 자주 쓰는 형용사)
choses à faire 할 것
en tout cas 어쨌든
si tu veux 네가 원한다면

＊ 말할 때는 도치를 하지 않을 수 있습니다.

Tu es arrivé quand ? = Quand es-tu arrivée ? 언제 왔어?
Pourquoi tu ne m'as pas appelé ? = Pourquoi ne m'as-tu pas appelé ? 왜 전화를 안 했어?
Tu n'as pas mon numéro ? = N'as-tu pas mon numéro ? 내 전화번호 없어?
C'est quoi ton numéro de téléphone ? = Quel est ton numéro de téléphone ? 전화번호가 어떻게 돼?
→ 친구 사이에서는 quel 대신 C'est quoi를 쓸 수 있습니다.
Tu as pris ton petit-déjeuner ? = As-tu pris ton petit déjeuner ? 아침 먹었어?

2

Marc : Tu es en première année de master en économie internationale ?

Sophie : Oui, toi aussi, non ?

Marc : Oui, alors on est dans la même classe.

Sophie : Oui, c'est super. Tu vas pouvoir m'aider pour mes devoirs.

Marc : Pas de problème. Ou peut-être que c'est toi qui va m'aider.

Sophie : Le cours commence à 9 heures ?

Marc : Oui, mais il faut être un peu en avance si tu veux être devant.

Sophie : Il est quelle heure ?

Marc : Là, il est 9 heures moins le quart.

Sophie : Alors, on y va ?

même classe 같은 반
aider 도와주다
devoir 과제
Pas de problème.
  문제없어.
ou 아니면, 또는
peut-être 어쩌면
cours 수업
commencer 시작하다
avant 앞
à l'avant 앞쪽에
arrière 뒤
à l'arrière 뒤쪽에
là 지금, 여기

* être en première année : 1학년이다   être en deuxième année : 2학년이다
  peut-être que ~ : 어쩌면 ~ 하겠네   Peut-être qu'il fera beau. 어쩌면 날씨가 좋겠네요.
  C'est ~ qui ~ : ~가 ~를 한다   C'est moi qui vous remercie. 제가 당신께 감사드립니다.

* Il est quelle heure ? = Quelle heure est-il ? 몇 시야?
  → 친구 사이기 때문에 도치를 하지 않고 말할 수 있습니다.

  9 heures 5 : 9시 5분   9 heures et demie : 9시 30분
  9 heures et quart : 9시 15분   9 heures moins le quart : 9시 15분 전

3

Sophie : C'était dur. Je n'ai pas tout compris. Le professeur parle trop vite. Ce n'est pas facile de suivre les cours en français.

Marc : C'est difficile pour les français aussi. Alors, il faut que tu travailles deux fois plus que les autres.

Sophie : Oui, je vais aller travailler à la bibliothèque.

Marc : Tu ne déjeunes pas ?

Sophie : Je n'ai pas très faim. Je vais juste prendre un sandwich.

Marc : Il faut bien manger pour bien travailler. Viens, je t'invite. Il y a un restaurant sympa devant l'université.

Sophie : Ce n'est pas trop loin ? Je voudrais travailler un peu avant les cours de l'après-midi.

Marc : Le restaurant est à 10 minutes d'ici. Il faut prendre le temps de se reposer pour bien travailler. Allez viens vite.

suivre 따라가다, 진도를 나가다
en français 프랑스어로
juste ~ ~만, 오로지 ~
inviter 초대하다
matin 오전
après-midi 오후
soir 저녁
nuit 밤
prendre le temps de +
　동사원형 ~할 시간을 갖다
se reposer 쉬다,
　휴식을 취하다

기억해 줘!

* dur : 힘든, 딱딱한　　　예 C'est dur. (힘들다./어렵다.)

* Je n'ai pas tout compris.에서 tout는 '부정대명사'입니다. 문법편 참고 p.337

*

professeur : 교수, 교사	trop vite : 너무 빨리
facile : 쉬운	C'est facile de + 동사원형 / Il est facile de + 동사원형 : ~ 하는 것은 쉽다
difficile : 어려운	C'est difficile de + 동사원형 / Il est difficile de + 동사원형 : ~ 하는 것은 어렵다

*

fois : 번, 곱하기, 배	deux fois plus : 두 배 더
plus que les autres : 다른 이들보다 더	moins que les autres : 다른 이들보다 덜

4

Magalie : Salut Sophie.

Sophie : Oh, salut Magalie.

Magalie : Tu travailles dur dès le premier jour.

Sophie : Oui, comment tu as su que j'étais là ?

Magalie : Marc m'a dit que tu étais là.

Sophie : On a mangé ensemble à midi.

Magalie : Je sais. Vous avez mangé au restaurant italien. C'était bon ?

Sophie : Oui, c'était très bon.

Magalie : Qu'est-ce que tu fais ce week-end ?

Sophie : Je ne fais rien ce week-end.

Magalie : Tu veux aller faire du shopping avec moi ? C'est les soldes en ce moment.

Sophie : Oui, avec plaisir.

ensemble 같이, 함께
midi 12시
week-end 주말
ce week-end 이번 주말
faire du shopping
  쇼핑하다
soldes 세일 (항상 복수)
en ce moment 요즘
avec plaisir 좋지, 기꺼이

* travailler : 일하다, 공부하다 | travailler dur : 힘들게 일하다, 열심히 공부하다
dès ~ : ~부터 (시간) | premier jour : 첫날
su : 동사 savoir(알다)의 과거분사 | dire : 말하다 (내용 tell) ↔ parler : 말하다 (자체 speak)

5

Hélène : Ce cours est difficile, non ?

Sophie : Oui, ce cours est difficile pour toi aussi ?

Hélène : Oui, le professeur explique mal et il parle trop vite.

Sophie : Je pense aussi.

Hélène : Tu es nouvelle dans cette université ?

Sophie : Oui, je suis nouvelle depuis cette année.

Hélène : Tu viens d'où ?

Sophie : Je viens de la Corée du Sud.

Hélène : Oh, tu viens de loin.

Sophie : Oui, je ne parle pas très bien français.

Hélène : Non, je trouve que tu parles très bien. Ça te dirait de travailler ensemble ?

Sophie : Je vais aller travailler à la bibliothèque après les cours.

Hélène : Tu habites à la résidence universitaire ?

Sophie : Oui, et toi ?

Hélène : Moi aussi. Je suis au bâtiment F.

expliquer 설명하다
explication 설명
mal 잘못
bien 잘
Je pense aussi.
  나도 그렇게 생각해.
depuis ~ ~부터
jusqu'à ~ ~까지
après ~ ~ 후
avant ~ ~ 전
cours 수업
bâtiment 건물, 동

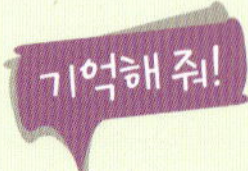

* Tu viens d'où ? = D'où viens-tu ? 어디서 왔니?/어느 나라에서 왔니?
→ 친구 사이기 때문에 도치를 하지 않고 말할 수 있습니다.

* Je trouve que ~ = Je pense que ~ : 내 생각에는 ~인 것 같다
Ça te dirait de + 동사원형 : ~하면 어떨까? (dirait는 dire 동사의 조건법입니다.)

6

Aujourd'hui, c'était le premier jour à l'université.

Je me suis réveillée à 6 heures. Je me suis lavée et j'ai pris le petit déjeuner.

Quand je suis arrivée à l'université, j'ai vu Marc et on est allés prendre un café.

Ensuite, on est allés en cours. Ce cours était difficile. Alors, je voulais aller à la bibliothèque pour travailler.

Mais, Marc m'a invitée á déjeuner. Alors, je suis allée au restautant italien avec lui.

C'était bon mais je n'ai pas eu beaucoup de temps pour travailler.

L'après-midi, j'ai vu Magalie qui est la petite amie de Marc.

On va aller faire du shopping ensemble ce week-end.

En cours d'histoire de l'économie, j'ai rencontré Hélène.

Elle est très sympa et elle habite aussi à la résidence universitaire.

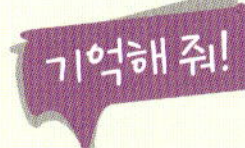

기억해 줘!

* on은 3인칭 단수 주어인데 On est allés prendre un café.에서 allés에 s가 들어간 이유는?

on이 nous과 같은 의미로 쓰일 때는 on의 의미에 맞춰 성과 수를 일치시키는 실렙시스(syllepse) 문법이 적용되기 때문입니다. 하지만 on의 nous가 아닌 포괄적인 의미로 쓰일 때는 단수로 남습니다.

예 On est allés. = Nous sommes allés.

Magalie : Sophie, je suis là.

Sophie : Salut Magalie. Tu es très belle aujourd'hui.

Magalie : Tu aimes bien ? Je l'ai acheté la semaine dernière.

Sophie : Tu l'as acheté dans quel magasin ?

Magalie : Viens, je vais te montrer la boutique. C'est une nouvelle boutique qui vient d'ouvrir. Et il y a des vêtements magnifiques.

Sophie : Il y a beaucoup de monde dans cette boutique.

Magalie : Oui, il y avait déjà beaucoup de monde avant les soldes. Alors pendant les soldes, il va falloir se battre pour pouvoir acheter.

Sophie : Il faut attendre longtemps pour pouvoir essayer.

Magalie : Oui, mais ça vaut le coup parce que ces vêtements sont superbes et pas trop chers en plus. Et puis avec les soldes, c'est encore plus intéressant.

Sophie : J'aime bien cette robe.

Magalie : Allez, on va en prendre plusieurs et puis on va essayer.

beau /belle 예쁜, 멋진
acheter 사다, 구입하다
magasin 가게
boutique 옷가게
venir de + 동사원형
　근접과거
ouvrir 열다
fermer 닫다
vêtement 옷
beaucoup de monde
　= beaucoup de
　personnes 많은 사람들
déjà 이미
pendant ~ ～동안

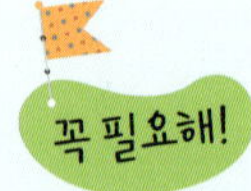

* aller + 동사원형 : 근접미래	se battre : 싸우다, 경쟁하다
essayer : 입어 보다, 시도해 보다	ça vaut le coup : 그럴 만한 가치가 있다 (valoir 동사 : 가치가 있다)
superbe : 아름다운	en plus : 게다가
encore : 더	plusieurs : 여러 개

* on va en prendre에서 en은 '대명사'입니다. 문법편 참고 p.290

A 다음 문장들을 프랑스어로 말하고 쓸 수 있는지 확인해 보세요.

1. 너구나!

2. 당신이군요!

3. 오랜만이야.

4. 다시 만나서 기뻐.

5. 언제 온 거야?

6. 3주 전에 도착했어.

7. 우리는 같은 반에 있네.

8. 수업은 9시에 시작하는 거야?

9. 지금 몇 시야?

10. 지금, 9시 15분 전이야.

11. 어려웠어. 다 이해를 못했어.

12. 교수님께서 너무 빨리 말씀하셔.

13. 나는 도서관에서 공부할래.

14. 이번 주말에 뭐 해?

15. 이번 주말에 아무것도 안 해.

2012 프랑스 대선 결과

2012년 프랑스 대선에서 올랑드Hollande가 당선됐습니다. 사르코지Sarkozy 전 대통령이 재선에 실패하면서 좌파가 17년 만에 프랑스 정권을 다시 잡게 된 건데요. 이번 대선에서 올랑드는 교육, 의료 등의 복지 범위 확충, 퇴직 나이 62세에서 60세로 되돌려 놓기, 외국인에게 비자 발급 늘리기, 연 수입 15억 원 이상의 고소득층 세금 인상 등 전형적인 프랑스 좌파적인 정책들을 내놓았습니다.

사르코지의 5년 임기 동안 실업자는 약 10%로 늘어났고, GDP대비 국가채무 비율은 85%로 2007년의 64%보다 늘어났었는데요. 사르코지는 극우파의 지지를 얻기 위해 외국인을 비하하는 발언을 서슴지 않았고, 물가 인상으로 저소득층과 중산층의 구매력은 줄어들게 하고, 오히려 고소득층의 세금은 줄이고, 대통령 자신의 급여를 올리기도 했었습니다. 2007 대선 때 내놓은 구호 'Travailler plus pour gagner plus더 많이 일하고, 더 많이 벌자'의 약속을 전혀 지키지 못한 셈이죠. 하지만 외국인들로 인해 각종 치안이 너무나 불안했던 프랑스를 안전한 나라로 만들어 주고 프랑스에서도 불었던 세계적인 금융 위기와 경기 침체의 타격을 최대한 막았다는 긍정적인 평가도 있습니다.

2012년 대선에서는 올랑드가 당선됐지만, 그해 6월 10일에 있을 총선에서 우파의 반격과 무엇보다 이번 대선의 진정한 승리자라고 하는 극우파의 상승을 막을 수 있을지는 예측할 수 없습니다. 총선에서 우파가 승리하게 되면, 양원제인 프랑스 정치 시스템 상, 올랑드의 대선 당선은 의미가 없어지게 되는데요. 좌파와 우파의 정치는 모두 프랑스에 유익한 점이 있겠지만, 아프리카 특히 아랍과의 문화적 충돌을 운운하며 모든 문제를 외국인들에게 돌리고, 증오하게 만드는 극우파의 상승세가 걱정입니다. 경기 침체로 인한 일시적인 현상이겠지만 우파가 점차 극우파와 가까워지는 것을 보면 안타깝습니다.

하지만 아직 프랑스는 미국, 중국, 일본, 독일에 이어 세계 경제 순위 5위입니다. 개인당 생산량이 미국, 중국, 일본, 독일보다 뛰어나지요. 아무리 프랑스가 위기를 겪고 있다고 해도 여전히 '잘사는' 나라임은 확실합니다. 하지만 아이러니하게도 대부분의 프랑스인은 프랑스의 장래를 어둡게 생각하는 경향이 있습니다.

친구들을 초대하기

학습 포인트

- 레스토랑 예약하고 주문하기
- 영화관에 가기
- 가게에서 교환 및 환불 받기

1

Sophie : Bonjour, je voudrais réserver pour ce soir, s'il vous plaît.

Employé : Vous allez arriver vers quelle heure ?

Sophie : Vers 19 heures.

Employé : Vous êtes combien de personnes ?

Sophie : Nous sommes quatre personnes. Est-ce que c'est possible d'avoir une table sur la terrasse ?

Employé : Je suis désolé. Sur la terrasse, c'est complet. Mais il y a des places près de la fenêtre, si vous voulez.

Sophie : D'accord.

Employé : Quel est votre nom s'il vous plaît ?

Sophie : Je suis Sophie Lee.

Employé : Vous pouvez épeler votre nom ?

Sophie : Oui, c'est L E E. L et deux E.

Employé : Très bien. C'est réservé.

Sophie : Merci.

C'est possible de +
  동사원형 ~하는 것이 가능하다
terrasse 테라스
sur 위
sous 아래
près de ~ ~ 가까이
à côté de ~ ~ 옆에
complet 만석
place 자리

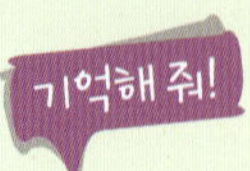

* Vous allez arriver vers quelle heure ? = Vers quelle heure allez-vous arriver ?
  몇 시쯤에 도착하시나요?
  Vous êtes combien de personnes ? = Combien de personnes êtes-vous ? 몇 분이신가요?
  → 가까운 사이에서뿐만 아니라 일상 대화에서도 이렇게 도치를 하지 않고 말할 수 있습니다.

* Vous pouvez épeler ? = Comment ça s'écrit ? 어떻게 쓰나요?/철자가 어떻게 되나요?

2

Serveur : Messieurs dames, vous avez choisi ?

Sophie : Je vais prendre le menu à 19 euros avec le steak au roquefort.

Serveur : Quelle cuisson voulez-vous ? Saignante ? A point ?

Sophie : A point, s'il vous plaît.

Serveur : Et pour vous ?

Magalie : Moi aussi, je vais prendre ce menu avec un pavé de saumon. Est-ce que je peux avoir les haricots verts à la place des frites ?

Serveur : D'accord.

Hélène : Pour moi, ce sera une côtelette d'agneau avec les pâtes.

Serveur : Très bien. Et pour vous monsieur ?

Marc : Je vais prendre la même chose, une côtelette d'agneau avec les pâtes.

Serveur : Et comme boisson ?

Marc : Cette bouteille de vin de Bordeaux, s'il vous plaît.

pavé 덩어리
saumon 연어
haricot 콩
haricot vert 깍지에 든 콩
à la place de ~ ~ 대신
frites 프렌치프라이
côtelette 갈빗살
agneau 양고기
pâtes 파스타
même chose 같은 것
vin 와인

* messieurs : monsieur의 복수	dames : dame의 복수
* menu : 세트 메뉴 menu à 19 euros : 19유로 세트 메뉴 rochefort : 로슈포르 치즈 saignant : 레어, 덜 익히	carte : 메뉴판 steak : 스테이크 cuisson : 굽기 à point : 웰던, 잘 익힌

3

Serveur : Vous avez terminé ? Ça a été ?

Marc : Oui, très bien. On peut avoir la carte du dessert ?

Serveur : Oui, je vous l'apporte tout de suite.

…

Sophie : Je vais prendre une mousse au chocolat.

Hélène : Moi, je prendais bien un cocktail de fruits.

Magalie : Pour moi, ce sera une *poire belle Hélène*.

Marc : Moi, je voudrais une *île flottante*, s'il vous plaît.

…

Sophie : L'addition, s'il vous plaît.

mousse 무스
mousse au chocolat
　초콜릿 무스
cocktail 칵테일 (혼합한 것)
fruits 과일
poire 배
poire belle Hélène
　뿌아르벨엘렌 (바닐라 아이스
　크림과 뜨거운 초콜릿이 조합
　된 디저트)
île 섬
île flottante 떠 있는 섬
　(디저트 종류 이름)

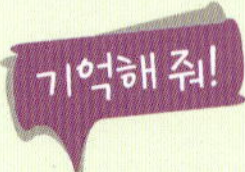

기억해 줘!

* terminer = finir : 끝내다, 마치다
Ça a été ? : 괜찮았어요?/만족스러우셨어요?
On peut avoir ~ ? : ~를 가질 수 있을까요?/~를 주시겠어요?

Ça a été. : 괜찮았어요./만족스러웠어요.
carte du dessert : 디저트 메뉴판

4

Sophie : Ça te dirait d'aller voir un film ?

Hélène : Oui, pourquoi pas ? Qu'est-ce qu'il y a au cinéma en ce moment ?

Sophie : Il y a un film que je voudrais voir. On m'a dit qu'il fallait absolument le voir. Mais je ne sais plus comment ça s'appelle.

Hélène : C'est pas *Les Choristes* ?

Sophie : Si. Il paraît que ce film est super.

Hélène : Je voudrais le voir aussi. Tu veux que je fasse la réservation ? Il faut qu'on réserve pour avoir une bonne place.

Sophie : Oui, tu es libre ce soir ?

Hélène : Non, je suis désolée. Je peux pas sortir ce soir. J'ai trop de devoirs. Mais on peut y aller demain soir si tu veux.

Sophie : Ça marche. Alors, on réserve pour demain soir.

Ça te dirait ? 어때?
　(dirait는 동사 dire의 조건법)
Ça te dirait de + 동사원형
　~하는 게 어때?
pourquoi pas ? 그럴까?
cinéma 영화관, 영화 (포괄)
film 영화 (한 편)
absolument 꼭
Il paraît que ~
　~하다고 하던데
paraître 나타나다, 보이다
bonne place 좋은 자리
y 그곳 (대명사 – 장소)
Ça marche. 그러자.
　(친구 사이에서 사용)
marcher 걷다

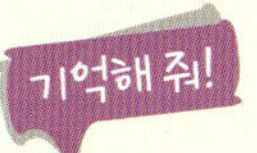

* **voir un film** : 영화관에서 영화를 볼 때는 **voir** 동사를 쓰고 **TV**를 볼 때는 **regarder** 동사를 씁니다.

* 일상적으로 말할 때는 **C'est pas.** 또는 **Je peux pas.**와 같이 **ne**를 생략할 수 있습니다.

* **Tu voudrais que je fasse.**에서 **fasse**는 faire 동사의 '접속법'입니다. 문법편 참고 p.330

　Il faut qu'on réserve.의 **réserve** 또한 '접속법'입니다.

5

Hélène : Alors, le film t'a plu ?

Sophie : Le film m'a plu. J'ai adoré ce film. C'est vraiment un film génial.

Hélène : Oui, c'est vrai. Le scénario est très bon. En plus les acteurs jouent merveilleusement bien.

Sophie : Les petits garçons dans le film sont trop mignons.

Hélène : Oui, quand ils chantent, on dirait des anges. Et puis le professeur est excellent dans le film.

Sophie : Oui, j'adore le cinéma français parce qu'on peut réfléchir à beaucoup de choses après le film.

Hélène : Moi je préfère les films d'action.

Sophie : Moi aussi, en général, j'aime les films romantiques. Mais ce film m'a agréablement surpris.

Hélène : Pour moi, c'est la première fois qu'un film français est aussi bien.

Sophie : Tu n'aimes pas les films français ?

Hélène : Moi, d'habitude, je préfère les films américains.

génial = superbe
  좋은, 대단한
sénario 시나리오
acteur/actrice 배우
jouer 놀다, 연기하다,
  연주하다
merveilleux =
fantastique 환상적인,
  우아한
merveilleusement
  환상적으로, 우아하게
mignon 귀여운
chanter 노래하다

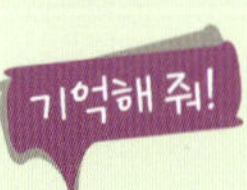

기억해 줘!

* **Le film t'a plu ? 영화가 마음에 들었니?**

이 문장에서 plu는 동사 plaire(마음에 들다)의 과거분사입니다.

*
on dirait ~ : ~한 것 같이 보인다 (동사 dire의 조건법)
excellent : 훌륭한, 뛰어난
préférer : 선호하다
en général = généralelement = d'habitude : 일반적으로
surpris : 동사 surprendre(놀라게 하다)의 과거분사

ange : 천사
réfléchir à ~ : ~에 대해 생각하다
film d'action : 액션 영화
film romantique : 로맨틱 영화
agréablement : 기분 좋게, 즐겁게

6

Sophie : Mon ordinateur est en panne. Il ne marche plus depuis hier.

Marc : Je vais le réparer. Montre-moi ton ordinateur.

Sophie : Tiens. J'espère que tu vas le réparer parce que j'en ai besoin.

Marc : En France, il n'y a pas d'ordinateur avec le clavier coréen.

Sophie : Exactement.

Marc : Il ne s'allume pas ?

Sophie : Si, il s'allume, mais je n'arrive pas à me connecter sur internet.

…

Marc : J'ai essayé mais je n'arrive pas à réparer. Ton ordinateur est toujours sous garantie ?

Sophie : Non, ça fait longtemps que je l'ai acheté.

Marc : Alors, il faut appeler le réparateur.

ordinateur 컴퓨터
en panne 고장 중
marcher 걷다, 작동하다
depuis ~ ~부터
réparer 고치다, 수리하다
réparation 수리
montrer 보여 주다
clavier 키보드
s'allumer 켜다
se connecter 연결하다
sur internet 인터넷에,
　인터넷에서
arriver à + 동사원형
　~하는 데 성공하다
toujours 계속
encore 아직
sous garantie 보증 기간 중
ça fait longtemps que ~
　~한 지 오래되었다
réparateur 고치는 사람,
　수리공

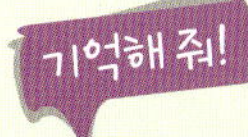

* J'ai besoin de l'ordinateur.에서 de l'ordinateur가 en이 되어 J'en ai besoin.가 되었습니다.
문법편 참고 p.296

* Exactement. = C'est exact. = Tout à fait. 맞아./바로 그거야.

Sophie : Bonjour, je voudrais échanger cette robe parce que c'est trop grand.

Vendeur : Pas de problème. Vous avez le ticket ?

Sophie : Oui, tenez.

Vendeur : Alors, suivez-moi.

Sophie : Merci.

Vendeur : Je suis désolé, mais nous n'avons plus ces robes dans la boutique. Elles ne sont plus en vente.

Sophie : Vous ne les vendez plus ?

Vendeur : Non, c'était juste pendant les soldes.

Sophie : Alors, qu'est-ce qu'on peut faire ?

Vendeur : Vous pouvez échanger avec une autre robe, ou bien on peut vous la rembourser.

Sophie : Alors, je voudrais le remboursement, s'il vous plaît.

échanger 교환하다
robe 원피스
ticket = reçu = facture
　　영수증
suivre 따라가다, 따라오다
en vente 판매 중
vendre 판매하다, 팔다

꼭 필요해!

* juste : 단지, 만
ou bien = ou : 아니면
rembousement : 환불

échanger avec ~ : ~로 바꾸다
rembourser : 환불하다

A 다음 문장들을 프랑스어로 말하고 쓸 수 있는지 확인해 보세요.

1. 오늘 저녁으로 예약하고 싶습니다.

2. 19시쯤에 도착합니다.

3. 세트 메뉴로 하겠습니다.

4. 디저트 메뉴판을 주시겠어요?

5. 영화 보러 갈래?

6. 요즘 영화관에 뭐가 있어?

7. 오늘 저녁에 시간 돼?

8. 나는 액션 영화가 더 좋아.

9. 내 컴퓨터가 고장 났어. 어제부터 작동이 안 돼.

10. 내가 고칠게.

11. 이 원피스를 교환하고 싶어요. 너무 커서요.

12. 문제없습니다. 영수증 있으세요?

13. 저를 따라오세요.

14. 무엇을 할 수 있을까요?

15. 환불 부탁드립니다.

프랑스와 똘레랑스의 한계 (1)

프랑스는 똘레랑스tolérance(관용)의 나라입니다. 하지만 요즘은 조금씩 앵똘레랑스intolérance(비관용주의)의 나라가 되어가는 것 같습니다. 물론 전 세계적으로 보았을 때 프랑스는 아직 똘레랑스로 가득한 나라이기는 하지만요. 똘레랑스란 자기 생각과 다른 의견을 받아들이는 열린 마음의 정신이라고 할 수 있습니다. 각자의 자유를 인정하고 평등과 화합을 추구하며 서로의 다른 의견, 사상, 이념을 존중해 주는 것이죠.

우선 프랑스의 똘레랑스 정신을 의심하게 된 것은 인종차별에 대한 프랑스의 변화입니다. 물론 프랑스에 인종차별 주의자들은 항상 있었습니다. 하지만 인터넷의 발달로 프랑스 구석구석에 숨어 있던 인종차별주의자들이 더욱더 세상에 드러났기 때문일까요? 언론들도 앞다투어 이 인종차별에 대한 기사들을 다루고, 정치인들도 인종차별이 당선을 좌우할 수 있는 중요한 도구가 되었습니다.

프랑스는 인종차별은 우선 아프리카인들을 향하고 있는데요. 예전의 프랑스 식민지에서 건너온 북아프리카 아랍인들과 흑인들에 대한 인종차별입니다. 대부분의 이민자가 그렇듯 그들 대부분은 프랑스 토종 사람들보다 가난하고 어려운 환경에서 살고 있습니다. 이 이민자들은 열심히 일하지만, 그들의 자녀들의 사회적 신분 상승은 어려워졌지요. 게다가 폭력과 범죄에 더욱 쉽게 노출되어 프랑스 사회에 문제가 되고 있고, 복지 시스템이 발달한 프랑스에서 그들이 받는 다양한 이득은 프랑스 중산층의 화를 돋우고 있습니다.

역사적으로 유대인, 외국인의 차별에 기반을 두고 있는 프랑스의 극우파 당인 국민전선Front National의 경우, 기존에는 몇몇 사회에서 소외된 자들의 모임으로 인식됐지만, 최근에는 존재할 가치가 있는 정당으로 자리 잡아 가고 있습니다. 극좌파를 지지하던 빈곤층의 지지가 이제 마지막 최후의 해결책으로 완전 반대쪽인 극우파 쪽으로 쏠리는 현상으로, 요즘 국민전선의 지지율은 20~30% 정도까지 상승세를 타고 있습니다. 다행히도 나머지 70~80%의 프랑스인들은 이런 어처구니없는 극우파의 발언과 만행들에 반대하고 있습니다. 하지만 비관용적인 이들의 위험한 이념까지도 관용해야 하는지에 따른 토론débat이 곳곳에서 벌어지고 있습니다.

Leçon **12**

프랑스에서의 일상

학습 포인트
- 클럽에 가입하기
- 미용실 예약하기
- 한국에 소포 보내기
- 친구의 가족과 대화하기

1

Sophie : Excusez-moi, je voudrais quelques renseignements à propos du club de tennis.

Joueur : Oui, c'est pour l'inscription ?

Sophie : Oui, je voudrais m'inscrire.

Joueur : Alors, allez à l'accueil et vous pouvez vous inscrire là-bas.

Sophie : Merci.

…

Moniteur : Bonjour, je peux vous renseigner ?

Sophie : Oui, je voudrais m'inscrire au club de tennis.

Moniteur : Vous avez déjà fait du tennis ?

Sophie : Oui, j'en ai fait un peu. Je voudrais connaître le programme et le tarif.

Moniteur : Alors, voici notre brochure. Tout est indiqué à l'intérieur.

Sophie : Quels sont les horaires du club ?

Moniteur : Le club est ouvert tous les jours de 8 heures à 21 heures, sauf le dimanche.

joueur 운동하는 사람, 선수
moniteur 코치, 강사
renseignement
 정보를 얻음
à propos de ~ ~에 관해서
club 클럽, 동호회
tennis 테니스
inscription 등록, 가입
s'inscrire 등록하다, 가입하다
accueil 안내 데스크
là-bas 저기
renseigner 정보를 주다
se renseigner 정보를 얻다

기억해 줘!

* J'en ai fait un peu.에서 en은 J'ai fait du tennis.의 du tennis입니다. 문법편 참고 p.296

* programme : 프로그램
brochure : 책자
à l'intérieur : 안쪽에
horaire : 시간표
sauf ~ : ~를 제외한, ~만 빼고

tarif : 금액 (서비스)/prix : 금액 (제품)
indiqué : 설명되어 있는
à l'extérieur : 바깥쪽에
de ~ à ~ : ~부터 ~까지 (시간, 장소)

2

Sophie : Bonjour, je voudrais prendre rendez-vous pour une coupe.

Coiffeuse : D'accord, vous pouvez venir à quelle heure ?

Sophie : Est-ce que c'est possible dans une demi-heure ?

Coiffeuse : Non, on est complet cet après-midi. Vous pouvez venir ce soir ?

Sophie : Ce soir à quelle heure ?

Coiffeuse : A 18 heures 30 ?

Sophie : Je préfèrerais à 20 heures.

Coiffeuse : Je suis désolée, on ferme à 20 heures. Est-ce que 19 heures, ça vous va ?

Sophie : 19 heures, c'est parfait. Je viendrai à 19 heures.

Coiffeuse : Donc, c'est pour une coupe ?

Sophie : Oui, et je vais peut-être faire une coloration aussi.

Coiffeuse : D'accord. On verra ça tout à l'heure.

coupe 커트, 이발
coloration 염색
demi-heure 30분
Je préfèrerais ~
　~가 더 좋을 것 같네요
　(préférer 동사의 조건법)

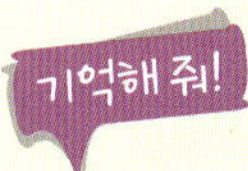

* **Vous pouvez venir à quelle heure ? = A quelle heure pouvez-vous venir ?**
몇 시에 오실 수 있으세요?

* Ça vous va ? 괜찮은가요?/적합한가요?　　　Ça me va. 괜찮습니다./적합합니다.
On verra. 봅시다. (voir 동사의 단순미래)

3

Sophie : Bonjour, je voudrais envoyer ce colis en Corée du Sud, s'il vous plaît.

Postier : Combien pèse ce colis ?

Sophie : Il pèse 5 kilos à peu près.

Postier : Donnez-le-moi. Je vais le peser.

Sophie : Comment faut-il l'envoyer pour que ça arrive le plus vite possible ?

Postier : Vous avez le Colissimo et le Chronopost. Avec le Chronopost, le colis arrivera dans une semaine environ, mais avec le Colissimo, ça mettra 2 ou 3 semaines.

Sophie : Quels sont les tarifs ?

Postier : Pour envoyer un colis de 5 kilos en Corée du Sud par le Colissimo, c'est 78 euros. Et par le Chronopost, c'est 245 euros. C'est beaucoup plus cher.

Sophie : Alors, je vais l'envoyer par le Colissimo, s'il vous plaît.

La Poste 우체국
postier 우체국 직원
envoyer 보내다
recevoir 받다
colis 소포
lettre 편지
peser 무게가 나가다
à peu près = environ 대략, 약

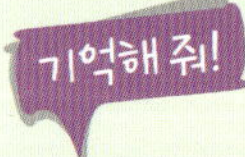

기억해 줘!

* Donnez-le-moi.와 Je vais le peser.에서 le는 '직접목적보어인칭대명사'입니다. 문법편 참고 p.300

* pour que + 접속접 : ~하기 위해서는 　　ça met + 시간 : ~의 시간이 걸리다

4

Marc : Alors, comment ça s'est passé ?

Sophie : Pas mal. Mais c'était trop difficile.

Marc : Moi, je trouve que c'était facile. C'était plus facile que les autres examens.

Sophie : On a révisé ensemble. Pourtant, pour moi, c'est trop dur.

Marc : C'est normal. Le français n'est pas ta langue natale. Mais, je pense que tu vas l'avoir.

Sophie : Tu crois ?

Marc : Oui, j'en suis sûr. Attendons le résultat.

…

Sophie : J'ai réussi l'examen ! Je l'ai eu !

Marc : Félicitations. Je suis fier de toi. Moi, je ne l'ai pas réussi.

Sophie : Vraiment ? Je suis désolée pour toi.

Marc : Ce n'est pas grave. Je ferai plus d'efforts pour la prochaine fois.

réussir 성공하다
Félicitations ! 축하해!
fier 자랑스러운
être fier de ~
　~에 대해 자랑스럽다
effort 노력
faire des efforts 노력하다
prochaine fois 다음번
dernière fois 지난번

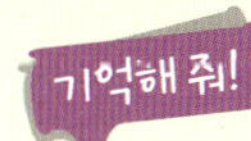

* Comment ça s'est passé ? : 어떻게 됐어?
plus facile que ~ : ~보다 더 쉬운
aussi facile que ~ : ~와 같이 쉬운

Pas mal. : 나쁘지 않았어.
moins facile que ~ : ~보다 덜 쉬운
le plus facile : 가장 쉬운

* réviser : 공부하다, 시험 공부를 하다
langue natale : 모국어

Tu crois ? = Tu penses ? : 그렇게 생각해?
J'en suis sûr. : 확실해.

pourtant : 그럼에도 불구하고
Tu vas l'avoir. = Tu vas avoir l'examen.
: 시험에 합격할 거야.
Je crois. = Je pense. : 그렇게 생각해.
résultat : 결과

5

Sophie	: Bonjour, je suis ravie de vous rencontrer.
Père d'Hélène	: Bonjour Sophie. Hélène m'a beaucoup parlé de toi. Entre.
Sophie	: Merci. Tenez. C'est pour vous.
Père d'Hélène	: Oh merci. Elles sont magnifiques ces fleurs.

...

Hélène	: Je vais prendre ton manteau.
Sophie	: Merci.
Hélène	: Viens, je vais te présenter ma mère.

...

Hélène	: Voici ma mère.
Sophie	: Bonjour madame. Comment allez-vous ?
Hélène	: Et je te présente ma petite sœur.
Sophie	: Salut. Comment tu t'appelles ?
Hélène	: Je te présente aussi mon grand frère, Laurent.
Sophie	: Enchantée.
Hélène	: On va dîner ?
Sophie	: D'accord. On y va.

parler de ~ ~에 대해 말하다
parler à ~ ~에게 말하다
entrer 들어가다, 들어오다
manteau 외투
présenter 소개하다
mère 어머니
père 아버지
frère 남자 형제
grand frère 형, 오빠
petit frère 남동생
sœur 여자 형제
grande sœur 누나, 언니
petite sœur 여동생

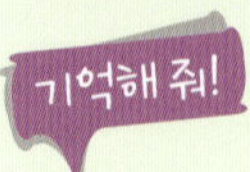

* Je suis ravi de vous rencontrer. = Enchanté. = Je suis enchanté. 만나서 반갑습니다.

* Elles sont magnifiques ces fleurs. = Ces fleurs sont magnifiques.
  → 주어를 강조하는 방법이며 말할 때 쓰입니다.

예 Elle est belle ta voiture.	Il est beau ton stylo.

6

Hélène	: Qu'est-ce que je te sers ? Une bière ? Un jus de fruit ? Un coca ?
Sophie	: Je veux bien un jus de fruit, s'il te plaît.
Sœur de Hélène	: Moi, je prendrais bien une bière.
Hélène	: Non, Estelle. Tu es trop petite pour boire de la bière.
…	
Mère de Hélène	: Vous voulez un petit gâteau ?
Sophie	: Oui, avec plaisir. Merci.
Mère de Hélène	: Je te sers de la tarte ou de la mousse au chocolat ?
Sophie	: Je prendrais bien de la mousse au chocolat, s'il vous plaît.
Sœur de Hélène	: Moi, je voudrais beaucoup de mousse au chocolat.
…	
Mère de Hélène	: Tu prends un café ?
Sophie	: Non merci. C'est gentil.

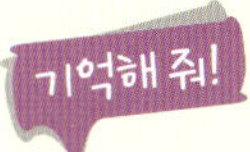

기억해 줘!

* **Je prendrais bien ~** : ～로 하면 좋겠네요 (음료, 음식)

Hélène : Tu es bien rentrée ?

Sophie : Oui, je suis bien rentrée. Merci. C'était une très bonne soirée.

Hélène : C'était un plaisir pour nous aussi.

Sophie : J'adore ta famille. Ils sont tous très aimables avec moi. J'ai adoré la cuisine de ta mère.

Hélène : Tu sais quoi ? C'est mon père qui a fait la cuisine.

Sophie : C'est vrai ? Je pensais que c'était ta mère qui avait fait la cuisine.

Hélène : Non, c'était mon père qui avait cuisiné.

Sophie : Tu peux lui dire que c'était très bon ?

Hélène : Oui, je lui dirai. Mes parents m'ont dit que tu pouvais venir à la maison quand tu voulais.

Sophie : Je peux venir quand je veux ?

Hélène : Oui, tu peux rester pour dormir aussi.

Sophie : Oui, mais j'ai beaucoup de devoirs à faire ce week-end.

Hélène : Alors, le week-end prochain, peut-être ?

Sophie : Oui, samedi prochain, c'est parfait. Cette fois-ci, je ferai la cuisine.

> rentrer (집으로) 들어가다
> devoir à faire 해야 할 과제
> cette fois-ci 이번에는

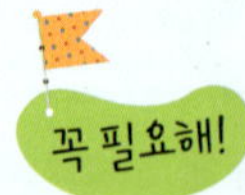
꼭 필요해!

* Tu sais (quoi) ? (그것) 알아? | Tu sais que + 문장? ~알아?

* c'était un plaisir : 즐거웠다
  C'était un plaisir de + 동사원형 : ~하는 것이 즐거웠다
  예 C'était un plaisir de vous revoir. 당신을 다시 만나서 즐거웠다.

* C'est ~ qui ~ : ~한 것은 ~이다
  예 C'est moi qui vous remercie. 제가 당신께 감사하지요.
  C'est ma mère qui est à la banque. 은행에 계시는 분은 나의 어머니야.

* Tu peux lui dire.에서 lui는 '간접목적보어인칭대명사'입니다. lui는 Tu peux dire à ton père.에서 à ton père를 대신합니다. 문법편 참고 p.308

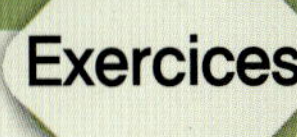

A 다음 문장들을 프랑스어로 말하고 쓸 수 있는지 확인해 보세요.

1. 등록하고 싶어요.

2. 커트 예약을 하고 싶습니다.

3. 오늘 저녁에 오실 수 있으세요?

4. 20시였으면 좋겠는데요.

5. 이 소포를 한국에 보내고 싶습니다.

6. 시험에 성공했어. 합격했어!

7. 만나서 반갑습니다.

8. 여러분들을 위한 거예요.

9. 고마워. 이 꽃들은 아주 아름답구나.

10. 어머니를 소개해 줄게.

11. 커피 마시겠니?

12. 잘 들어갔어?

13. 아주 좋은 저녁이었어.

14. 아주 맛있었다고 그에게 전해 줄 수 있어?

15. 이번 주말에 해야 할 과제가 많아.

프랑스와 똘레랑스의 한계 (2)

제2차 세계 대전 중 프랑스는 친독일 정부인 비시정부라는 치욕적인 역사를 가지고 있습니다. 해방 후에는 하나같이 레지스탕스résistance 안에서 저항했다고 하지만 실질적으로 프랑스인 대부분은 그렇게 하지 못했기에 더욱더 큰 불명예가 됐을 겁니다. 프랑스는 나치의 유대인 학살에 분명히 참여했고, 오늘날 프랑스 사회에서 유대인을 배척하는 것은 절대로 용납할 수 없는 것으로 인식하고 있습니다.

하지만 팔레스타인에서의 문제는 유대인들에 대한 아랍인들의 화를 돋우게 되었습니다. 즉 유대인들과 아랍인들의 대립 관계가 프랑스 안에서도 형성된 건데요. 유대인들을 향한 테러가 더러 발생하기도 하며, 요즘에는 국민전선당이 유대인들을 배척하는 극단적인 이슬람교도들과 가까워지는 현상도 볼 수 있습니다.

하지만 대부분의 유대인과 아랍인, 흑인과 아시아인 및 다른 외국인들은 프랑스에서 정상적으로 살고 있습니다. 다른 나라에 비해 비교적 잘 통합되어 인종·문화·종교 등의 여러 공동체로 나누어져 있지 않고 동화정책을 추구합니다. 문제를 일으키는 소수의 극단론자 때문에 다수의 평범한 외국인들이 손해를 보는 것인데요. 게다가 여러 세대를 거쳐 이미 프랑스 국적을 가진 사람은 인종을 불구하고 프랑스인으로 인식하고 있는 것이 보편적입니다.

그런 면에서 언론에서 보이는 외국인들에 대한 갈등은 과장된 것이라고 할 수 있습니다. 실질적으로 대다수의 외국인은 프랑스에서 문제없이 생활하고 있고, 대다수 프랑스인은 인종차별을 하지 않습니다. 개인적으로 프랑스에 살면서 아시아인으로서 차별을 겪어 본 적이 없었습니다. 오히려 특별히 배려하고 다른 문화를 존중하고 배려하는 프랑스인들을 보아 왔습니다. 이런 점을 고려한다면 한국인으로서 문제없이 행복한 프랑스 생활을 즐길 수 있을 것으로 생각합니다.

프랑스 신문 읽기

학습 포인트
- 신문 기사 읽기
- 기사 코멘트 읽기
- 기사에 대해 친구와 대화하기

1

Pour atteindre le bonheur (20minutes.fr)

Pessimistes ou déprimés, réjouissez-vous car la joie de vivre vous tend les bras pendant cette journée internationale du bonheur. 20 Minutes a demandé à Christophe Deshayes et Jean-Baptiste Stuchlik, les auteurs du livre «Petit traité du bonheur 2.0», leur méthode pour atteindre le bonheur.

D'abord, quelle est votre définition du bonheur?

Jean-Baptiste Stuchlik : Il s'agit d'être bien dans son corps et bien avec les autres. C'est important d'être aimable et de remercier les gens. Mais il y a plein d'autres moyens.

atteindre 다다르다
bonheur 행복
pessimiste 부정적인 사람
déprimé 우울한 사람
réjouir 기뻐하다, 즐거워하다
car = parce que
  왜냐하면 (문어체)
joie 기쁨
joie de vivre 사는 기쁨
tendre 내밀다
bras 팔
auteur 저자, 작가
traité 개론
méthode 방법
définition 정의, 뜻

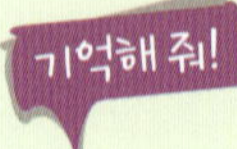

기억해 줘!

* Il s'agit de ~ : ~하는 것입니다
  les autres : 다른 사람들
  C'est important de + 동사원형 : ~하는 것이 중요하다
  plein de ~ : 아주 많은 ~

corps : 몸
important : 중요한
remercier : 감사하다
moyen = manière : 방법

2

Pourtant, les Français sont des champions du pessimisme. Peuvent-ils être heureux ?

Christophe Deshayes : C'est vrai que beaucoup d'études montrent que les Français sont très pessimistes. Mais en réalité, ils disent qu'ils sont heureux.

Jean-Baptiste Stuchlik : En fait, nous sommes heureux mais on ne sait pas qu'on a toutes les conditions pour être heureux en France.

Commentaires

Lictor88 : Le bonheur, c'est simplement l'absence du malheur. Mais la plupart des gens veulent plus et ils passent leur vie dans la frustration et dans l'attente d'un avenir meilleur.

* la plupart de ~ : 대부분의 ~
  passer : 보내다
  frustration : 실망, 낙심
  avenir = futur : 미래
  gens = personnes : 사람들
  vie : 삶
  attente : 기다림
  meilleur : 더 나은

* Ils passent leur vie dans la frustration. + Ils passent leur vie dans l'attente d'un avenir meilleur.
  = Ils passent leur vie dans la frustration et dans l'attente d'un avenir meilleur.

3

Martinc111 : Le bonheur, c'est d'être heureux, avoir la joie de vivre et se sentir bien dans sa peau tous les jours. Etre heureux, pour moi, c'est d'avoir un sens pour vivre, se battre tous les jours et aimer.

ChardonLorrain : Pour se sentir heureux, c'est très simple. Il suffit simplement de se dire qu'il y a toujours plus malheureux que moi dans ce monde sauvage. Ça aide à relativiser.

bertrand78 : Ça marche sauf si on est empathique. Dans ce cas, on ne peut jamais être heureux parce qu'il y a trop de gens malheureux.

C'est de + 동사원형
　～하는 것이다
monde 세상
sauvage 야만적인
aider à + 동사원형
　～에 도움을 주다
relativiser 상대화하다
marcher 작동된다,
　그렇게 된다
sauf si ~ ~만 아니면
empathique 공감적인,
　감정이입적인
dans ce cas 이런 상황에서는

* joie de vivre : 사는 기쁨	se sentir : 자신을 느끼다
peau : 피부	se sentir bien dans sa peau : 자신에 대해 만족하다
tous les jours : 모든 날들, 매일	pour moi : 나를 위해, 나에게는

* 동사원형만을 쓰게 되면 '～하는 것'이란 뜻이 됩니다.

aimer : 사랑하는 것	manger : 먹는 것	pouvoir : 할 수 있는 것
devoir : 해야 하는 것	vouloir : 원하는 것	

* sens : 의미	se battre : 싸우다
se laisser : 자신을 놓아두다	simple : 간단한
suffir : 충분하다	Il suffit de + 동사원형 : ～만 하면 된다, ～로 충분하다
simplement : 간단하게	se dire : 자기 자신에게 말하다
toujours : 항상	malheureux : 불행한 ↔ heureux : 행복한

4   Forte hausse des actes et menaces racistes en France (Le Monde.fr)

L'intolérance augmente.

Pour la troisième année consécutive, le racisme est en hausse et l'intolérance augmente. Le phénomène est inquiétant. Un sondage en 2012 affirme une augmentation de la méfiance à l'égard des musulmans et un rejet des étrangers en hausse. De plus en plus de français disent que les étrangers sont des parasites et une menace.

acte 행위
menace 위협
raciste 인종차별적인,
　인종차별주의자
racisme 인종차별
tolérance 관용
intolérance 불관용
consécutif 연속적인
en hausse 상승 중
en baisse 하락 중

기억해 줘!

*	fort : 강한	faible : 약한
	hausse = augmentation : 상승	augmenter : 상승하다
	baisse = diminution : 하락	baisser = diminuer : 하락하다

*	phénomène : 현상	inquiétant : 걱정스러운
	s'inquiéter : 걱정하다	sondage : 설문조사
	affirmer : 주장하다, 명시하다	méfiance : 불신, 경계심

*	à l'égard de ~ : ~에 대한 (대상)	musulman : 아랍인
	rejet : 거부	étranger : 외국인

*	de plus en plus de ~ : 점점 더 많은 ~	parasite : 기식자

5

55 % des personnes interrogées disent que les musulmans sont un groupe à part dans la société (hausse de 4 points par rapport à 2011). Et 69 % des personnes affirment qu'il y a trop d'immigrés aujourd'hui en France (hausse de 10 points par rapport à 2011). On assiste à une banalisation du racisme. L'internet contribue à cette banalisation. Et le discours politique de certains politiciens sont en cause.

politique 정치, 정치적인
certains 몇몇의 (형용사)
politicien 정치인
en cause 문제가 생긴 이유, 근원

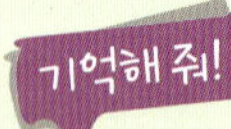

* **interroger** : 질문하다 | **personne interrogée** : 질문을 받은 사람, 응답자
  groupe : 그룹, 무리 | **à part** : 별도의, 예외적인
  société : 사회 | **point** : 점

* **par rapport ~** : ~에 비해 | **trop de ~** : 너무 많은 ~
  immigré = étranger : 이민자 | **assister à ~** : ~를 목격하다, ~에 참석하다
  banal : 평범한 | **banalisation** : 평범화됨
  contribuer à + 동사원형 : ~에 기여하다 | **discours** : 발언, 연설

6

Commentaires

Solon : On connaît la solution. Il faut une immigration sélective sur un critère culturel, la création d'un délit de refus d'intégration et l'interdiction de l'islam violent. Il faudrait également l'interdiction du voile pour les femmes, la répression du racisme anti-français, et la suppression des allocations aux familles des délinquants.

Tromso : Il ne faut pas oublier que Sarkozy et ses amis sont responsables. Ils ont utilisé le racisme pour convaincre les électeurs racistes. La hausse du racisme a des causes précises.

solution 해결책
résoudre 해결하다
immigration 이민
sélectif 선택적인
critère 기준
culturel 문화적인
création 설립
délit 범죄, 경범죄

* refus : 거부 | refuser : 거절하다, 거부하다
acceptation : 승인 | accepter : 승인하다
intégration : 통합 | interdiction : 금지
interdire : 금지하다 | islam : 이슬람
violent : 폭력적인 | il faudrait : il faut의 가정법 (falloir 동사의 조건법)
voile : 면사포 | répression : 억압

* anti~ : ~를 반대하는 사람 | anti-français : 프랑스인을 증오하는 사람
suppression : 제거, 폐지 | supprimer : 제거하다, 폐지하다
allocation : 보조금 | délinquant : 범죄인, 경범죄인

* oublier : 잊어버리다 | responsable : 책임자
utiliser : 이용하다 | convaincre : 설득하다
électeur : 유권자 | campagne : 지방, 캠페인

Dialogue

Sophie : J'ai lu un article dans le journal *Le Monde* sur le racisme en France. Et c'est inquiétant.

Marc : Oui, je suis d'accord avec toi. Le racisme en France m'inquiète aussi.

Sophie : Il y a beaucoup de français racistes ?

Marc : Non, ce n'est pas vrai. La majorité des français ne sont pas racistes. Mais il y a une minorité des français qui n'aiment pas les étrangers. Je pense qu'ils sont environ 20 % de la population. Ce sont des gens qui votent le Front National.

Sophie : Qu'est-ce que c'est le Front National ?

Marc : C'est un parti politique ultranationaliste. Ils veulent moins d'immigrés en France.

Sophie : Alors, ils ne m'aiment pas ?

Marc : Non, pas vraiment. Ils sont surtout contre l'immigration des musulmans et des noirs. Ils disent que ces étrangers sont responsables de la crise budgétaire et de la violence. Mais, ils ne sont pas contre les asiatiques comme toi. Tu es venue pour étudier en France parce que tu aimes la France. Alors, ne t'inquiète pas.

Sophie : Mais ça m'inquiète quand même.

article 기사
journal 신문
être d'accord 찬성하다
être d'accord avec ~
 ~와 찬성하다
majorité de ~ 다수의 ~
minorité de ~ 소수의 ~

* voter : 투표하다 parti politique : 당	Front National : 극우파 당 국민전선 ultranationaliste : 초국가주의의
* Pas vraiment. : 그건 아니다. contre ~ : ~의 반대 noir : 흑인 asiatique : 아시아인 budgétaire : 예산의 comme ~ : ~와 같은	surtout : 무엇보다 musulman : 아랍인 être responsable de ~ : ~의 책임이다 budget : 예산 crise : 위기

A 다음 문장들을 프랑스어로 말하고 쓸 수 있는지 확인해 보세요.

1. 나는 행복해지고 싶다.

2. 나는 부정적이지 않다.

3. 나는 행복하기 위한 모든 조건들을 가지고 있다.

4. 불행한 사람들이 너무 많다.

5. 프랑스에는 인종차별주의자들이 있다.

6. 걱정스럽다.

7. 한 신문에서 기사를 읽었다.

8. 동의해.

9. 당신의 말에 동의합니다.

10. 당신의 말에 동의하지 않습니다.

11. 그건 사실이 아니야.

12. 그들은 나를 좋아하지 않아?

13. 너는 프랑스를 좋아해서 프랑스에 공부하러 왔어.

14. 걱정하지 마.

15. 그래도 걱정이 돼.

프랑스인의 요리에 대한 열정

프랑스는 역시 '요리의 나라 pays de la gastronomie'입니다. 하지만 프랑스의 요리가 처음부터 유명했던 건 아니었어요. 동양처럼 다양한 향신료도 부족하고, 평민들은 맛보다는 영양가 있는 식사를 하는 것이 더욱 중요했지요. 하지만 왕족과 귀족들이 다양한 재료를 이용한 맛을 추구하면서 프랑스 요리는 발전했는데요. 특히 프랑스 요리는 태양왕 루이 14세 시대에 급격히 발전했어요. 놀랍게도 18세기까지 프랑스에서는 음식을 손으로 먹었는데요. 고급 코스 요리를 손으로 먹는 루이 14세의 모습, 어쩐지 재미있지 않나요? 프랑스혁명 이후 왕족과 소수의 귀족만 맛보던 요리들이 대중화되었는데요. 그것은 훌륭한 요리사들이 대중을 상대로 레스토랑을 열기 시작했기 때문이랍니다.

요리에 대한 프랑스 사람들의 열정은 요즘 최고조에 이르고 있습니다. 10개 이상의 TV 요리 프로그램이 생겨나고, 40여 개의 요리 전문잡지, 일 년에 1,800권 정도의 요리책이 출간될 정도인데요. 그중 〈Top Chef〉는 프랑스인의 요리에 대한 열정을 잘 보여 주는 TV 프로그램입니다. 출연자들이 요리하는 모습은 진지하고 심각하며 거의 예술적이고 과학적이라고까지 말할 수 있을 정도랍니다. 재료, 맛, 굽기의 정확성은 '먹을 것'의 범위를 넘어서 화학과 예술이 조화를 이루는 일회성 '작품'에 가깝다고 해도 과언이 아닙니다.

어떻게 '요리사'라는 직업이 프랑스인들에게 최고의 전문직이 되었을까요? 예전에는 프랑스에서도 요리는 청소나 빨래처럼 집안 허드렛일로 여겨졌습니다. 하지만 오늘날 유명 요리사들이 스타가 되면서 요리사를 꿈꾸는 아이들도 많아졌다고 합니다. 몇 년 전에는 매년 프랑스 레스토랑에 점수를 주는 미슐랭가이드 Guide Michelin에서 별 하나를 잃었다는 것 때문에 스스로 목숨을 끊은 한 요리사가 화제가 되기도 했는데요. 프랑스의 요리사들은 자신의 명예와 자존심을 걸고 요리를 하는 것입니다.

물론 프랑스에서도 저렴하고 빨리 먹을 수 있는 패스트푸드점과 바쁜 현대인들을 위한 냉동식품, 저렴하고 대중적인 레스토랑들이 많습니다. 최근에는 KFC까지 들어온 것을 보며 프랑스도 이제 미국화되어 간다고 생각한 적도 있습니다. 하지만 감자튀김의 적절한 굽기에 대해 긴 논쟁을 하는 것을 보면 그래도 '완벽한 맛'에 대한 프랑스인의 열정 passion은 아직 식지 않았음을 알 수 있습니다.

프랑스에서 일기 쓰기

학습 포인트
- 과거시제로 하루 일과 묘사하기
- 복합과거, 반과거 적절하게 사용하기
- 낯선 사람과 대화하기

1

Aujourd'hui, c'était mon anniversaire.

Alors, mes amis m'ont invitée au restaurant.

On a bien mangé et on a bu du champagne.

C'était délicieux.

Il y avait beaucoup de bons plats.

Surtout, j'ai adoré *l'île flottante en dessert*.

J'ai remercié mes amis pour les cadeaux.

Après le dîner, nous sommes allés au bar à côté du restaurant.

Nous avons pris un cocktail avec de petits gâteaux.

Nous avons passé de bons moments en écoutant de la musique.

J'ai passé une journée formidable grâce à mes amis.

Mais ma famille et mes amis en Corée m'ont manqué.

bu 동사 boire(마시다)의
  과거분사
champagne 샴페인
délicieux = très bon
  아주 맛있는
surtout 무엇보다, 특히
île 섬
flotant(e) 뜨는, 떠다니는
cadeau(x) 선물
bar 술집
formidable =
  merveilleux 아주 좋은

기억해 줘!

* C'est mon anniversaire. 내 생일이다.　　C'était mon anniversaire. 내 생일이었다.

* inviter : 초대하다

Je voudrais vous inviter. 당신을 초대하고 싶습니다.　　Je t'invite. 너를 초대할게.
Ils m'invitent. 그들은 나를 초대한다.　　Ils m'ont invité(e). 그들은 나를 초대했다.
　　→ 여성의 경우 e를 추가합니다.

→ Il m'a invité.에서 me는 '직접목적보어인칭대명사'입니다. 복합과거 시제에서 직접목적보어인칭대명사가
  동사 앞에 위치할 경우, 과거분사를 직접목적보어인칭대명사의 성과 수에 맞추어야 합니다. 그래서 Il m'a
  invité. 문장에서 me가 여성을 말하는 경우에 Il m'a invitée.처럼 e를 추가해야 하는 것입니다.

* manquer : 부족하다, 보고 싶다, 그립다

Tu me manques. 나는 네가 보고 싶다.　　Vous me manquez. 나는 당신이 보고 싶어요.
Ils me manquent. 나는 그들이 보고 싶다.　　Ils m'ont manqué. 나는 그들이 보고 싶었다.

2

Je suis allée faire du shopping avec Hélène.

Il y avait un très joli pantalon mais c'était trop petit parce que j'ai pris du poids.

Malheureusement je n'ai pas pu acheter ce pantalon.

Mais j'ai acheté une belle robe. J'étais très contente.

Après le shopping, Hélène a dit qu'elle voulait manger du sushi.

Nous sommes allées au restaurant japonais.

Après le dîner, nous nous sommes promenées dans un parc près du restaurant.

Il y avait beaucoup de monde parce qu'il faisait beau.

Avec Hélène, nous sommes allées dans une librairie célèbre en face du parc.

Il y avait plein de livres anciens. Un livre de photos de Paris a attiré notre attention.

Nous avons décidé de l'acheter.

Nous avons passé une bonne journée.

faire du shopping
쇼핑하다
pantalon 바지
prendre du poids =
  grossir 살찌다
malheureusement
  아쉽게도, 안타깝게도
se promener 산책하다
parc 공원

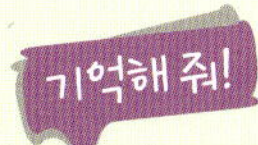

* en face de ~ : ~의 맞은편에
ancien : 오래된
attirer l'attention : 관심을 끌다
beaucoup de monde = beaucoup de personnes
: 많은 사람들

célèbre : 유명한
plein de ~ : ~가 가득, 아주 많은 ~
attirer : 끌어당기다
décider de + 동사원형 : ~하기로 결정하다

3

Aujourd'hui, j'ai fait mes devoirs toute la journée.

Je suis fatiguée parce que j'ai trop de devoirs.

Du matin au soir, j'ai fait des recherches à la bibliothèque et sur internet.

J'ai téléphoné à Marc pour lui demander de m'aider mais il ne répondait pas.

Heureusement, Hélène qui était à la bibliothèque m'a aidée.

Alors, j'ai pu terminer mes devoirs.

Au début, c'était difficile mais maintenant je suis satisfaite et j'ai confiance en moi.

Je pensais que c'était trop difficile pour moi mais j'ai fait beaucoup d'efforts.

Ce soir, je me suis couchée tôt et j'écris ce journal dans mon lit.

Je suis contente de moi. Je suis fière de moi.

heureusement 다행히도
au début 처음에는
à la fin 마지막에는
être satisfait 만족하다
avoir confiance 자신 있다
faire des efforts 노력하다
se coucher 잠자리에 들다
écrire 쓰다
lire 읽다
être content de ~
　～에 대해 만족하다
être fier de ~
　～에 대해 자랑스럽다

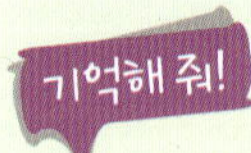
기억해 줘!

* toute la journée : 하루 종일	toute la soirée : 저녁 내내
* de ~ à ~ : ～부터 ～까지 du matin au soir : 아침부터 저녁까지	de chez moi à l'école : 우리 집에서 학교까지
* recherche : 탐구, 연구 demander de + 동사원형 : ～를 부탁하다	faire des recherches : 탐구하다, 연구하다 répondre : 대답하다

* Hélène qui était à la bibliothèque m'a aidée.에서 me는 '직접목적보어인칭대명사'입니다.

→ 복합과거 시제에서 직접목적보어인칭대명사가 동사 앞에 위치할 경우, 과거분사를 직접목적보어인칭대명사의 성과 수에 맞추어야 합니다. 그래서 Hélène m'a aidé.에서 me가 여성을 말하는 경우 Hélène m'a aidée. 처럼 e를 추가해야 합니다.

4

Aujourd'hui, je me suis promenée avec Marc et son chien.

Nous avons marché du campus au lac.

Il y avait beaucoup de monde parce que c'était un jour férié.

Il a fait très beau.

Nous avons marché en parlant du chien de Marc.

Il a dit qu'il élevait son chien parce qu'il adorait les animaux.

Le chien s'appelle Julio. C'est un chien de couleur blanc et il est très intelligent.

Julio, Marc et moi, nous sommes arrivés jusqu'au lac.

Il y avait du vent alors on n'avait pas très chaud.

Nous nous sommes allongés sur le gazon au bord du lac.

Les gens autour de nous étaient en train de bronzer.

Ils avaient l'air d'être heureux.

Leur bonheur me rendaient heureuse également.

chien 강아지
chat 고양이
marcher 걷다
lac 호수
jour férié 공휴일
parler de ~ ~에 대해 말하다
élever 키우다
animal 동물
intelligent 똑똑한, 영리한
jusqu'à ~ ~까지
vent 바람
chaud 더운
froid 추운
s'allonger 눕다
gazon 잔디
au bord de ~ ~ 주변
autour de ~ ~ 주위
être en train de ~
　~ 하는 중이다
bronzer 일광욕을 하다
avoir l'air de ~ ~해 보인다

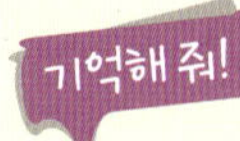

기억해 줘!

* rendre : 돌려주다, ~하게 하다

Je vous rends votre argent. 당신의 돈을 돌려 드리겠습니다.
Vous me rendez heureux. 당신은 나를 행복하게 합니다.

5

Aujourd'hui, je suis allée à la bibliothèque pour réviser mon examen.

L'examen est dans un mois, alors il ne me reste pas beaucoup de temps pour préparer cet examen.

Il y avait beaucoup de monde à la bibliothèque.

On travaille mieux à la bibliothèque qu'à la maison, parce qu'il y a beaucoup de documents et on est plus concentré.

J'étais à la bibliothèque très tôt le matin, mais il n'y avait pas beaucoup de places.

Je me suis assise au fond à côté de la fenêtre.

J'ai décidé de commencer par les mathématiques.

Mais en étudiant les maths, j'avais envie de dormir.

Je n'ai pas beaucoup dormi ces jours-ci, alors je suis très fatiguée.

Je ne sais pas si je vais réussir l'examen mais je dois faire de mon mieux.

Le soir, j'ai appelé mes amis et on a dîné au restau U.

réviser 공부하다, 시험 공부를 하다
dans + 시간 ~후
il y a + 시간 ~전
rester 남다, 남아있다
préparer 준비하다
mieux = plus + bien 더 나은
meilleur = plus + bon 더 좋은
document 서류, 자료
être concentré 집중되다
se concentrer 집중하다
s'asseoir 앉다
au fond 끝, 구석
commencer 시작하다
terminer = finir 끝내다
mathématiques = maths 수학
avais envie de + 동사원형 = vouloir ~하고 싶다

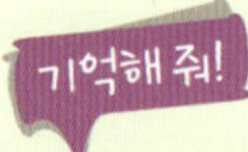

*** se coucher와 dormir는 어떻게 다를까요?**

se coucher는 '자기 위해 눕는 것'을 의미하고, dormir는 '잠이 드는 것'을 뜻합니다.
마찬가지로 se réveiller는 '잠이 깨는 것'을 의미하고, se lever는 '잠자리에서 일어나는 것'을 말합니다.
예 Le soir, je me couche et je dors.
    Le matin, je me réveille et je me lève.

***** ces jours-ci : 요즘
restau u = restaurant universitaire의 줄임말

faire de mon mieux : 최선을 다하다

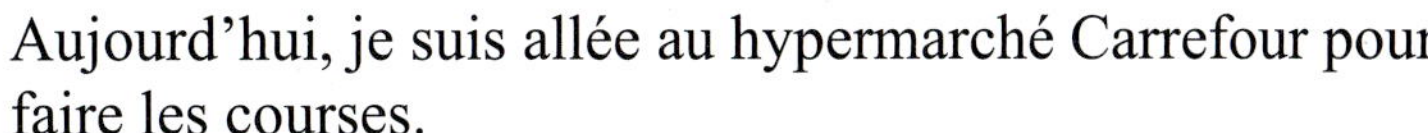

6

Aujourd'hui, je suis allée au hypermarché Carrefour pour faire les courses.

J'avais envie d'acheter beaucoup de choses mais je devais faire des économies.

D'abord, je suis allée au rayon beauté pour acheter une brosse à dents et un dentifrice.

Ensuite, j'ai choisi un shampooing, un après-shampooing et un gel douche. Il y avait beaucoup de choix.

J'ai acheté des céréales pour le petit-déjeuner.

C'est parfait pour manger rapidement le matin.

Les céréales au chocolat et au miel étaient en promotion.

Et enfin, j'ai acheté du lait et du yaourt pour manger avec les céréales.

Je n'ai pas acheté beaucoup de choses, alors je n'ai pas dépensé trop d'argent.

En plus, ce n'était pas lourd à porter.

dépenser 소비하다
argent 돈, 은
lourd 무거운
léger 가벼운
porter 들다

기억해 줘!

* hypermarché : 대형 마트
faire des économies : 절약하다
brosse à dents : 칫솔
shampooing : 샴푸
un gel douche : 바디 샴푸
céréale : 시리얼
rapidement : 빨리 ↔ lentement : 천천히
en promotion : 할인 판매 중
lait : 우유

faire les courses : 장을 보다
rayon beauté : 미용 코너
dentifrice : 치약
après-shampooing : 컨디셔너
choix : 선택, 종류
parfait : 완벽한, 딱 좋은
miel : 꿀
enfin : 드디어, 마지막으로
yaourt : 요거트

A l'arrêt de bus

Vieille dame : Il fait pas beau aujourd'hui. Je pense qu'il va pleuvoir bientôt.

Sophie : Moi, je n'ai pas pris de parapluie. Vous avez pris un parapluie ?

Vieille dame : Je descends dans deux arrêts seulement. Et puis ma maison est juste à côté de l'arrêt. Et vous ?

Sophie : Moi, j'ai une casquette dans mon sac. Et puis, je vais courir un peu. Vous avez beaucoup de sacs à porter. Ce n'est pas trop lourd ? Vous voulez que je vous aide ? Vous avez fait les courses ?

Vieille dame : Mais oui, j'ai été au marché. Il y a un couple qui vend les gâteaux aux amandes et c'est les meilleurs de la région. Vous voulez goûter un peu ?

Sophie : C'est gentil. J'aimerais beaucoup goûter ce gâteau. Merci. Donnez-moi vos sacs, je vais les porter.

Vieille dame : Oh c'est très gentil. Merci. Voilà le bus qui arrive.

Sophie : Et il commence à pleuvoir. On y va ?

pleuvoir 비가 오다
bientôt 곧
parapluie 우산
descendre 내리다, 내려가다
monter 올라가다, 타다
casquette 모자 (운동)
chapeau 모자 (정장)
sac 가방
courir 뛰다
à porter 들을, 들어야 할
couple 부부, 커플
amande 아몬드
goûter 맛보다
commence à + 동사원형
 ~하기 시작하다

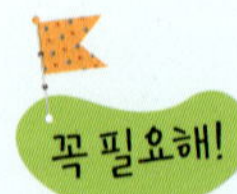

* 일상적으로 말할 때는 Il fait pas beau aujourd'hui.에서처럼 ne를 생략할 수 있습니다.

* seulement = juste : 단지, ~만
Je voudrais seulement 2 baguettes. = Je voudrais juste 2 baguettes. 바게트 두 개만 원합니다.
Je veux seulement te parler. = Je veux juste te parler. 단지 너에게 말하고 싶어.

* Ce sont les meilleurs라고 해야 하지만 일상적으로 c'est les meilleurs라고도 많이 사용합니다.

A 다음 문장들을 프랑스어로 말하고 쓸 수 있는지 확인해 보세요.

1. 오늘은 내 생일이었다.

2. 나의 친구들은 나를 레스토랑으로 초대했다.

3. 아주 맛있었다.

4. 식사를 한 후, 우리는 레스토랑 옆에 있는 바에 갔다.

5. 친구들 덕분에 매우 기쁜 하루를 보냈다.

6. 하지만 한국의 가족과 친구들이 그립다.

7. 하지만 한국의 가족과 친구들이 그리웠다.

8. 너무 마음에 드는 바지가 있었지만 살이 쪄서 너무 작았다.

9. 우리는 일식집에 갔다.

10. 날씨가 좋아서 사람들이 많았다.

11. 오늘은 하루 종일 과제를 했다.

12. 과제가 너무 많아서 피곤하다.

13. 나는 내가 자랑스럽다.

14. 오늘은 마크와 마크의 강아지와 산책을 했다.

15. 캠퍼스에서 호수까지 걸었다.

한국에서 초등학교école primaire를 졸업하고 처음 프랑스 중학교collège에 가서 놀란 것은 학생들이 선생님을 대하는 태도였습니다. 선생님의 책상에 걸터앉거나 수업 시간에 떠드는 등 무질서한 학생들의 수업 태도가 이상했어요. 처음에는 친구들과 프랑스어로 소통이 잘 안 돼서 답답한 마음에 싸움질을 하기도 했는데요. 그때 한번은 제가 주먹을 휘두르자 아이들은 '뭐 이런 야만적인 애가 다 있어?' 하며 무척 놀라는 표정이었답니다. 나중에 프랑스에서는 절대로 육체적인 폭력을 사용하지 않고 말로만 싸운다는 것을 알게 되었죠.

고등학교lycée에 입학해서 또 한 번 놀란 것은 학교 안에서 아무렇지 않게 담배를 피우는 학생들 때문이었어요. 이것은 1968년도에 있었던 5월 혁명의 결과 중 하나라고 하는데요. 혁명 후 교육 부분에서도 변화가 일어나 주입식 교육에서 학생 중심의 교육으로 바뀌고, 선생님들의 폭력이나 권력이 사라지고 학생들에게 자유가 허락되었다고 합니다. 하지만 유럽연합이 간접흡연의 심각성을 인지하고 건물의 모든 실내에서 담배를 피우는 것을 금지하면서 2007년부터는 학교뿐만 아니라 모든 공공장소에서 담배를 피울 수 없게 됐습니다.

대학교université에서도 역시 학생들을 자유롭게 놓아두는 것을 느꼈는데요. 교수님들은 학생들을 동등한 인격체로 인식하는 것 같았습니다. 하지만 이런 자유 뒤에는 무거운 책임이 뒤따르기 마련이죠. 학생이 수업에 참여하고 공부하도록 강요하지는 않았지만, 만약 공부를 스스로 하지 않는다면 결코 대학 생활이 성공적으로 마무리 될 수 없겠죠? 그래서인지 요즘 프랑스에서도 어릴 때부터 스스로 공부에 대한 중요성을 인식하지 못한다면 공부를 강요하는 시스템이 오히려 효과적일 수 있다고 생각하는 것 같습니다. 스스로 공부의 중요성을 알고 공부할 만큼 성숙한 어린 학생들이 많지 않기 때문이지요. 프랑스 교육 시스템 안에서 학생들은 자유롭지만 그만큼 스스로 공부하고 연구하지 않으면 쉽게 뒤떨어져 다시 따라잡기 어려운, 어찌 보면 가혹하고 냉정한 교육 시스템입니다.

Leçon **15**

친구들과 주말 여행 떠나기

학습 포인트

- 친구들과 여행 계획하기
- 여행 중의 대화

1

Magalie : Je suis fatiguée. J'ai trop travaillé pour l'examen.

Sophie : Moi aussi, je suis trop fatiguée. J'aimerais partir en voyage.

Magalie : Pourquoi pas ? C'est une bonne idée.

Sophie : On pourrait organiser un voyage pour ce week-end. Qu'est-ce que tu en penses ?

Magalie : Pour ce week-end ? D'accord. Je vais demander aux autres s'ils peuvent venir.

Sophie : Où est-ce qu'on pourrait partir ?

Magalie : Je ne sais pas. Peut-être en Espagne ? Il suffit de traverser la frontière. Ce n'est pas trop loin.

Sophie : Moi, j'ai toujours voulu partir en Italie, à Venise.

Magalie : J'adore cette ville. Tu n'as jamais été à Venise ?

Sophie : Non, je ne suis jamais allée à Venise. C'est une ville tellement romantique.

Magalie : Si tu n'es jamais allée là-bas, il faut absolument y aller.

Sophie : Ce n'est pas trop loin ?

Magalie : On peut y aller en train ou en voiture. S'ils ne veulent pas y aller, on y ira toutes les deux.

organiser 계획하다
traverser 건너다, 넘다
frontière 국경
romantique 낭만적인
absolument 꼭

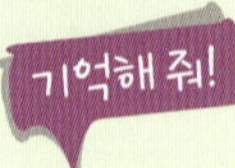

기억해 줘!

* J'aimerais + 동사원형 : ～하고 싶다, ～했으면 좋겠다
On pourrait + 동사원형 : ～를 할 수 있겠다, ～하는 건 어때?
Il suffit de ~ : ～만 하면 된다

* Pourquoi pas ? : 그럴까?/그러지 않을 이유 있겠어?
les autres = les autres personnes : 다른 사람들

* tous les deux = toutes les deux : 우리 둘이
tous les trois = toutes les trois : 우리 셋이

2

Sophie : Dépêchez-vous. On va être en retard. N'oubliez pas que le train est à 9 heures 25.

Marc : Sophie, attends, je n'ai pas encore fait les bagages. Je me suis couché trop tard hier soir.

Magalie : Toi, tu es toujours en retard. Je t'ai dit de préparer les bagages hier soir.

Marc : Je suis désolé. Donne-moi 5 minutes. Et je serai prêt.

Magalie : Au fait, on a appelé le taxi ?

Sophie : Oui, le taxi nous attend. Marc, tu peux te dépécher ?

Marc : Attends, Jean aussi, il est en train de prendre sa douche.

…

Magalie : Prenez votre temps. On va rater le train…

Sophie : J'espère qu'il n'y aura pas trop d'embouteillages.

Magalie : Hélène est déjà à la gare. Elle nous attend.

Sophie : Bon, les garçons, nous on va y aller.

Marc : Ça y est je suis prêt ! Attendez-moi !

Je te dis de + 동사원형
~하라고 너에게 말한다

Je t'ai dit de + 동사원형
~하라고 너에게 말했다

faire les bagages =
préparer les bagages
짐을 싸다

être prêt 준비되다

au fait = en fait 그런데

être en train de + 동사원형
~하는 중이다

prendre la douche =
prendre sa douche
샤워를 하다

prendre le temps =
prendre son temps
천천히 하다

rater 놓치다

J'espère que ~
~하기 바라다

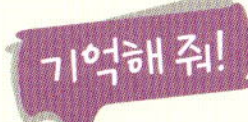

* **se dépêcher** : 서두르다, 빨리 하다

Dépêchez-vous. 서두르세요.	Dépêche-toi. 서둘러.	Je me dépêche. 서두를게.

* **oublier** : 잊어버리다

N'oubliez-pas. 잊지 마세요.	N'oublie pas. 잊지 마.	J'ai oublié. 잊어버렸어요.

* **attendre** : 기다리다

Attendez-moi. 기다려 주세요.	Attends-moi. 나를 기다려.	Je vous attends. 당신을 기다립니다.

3

Marc : Vous voyez ? On a bien pris le train finalement.

Magalie : Heureusement qu'il n'y a pas eu d'embouteillages. On a eu de la chance.

Marc : Ce n'est pas de la chance. Je savais qu'on ne serait pas en retard.

Magalie : Moi, je vais dormir un peu parce que je suis déjà fatiguée à cause de toi Marc.

Marc : Moi aussi, je vais dormir un peu. Je suis fatigué à cause de tes bagages. C'était trop gros et trop lourd. Tu ne vas pas déménager à Venise ?

Magalie : Si, pourquoi pas. Je vais peut-être rencontrer un prince charmant et je vais y rester ?

Marc : Un prince charmant à Venise ? Tu as vu trop de films.

Magalie : Tu ne peux pas comprendre parce que tu n'es pas le prince charmant.
…

Sophie : Arrêtez de vous disputer. Le plus important, c'est qu'on soit dans le train.

Jean : Regardez. Le paysage est magnifique. Je vais prendre des photos. Souriez !

prince 왕자
princesse 공주
charmant 매력적인
arrêter 그만하다, 멈추다
disputer 말싸움하다
discuter 이야기하다
se battre 싸우다
important 중요한

기억해 줘!

* finalement : 결국
avoir de la chance : 운이 좋다
à cause de ~ : ~ 때문에
rencontrer : 만나다 (처음으로)

heureusement : 다행히
Je savais que ~ : ~일 줄 알았다
déménager : 이사하다
se voir : 만나다 (이미 아는 사이)

* le plus important : 가장 중요한 것
Le plus important, c'est que + 접속법

le plus grand : 가장 큰 것
prendre des photos : 사진을 찍다

4

Magalie : Marc, réveille-toi ! On est arrivé.

Marc : Déjà ? Oh là là, j'ai fait un cauchemard. J'ai rêvé que je me disputais avec toi.

Magalie : Malheureusement, c'était la réalité.

Marc : Je suis désolé. Pardonne-moi.

Magalie : Allez. Tu es pardonné. Je t'aime mon amour.

Marc : Merci. Je t'aime moi aussi. Je vais pleurer.

…

Sophie : Regardez. C'est vraiment magnifique. Je suis à Venise. Je suis heureuse.

Hélène : On va passer un week-end extraordinaire. Il y a tellement de monuments à visiter.

Jean : Se promener dans ces petites rues est un vrai plaisir. Vous verrez.

Marc : Bon, on va manger quelque chose ? J'ai faim. Il y a de superbes restaurants ici.

cauchemard 악몽
faire un cauchemard
　악몽을 꾸다
rêve 꿈
rêver 꿈꾸다
malheureusement
　안타깝게도
réalité 현실
être pardonné 용서받다
amour 사랑
pleurer 울다
tellement de ~ =
　beaucoup de ~ 많은 ~
monument 기념물, 유적지
visiter 방문하다, 구경하다
plaisir 기쁨
superbe 대단한, 훌륭한

* **se réveiller** : 잠에서 깨다

Réveillez-vous. 일어나세요.	Réveille-toi. 일어나.	Je me réveille. 나는 일어난다.

* **pardonner** : 용서하다

Je te pardonne. 너를 용서한다.	Pardonne-moi. 나를 용서해.	Je vous pardonne. 당신을 용서합니다.

* | à visiter : 방문할 것 | à manger : 먹을 것 | à voir : 볼 것 | à acheter : 살 것 |

* **동사원형이 주어로 쓰일 수 있습니다.**

Se promener est bon pour la santé. 산책하는 것은 건강에 좋다.
Manger coréen est bon pour la santé. 한국 음식을 먹는 것은 건강에 좋다.

* **de superbes restaurants에서 de가 쓰인 이유는 뭘까요?**

명사 앞에 위치하는 형용사를 사용할 경우, 부정관사 des 대신 de를 써야 하는 규칙이 적용됐기 때문입니다.

5

entier 전부, 온
le monde entier 온 세상,
   전 세계
œuvre 작품
œuvre d'art 예술 작품
cacher 감추다
surprise 놀라움
chaque 매, 모든
coin 구석
avoir le temps 시간을 갖다
assez de ~ 충분한 ~
découvrir 발견하다
découverte 발견
habitant 시민
avoir l'air de ~
   ~가 ~인 것처럼 보인다
couler 흐르다
paisiblement 평화롭게
imaginer 상상하다
Je crois que ~
   ~인 것 같다
stress 스트레스
être en paix 평화롭다
la paix 평화
inquiétude 걱정
doute 의심
envoler 날아가다
confiance 자신감
confiance en ~
   ~에 대한 믿음, 자신감
affronter 맞서다
tant de ~ = autant de ~
   그렇게 많은 ~
certainement =
   sûrement 분명히
à cette époque 그 시절에
problème 문제
retrouver 되찾다
bonheur 기쁨

Sophie : Venise est une ville vraiment extraordinaire. La ville entière est une œuvre d'art.

Jean : La ville cache des surprises à chaque coin de rue. On n'aura pas assez de temps pour tout découvrir.

Sophie : Les habitants de cette ville ont l'air d'être les plus heureux du monde.

Jean : Ici, le temps coule paisiblement. On change quand on visite cette ville. Alors tu imagines si tu y habites.

Sophie : Je crois qu'on est dans un autre monde. Je n'ai plus de stress. Je suis en paix.

Jean : Moi aussi. Je suis bien ici avec toi. Toutes mes inquiétudes, tous mes doutes se sont envolés. J'ai plus de confiance en moi pour affronter l'avenir.

Sophie : Je ne savais pas qu'une ville pouvait changer tant de choses dans ma vie.

Jean : C'est certainement parce qu'on est ici avec les gens qu'on aime. Là-bas, il y a un café que j'aime beaucoup. Je suis venu il y a 3 ans. Je n'étais pas très heureux à cette époque.

Sophie : Ah bon ? Pourquoi ?

Jean : J'avais des problèmes dans ma vie. Mais maintenant tout va bien. J'ai retrouvé le bonheur.

6

Magalie : Où est-ce que vous étiez ? On vous a cherchés partout.

Jean : On est désolés. On s'est perdus. Mais on vous a retrouvés. C'est l'essentiel.

Hélène : Vous n'avez pas fait exprès pour être tous les deux ?

Sophie : Non, on n'a pas fait exprès. On était en train de discuter dans le musée et vous avez disparu.

Marc : Du coup, vous avez passé l'après-midi tous les deux.

Sophie : Oui, mais on n'a pas fait exprès. Je vous jure.

Hélène : Nous on a passé l'après-midi à vous chercher. Venise est un véritable labyrinthe.

Marc : Grâce à vous, on connait presque toutes les rues de Venise. Merci.

Sophie : Je suis désolée. Vous avez passé un bon après-midi quand même, j'espère.

Marc : On a mangé dans un super restaurant. Il faut absolument qu'on y aille ensemble.

Magalie : Vous avez passé un bon après-midi au moins ?

Jean : Oui, c'était le plus beau jour de ma vie.

Marc : Le plus beau jour de ta vie ?

기억해 줘!

* **perdre와 se perdre의 차이**

perdre : 지다 (gagner '이기다'의 반대말) 예 J'ai perdu. 나는 졌다.	se perdre : 길을 잃다 (자기 자신을 잃다) 예 Je me suis perdu. 나는 길을 잃었다.

* **j'espère이 문장 끝에 오게 되면 '~이었으면 좋겠다'라는 표현이 됩니다.**

Vous avez réussi votre examen, j'espère. = J'espère que vous avez réussi votre examen.
당신이 시험에 성공했길 바랍니다.
Vous allez partir en vacances, j'espère. = J'espère que vous allez partir en vacaces.
당신이 휴가를 떠났으면 좋겠네요.

* **On est désolés / On s'est perdus에 s가 있는 이유:**

On은 3인칭단수이지만, nous 즉 '우리'의 의미로서 s를 넣습니다.

Marc : Je n'ai pas envie de retourner à Bordeaux.

Margalie : Ouais mais c'est bientôt la rentrée. Il faut qu'on retourne à la fac pour étudier. Ça ne peut pas être tous les jours les vacances.

Hélène : Moi, ma chambre à la résidence me manque. Et puis, j'ai envie d'étudier maintenant. Mon cerveau commence à tout oublier.

Marc : Ne me dis pas que la bibliothèque te manque aussi.

Hélène : Si, la bibliothèque me manque aussi. Ma place habituelle à côté de la fenêtre aussi.

Jean : Marc ! Hélène est la meilleure étudiante de la fac. Elle n'est pas comme toi.

Marc : Quoi ? Moi, je ne suis pas le plus mauvais de la fac.

Jean : Justement.

Marc : J'ai aidé Sophie à faire ses devoirs toute l'année. Sophie, dis-leur, s'il te plaît.

Sophie : Marc n'a pas l'air comme ça. Mais quand il étudie, il est très sérieux et concentré. Il m'a beaucoup aidé. Sans lui, je n'aurais pas pu réussir mes examens. Merci Marc. Et merci à vous tous. Vous êtes vraiment géniaux. Quand je serai en Corée, je penserai à vous. Je ne vous oublierai jamais.

retourner 돌아가다
tourner 돌다
ouais 응
oui 응, 네
rentrée 개강, 개학
fac = faculté = université
　대학교 (fac은 말할 때만 사용)
Ça ne peut pas être ~
　~일 수는 없다
Ne me dis pas que ~
　나에게 ~라고 하지 마,
　설마 ~인 건 아니지?
~ te manque
　너는 ~가 보고 싶다, 그립다
place 자리
habituel 습관적인, 일상적인
comme ~ ~와 같이, ~처럼
sérieux 신중한, 성실한
concentré 집중하는
concentration 집중
aider 도와주다
sans ~ ~ 없이
réussir 성공하다
géniaux 멋진, 대단한
　(génial의 복수)
penser à ~ ~에 대해
　생각하다
oublier 잊다

꼭 필요해!

* **plus bon = meilleur** : '가장 ~'을 표현할 때는 plus bon 대신 meilleur를 써야 합니다.
　plus mauvais = pire : '가장 덜 ~'을 표현할 때는 moins bon과 pire 둘 다 사용할 수 있습니다.

* **Je n'aurais pas pu.에서 조건법이 쓰인 이유는 뭘까요?**
　가정하는 문장이기 때문입니다. '아마도 ~할 수 없었을 거야'라는 뜻의 표현입니다.

A 다음 문장들을 프랑스어로 말하고 쓸 수 있는지 확인해 보세요.

1. 피곤하다. 시험 때문에 공부를 너무 많이 했어.

2. 여행을 떠나면 좋겠어.

3. 오, 좋은 생각인데.

4. 어디로 떠날 수 있을까?

5. 그곳에는 한 번도 가 본 적이 없어.

6. 서둘러. 우리 늦겠어.

7. 모두들 봐. 풍경이 아름다워. 사진을 찍을게. 웃어!

8. 어디 있었어? 너희들을 사방에서 찾았어.

9. 내 삶의 가장 멋진 날이었어.

10. 보르도로 돌아가고 싶지 않아.

11. 이제 곧 개강이야.

12. 우리는 공부하러 대학교로 돌아가야 해.

13. 너희들 모두 고마워.

14. 한국에 있을 때도 너희들을 생각할게.

15. 너희들을 절대로 잊지 않을게.

Leçon 01 프랑스어 공부를 위한 책 고르기

1

소피 : 여보세요, 다비드, 어떻게 지내?
다비드 : 아주 잘 지내, 고마워. 소피 너는, 잘 지내?
소피 : 아니, 아주 안 좋아.
다비드 : 그래? 왜?
소피 : 프랑스로 떠나기 위해 프랑스어를 배워야 하거든.

2

다비드 : 프랑스어를 배우기에 아주 좋은 교재를 알고 있는데. 내일 뭐 해?
소피 : 내일 저녁에는 아무것도 안 해.
다비드 : 그럼 나랑 같이 서점에 갈래?
소피 : 내일 저녁 7시에 만날 수 있어.
다비드 : 그래 저녁 7시에 만나자. 걱정하지 마, 그 책으로는 아주 쉬울 거야.
소피 : 그래, 너만 믿을게. 내일 보자.

3

다비드 : 소피 안녕, 프랑스어를 배울 준비가 됐니?
소피 : 응, 준비됐어. 하지만 우선 책을 골라야 해.
다비드 : 와 봐, 그 책을 보여 줄게. 너를 위한 정말 아주 좋은 교재야.
소피 : 그래, 가자.

4

다비드 : 여기 프랑스어 교재가 있어. 효과적이고 게다가 재미도 있어.
소피 : 어디 보자… 그러네, 나쁘지 않네. 그런데 조금 어렵지 않아?
다비드 : 아니, 어렵지 않아. 우선, 초급자를 위한 책을 끝내야 해. 그다음에 이 교재를 시작할 수 있는 수준이 돼.
소피 : 나는 문법부터 배우고 싶어.
다비드 : 그래, 그럼 책 뒤편을 봐. 문법이 있어.
소피 : 그러네, 맞아. 이거 좋다, 아주 좋은 아이디어야.

5

다비드 : 책의 대화들이 쉽고 아주 현실적이야.
소피 : 나는 이번 여름에 프랑스로 떠날 거야. 그래서 빨리 배워야 해.
다비드 : 이 책은 너를 위해 완벽해. 이 책을 선물할게. 너의 프랑스 출국을 위한 선물이야.
소피 : 고마워, 친절하구나.
다비드 : 그럼, 커피를 마시러 갈까?
소피 : 그래, 가자

6

웨이터 : 안녕하세요, 무엇을 드릴까요?
소피 : 코코아차를 주세요.
다비드 : 저는 카페오레로 하겠습니다.
소피 : 실례지만, 화장실이 어디에 있나요?
웨이터 : 바로 여기요, 왼편에 입구 쪽이에요.
소피 : 감사합니다.

Dialogue

소피 : 이 책이 아주 마음에 들어. 대화가 흥미롭네.
다비드 : 맞아, 프랑스어를 빠르고 쉽게 배울 수 있는 아주 좋은 책이야.
소피 : 그래, 이제 나는 걱정하지 않아.
다비드 : 문법 또는 회화로 시작할 수 있어. 이 책을 매일 읽어야 해. 이건 아주 중요해.
소피 : 그래, 하지만 나는 프랑스어 선생님이 필요한데.
다비드 : 걱정 마, 내가 있잖아. 게다가 동영상 강의가 있어. 쉽고 아주 효과적이야.
소피 : 인터넷으로 하는 거네, 그렇지?
다비드 : 응, 이 책의 사이트로 가. 그럼 프랑스어 동영상 강의 수업이 있어.
소피 : 네가 나에게 레슨을 해 줄 수 있어?
다비드 : 당연하지, 같이 프랑스어로 말하자. 그리고 나에게 질문을 할 수도 있어.
소피 : 좋아! 여기 계산서 주세요!

Leçon O2 일기 쓰기

1

2013년 1월 20일 일요일

오늘 다비드와 서점에 갔다.
다비드는 나에게 프랑스어 교재를 선물했다.
다비드는 정말 친절하다.
우리는 커피를 같이 마셨다.
그리고 나는 집으로 돌아왔다.
나는 다비드에게 고맙다고 말하기 위해 전화했다.
나는 이 책이 아주 마음에 든다.
나는 프랑스어를 매일 공부할 것이다.

2

1월 21일 월요일

오늘 나는 7시에 일어났다.
아침 식사를 하고 샤워를 했다.
8시 반쯤 집에서 나왔다.
지하철을 타고 학교에 9시 10분쯤 도착했다.
늦게 도착했다.
내일은 일찍 도착할 것이다.

3

1월 22일

오늘은 9시 10분 전에 수업에 도착했다.
일찍 도착했다.
학교 선생님들이 참 마음에 든다.
수업 내용이 좋다.
그분들과 많은 것을 배운다.
12시에는 친구들과 학교 식당에서 점심을 먹었다.
5시쯤에 학교에서 나와 친구들과 카페에 갔다.

4

2013년 1월 23일 수요일

친구들과 이야기를 하고 있었는데, 갑자기 다비드의 목소리가 들렸다.
다비드는 그의 친구들과 왔다.
그래서 우리는 같이 커피를 마셨다.
다비드의 친구들은 좋았다.
재미있고, 커피를 사 줬다.
저녁 8시쯤에 집에 들어왔다.
나의 강아지는 소파 위에서 자고 있었다.
나와 나의 작은 강아지를 위해 저녁 식사를 준비했다.

5

1월 23일 목요일

오늘 나는 좋은 하루를 보냈다.
델프 시험에서 좋은 점수를 받았다.
정말 기뻤다.
이 시험을 위해 많은 노력을 했다.
나는 프랑스로 떠날 준비가 됐다.
프랑스 학교에 등록을 해야 하고, 비자 요청을 해야 한다.
내일 학교 등록을 위한 서류를 준비할 것이다.
나는 프랑스로 떠날 것이다.
내 꿈을 이룰 것이다.

6

금요일

내일은 벌써 주말이다.
시간이 빨리 간다.
어제 내 친구들이 나에게 선물을 주었다.
행복에 관한 책을 선물해 주었다.
그 책은 아주 좋지만, 나는 소설이 더 좋다.
내일은 다비드와 영화관에 갈 것이다.
우리는 프랑스어로 말할 것이다.
나는 다비드에게 프랑스어 문법에 대한 질문을 할 것이다.

Dialogue

다비드 : 소피, 안녕, 괜찮아? 미안해, 나 늦었지. 오래 기다렸어?

소피 : 아니, 10분 전에 도착했어. 일기를 쓰고 있었어.

다비드 : 프랑스어가 늘기 위한 좋은 방식이야.

소피 : 응, 그런데 아직 프랑스어 실수를 많이 해.

다비드 : 괜찮아. 아직 초급자잖아. 늘 거야. 두고 봐.

소피 : 그럼, 영화표를 사러 갈까?

다비드 : 인터넷으로 이미 예약했어. 상영 시간은 17시 15분이야.

소피 : 우리가 일찍 왔네. 우리 뭐 할까?

다비드 : 공원에 산책하러 갈 수 있겠다.

소피 : 나는 걷는 게 싫어. 가게 구경하는 게 더 좋아. 여기 괜찮은 가게들이 있네.

Lecon 03 — 프랑스 학교에 등록하기

1

담당자 : 안녕하세요, 보르도 대학교 사무실입니다.

소피 : 안녕하세요, 등록 관련해서 전화드립니다. 한국에서 전화하는 거고요. 저는 한국 학생입니다. 한국에서 등록할 수 있나요?

담당자 : 네, 가능합니다. 학교 인터넷 사이트를 방문해서 등록 서류를 내려받아야 해요. 작성해서 저희에게 제출 증명서와 같이 서류를 보내 주셔야 합니다.

소피 : 제출할 증명서에는 어떤 것들이 있나요?

담당자 : 자기소개서와 이력서, 학위 복사본을 저희에게 보내 주셔야 합니다. 서류 안에 제출할 서류를 보실 수가 있을 거예요.

소피 : 알겠습니다, 감사합니다.

담당자 : 천만에요. 좋은 하루 보내세요.

소피 : 좋은 하루 보내세요. 감사합니다.

2

학교 지원서

존칭	: 미시즈□ 미스■ 미스터□
성	: 이
이름	: 소피
생년월일	: 1983년 7월 14일 (일/월/년)
국적	: 한국인
주소	: 현대아파트 사랑동 강남구 122-1309
도시	: 서울
우편번호	: 135-100
국가	: 한국
전화번호	: +82-10-3333-4444
이메일	: sophie@monemail.com
직업	: 학생
전공과 학위	: 경제학
지원자 번호	: 200024535
학생 번호	: 259907
지원 날짜	: 2014/08/31

3

제출할 증명서 :

이 서류에는 복사본만을 첨부하세요.
합격 통지를 받으면 원본을 제출하게 됩니다.

- 자기소개서
- 이력서
- 고등학교 졸업 점수 사본
- 취득한 학위증명서와 성적표 사본
- 2유로 56 우표가 붙어 있는 봉투, 크기 260×330, (학생의) 이름과 주소가 쓰여 있는
- 1유로 86 우표가 붙어 있는 봉투, 크기 260×330, (학생의) 이름과 주소가 쓰여 있는
- (학생의) 이름과 주소가 적혀 있고, 유효한 우표가 붙어 있는 쉽게 붙여지는 봉투 3장

4

자기소개서

교장 선생님께,

제 이름은 이소피입니다. 그리고 저는 한국의 서울에 살고 있습니다.

저는 모든 취학 기간을 한국에서 보냈습니다. 초등학교와 중학교는 부산에서, 그리고 고등학교는 서울에서 (다녔습니다). 대학 입학 자격시험 후, 저는 강남대학교에 입학하여 경제학을 공부하였습니다.

제가 3학년일 때에 교환학생으로 2개월 동안 보르도 대학교에서 공부하기 위해 프랑스에 갔습니다. 프랑스에서의 체류 기간이 매우 만족스러웠습니다. 그래서 환대했던 이 대학교와 저의 새로운 친구들을 다시 만나기 위해 이 도시로 다시 돌아가기로 결심했습니다.

5

한국으로 돌아와서 프랑스어를 공부했습니다. 지금은 프랑스어를 유창하게 구사하고 델프 B2시험을 합격했습니다.

이 대학에서 석사과정 공부를 계속하고 싶습니다. 국제 경제학의 분야에서 일하는 저의 목표를 달성할 수 있는 가장 좋은 방법이기 때문입니다.

보르도 대학 등록 의뢰를 고려해 주시면 감사하겠습니다.

(편지 끝 부분의 경구)

이소피

6

안녕하세요,

경제학 석사과정 등록이 유효화되었습니다.

빠른 시일 내로 보르도 대학교의 학생증을 받게 될 것입니다.

(이메일 끝 부분의 경구)

재학 부서
보르도 대학교 – F동
351 해방의 길
33500 보르도
전화 05 40 00 60 00 / 팩스 05 40 00 60 78

Dialogue

담당자 : 안녕하세요, 보르도 대학교 사무실입니다.

소피 : 안녕하세요, 저는 이소피라고 합니다. 저는 이 대학교에 등록했고요. 서류가 하나 필요해서 전화드립니다.

담당자 : 네, 어떤 서류가 필요하세요?

소피 : 저는 한국 사람이고요. 프랑스 대사관에 비자 신청을 하기 위해서 등록 확인서가 필요합니다.

담당자 : 네, 알겠습니다. 한국 주소로 보내드리면 될까요?

소피 : 네, 그런데 제가 개강하는 날에 출석하기 위해서 가능한 한 최대한 빨리 받아야 합니다.

담당자 : 오늘 오후에 보내드리겠습니다.

소피 : 알겠습니다. 감사합니다.

담당자 : 천만에요. 좋은 하루 보내세요.

소피 : 감사합니다. 좋은 하루 보내세요.

1

다비드 : 프랑스 출국을 위한 준비가 다 잘돼 가?

소피 : 응, 이제, 나는 보르도 대학교 학생이야.

다비드 : 축하해! 학생증 받았어?

소피 : 응, 등록 확인서도 받았어. 이제 비자 의뢰를 위한 서류를 준비해야 해.

다비드 : 캠퍼스 프랑스하고 서울 프랑스 대사관 쪽에 약속을 잡았어?

소피 : 응, 다음 주에 약속이 잡혔어.

다비드 : 도와줄 게 있어?

소피 : 응, 좋지, 고마워. 친절하구나.

다비드 : 우선, 비자에 필요한 문서들을 보자.

2

캠퍼스 프랑스 서류

1. 입학 허가서
2. 취득한 학위증명서 사본
3. 이력서 + 자기소개서
4. 정상적으로 작성한 캠퍼스 프랑스 신청서
5. 여권 사본

대사관에 제출할 비자 서류

1. 정상적으로 작성하고 서명한 신청서와 요구되는 사본들 첨부
2. 여권 사본
3. 은행계좌 잔고증명서
4. 거주증병서
5. 국제 의료보험 가입증명서

3

이력서

이소피
122-1309 현대아파트
사랑동, 강남구
서울, 한국
sophie@monemail.com
학력
1996-1999 장연중학교, 서울
1999-2002 창주고등학교, 서울
2002-2006 강남대학교 – 경제학과

언어	한국어 : 모국어
	프랑스어 : 고급 레벨
	영어 : 중급 레벨
	일본어 : 초급 레벨
경력	
2004년 9월~12월	복지 단체
	아프리카 봉사 여행
2005년 9월~12월	신발 가게
	고객 책임자 담당
관심 분야	
스쿠버다이빙	
다이빙 자격증	
취미	
독서, 영화, 여행, 음악	

4

주제 : 비자 신청

대사님께
저는 이소피라고 하며, 한국인입니다. 프랑스로 유학을 하기 위한 비자를 간청합니다.
저의 비자 신청을 허락해 주시면 감사하겠습니다. 프랑스 유학이 저의 전공 분야에 대해 더 배우고 다른 곳에서는 할 수 없을 경험을 쌓을 수 있는 큰 기회가 될 것이라고 확신합니다.

5

저는 프랑스에 살아 본 경험이 있습니다. 교환학생 프로그램으로 보르도 대학교에서 2개월 동안 공부했기 때문입니다. 제가 프랑스에 가기 원하는 이유는 보르도 대학교에서 공부하고, 친구들을 다시 만나며, 프랑스 삶을 다시 살아 보고 싶기 때문입니다. 2개월만 살아 보았지만, 프랑스 삶과 문화가 무척 마음에 들었습니다.

제 꿈은 한국과 프랑스를 위해 일하는 것입니다. 제가 좋아하는 두 나라이기 때문입니다. 그러기 위해서 저는 프랑스에서 공부하고 많은 만남을 이루며 배울 것이 많습니다. 보르도 대학교에서의 석사과정 후에는 경제 분야의 훌륭한 능력을 갖추고 한국으로 돌아올 것입니다. 제가 그토록 좋아하는 이 두 나라의 이익을 위해 일하고 싶습니다.

6

저의 비자 신청을 허락해 주시면 감사하겠습니다. 저는 프랑스 유학이 저의 전공 분야에 대해 더 배우고, 다른 곳에서는 할 수 없을 경험을 쌓을 큰 기회가 될 것이라고 확신합니다.

(편지 끝 부분의 경구)

이소피

Dialogue

소피	: 고마워. 네 덕분에 모든 서류 준비를 잘했어.
다비드	: 천만에. 이제 캠퍼스 프랑스 인터뷰에 성공해야겠다.
소피	: 응, 무서워. 어려울 거야.
다비드	: 아니야, 걱정하지 마. 쉬울 거야.
소피	: 너는 프랑스어를 잘하니까 그런 말을 하지. 나는 아직 어려운 게 많아.
다비드	: 잘 준비하면 돼. 질문들을 같이 잘 준비하자.
소피	: 내 소개를 하면 되는 거야?
다비드	: 응, 자기소개를 잘하는 게 중요해. 그리고 무엇보다 너의 목표를 분명하게 설명할 줄 알아야 해. 프랑스에 가고 싶은 이유가 뭐야?
소피	: 공부하기 위해 프랑스에 가는 거지. 그리고 다양한 이유들 때문에.
다비드	: 바로 그거야, 이 모든 것을 설명해야 해. 인터뷰는 일주일 뒤야. 아직 준비할 수 있는 시간이 있어.

1

면접관 : 안녕하세요. 들어오세요.

소피 : 안녕하세요.

면접관 : 앉으세요.

소피 : 감사합니다.

면접관 : 우선, 프랑스어를 하십니까?

소피 : 네, 프랑스어를 합니다.

면접관 : 좋아요. 자기소개를 해 보시겠어요?

소피 : 네, 물론이지요. 저는 소피라고 합니다. 제 성은 이입니다. 24살이고 강남대학교 경제학과 4학년입니다. 보르도 대학교에서 공부하기 위해 프랑스에 가고 싶습니다.

면접관 : 프랑스어를 아주 잘하시네요. 어떻게 프랑스어를 배우셨나요?

소피 : 프랑스어 교재와 동영상 강의로도 배웠습니다.

면접관 : 아주 좋은 프랑스어 레벨을 가지고 계시네요.

소피 : 감사합니다.

2

면접관 : 여권을 보여 주시겠어요?

소피 : 네, 여기 있습니다.

면접관 : 대학 등록증명서도 보여 주세요.

소피 : 잠시만요. 증명서 여기 있습니다.

면접관 : 왜 보르도로 가려고 하시나요?

소피 : 저는 저의 대학교의 교환학생 프로그램으로 이미 보르도에 가 본 적이 있습니다. 그리고 그 유학 여행이 아주 마음에 들었었습니다. 그래서 다시 그 대학으로 돌아가고 싶었습니다. 저는 2개월만 있었지만, 도시와 그 대학과 새로운 친구들이 매우 좋았습니다.

면접관 : 2개월 동안 무엇을 하셨습니까?

소피 : 우선 보르도 대학교에서 국제경제학 수업을 들었습니다. 교수님들이 대단하셨습니다. 프랑스 경제의 전문가들이었습니다. 캠퍼스 안에서는 친절한 프랑스 학생들을 만날 수가 있었습니다.

3

면접관 : 당신의 전공이 무엇입니까?

소피 : 제 전공은 국제경제학입니다.

면접관 : 왜 경제학을 공부하기 위해 프랑스에 가십니까?

소피 : 한국과 프랑스 사이에서 일하고 싶기 때문에 프랑스에 갑니다. 프랑스는 다섯 번째 세계 경제 강대국이며, 이 두 나라 사이에 많은 할 일들이 있다고 생각합니다.

면접관 : 어떤 분야에서요?

소피 : 예를 들면, 전자 제품 분야에서 한국은 수출할 많은 혁신적인 제품들이 있습니다. 그리고 프랑스는 독특한 문화 상품들을 가지고 있습니다. 프랑스 영화와 프랑스 음악을 한국으로 수입하고 싶습니다. 프랑스 영화와 프랑스 예술가들의 음악들을 좋아합니다.

면접관 : 그래요? 좋아하는 영화가 무엇입니까?

소피 : 〈아멜리에〉 또는 〈언터처블〉과 같은 영화를 좋아합니다.

4

면접관 : 왜 보르도로 결정하셨나요?

소피 : 도시가 좋아서 보르도로 결정했습니다. 시민들이 친절하고 도시가 매우 아름답습니다.

면접관 : 프랑스에 있을 때에 무엇을 하실 겁니까?

소피 : 우선 친구들을 만나러 갈 겁니다. 그리고 다른 도시들도 더욱 자주 방문할 것입니다.

면접관 : 어떤 도시들을 구경하고 싶나요?

소피 : 니스, 몽펠리에, 마르세유와 같은 프랑스 남부를 여행하고 싶습니다.

면접관 : 프랑스를 좋아하세요?

소피 : 네, 제가 가장 좋아하는 나라입니다.

면접관 : 프랑스어를 좋아하세요?

소피 : 네, 프랑스어를 매우 좋아합니다. 왜냐하면 아주 아름다운 언어이기 때문입니다. 프랑스 문학을 좋아하고, 특히 프랑스 소설을 좋아합니다.

5

면접관 : 취미가 있으신가요?

소피 : 스포츠를 좋아합니다. 제가 보르도에 있었을 때 친구들과 테니스를 쳤습니다. 아주 재미있었습니다. 저는 수영을 하고 피아노를 치기도 합니다.

면접관 : 일을 해 본 적이 있으신가요?

소피 : 네, 신발 가게에서 일한 적이 있습니다. 그리고 복지 단체에서 자원봉사를 했습니다.

면접관 : 공부를 마치면 어떤 계획이 있으신가요?

소피 : 한국과 프랑스 사이 경제 분야에서 일하고 싶습니다.

면접관 : 석사 후에 박사과정을 하실 건가요?

소피 : 아니요, 석사 다음에는 바로 일을 할 것 같습니다. 지금으로서는 박사과정을 하고 싶지는 않습니다.

면접관 : 프랑스어를 아주 잘하고 계획이 일관성이 있네요.

소피 : 감사합니다. 프랑스에서 공부하고, 살아 보는 것은 저에게 큰 기회가 될 거라고 생각합니다.

면접관 : 아직 프랑스어 실수를 하기는 하지만, 프랑스에서 공부하면서 빨리 늘 겁니다.

소피 : 네, 아직 많이 향상시켜야 합니다. 그리고 제 발음이 완벽하지 않습니다.

면접관 : 프랑스 텔레비전을 많이 보고, 라디오를 최대한 자주 들어볼 추천합니다.

소피 : 죄송하지만 잘 이해하지 못했습니다. 다시 말씀해 주시겠어요?

면접관 : 프랑스로 떠나기 전에 프랑스 사이트에 가서 프랑스 텔레비전을 보고 인터넷으로 라디오를 들어 보길 추천합니다.

소피 : 네, 알겠습니다. 충고 감사합니다.

면접관 : 알겠습니다. 그럼 인터뷰를 마치겠습니다.

소피 : 감사합니다. 같이 이야기를 나누어서 기뻤습니다.

면접관 : 저 역시 그렇습니다. 앞으로 힘내세요.

소피 : 감사합니다. 좋은 하루 보내세요.

Dialogue

다비드 : 괜찮았어 ?

소피 : 응, 괜찮았어. 면접관이 아주 좋았어.

다비드 : 거봐, 겁낼 필요 없어.

소피 : 응, 맞아. 다비드 고마워.

다비드 : 다 잘된 것을 알게 돼서 기쁘다.

소피 : 이제, 결과를 기다려야 해.

다비드 : 비자를 받게 될 거야. 나는 확신해.

소피 : 그래, 비자를 받았으면 좋겠다.

다비드 : 받게 될 거야. 걱정하지 마. 프랑스로 출국할 준비해.

소피 : 보르도로 다시 가게 돼서 행복해.

다비드 : 보고 싶을 거야.

Leçon **06**   공항에서 택시를 타고 숙소로 가기

1

사무장 : 신사 숙녀 여러분, 안녕하세요. 제 이름은 오렐리, 여러분의 사무장입니다.

뒤퐁 기장님과 승무원 전 팀은 스타이 팀의 멤버인 에어프랑스 에어버스 330에 여러분을 맞이하게 되어서 기쁩니다.

저희는 샤를 드골 공항으로 향하는 이 비행 동안 여러분의 안전과 편안함을 책임집니다.

벨트를 매고 조절해 주시기 바랍니다. 좋은 여행 되시기 바랍니다.

2

승무원 : 도와드릴까요?

소피 : 제가 자고 있어서 식사를 하지 못했습니다. 지금 식사를 할 수 있나요?

승무원 : 네, 물론이지요. 소고기 요리와 생선 요리 중에서 선택하실 수 있습니다.

소피 : 생선 요리로 하겠습니다.

승무원 : 음료는 무엇으로 하시겠습니까?

소피 : 주스로는 어떤 것이 있나요?

승무원 : 오렌지 주스와 포도 주스가 있습니다.

소피 : 오렌지 주스로 하겠습니다.

승무원 : 알겠습니다. 다른 필요한 게 있으신가요?

소피 : 네, 음악을 들을 수 있는 헤드셋을 주세요.

승무원 : 네, 전부 가져다 드리겠습니다.

소피 : 감사합니다.

3

사무장 : 신사 숙녀 여러분, 저희는 파리를 향해 하행을 시작하고 있습니다.

좌석으로 돌아와 주시고 휴대용 가방이 여러분의 앞좌석 아래 또는 짐칸 안에 있는지 확인해 주시기 바랍니다.

문들과 출구들은 짐에 의해 막힘 없이 있어야 합니다.

만약 에어프랑스 편으로 경유하여 공항을 바꾸신다면, 에어프랑스 카운터로 오셔서 접수하신 짐을 찾으시기 바랍니다.

4

검사관 : 안녕하세요.
소피 : 안녕하세요.
검사관 : 프랑스에서 무엇을 하실 겁니까?
소피 : 보르도 대학교에서 공부할 겁니다.
검사관 : 비자가 있으신가요?
소피 : 네, 비자가 있습니다.
검사관 : 프랑스에서 얼마 동안 있으실 건가요?
소피 : 석사과정을 마치기 위해 2년 동안 있을 겁니다.
검사관 : 어디에서 사실 겁니까?
소피 : 대학교 기숙사에서 살 겁니다.
검사관 : 알겠습니다. 좋은 하루 보내세요.
소피 : 감사합니다. 좋은 하루 보내세요.

5

소피 : 실례합니다.
행인 : 네.
소피 : 택시를 어디에서 탈 수 있나요?
행인 : 음, 택시를 타려면, 곧장 가시면 택시 정류장 표지판이 보일 겁니다.
소피 : 에펠탑 쪽으로 가는데요. 지하철이나 버스를 탈 수 있나요?
행인 : 잘 모르겠네요. 제 생각에는 파리 시내로 가는 열차가 있을 것 같은데요. 열차나 버스를 타기에는 짐이 너무 많은 것 같네요. 택시를 타시는 게 낫지 않나요?
소피 : 네, 택시를 타야겠습니다. 그러니까 이쪽으로 가는 거지요?
행인 : 네, 곧장 가세요. 멀지 않습니다.
소피 : 감사합니다.
행인 : 천만에요. 좋은 하루 보내세요.
소피 : 감사합니다. 좋은 하루 보내세요.

6

택시 기사 : 안녕하세요.
소피 : 안녕하세요.
택시 기사 : 짐이 많으시네요.
소피 : 네, 죄송합니다. 짐이 많아요.
택시 기사 : 괜찮습니다. 손님 짐을 트렁크에 넣겠습니다.
소피 : 감사합니다.
택시 기사 : 그럼 어디로 가시나요?
소피 : 에펠호텔로 갑니다. 아시나요?
택시 기사 : 아니요, 이 호텔을 모르겠네요. 주소가 있으신가요?
소피 : 네, 여기 있습니다.
택시 기사 : 알겠습니다. 그럼 출발합니다.

Dialogue

택시 기사 : 어디서 오셨어요? 일본인이세요, 아니면 중국인이세요?
소피 : 아니요, 한국인입니다.
택시 기사 : 죄송합니다. 일본하고 중국 관광객들이 많아서요.
소피 : 한국인도 많은데요.
택시 기사 : 네, 한국 관광객이 조금 있긴 하지만, 프랑스에는 한국 사람이 많지 않아요.
소피 : 미국이나 캐나다에는 한국 사람이 많아요. 그런데 프랑스에는 한국 사람이 많지 않지요.
택시 기사 : 관광객이세요?
소피 : 아니요, 공부하러 프랑스에 왔어요.
택시 기사 : 무엇을 공부하실 거예요?
소피 : 경제를 공부할 겁니다.
택시 기사 : 프랑스에는 첫 방문이세요?
소피 : 아니요. 두 번째입니다. 오늘 차가 많네요.
택시 기사 : 네, 19시라서 그래요. 이 시간에는 항상 차가 막혀요.
소피 : 얼마 후에 도착할까요?
택시 기사 : 1시간 정도 후에 도착할 거예요. 파리 시내에서는 차가 덜 막힐 것 같네요.

1

소피	: 안녕하세요, 방 하나를 예약했어요.
프런트 담당자	: 네, 어떤 이름으로요? (성함이 어떻게 되세요?)
소피	: 이소피입니다.
프런트 담당자	: 철자를 말씀해 주시겠어요?
소피	: 네, LEE입니다.
프런트 담당자	: 아침 식사와 함께 1박을 예약하셨네요.
소피	: 네.
프런트 담당자	: 네, 여기 열쇠가 있습니다. 6층 607호실입니다. 왼쪽에 엘리베이터가 있습니다.
소피	: 감사합니다.
프런트 담당자	: 좋은 저녁 보내세요.
소피	: 당신도요. 감사합니다.

2

소피 : 안녕하세요.

직원 : 안녕하세요.

소피 : 보르도로 가는 표를 예약했습니다.

직원 : 예약 번호가 있으신가요?

소피 : 네, 여기요.

직원 : 죄송합니다. 파업 때문에 기차가 취소되었습니다.

소피 : 죄송합니다. 잘 이해를 못했어요. 다시 말씀해 주시겠어요?

직원 : 파업이 있어서 이 기차를 타실 수가 없어요.

소피 : 보르도로 가는 기차를 타려면 어떻게 해야 하나요?

직원 : 오늘 저녁까지 기다리셔야 해요. 아니면 지금 표를 환불해 드릴 수 있습니다.

3

소피 : 보르도로 가는 기차가 하나도 없나요?

직원 : 20시 40분에 기차가 있습니다. 지금 예약하시면 기차를 타실 수 있습니다.

소피 : 네, 그럼 이 기차를 예약하겠습니다.

직원 : 표를 환불해 드리고, 그다음에 오늘 저녁 기차를 예약해 드리겠습니다.

소피 : 알겠습니다.

직원 : 일등석으로 아니면 이등석으로 예약하시겠습니까?

소피 : 이등석으로 부탁합니다.

직원 : 편도로 아니면 왕복으로 할까요?

소피 : 편도입니다.

직원 : 표 여기 있습니다. 파업 때문에 죄송합니다.

소피 : 괜찮습니다.

4

방송 : "안내방송 드립니다. 니스에서 오는 1384번 기차는 20시 35분에 D 선로로 도착합니다.

칸느에서 오는 2114번 기차는 20시 47분에 B 선로로 도착합니다.

보르도로 떠나는 3427번 기차는 20시 50분에 F 선로에서 출발합니다."

"보르도로 향하는 3427번 기차가 곧 출발합니다. 자동으로 문이 닫히니 주의하시기 바랍니다."

"보드로 역에 도착하셨습니다. 기차 안에 아무것도 잃어버리신 것이 없는지 확인하시기 바랍니다."

5

기숙사 안내 카운터

소피 : 안녕하세요, 죄송합니다. 늦었습니다.

관리인 : 알아요. 파업 때문이라는 거. 그들은 어차피 항상 파업을 해요.

소피 : 네, 깜짝 놀랐어요. 오늘 저녁에 이곳에 있다는 게 기쁘네요.

관리인 : 네, 운이 좋아요. 왜냐하면 오늘 다른 학생들은 아직 오지 않았어요. 어쩌면 내일 도착하겠네요. 피곤하지요?

소피 : 네, 조금요.

관리인 : 그래도 좋은 여행 되셨어요?

소피 : 네, 괜찮았어요. 오늘 잠을 잘 자겠네요.

관리인 : 자 그럼, 학생증 있으세요?

소피 : 네, 여기 있습니다.

6

관리인 : 이쪽으로 오세요. 학생의 방을 보여 줄게요. 갈까요?

소피 : 네, 가요.

관리인 : 그러니까, 이 캠퍼스에서 2년을 보내시는 거네요. 앞으로 보시면. 여기 아주 편안해요.

소피 : 저녁에 너무 시끄럽지는 않나요?

관리인 : 아니에요. 원래는 조용한 편이에요. 그런데 오늘 저녁은 한 학생의 생일이에요. 그래서 시끄러운 거예요. 저녁에 시끄러우면 저를 부르세요.

소피 : 감사합니다.

관리인 : 여기가 학생의 방이에요. 아주 크지는 않지만, 필요한 모든 게 있지요.

소피 : 세탁기도 있나요?

관리인 : 네, 텔레비전, 냉장고, 전자레인지, 소파, 침대, 책상, 샤워실도 있어요. 와이파이는 옵션이에요.

소피 : 얼마인가요?

관리인 : 한 달에 7유로예요. 내일 사무실로 오세요.
　　　　등록해 드릴게요.

소피 : 알겠습니다. 감사합니다.

관리인 : 자, 그럼 좋은 밤 보내세요.

소피 : 감사합니다. 관리인님도요.

Dialogue

마리 : 안녕, 새로 왔어?

소피 : 응, 어제 저녁에 도착했어.

마리 : 나는 마리라고 해. 너는?

소피 : 나는 소피라고 해.

마리 : 어느 나라에서 왔어?

소피 : 한국에서 왔어.

마리 : 한국? 그 나라 정말 좋아하는데. 난 케이팝을
　　　　좋아해.

소피 : 그래? 싸이를 알아?

마리 : 그럼. 빅뱅도 알아. 그들은 잘생겼어. 나에게
　　　　한국어를 가르쳐 줄 수 있어?

소피 : 물론이지. 대학교에서 무엇을 공부하니?

마리 : 현대 예술을 공부해. 아시아 예술인들을 좋아
　　　　해. 네 전공은 뭐야?

소피 : 나는 경제학과에 있어.

마리 : (우리에게 온 것을) 환영해.

소피 : 고마워.

1

은행원 : 안녕하세요, 무엇을 도와드릴까요?

소피 : 안녕하세요, 계좌를 개설하고 싶습니다.

은행원 : 계좌를 개설하려면 저희 상담원과 약속을 잡으
　　　　셔야 합니다.

소피 : 알겠습니다. 가능한 한 가장 빨리 약속을 잡고
　　　　싶습니다.

은행원 : 약속 날짜와 시간이 있는 편지를 받게 되실 겁
　　　　니다. 주소가 어떻게 되시나요?

소피 : 보르도 대학교 기숙사에서 살고 있습니다.

은행원 : 알겠습니다. 완전한 주소를 알 수 있을까요?

소피 : 네, 14 레지던스 길, 33000 보르도입니다.

2

주제 : 약속 확인

고객님,

2013년 8월 23일 만남 후, **BNP Paribas** 은행에서
2013년 8월 25일에 고객님의 상담원 아르노 씨와의 약
속을 확인해 드립니다.

신분증과, 거주증명서, 학생증을 가져오셔야 합니다.

(편지 끝 부분의 경구)

3

구청 인터넷 사이트
제출할 서류 리스트

1. 본인 증명서
   - 유효기간이 충분한 여권과 비자
   - 최근 사진 4장
   - 가족관계증명서 불어 번역 공증본

2. 거주 증명
   - 집을 빌린 경우 : 집 대여 계약서 또는 월세 영수
     증, 또는 적어도 3개월 이전의 전기·물·가스·전
     화요금 증명서
   - 단체 임대의 경우 : 숙박증명서, 숙박을 제공하는
     사람 신분증, 임대증명서
   - 대학 기숙사의 경우 : 거주증명서
     ⊙ 거주증명서는 집주인, 관리인, 기숙사 사무실이 작성해 주도
       록 되어 있습니다.

3. 학업 증명
   - 유효한 학교 등록증명서 (학생증)

4. 자금 증명
  – 금액이 확실하게 적힌 장학금증명서
    ⊙ 장학금을 받는 경우
  – 또는 개인적인 자금으로 한 달 460유로 이상의 금액 : 최근 3개월 간의 프랑스 은행계좌증명 또는 최근 3개월 간의 월급증명서 + 임시노동증명서 또는 은행어음
    ⊙ 요구되는 3개월 이상의 금액. 즉 1380유로 이상이 적힌 Relevé de compte
  – 또는 개인적으로 프랑스 내에 거주하는 사람에게 돈을 지원받는 경우 : 지원증명서 + 지원자 신분증과 자금증명서 (3개의 서류)

5. ANAEM용 55유로 증명 우표 (첫 신청 시)

6. 의무적인 ANAEM 건강검진 센터 방문 뒤 발급되는 건강검진증명서
    ⊙ 건강검진은 체류증 신청 시 자동으로 신청되며, 본인의 주소로 Convocation이 오면, 검사를 받고 증명서를 기다립니다.

4

판매원 : 안녕하세요, 도와드릴까요?

소피 : 네, 너무 비싸지 않은 스마트폰을 찾고 있습니다.

판매원 : 알겠습니다. 정기 가입으로요, 아니면 정기 가입 없이요?

소피 : 정기 가입을 하면 더 저렴한가요?

판매원 : 네, 맞습니다. 예를 들면, 이 스마트폰은 훌륭합니다. 큰 화면이 있고 아주 얇습니다.

소피 : 가벼운가요?

판매원 : 네, 가벼운 편이에요. 그리고 유용한 기능들이 많습니다. 보세요.

소피 : 얼마예요?

판매원 : 할인 행사가 있습니다. 전화기만의 가격은 479유로입니다. 하지만 **SFR**로 24개월 정기 가입을 하시면, 199유로에 가지실 수 있습니다.

소피 : 한 달에 얼마를 내야 하나요?

판매원 : 요금제는 한 달에 59유로입니다.

소피 : 비싸네요.

판매원 : 네, 하지만 통화, 문자와 인터넷이 무제한입니다.

소피 : 무제한이요? 괜찮네요.

5

마리 : 안녕 소피.

소피 : 안녕 마리, 어떻게 지내?

마리 : 아주 좋아, 너는?

소피 : 괜찮아. 그런데 조금 피곤해.

마리 : 그래? 왜?

소피 : 피곤해. 왜냐하면 잠을 많이 못 잤거든.

마리 : 걱정거리가 있어?

소피 : 아니, 시차 때문이야.

마리 : 프랑스와 한국 사이에는 얼마큼의 시차가 있어?

소피 : 8시간의 시차가 있어. 한국은 새벽 3시인데 나는 잠이 오지 않아.

마리 : 피곤하겠다. 쉬어야 해.

소피 : 응, 나는 쉬어야 해.

마리 : 며칠 있으면 괜찮아질 거야.

소피 : 응, 결국 프랑스 시간에 적응하게 되겠지.

마리 : 우리 집에 와서 식사할래?

소피 : 그래, 그러자. 친절하구나. 고마워.

Dialogue

다비드 : 여보세요, 소피?

소피 : 응, 다비드. 나야.

다비드 : 어떻게 지내? 모든 것이 잘돼 가?

소피 : 응, 다 잘돼 가. 좋아.

다비드 : 어디야?

소피 : 방 안에 있어. 오늘 긴 하루를 보냈어.

다비드 : 오늘 뭐 했어?

소피 : 오늘 아침 은행에 약속이 있었어. 계좌를 개설했어. 그리고 거주증명서 때문에 대학교 기숙사 사무실에 갔어. 학교 구내식당에서 밥을 먹었어. 여기 친구들을 다시 만났어. 정말 좋았어. 나를 다시 만나서 아주 좋아했어. 체류증 서류를 도와줬어. 구청 사이트에 갔어. 빨리 체류증을 받았으면 좋겠다.

다비드 : 너무 피곤하지는 않아?

소피 : 아니, 괜찮아. 조금 피곤한데 시차 때문이야. 그래도 행복해. 너는, 한국에서 어떻게 지내?

다비드 : 항상 그렇듯이. 일상이지.

1

소피 : 안녕하세요, 바게트 하나 주세요.

제빵사 : 알겠습니다. 그리고요?

소피 : 크로아상 두 개도 주세요.

제빵사 : 이게 다인가요?

소피 : 딸기 파이도 하나 주세요.

제빵사 : 다른 필요한 게 있으신가요?

소피 : 아니요. 이게 다입니다.

제빵사 : 그럼, 바게트 하나, 크로아상 두 개, 그리고 딸기 파이 하나, 다 합해서 9유로 80입니다.

소피 : 여기 있습니다.

제빵사 : 기계가 고장 나서 카드를 받지 않아요. 죄송합니다.

소피 : 괜찮습니다. 그럼 현금으로 낼게요. 여기요.

제빵사 : 감사합니다. 여기 잔돈이요. 안녕히 가세요. 좋은 하루 보내세요.

소피 : 감사합니다. 아저씨도 좋은 하루 보내세요.

2

소피 : 죄송한데요.

직원 : 네, 도와드릴까요?

소피 : 생수(물병)가 어디에 있나요?

직원 : 음료 코너는 매장의 끝 부분에 있습니다. 오른쪽에요.

소피 : 감사합니다. 유제품 코너도 찾고 있어요.

직원 : 유제품은 왼쪽에 있습니다. 바로 여기요.

소피 : 못 봤었네요. 감사합니다.

직원 : 천만에요. 좋은 하루 보내세요.

소피 : 감사합니다. 좋은 하루 보내세요.

3

소피 : 실례합니다. 여기 주위에 약국이 있나요?

행인 : 네, 약국이 있는 것 같은데, 기억이 안 나네요. 이곳 사람이 아니에요. 죄송합니다.

소피 : 괜찮습니다. 감사합니다.

…

소피 : 실례합니다. 약국을 찾고 있습니다.

행인 : 약국이요? 우선 이 길로 가시고요. 곧장 가세요. 그다음에는 이 길 끝 부분에서 왼쪽으로 도세요. 곧장 가시고 두 번째 길에서 오른쪽으로 도세요.

소피 : 여기서 멀리 있나요?

행인 : 아니요. 여기서 5분 거리예요. 여기서 가까워요.

소피 : 정말 감사합니다.

행인 : 천만에요. 좋은 하루 보내세요.

소피 : 감사합니다. 좋은 하루 보내세요.

4

약사 : 안녕하세요.

소피 : 안녕하세요. 감기약 하나 주세요.

약사 : 열이 있으신가요?

소피 : 네, 약간 있고 기침을 많이 합니다.

약사 : 머리도 아프신가요?

소피 : 네, 머리가 조금 아파요.

약사 : 이 약을 드릴게요. 두 알을, 하루에 두 번, 아침 저녁으로, 식사 후에 드세요.

소피 : 기침에 좋은 사탕이 있나요?

약사 : 그럼요. 여기요. 다른 필요한 것이 있으신가요?

소피 : 아니요, 이게 다입니다. 감사합니다.

5

웨이터 : 안녕하세요, 무엇을 드릴까요?

소피 : 카페오레 하나 주세요.

웨이터 : 알겠습니다. 다른 필요한 게 있으신가요?

소피 : 네, 어떤 샌드위치가 있나요?

웨이터 : 햄 샌드위치, 날 햄 샌드위치, 참치 샌드위치, 치즈 샌드위치가 있습니다.

소피 : 참치 샌드위치로 하겠습니다.

웨이터 : 알겠습니다. 바로 가져다 드릴게요.

소피 : 감사합니다.

(몇 분 후…)

소피 : 여기요.

웨이터 : 네.

소피 : 계산서 부탁드립니다.

웨이터 : 많이 드시지 않으셨네요. 맛이 없으셨어요?

소피 : 아니요, 맛있었어요, 그런데 제가 배가 많이 고프지 않았었어요.

6

소피 : 안녕하세요, 사과 세 개와 배 두 개 주세요.

상인 : 네, 아가씨. 그리고요?

소피 : 딸기가 맛있나요?

상인 : 네, 오늘, 딸기가 아주 맛있어요. 색깔을 보세요. 이 향을 맡아 보실 수 있어요. 이 지역에서 최고의 딸기예요. 게다가 비싸지 않아요. 이 딸기들은 500그램에 3유로예요.

소피 : 그럼 딸기 500그램도 하겠습니다.

상인 : 여기 딸기요. 그리고 이 오렌지를 드릴게요.

소피 : 감사합니다.

상인 : 다른 필요한 게 있으신가요?

소피 : 아니요, 이게 다입니다. 다 합해서 얼마인가요?

상인 : 사과 세 개, 배 두 개, 딸기 500그램, 다 합해서 7
유로 80입니다.

소피 : 여기요.

상인 : 여기 잔돈이요. 감사합니다. 안녕히 가세요.

소피 : 제가 감사하지요. 안녕히 계세요.

Dialogue

소피 : 안녕, 마리. 잘 지내?

마리 : 좋아. 너는?

소피 : 괜찮아. 오늘 저녁 먹었어?

마리 : 아니, 아직 저녁 안 먹었어.

소피 : 우리 집에 와서 먹을래?

마리 : 응 좋지. 잠깐만. 준비하고 갈게.

소피 : 천천히 해. 집에서 기다릴게.

마리 : 요리했어?

소피 : 응, 한국 요리를 했어.

마리 : 한국 음식을 먹어 본 적이 없는데. 너무 맵지
는 않아?

소피 : 맵지 않은 음식들을 했어. 네가 좋아했으면 좋
겠다.

마리 : 나는 중국 요리하고 일본 요리를 좋아해. 그래
서 한국 음식도 좋아할 것 같아.

소피 : 한국 요리는 많이 달라.

마리 : 빨리 먹어 보고 싶다.

소피 : 이따 봐.

마리 : 잠시 후에 봐.

Leçon 10 **프랑스 학교에서의 첫날**

1

마크 : 소피? 너구나!

소피 : 안녕 마크. 어떻게 지내?

마크 : 오랜만이야. 다시 만나서 기쁘다.

소피 : 나도, 너를 다시 보게 돼서 정말 기뻐.

마크 : 그런데 언제 온 거야?

소피 : 3주 전에 도착했어.

마크 : 왜 전화를 안 했어? 내 전화번호 없어?

소피 : 응, 네 번호가 없어. 그리고 할 일들이 너무 많았어.

마크 : 어쨌든 다시 보게 돼서 좋다.

소피 : 네 전화번호가 뭐야?

마크 : 06 89 21 53 74야.

소피 : 그럼. 이제 네 번호가 있네.

마크 : 아침 먹었어?

소피 : 응, 그런데 원한다면 커피 마시러 갈 수 있어.

마크 : 그럼, 가자.

2

마크 : 국제경제학 석사과정 1학년인 거야 ?

소피 : 응, 너도, 아니야?

마크 : 응, 그럼 우리는 같은 반에 있네.

소피 : 맞아. 정말 좋다. 내 과제들을 네가 도와줄 수 있
겠어.

마크 : 문제없어. 어쩌면 네가 나를 도와주는 걸 수도
있어.

소피 : 수업은 9시에 시작하는 거야?

마크 : 응, 그런데 앞쪽에 있으려면 조금 일찍 가야 해.

소피 : 지금 몇 시야?

마크 : 지금, 9시 15분 전이야.

소피 : 그럼, 갈까?

3

소피 : 어려웠어. 다 이해를 못했어. 교수님께서 너무
빨리 말씀하셔. 프랑스어로 수업을 듣는 게 쉽지
않아.

마크 : 프랑스인들에게도 어려워. 그래서 너는 다른 사
람들보다 두 배로 더 공부해야 해.

소피 : 응, 나는 도서관에서 공부할래.

마크 : 점심 안 먹어?

소피 : 배가 많이 고프지는 않아. 샌드위치 하나만 먹
을래.

마크 : 공부를 잘하려면 밥도 잘 먹어야 해. 와, 내가 초
대할게. 학교 앞에 괜찮은 식당이 있어.

소피 : 너무 멀지 않아? 오후 수업 전에 조금 공부하고 싶은데.

마크 : 식당은 여기에서 10분 거리에 있어. 공부를 잘하려면 쉬는 시간을 가져야 해. 자, 빨리 와.

4

마걀리 : 소피 안녕.

소피 : 오, 안녕 마걀리.

마걀리 : 첫날부터 열심히 공부하네.

소피 : 응, 내가 여기 있는지 어떻게 알았어?

마걀리 : 네가 여기 있다고 마크가 말했어.

소피 : 점심에 같이 먹었어.

마걀리 : 알아. 이탈리아 레스토랑에서 먹었지. 맛있었어?

소피 : 응, 아주 맛있었어.

마걀리 : 이번 주말에 뭐 해?

소피 : 이번 주말에 아무것도 안해.

마걀리 : 나랑 쇼핑하러 갈래? 요즘 세일이야.

소피 : 응, 좋지.

5

엘렌 : 이 수업 어렵지 않아?

소피 : 응, 이 수업 너한테도 어려워?

엘렌 : 응, 교수님께서 설명을 잘 못하시고 너무 빨리 말씀하셔.

소피 : 내 생각도 그래.

엘렌 : 이 대학에 새로 왔어?

소피 : 응, 올해부터 신입이야.

엘렌 : 어디서 왔어?

소피 : 한국에서 왔어.

엘렌 : 오, 멀리서 왔네.

소피 : 응, 프랑스어를 잘하지는 못해.

엘렌 : 아니야. 프랑스어 잘한다고 생각해. 같이 공부할래?

소피 : 수업 후에 도서관에 공부하러 갈 거야.

엘렌 : 학교 기숙사에서 살아?

소피 : 응, 너는 ?

엘렌 : 나도. F동에 있어.

6

오늘은 학교 첫날이었다.
6시에 깼다. 씻고 아침 식사를 했다.
학교에 도착했을 때 마크를 만났고 커피를 마시러 갔다.
그리고 수업에 들어갔다. 수업은 어려웠다. 그래서 도서관에 가서 공부하고 싶었다.
하지만 마크가 점심을 먹자고 초대했다. 그래서 마크와 이탈리아 레스토랑에 갔다.
맛있었지만 공부할 시간이 많이 없었다.
오후에는 마크의 여자친구인 마걀리를 만났다.
이번 주말에 같이 쇼핑을 하러 갈 것이다.
경제학 역사 수업에서 엘렌을 만났다.
엘렌은 아주 친절하고 대학교 기숙사에 살고 있다.

Dialogue

마걀리 : 소피, 나 여기 있어.

소피 : 안녕 마걀리. 오늘 아주 예쁘다.

마걀리 : 마음에 들어? 이거 지난주에 샀어.

소피 : 어떤 가게에서 샀어?

마걀리 : 와 봐, 그 옷가게를 보여 줄게. 연 지 얼마 안 된 새 옷가게야. 아주 예쁜 옷들이 있어.

소피 : 이 옷집에 사람들이 많네.

마걀리 : 응, 세일 전에도 이미 많은 사람들이 있었어. 그래서 세일 동안 사려면 싸워야 할 거야.

소피 : 입어 보려면 오래 기다려야 해?

마걀리 : 응, 그래도 그럴 만한 가치가 있어. 왜냐하면 이 옷들은 아주 예쁘고 게다가 많이 비싸지도 않아. 그리고 세일이라서 더 괜찮아.

소피 : 이 원피스가 마음에 든다.

마걀리 : 자, 여러 개를 골라서 입어 보러 가자.

1

소피 : 안녕하세요, 오늘 저녁으로 예약하고 싶은데요.
직원 : 몇 시쯤에 도착하시나요?
소피 : 19시쯤이요.
직원 : 몇 명이십니까 ?
소피 : 저희는 4명이고요. 테라스 자리로 가능할까요?
직원 : 죄송합니다. 테라스는 만석입니다. 하지만 원하신다면 창가 쪽에 자리가 있습니다.
소피 : 그렇게 하지요.
직원 : 성함이 어떻게 되시나요?
소피 : 이소피입니다.
직원 : 철자를 불러 주실 수 있으신가요?
소피 : 네, LEE입니다. L 그리고 E 두 개요.
직원 : 알겠습니다. 예약되셨습니다.
소피 : 감사합니다.

2

웨이터 : 신사 숙녀 여러분, 고르셨나요?
소피 : 로슈포르 스테이크로 19유로 세트 메뉴로 하겠습니다.
웨이터 : 어느 정도의 굽기를 원하시나요? 레어요? 웰던이요?
소피 : 웰던으로 주세요.
웨이터 : 손님은요?
마갈리 : 저도요. 이 메뉴로 연어 조각으로 주시고요. 프렌치프라이 대신 콩줄기로 가능한가요?
웨이터 : 알겠습니다.
엘렌 : 저는 양갈비하고 스파게티로 할게요.
웨이터 : 알겠습니다. 손님은요?
마크 : 같은 것으로 하겠습니다. 양갈비에 스파게티요.
웨이터 : 음료는요?
마크 : 이 보르도 와인으로 주세요.

3

웨이터 : (식사) 마치셨어요 ? 괜찮았나요?
마크 : 네, 아주 좋았습니다. 디저트 메뉴판을 주시겠어요?
웨이터 : 네, 바로 가져다 드릴게요.
…
소피 : 저는 초콜릿 무스로 할게요.
엘렌 : 저는 과일 칵테일이 좋겠습니다.
마갈리 : 저는 '뿌아르벨엘렌'으로 주세요.
마크 : 저는 '떠 있는 섬'으로 하겠습니다.

…
소피 : 계산서 부탁드립니다.

4

소피 : 영화 보러 갈래?
엘렌 : 응, 그럴까? 요즘 영화관에 뭐가 있어?
소피 : 내가 보고 싶었던 영화가 있어. 이 영화를 꼭 봐야 한다고 하던데. 이름이 뭔지 기억이 안 나네.
엘렌 : 〈코리스트〉 아니야?
소피 : 맞아. 이 영화가 대단하다고 그러더라고.
엘렌 : 나도 그 영화 보고 싶었어. 내가 예약할까? 좋은 자리를 받으려면 예약을 해야 해.
소피 : 응, 오늘 저녁에 시간 돼?
엘렌 : 아니, 미안해. 오늘은 나갈 수가 없어. 과제가 너무 많아. 그런데 원하면 내일은 갈 수 있어.
소피 : 그렇게 하자. 그럼 내일 저녁으로 예약하자.

5

엘렌 : 영화 마음에 들었어?
소피 : 영화가 마음에 들었어. 영화가 아주 좋았어. 정말 재미있는 영화야.
엘렌 : 응 맞아. 시나리오가 아주 좋아. 게다가 배우들이 연기를 정말 잘해.
소피 : 영화 속의 아이들이 정말 귀여워.
엘렌 : 응, 노래할 때 천사들 같아. 그리고 영화에서 선생님이 훌륭해.
소피 : 맞아, 영화를 본 다음 많은 것을 생각할 수 있어서 프랑스 영화가 좋아.
엘렌 : 나는 액션 영화가 더 좋아.
소피 : 나도 보통은 로맨틱 영화를 좋아하는데 이 영화는 기분 좋게 나를 놀라게 했어.
엘렌 : 나에겐 처음으로 프랑스 영화가 이렇게 괜찮았어.
소피 : 프랑스 영화를 안 좋아해?
엘렌 : 나는 원래 미국 영화들을 더 좋아해.

6

소피 : 내 컴퓨터가 고장 났어. 어제부터 작동이 안 돼.
마크 : 내가 고칠게. 네 컴퓨터를 보여 줘 봐.
소피 : 여기. 네가 고쳤으면 좋겠다. 필요하거든.
마크 : 프랑스에서는 한국 자판이 있는 컴퓨터가 없지.
소피 : 맞아.
마크 : 켜지지 않아?
소피 : 아니, 켜지는데 인터넷 접속이 안 돼.
…
마크 : 해 봤는데 고쳐지지 않는다. 네 컴퓨터는 아직 보증 기간이 있어?

소피 : 아니, 산 지 오래됐어.
마크 : 그럼, 수리공을 불러야 해.

Dialogue

소피　　: 안녕하세요, 이 원피스를 교환하고 싶은데요. 너무 커서요.
판매원 : 문제없습니다. 영수증 있으세요?
소피　　: 네, 여기요.
판매원 : 그럼 저를 따라오세요.
소피　　: 감사합니다.
판매원 : 죄송한데요. 옷가게에 이 원피스들이 이제 없네요. 더 이상 판매하지 않습니다.
소피　　: 이제 이것을 안 파세요?
판매원 : 네, 세일 기간 동안만이었어요.
소피　　: 그럼 무엇을 할 수 있을까요?
판매원 : 다른 원피스로 교환하실 수가 있어요. 아니면 환불해 드릴 수 있습니다.
소피　　: 그럼, 환불 부탁드립니다.

1

소피　　　　　　: 죄송한데요, 테니스 클럽과 관련해서 물어보고 싶은 게 있어요.
운동하는 사람 : 네, 등록하시려고요?
소피　　　　　　: 네, 등록하고 싶어요.
운동하는 사람 : 그럼 안내 카운터로 가세요, 그리고 거기에서 가입하실 수 있어요.
소피　　　　　　: 감사합니다.
…
코치 : 안녕하세요, 무엇을 알려드릴까요?
소피 : 네, 테니스 클럽에 가입하고 싶습니다.
코치 : 테니스를 해 보신 적이 있으세요?
소피 : 네, 조금 해 봤어요. 프로그램과 가격을 알고 싶어요.
코치 : 네, 여기 책자가 있습니다. 이 안에 다 표시되어 있어요.
소피 : 클럽 시간이 어떻게 되나요?
코치 : 클럽은 일요일을 제외하고 매일 8시부터 21시까지 열어요.

2

소피　　: 안녕하세요, 커트 예약을 하고 싶습니다.
미용사 : 알겠습니다, 몇 시에 오실 수 있으세요?
소피　　: 30분 후에 가능할까요?
미용사 : 아니요, 오늘 오후는 다 찼어요. 오늘 저녁에 오실 수 있으세요?
소피　　: 오늘 저녁 몇 시예요?
미용사 : 18시 30분이요?
소피　　: 20시였으면 좋겠는데요.
미용사 : 죄송합니다. 저희는 20시에 닫아요. 19시면 괜찮으세요?
소피　　: 19시 딱 좋아요. 19시에 가겠습니다.
미용사 : 그러니까, 커트를 하실 거죠?
소피　　: 네, 그리고 어쩌면 염색을 할 수도 있어요.
미용사 : 알겠습니다. 잠시 후에 같이 보도록 하지요.

3

소피	: 안녕하세요, 이 소포를 한국에 보내고 싶습니다.
우체국 직원	: 이 소포의 무게가 어떻게 되나요?
소피	: 한 5킬로 정도 돼요.
우체국 직원	: 저를 주세요. 제가 무게를 재 볼게요.
소피	: 가장 빨리 도착하려면 어떻게 보내야 하죠?
우체국 직원	: 콜리시모하고 크로노포스트가 있어요. 크로노포스트로는 소포가 1주일 정도 후에 도착하지만 콜리시모로는 2, 3주 걸려요.
소피	: 가격이 어떻게 되나요?
우체국 직원	: 콜리시모로 5킬로 소포를 보내시려면 78유로입니다. 크로노포스트로는 245유로이고요. 훨씬 더 비싸지요.
소피	: 그럼 콜리시모로 보내겠습니다.

4

마크	: 자, 어떻게 됐어?
소피	: 나쁘지 않았어. 그런데 너무 어려웠어.
마크	: 나는 쉬웠다고 생각하는데. 다른 시험들보다 더 쉬웠어.
소피	: 우리 같이 공부했는데. 그런데도 나한테는 너무 어려워.
마크	: 당연한 거야. 프랑스어는 네 모국어가 아니잖아. 하지만 나는 네가 합격할 거라고 생각해.
소피	: 그렇게 생각해?
마크	: 응, 확신해. 결과를 기다리자.
…	
소피	: 시험에 성공했어! 합격했어!
마크	: 축하해. 네가 자랑스럽다. 나는 합격 못 했어.
소피	: 정말? 유감이다.
마크	: 괜찮아. 다음번을 위해 더 노력할 거야.

5

소피	: 안녕하세요, 만나 뵙게 되어 반갑습니다.
엘렌의 아버지	: 소피 안녕. 엘렌이 너에 대한 얘기를 많이 했단다. 들어오렴.
소피	: 감사합니다. 여기요. 여러분들을 위한 거예요.
엘렌의 아버지	: 오, 고마워. 이 꽃들은 아주 아름답구나.
…	
엘렌	: 외투를 줘.
소피	: 고마워.
엘렌	: 와 봐, 어머니를 소개해 줄게.
…	
엘렌	: 여기 우리 어머니야.

소피	: 안녕하세요, 괜찮으신가요? (반갑습니다.)
엘렌	: 내 여동생을 소개할게.
소피	: 안녕, 이름이 뭐니?
엘렌	: 오빠 로랑도 소개할게.
소피	: 반갑습니다.
엘렌	: 저녁 식사를 하러 갈까?
소피	: 그래. 가자.

6

엘렌	: 무엇으로 줄까? 맥주? 과일 주스? 콜라?
소피	: 과일 주스로 하면 좋겠어.
엘렌의 여동생	: 나는 맥주로 하면 좋겠어.
엘렌	: 에스텔, 안 돼. 너는 맥주를 마시기에 너무 어려.
…	
엘렌의 어머니	: 비스킷 먹을래?
소피	: 네, 좋아요. 감사합니다.
엘렌의 어머니	: 파이로 줄까, 아니면 초콜릿 무스로 줄까?
소피	: 초콜릿 무스로 하고 싶네요.
엘렌의 여동생	: 저는 초콜릿 무스 많이 주세요.
…	
엘렌의 어머니	: 커피 마시겠니?
소피	: 아니요, 감사합니다. 친절하십니다.

Dialogue

엘렌	: 잘 들어갔어?
소피	: 응, 잘 들어왔어. 고마워. 아주 좋은 저녁이었어.
엘렌	: 우리에게도 기쁨이었어.
소피	: 너희 가족 정말 좋으시다. 나에게 아주 칠절하셔. 너의 어머니의 요리는 대단했어.
엘렌	: 그거 알아? 나의 아버지가 요리하신 거야.
소피	: 정말? 너의 어머니가 요리를 하신 거라고 생각했어.
엘렌	: 아니야. 나의 아버지가 요리하신 거야.
소피	: 아주 맛있었다고 전해드릴 수 있어?
엘렌	: 응, 그렇게 말할게. 부모님께서 네가 원할 때 언제든지 집에 올 수 있다고 말씀하셨어.
소피	: 내가 원할 때 아무때나 가도 돼?
엘렌	: 응, 잠자고 가도 됐었는데.
소피	: 응, 하지만 이번 주말에 해야 할 과제가 많아.
엘렌	: 그럼, 어쩌면 다음 주말에?
소피	: 응, 다음 주 토요일이 딱 좋겠다. 이번에는 내가 요리를 할게.

Leçon 13 프랑스 신문 읽기

1

행복에 다다르기 위해 (20minutes 신문)

부정적인 사람 또는 우울한 사람, 기뻐하세요. 왜냐하면 이 전 세계 행복의 날 동안 사는 기쁨이 당신에게 팔을 건넵니다. 〈20 minutes 신문〉은 『행복의 작은 개론』 책의 저자 Christophe Deshayes와 Jean-Baptiste Stuchlik에게 행복에 다다르기 위한 방법을 물었습니다.

우선, 당신의 '행복'의 뜻은 무엇입니까?

Jean-Baptiste Stuchlik : 자신의 몸과 타인과 잘 지내는 것입니다. 친절하고 사람들에게 감사하는 것이 중요합니다. 하지만 많은 다른 방법들이 있습니다.

2

하지만 프랑스 사람들은 부정의 챔피언입니다. 행복해질 수 있나요?

Christophe Deshayes : 프랑스인들이 아주 부정적이라고 많은 연구들이 보여 주는 것이 사실입니다. 하지만 사실, 그들은 행복하다고 말합니다.

Jean-Baptiste Stuchlik : 사실, 우리는 행복하지만 프랑스에서 행복하기 위한 모든 조건들을 가지고 있다는 것을 모르고 있습니다.

코멘트

Lictor88 : 행복은 간단히 불행이 없는 것이지요. 하지만 대부분의 사람들은 더 많은 것을 원하고 낙심과 더 나은 미래의 기다림의 삶을 보내고 있습니다.

3

Martinc111 : 행복이란 행복해하며 사는 기쁨을 가지고 매일 자신에 대해 만족하는 것이다. 나에게 행복해하는 것이란 사는 의미를 가지고 매일 싸우고 사랑하는 것이다.

ChardonLorrain : 행복을 느끼기 위해서는 아주 간단하다. 이 야만적인 세상에서 나보다 더 슬픈 사람이 항상 있다는 것을 자신에게 상기시키면 되는 것이다. 상대화하는 데 도움이 된다.

bertrand78 : 공감적인 사람만 아니라면 그렇게 되겠지. 그런 경우, 너무 많은 불행한 사람들이 있기 때문에 절대로 행복해질 수 없다.

4

프랑스에 인종차별 행위와 위협이 강하게 늘어남 (르몽드 신문)

불관용이 늘고 있다.

연속적으로 3년째 인종차별이 늘고 있으며 불관용이 상승 중이다. 이 현상은 걱정스럽다. 2012년도 설문조사에서는 이슬람인에 대한 경계심과 외국인에 대한 거부가 늘어나고 있음을 나타내고 있다. 점점 더 많은 프랑스인들이 외국인들이 기식자들이고 위협이라고 말한다.

5

55%의 응답자들은 이슬람인들이 사회 속에서 별도의 무리라고 말한다. (2011년도에 비해 4점 오름) 그리고 69%의 사람들은 오늘날 프랑스에 너무 많은 이민자들이 있다고 주장한다. (2011년도에 비해 10점 오름) 우리는 인종차별주의가 평범화되는 것을 목격하고 있다. 인터넷이 이 평범화됨에 기여한다. 그리고 몇몇의 정치인들의 정치적 발언이 그 근원이다.

6

코멘트

Solon : 우리는 해결책을 알고 있다. 문화적인 기준으로 한 선택적인 이민, 통합 거부 경범죄 설립, 그리고 폭력적인 이슬람의 금지가 필요하다. 여성의 면사포를 금지, 프랑스인을 증오하는 인종차별 억압, 그리고 범죄인의 가족의 보조금들을 폐지하는 것도 필요하겠다.

Tromso : 사르코지와 그의 친구들이 책임자들임을 잊어서는 안 된다. 그들은 인종차별자 유권자들을 설득하기 위해 인종차별주의를 이용했다. 인종차별의 상승은 명확한 이유가 있다.

Dialogue

소피 : 〈Le Monde 신문〉에서 프랑스의 인종차별에 대한 기사를 읽었는데 걱정스러워.

마크 : 맞아, 동의해. 프랑스의 인종차별은 나도 걱정돼.

소피 : 인종차별을 하는 프랑스인들이 많아?

마크 : 아니, 그건 사실이 아니야. 대부분의 프랑스인들은 인종차별주의자가 아니야. 하지만 외국인들을 싫어하는 소수의 프랑스인들이 있지. 그들은 인구의 20% 정도 된다고 생각해. 그들은 국민전선(Front National)에 투표하는 사람들이야.

소피 : 국민전선(Front National)이 뭐야?

마크 : 초국가주의의 정치 당이야. 그들은 프랑스에 이민자들이 덜 있기를 바라고 있어.

소피 : 그럼 그들은 나를 싫어해?

마크 : 아니, 그건 아니야. 그들은 무엇보다 아랍인과 흑인의 이민을 반대해. 그들은 외국인들이 예산 위기와 폭력의 책임이라고 말해. 하지만 그들은 너같은 아시아인들을 반대하는 건 아니야. 너는 프랑스를 좋아해서 프랑스에 공부하러 왔지. 그러니 걱정하지 마.

소피 : 하지만 그래도 걱정이 돼.

Leçon 14   프랑스에서 일기 쓰기

1

오늘은 내 생일이었다.
그래서 나의 친구들은 나를 레스토랑으로 초대했다.
우리는 맛있게 식사를 하고 샴페인을 마셨다.
아주 맛있었다.
그곳에는 맛있는 음식들이 많았다.
특히 디저트로 나온 '구름 위의 섬'이 맛있었다.
친구들에게 선물들을 주어서 고맙다고 말했다.
식사를 한 후 우리는 레스토랑 옆에 있는 바에 갔다.
그곳에서 간단한 칵테일과 과자를 먹었다.
음악을 들으며 친구들과 좋은 시간을 보냈다.
친구들 덕분에 매우 기쁜 하루를 보냈다.
하지만 한국의 가족과 친구들이 그리웠다.

2

엘렌과 쇼핑을 하러 갔다.
무척 마음에 드는 바지가 있었지만 살이 쪄서 너무 작았다.
아쉽게도 그 바지를 살 수 없었다.
하지만 멋진 원피스를 샀다. 기분이 정말 좋았다.
쇼핑을 한 후 엘렌이 스시를 먹고 싶다고 했다.
우리는 일식집에 갔다.
식사를 마친 후, 식당 가까이에 있는 공원을 걸었다.
날씨가 좋아서 사람들이 많았다.
엘렌과 함께 공원 맞은편에 있는 유명한 서점에 갔다.
그 서점에는 옛날 책들이 가득했다. 파리 사진책이 우리의 흥미를 끌었다.
우리는 그 책을 같이 사기로 했다.
행복한 하루를 보냈다.

3

오늘은 하루 종일 과제를 했다.
과제의 분량이 너무 많아서 피곤하다.
아침부터 저녁까지 도서관과 인터넷을 뒤지며 자료를 찾았다.
도와달라고 하기 위해 마크에게 전화했지만 받지 않았다.
다행히 도서관에 있던 엘렌이 도와주었다.
그렇게 과제를 마칠 수가 있었다.
처음에는 힘들었지만 이제는 만족스럽고 자신감이 든다.
내게는 너무 어렵다고 생각했었지만 열심히 했다.
저녁에는 일찍 잠자리에 들었고 침대에서 이 일기를 쓴다.
나에 대해 만족한다. 나는 내가 자랑스럽다.

4

오늘은 마크와 마크의 강아지와 산책을 했다.
캠퍼스에서 호수까지 걸었다.
오늘은 공휴일이라서 사람들이 많았다.
날씨도 매우 좋았다.
마크가 키우는 강아지에 대한 이야기를 나누며 걸었다.
그는 동물을 무척 좋아해서 강아지를 기른다고 했다.
강아지의 이름은 줄리오이다. 하얀 털을 가진 영리한 강
아지다.
줄리오와 마크와 나는 호수까지 왔다.
바람이 불어서 너무 덥지는 않았다.
우리는 호수가 잔디 위에 누웠다.
주위 사람들이 일광욕을 즐기고 있었다.
그들은 행복해 보였다.
그들의 행복이 나도 행복하게 했다.

5

오늘은 시험 공부를 하기 위해 도서관에 갔다.
한 달 후면 시험이기 때문에 시험 준비를 하는 데 시간
이 많이 남지 않았다.
도서관에는 사람들이 많았다.
도서관에서는 집에서보다 공부가 더 잘된다. 왜냐하면
자료가 많고 더 집중이 되기 때문이다.
도서관에 아침 일찍 갔는데도 자리가 많지 않았다.
나는 맨 구석에 있는 창가 자리에 앉았다.
나는 수학부터 시작하기로 했다.
하지만 수학을 공부하면서 잠이 자고 싶어졌다.
나는 며칠 동안 잠을 잘 못 자서 피곤하다.
시험에 성공할지는 모르지만 최선을 다해야 한다.
저녁에는 친구들을 불러서 학교 식당에서 저녁 식사를
했다.

6

오늘은 장을 보러 까르푸 마트에 갔다.
많은 것을 사고 싶었지만 돈을 아껴 써야 했다.
우선은 미용 코너에 가서 칫솔과 치약을 샀다.
그리고 샴푸, 컨디셔너, 바디 샴푸를 골랐다. 종류가 참
많았다.
아침에 먹을 시리얼을 샀다.
아침에 빨리 먹기에 딱 좋다.
초콜릿과 꿀이 들어간 시리얼이 할인 판매 중이었다.
그리고 마지막으로 시리얼과 같이 먹을 우유와 요거트
를 샀다.
많은 것을 사지 않아서 돈을 많이 쓰지는 않았다.
게다가 들기에도 무겁지 않았다.

Dialogue

버스 정류장에서

할머니 : 날씨가 좋지 않네. 곧 비가 올 것 같군.

소피 : 우산을 안 가져왔는데요. 우산 가져오셨어요?

할머니 : 나는 두 정거장만 가면 내린단다. 그리고 나
의 집은 정류장 바로 옆에 있어. 아가씨는?

소피 : 저는 가방 안에 모자가 있어요. 그리고 조금
뛰면 돼요. 들으실 가방이 많으시네요. 너무
무겁지 않으세요? 도와드릴까요? 장을 보셨
나 봐요?

할머니 : 그럼, 시장에 갔었지. 아몬드 케이크를 파는
부부가 있는데 이 지역에서 최고야. 맛을 보
겠니?

소피 : 친절하시네요. 케이크 맛을 꼭 보고 싶네요.
감사합니다. 가방을 저에게 주세요, 제가 들
게요.

할머니 : 오 친절하구나. 고마워. 저기 버스가 오네.

소피 : 그리고 비가 오기 시작해요. 갈까요?

Leçon 15 친구들과 주말 여행 떠나기

1

마갈리 : 피곤하다. 시험 때문에 공부를 너무 많이 했어.

소피 : 나도, 너무 피곤해. 여행을 떠나면 좋겠어.

마갈리 : 그럴까? 좋은 생각인데.

소피 : 이번 주말 여행을 계획하면 어떨까? 어떻게 생각해?

마갈리 : 이번 주말에? 그래. 다른 사람들에게 올 수 있는지 물어볼게.

소피 : 어디로 떠날 수 있을까?

마갈리 : 글쎄. 어쩌면 스페인으로? 국경만 넘으면 되는데. 너무 멀지 않고.

소피 : 나는 항상 이탈리아에 가 보고 싶었어. 베네치아로.

마갈리 : 그 도시 정말 좋아해. 베네치아에 가 본 적 없어?

소피 : 응, 한 번도 가 본 적 없어. 정말 낭만적인 도시인데.

마갈리 : 한 번도 가 보지 않았다면 꼭 가 봐야 해.

소피 : 너무 멀지 않아?

마갈리 : 기차나 자동차로 갈 수 있어. 다른 사람들이 가고 싶어 하지 않으면 우리 둘이 가자.

2

소피 : 서둘러. 우리 늦겠어. 기차가 9시 25분에 있다는 것을 잊지 마.

마크 : 소피, 기다려, 나 아직 짐을 싸지 않았어. 어제 저녁에 너무 늦게 잤어.

마갈리 : 너는 항상 늦어. 어제 저녁에 짐을 준비하라고 말했잖아.

마크 : 미안해. 5분만 줘, 그럼 준비될 거야.

마갈리 : 그런데, 우리 택시 불렀어?

소피 : 응, 택시가 우리를 기다리고 있어. 마크, 서둘러 줄래?

마크 : 기다려. 정도 지금 샤워를 하고 있어.

...

마갈리 : 천천히 해. 우리는 기차를 놓칠 거야.

소피 : 차가 막히지 않길 바란다.

마갈리 : 엘렌은 이미 역에 있어. 우리를 기다리고 있어.

소피 : 자, 남자들, 우리는 간다.

마크 : 나 준비됐어! 기다려!

3

마크 : 봐봐. 우리 결국 기차를 잘 탔잖아.

마갈리 : 다행히 차가 막히지 않았어. 운이 좋았어.

마크 : 운이 아니야. 우리가 늦지 않을 거라는 걸 나는 알고 있었어.

마갈리 : 나는 마크 때문에 벌써 피곤해서 조금 잘게.

마크 : 나도 조금 자야겠어. 네 짐들 때문에 피곤해. 너무 크고 너무 무거웠어. 베네치아로 이사가는 건 아니지?

마갈리 : 아니, 그러지 말라는 법 있어? 어쩌면 매력적인 왕자님을 만나서 그곳에 남게 될 수도 있지.

마크 : 베네치아에 매력적인 왕자님? 너는 영화를 너무 많이 봤어.

마갈리 : 너는 이해할 수 없어. 왜냐하면 너는 매력적인 왕자님이 아니니까.

...

소피 : 말싸움 좀 그만해. 가장 중요한 건 우리가 기차 안에 있다는 거야.

정 : 모두들 봐. 풍경이 아름다워. 사진을 찍을게. 웃어!

4

마갈리 : 마크, 일어나! 도착했어.

마크 : 벌써? 이런, 나 악몽을 꿨어. 너와 말싸움하는 꿈을 꿨어.

마갈리 : 안타깝게도 현실이었어.

마크 : 미안해. 나를 용서해.

마갈리 : 자, 너는 용서받았어. 나의 사랑, 사랑해.

마크 : 고마워. 나도 사랑해. 나 울 거야.

...

소피 : 봐. 너무 아름다워. 나는 베네치아에 있어. 나는 행복해.

엘렌 : 우리는 환상적인 주말을 보낼 거야. 구경해야 할 유적지가 정말 많아.

정 : 이 작은 길들을 걷는 것은 정말 기쁨이야. 두고 봐.

마크 : 그럼, 우리 뭐 좀 먹으러 갈까? 배고파. 여기에는 대단한 레스토랑들이 있어.

5

소피 : 베네치아는 정말 환상적인 도시야. 온 도시가 예술 작품이야.

정 : 이 도시는 길 구석마다 놀라움을 감추고 있어. 모든 것을 다 발견할 수 있는 충분한 시간이 없을 거야.

소피 : 이 도시의 사람들은 세상에서 가장 행복한 사람들처럼 보여.

정 : 여기는 시간이 평화롭게 흘러. 이 도시를 방문하면 우리는 변화해. 그런데 여기에서 산다고 상상해 봐.

소피 : 다른 세상에 있는 것 같아. 스트레스도 없고. 평화로워.

정 : 나도. 너와 여기 같이 있으니까 좋아. 모든 나의 걱정과, 모든 나의 의심이 날아갔어. 미래에 맞설 수 있는 자신감이 더 생겼어.

소피 : 한 도시가 나의 삶의 이렇게 많은 것을 바꿀 수 있다는 것을 몰랐어.

정 : 여기에 우리가 좋아하는 사람들과 있어서 일 거야. 저기 내가 많이 좋아하는 카페가 있어. 3년 전에 왔었어. 그때는 내가 그렇게 행복하지 않았어.

소피 : 그래? 왜?

정 : 내 삶에 문제들이 있었어. 하지만 지금은 다 잘되고 있어. 기쁨을 다시 찾았어.

6

마갈리 : 어디 있었어? 너희들을 사방에서 찾았어.

정 : 미안해. 길을 잃었었어. 하지만 다시 찾았잖아. 그게 중요한 거지.

엘렌 : 너희 둘이 일부러 그런 거 아니야?

소피 : 아니야, 일부러 그런 게 아니야. 박물관에서 이야기하고 있었는데, 너희들이 없어졌어.

마크 : 그래서 둘이서 오후를 보냈구나.

소피 : 응, 그런데 일부러 그런 게 아니야. 맹세해.

엘렌 : 우리는 너희들을 찾으면서 오후를 보냈어. 베네치아는 진정한 미로야.

마크 : 너희들 덕분에, 베네치아의 거의 모든 길들을 알겠어. 고마워.

소피 : 미안해. 그래도 좋은 오후를 보냈길 바란다.

마크 : 대단한 레스토랑에서 식사를 했어. 우리 같이 꼭 가야 해.

마갈리 : 그래도 좋은 오후를 보냈어?

정 : 응, 내 삶의 가장 멋진 날이었어.

마크 : 네 삶에서 가장 멋진 날?

Dialogue

마크 : 보르도로 돌아가고 싶지 않아.

마갈리 : 응, 하지만 이제 곧 개강이야. 공부하러 대학교로 돌아가야지. 매일 휴가일 수는 없어.

엘렌 : 나는 기숙사의 내 방이 그리워. 그리고 이제 공부를 하고 싶어. 나의 뇌가 모든 것을 잊어버리고 있어.

마크 : 도서관도 그리운 건 아니지?

엘렌 : 아니, 도서관도 그리워. 창문 옆의 내 자리도.

정 : 마크! 엘렌은 대학교에서 가장 뛰어난 학생이야. 너같지가 않아.

마크 : 뭐? 나 학교에서 꼴지는 아닌데.

정 : 그러니까.

마크 : 나는 이번 한 해 동안 소피가 과제를 하는 것을 도왔어. 소피, 말해 줘. 부탁해.

소피 : 마크는 그렇게 보이지는 않지만. 공부를 할 때는 성실하고 집중을 해. 나를 많이 도와줬어. 마크 없이는 시험들을 성공하지 못했을 거야. 마크야 고마워. 그리고 너희들 모두 고마워. 너희들 정말 멋져. 한국에 있을 때도 너희들을 생각할게. 너희들을 절대로 잊지 않을게.

Leçon 01　프랑스어 공부를 위한 책 고르기

A　1.　J'apprends le français.

2.　Je veux / voudrais apprendre le français

3.　Je dois apprendre le français.

4.　Je dois apprendre le français pour partir en France.

5.　Je pars en France cet été.

6.　Je dois apprendre le français pour partir en France cet été.

7.　Qu'est-ce que tu fais demain ? / Qu'est-ce que tu vas faire demain ?

8.　Je ne fais rien demain.

9.　On se voit demain à 20 heures.

10.　Vous êtes prêt ?

11.　C'est un bon livre.

12.　C'est un très bon livre. / C'est un excellent livre.

13.　C'est un très bon livre pour apprendre le français. /
C'est un excellent livre pour apprendre le français.

14.　J'apprends le français facilement.

15.　C'est un très bon livre pour apprendre le français facilement. /
C'est un excellent livre pour apprendre le français facilement.

Leçon 02　일기 쓰기

A　1.　Je prends le petit-déjeuner.

2.　J'ai pris le petit-déjeuner.

3.　J'arrive tôt.

4.　Je suis arrivé tôt.

5.　David est arrivé.

6.　David est arrivé avec ses amis.

7.　Je prépare le dossier.

8.　Je vais préparer le dossier demain.

9.　Je vais préparer le dossier d'inscription demain.

10.　Je vais poser des question sur la grammaire française.

11.　Le dimanche 20 octobre 2013.

12.　Le premier avril 1983.

13.　Je suis en retard. Est-ce que tu as attendu longtemps ?

14.　J'écrivais mon journal intime.

15.　Qu'est-ce qu'on fait ?

Leçon 03 프랑스 학교에 등록하기

A Demande de candidature 학교 지원서

1.	Civilité 존칭	: Mme. □ Mlle. ■ M. □
2.	Nom de Famille 성	: Lee
3.	Prénom 이름	: Sophie
4.	Date de naissance 생년월일	: Le 14 / 07 / 1983 (Jour 일/ Mois 월/ Année 년)
5.	Nationalité 국적	: Sud-coréenne
6.	Adresse 주소	: 122-1309 Hyundai APT, Sarang-dong, Gangnam-gu
7.	Ville 도시	: Séoul
8.	Code postal 우편번호	: 135-100
9.	Pays 국가	: Corée du Sud
10.	Téléphone 전화번호	: 82-10-3333-4444
11.	E-mail 이메일	: sophie@monemail.com
12.	Profession 직업	: Etudiante
13.	Etudes 전공과 학위	: Economie
14.	Numéro de candidature 지원자 번호	: 200024535
15.	Numéro d'étudiant 학생번호	: 259907

B
1. Bonjour, je vous appelle pour l'inscription.
2. Je vous appelle de la Corée du Sud.
3. D'accord. Merci.
4. Je vous appelle parce que j'ai besoin d'un document.
5. Je dois l'avoir le plus tôt possible.

Leçon 04 대사관에 비자 서류 접수하기

A Gil-Dong Hong
106-303 Samsung APT
Sarang-dong, Gangnam-gu
Séoul, Corée du Sud
gdh@monemail.com

FORMATIONS

1996-1999	Collège Jang-Yeon à Busan
1999-2002	Lycée Chang-Ju à Busan
2002-2006	Université de Jeju - Psychologie

Langues	Coréen : maternelle
Anglais : niveau avancé	Français : niveau moyen
Français : niveau avancé	Chinois : niveau débutant

EXPERIENCES PROFESSIONNELLES

janvier 2009~ octobre 2013

Société d'import-export << GLOBALUS >> (무역회사 ≪ 글로발뤼스 ≫)

Chef de projet informatique (정보 프로젝트 팀장)

CENTRES D'INTERET

Plongée sous-marine

Licence de plongée

Loisirs

Littérature, Cinéma, Voyages, Musique

Leçon 05 비자를 위한 인터뷰 성공하기

A 1. Bonjour, entrez, asseyez-vous.

2. Vous parlez français ?

3. Vous pouvez vous présenter ?

4. Comment avez-vous appris le français ?

5. Pourquoi voulez-vous partir en France ?

6. Quelle est votre spécialité ?

7. Quel est votre film préféré ?

8. Qu'est-ce que vous ferez quand vous serez en France ?

9. Quelles villes voulez-vous visiter ?

10. Vous aimez la France ?

11. Vous aimez la langue française ?

12. Avez-vous des loisirs ?

13. Avez-vous déjà travaillé ?

14. Quel est votre projet après vos études ?

15. Pardon, je n'ai pas très bien compris. Pouvez-vous répéter, s'il vous plaît ?

Leçon 06　공항에서 택시를 타고 숙소로 가기

A
1. Je peux prendre le repas maintenant ?
2. Je vais prendre le poisson, s'il vous plaît.
3. Qu'est-ce que vous avez comme jus ?
4. Je vais prendre le jus d'orange.
5. Qu'est-ce que vous allez faire en France ?
6. Combien de temps vous allez rester en France ?
7. Où est-ce que vous allez habiter ?
8. Où est-ce que je peux prendre le taxi, s'il vous plaît ?
9. Je peux prendre le métro ou le bus ?
10. Je ne sais pas.
11. Vous allez tout droit.
12. Ce n'est pas loin.
13. Vous avez beaucoup de bagages.
14. Vous avez l'adresse ?
15. Je suis venue en France pour étudier.

Leçon 07　기차를 타고 프랑스 학교 기숙사에 도착

A
1. J'ai réservé une chambre.
2. Vous pouvez épeler ?
3. Bonne soirée.
4. J'ai réservé un billet pour Bordeaux.
5. Avez-vous le numéro de réservation ?
6. Vous devez attendre jusqu'à ce soir.
7. Je suis désolée. Je suis en retard.
8. J'ai été surprise.
9. Je suis arrivée hier soir.
10. Tu viens de quel pays ?
11. Je viens de la Corée du Sud.
12. Qu'est-ce que tu étudies à l'université ?
13. Quelle est ta spécialité ?
14. Est-ce que tu peux m'apprendre le français ?
15. Bienvenue.

Leçon 10 프랑스 학교에서의 첫날

회화편 정답 **187**

A
1. C'est toi !
2. C'est vous !
3. Ça fait longtemps.
4. Ça fait plaisir de te revoir. / Je suis content de te revoir.
5. Tu es arrivée quand ?
6. Je suis arrivée il y a 3 semaines.
7. On est dans la même classe.
8. Le cours commence à 9 heures ?
9. Il est quelle heure ?
10. Là, il est 9 heures moins le quart.
11. C'était dur. Je n'ai pas tout compris.
12. Le professeur parle trop vite.
13. Je vais travailler à la bibliothèque.
14. Qu'est-ce que tu fais ce week-end ?
15. Je ne fais rien ce week-end.

Leçon 11 친구들을 초대하기

A
1. Je voudrais réserver pour ce soir, s'il vous plaît.
2. Je vais arriver vers 19 heures. / Nous allons arriver vers 19 heures.
3. Je vais prendre le menu.
4. On peut avoir la carte du dessert ?
5. Ça te dirait d'aller voir un film ?
6. Qu'est-ce qu'il y a au cinéma en ce moment ?
7. Tu es libre ce soir ?
8. Je préfère les films d'action.
9. Mon ordinateur est en panne. Il ne marche plus depuis hier.
10. Je vais le réparer.
11. Je voudrais échanger cette robe parce que c'est trop grand.
12. Pas de problème. Vous avez le ticket ?
13. Suivez-moi.
14. Qu'est-ce qu'on peut faire ?
15. Je voudrais le remboursement, s'il vous plaît.

A

1. Je voudrais m'inscrire.
2. Je voudrais prendre rendez-vous pour une coupe.
3. Vous pouvez venir ce soir ?
4. Je préfèrerais à 20 heures.
5. Je voudrais envoyer ce colis en Corée du Sud, s'il vous plaît.
6. J'ai réussi l'examen ! Je l'ai eu !
7. Je suis ravi(e) de vous rencontrer.
8. C'est pour vous.
9. Merci. Elles sont magnifiques ces fleurs. / Ces fleurs sont magnifiques.
10. Je vais te présenter ma mère.
11. Tu prends un café ?
12. Tu es bien rentrée ?
13. C'était une très bonne soirée.
14. Tu peux lui dire que c'était très bon ?
15. J'ai beaucoup de devoirs à faire ce week-end.

Leçon 13 프랑스 신문 읽기

A

1. Je voudrais être heureux.
2. Je ne suis pas pessimiste.
3. J'ai toutes les conditions pour être heureux.
4. Il y a trop de gens malheureux.
5. En France, il y a des racistes.
6. C'est inquiétant.
7. J'ai lu un article dans un journal.
8. Je suis d'accord avec toi.
9. Je suis d'accord avec vous.
10. Je ne suis pas d'accord avec vous.
11. Ce n'est pas vrai.
12. Ils ne m'aiment pas ?
13. Tu es venue pour étudier en France parce que tu aimes la France.
14. Ne t'inquiète pas.
15. Ça m'inquiète quand même.

A 1.　Aujourd'hui, c'était mon anniveraire.

2.　Mes amis m'ont invité(e) au restaurant.

3.　C'était délicieux.

4.　Après le dîner, nous sommes allés au bar à côté du restaurant.

5.　J'ai passé une journée formidable grâce à mes amis.

6.　Mais ma famille et mes amis en Corée me manquent.

7.　Mais ma famille et mes amis en Corée m'ont manqué.

8.　Il y avait un très joli pantalon mais c'était trop petit parce que j'ai pris du poids.

　　Il y avait un très joli pantalon mais c'était trop petit parce que j'ai grossi.

9.　Nous sommes allé(e)s au restaurant japonais.

10.　Il y avait beaucoup de monde parce qu'il faisait beau.

11.　Aujourd'hui, j'ai fait les devoirs toute la journée.

12.　Je suis fatigué(e) parce que j'ai trop de devoirs.

13.　Je suis fier(ère) de moi.

14.　Aujourd'hui, je me suis promené(e) avec Marc et son chien.

15.　Nous avons marché du campus au lac.

A 1.　Je suis fatigué(e). J'ai trop travaillé pour l'examen.

2.　J'aimerais partir en voyage.

3.　C'est une bonne idée.

4.　Où est-ce qu'on pourrait partir ?

5.　Je ne suis jamais allé(e) là-bas.

6.　Dépêchez-vous. On va être en retard.

7.　Regardez. Le paysage est magnifique. Je vais prendre des photos. Souriez !

8.　Où est-ce que vous étiez ? On vous a cherchés partout.

9.　C'était le plus beau jour de ma vie.

10.　Je n'ai pas envie de retourner à Bordeaux.

11.　C'est bientôt la rentrée.

12.　Il faut qu'on retourne à la fac pour étudier.

13.　Merci à vous tous.

14.　Je penserai à vous quand je serai en Corée.

15.　Je ne vous oublierai jamais.

문법편

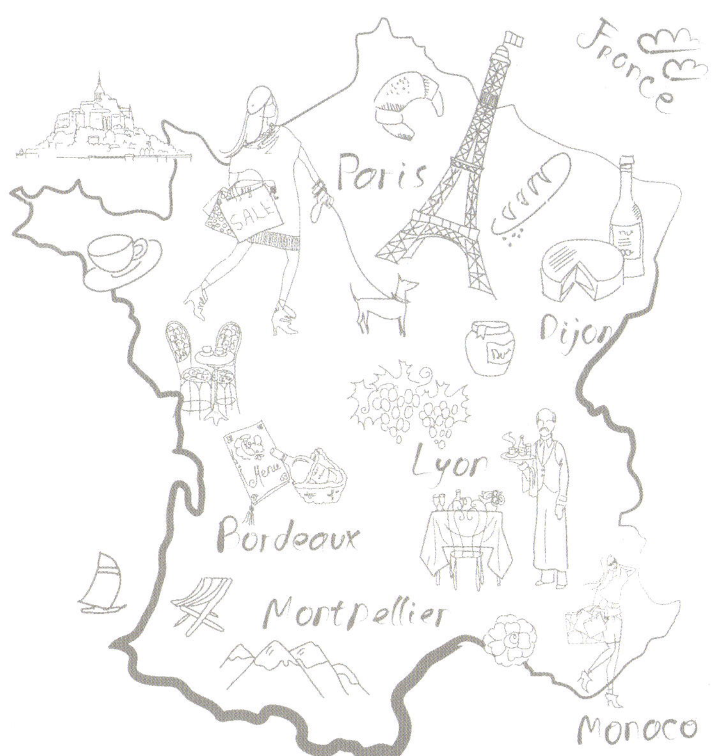

France
Paris
Dijon
Lyon
Bordeaux
Montpellier
Monaco
Menu
SALE

🌙 명사(nom)와 형용사(adjectif)의 남성형(masculin)과 여성형(féminin)을 살펴봅시다.

남성			여성	
Marc est	étudiant 학생 avocat 변호사 employé 회사원 retraité 퇴직자	⇨	Sophie est	étudiante avocate employée retraitée
Marc est	français 프랑스인 anglais 영국인 chinois 중국인 espagnol 스페인인 japonais 일본인	⇨	Sophie est	française anglaise chinoise espagnole japonaise
Marc est	grand 큰 petit 작은 blond 금발의 brun 검은 머리의 marié 결혼한	⇨	Sophie est	grande petite blonde brune mariée

🌙 남성형에서 이미 e로 끝나는 명사는 여성형에 e를 추가하지 않습니다.

남성	
Marc est Sophie est	photographe 사진작가 / russe 러시아인 / belge 벨기에인 architecte 건축가 / peintre 화가 / journaliste 언론가 fonctionnaire 공무원 / célibataire 미혼자

🌙 en이 enne으로 되는 경우

남성			여성	
Marc est	musicien 음악가 italien 이탈리아인 coréen 한국인 lycéen 고등학생 collégien 중학생 mécanicien 정비사	⇨	Sophie est	musicienne italienne coréenne lycéenne collégienne mécanicienne

🌙 on이 onne으로 되는 경우

| Marc est | bon ~를 잘하는
mignon 귀여운 | ⇨ | Sophie est | bonne
mignonne |

🌙 er가 ère로 되는 경우

Marc est	cuisinier 요리사 boulanger 제빵사 infirmier 간호사 étranger 외국인

⇨

Sophie est	cuisinière boulangère infirmière étrangère

🌙 eur, eux가 euse로 되는 경우

Marc est	danseur 무용가 serveur 종업원 menteur 거짓말쟁이 heureux 행복한 vendeur 판매원 chômeur 실업자

⇨

Sophie est	danseuse serveuse menteuse heureuse vendeuse chômeuse

🌙 teur가 trice로 되는 경우

남성	
Marc est	acteur 배우 agriculteur 농부 instituteur 초등학교 교사 (예외) chanteur 가수

⇨

여성	
Sophie est	actrice agricultrice institutrice chanteuse

🌙 여성형이 존재하지 않아 항상 남성형인 경우

남성	
Marc est Sophie est	professeur 교사, 교수 / médecin 의사 / écrivain 작가 auteur 저자 / ingénieur 기술자 / mannequin 모델 agent 요원 / marin 어부

🌙 불규칙 형용사

Marc est	beau 멋진, 예쁜 gros 뚱뚱한 vieux 늙은 gentil 친절한 blanc 하얀, 백인

⇨

Sophie est	belle grosse vieille gentille blanche

1 다음 문장을 여성형으로 만들어 보세요.

(1) Monsieur Martin est employé. → *Madame Martin est* _________________________.

(2) Il est belge. → _________________________

(3) Il est heureux. → _________________________

(4) Il est jeune. → _________________________

(5) Il est grand. → _________________________

(6) Il est brun. → _________________________

(7) Il est gros. → _________________________

(8) Il est gentil. → _________________________

2 다음 문장을 남성형으로 만들어 보세요.

(1) Mademoiselle Dupont est étudiante. → *Jean-Michel Dupont est* _________________.

(2) Elle est française. → _________________________

(3) Elle est serveuse. → _________________________

(4) Elle est belle. → _________________________

(5) Elle est mignonne. → _________________________

(6) Elle est petite. → _________________________

(7) Elle est blonde. → _________________________

(8) Elle est gentille. → _________________________

3 Il est 또는 Elle est를 알맞게 넣어 보세요.

(1) _________________ étudiante.   (2) _________________ avocat.

(3) _________________ employée.   (4) _________________ retraité.

(5) _________________ française.   (6) _________________ anglais.

(7) _________________ chinoise.   (8) _________________ petit.

(9) _______________ japonais.   (10) _______________ grand.

(11) _______________ musicien.   (12) _______________ blonde.

(13) _______________ brun.   (14) _______________ lycéen.

(15) _______________ italienne.   (16) _______________ coréenne.

(17) _______________ bon.   (18) _______________ collégienne.

(19) _______________ mécanicien.   (20) _______________ boulangère.

(21) _______________ mignonne.   (22) _______________ cuisinier.

(23) _______________ danseuse.   (24) _______________ infirmière.

(25) _______________ étranger.   (26) _______________ heureux.

(27) _______________ serveur.   (28) _______________ menteuse.

(29) _______________ actrice.   (30) _______________ vendeur.

(31) _______________ chômeur.   (32) _______________ chanteuse.

(33) _______________ agricultrice.   (34) _______________ instituteur.

(35) _______________ vieux.   (36) _______________ belle.

(37) _______________ gros.   (38) _______________ espagnole.

(39) _______________ gentille.   (40) _______________ médecin.

4 다음 질문에 답해 보세요.

(1) Vous êtes grand(e) ou petit(e) ?   → _______________

(2) Vous êtes gros(se) ou mince ?   → _______________

(3) Vous êtes blond(e) ou brun(e) ?   → _______________

(4) Vous êtes étudiant(e) ou professeur ?   → _______________

(5) Vous êtes marié(e) ou célibataire ?   → _______________

🌙 명사(nom)와 형용사(adjectif)의 단수형(singulier)과 복수형(pluriel)을 살펴봅시다.

단수		남성 복수	여성 복수
	étudiant employé retraité espagnol	étudiants employés retraités espagnols	étudiantes employées retraitées espagnoles
Il est	grand petit blond jeune photographe architecte peintre musicien	Ils sont grands petits blonds jeunes photographes architectes peintres musiciens	Elles sont grandes petites blondes jeunes photographes architectes peintres musiciennes
	italien coréen bon mignon cuisinier boulanger danseur serveur	iltaliens coréens bons mignons cuisiniers boulangers danseurs serveurs	italiennes coréennes bonnes mignonnes cuisinières boulangères danseuses serveuses

단수		남성 복수		여성 복수
Il est	vendeur acteur chanteur professeur médecin gentil blanc français	Ils sont	vendeurs acteurs chanteurs professeurs médecins gentils blancs français	Elles sont	vendeuses actrices chanteuses professeurs médecins gentilles blanches françaises
	anglais chinois japonais gros heureux vieux beau		anglais chinois japonais gros heureux vieux beaux		anglaises chinoises japonaises grosses heureuses vieilles belles

1 다음 문장을 복수형으로 만들어 보세요.

(1) David est employé. → *Patrick et Sébastien sont* _______________________.

(2) Il est belge. → *Ils sont* _______________________.

(3) Il est heureux. → *Ils sont* _______________________.

(4) Il est jeune. → *Ils sont* _______________________.

(5) Il est grand. → *Ils sont* _______________________.

(6) Il est brun. → *Ils sont* _______________________.

(7) Il est gros. → *Ils sont* _______________________.

(8) Il est gentil. → *Ils sont* _______________________.

(9) Stéphanie est étudiante. → *Stéphanie et Magalie sont* _______________________.

(10) Elle est française. → *Elles sont* _______________________.

(11) Elle est serveuse. → *Elles sont* _______________________.

(12) Elle est belle. → *Elles sont* _______________________.

(13) Elle est mignonne. → *Elles sont* _______________________.

(14) Elle est petite. → *Elles sont* _______________________.

(15) Elle est blonde. → *Elles sont* _______________________.

(16) Elle est gentille. → *Elles sont* _______________________.

2 다음 문장을 단수형으로 만들어 보세요.

(1) Elles sont musiciennes. → *Elle est* _______________________.

(2) Elles sont grandes. → *Elle est* _______________________.

(3) Ils sont photographes. → *Elle est* _______________________.

(4) Ils sont coréens. → *Elle est* _______________________.

(5) Ils sont beaux. → *Elle est* _______________________.

(6) Elles sont gentilles. → *Elle est* _______________________.

(7) Elles sont petites. → *Elle est* _______________________.

3 Il est / Elle est / Ils sont / Elles sont을 알맞게 넣어 보세요.

(1) _______________ étudiants.

(2) _______________ avocats.

(3) _______________ employées.

(4) _______________ retraité.

(5) _______________ française.

(6) _______________ anglaises.

(7) _______________ chinoises.

(8) _______________ espagnol.

(9) _______________ japonaise.

(10) _______________ grands.

(11) _______________ petites.

(12) _______________ blonds.

(13) _______________ bruns.

(14) _______________ musiciennes.

(15) _______________ italiens.

(16) _______________ coréennes.

(17) _______________ lycéens.

(18) _______________ collégiennes.

(19) _______________ mécanicien.

(20) _______________ bonnes.

(21) _______________ mignons.

(22) _______________ cuisinières.

(23) _______________ boulangère.

(24) _______________ infirmier.

(25) _______________ étrangers.

(26) _______________ danseuses.

(27) _______________ serveurs.

(28) _______________ menteuses.

(29) _______________ heureuse.

(30) _______________ vendeuses.

(31) _______________ chômeur.

(32) _______________ actrices.

(33) _______________ agriculteur.

(34) _______________ instituteurs.

(35) _______________ chanteuses.

(36) _______________ belles.

(37) _______________ grosses.

(38) _______________ vieilles.

(39) _______________ gentils.

(40) _______________ médecins.

🌙 **être 동사 변화와 이 동사를 이용한 표현들을 살펴봅시다.**

Je suis coréen(ne).　　Il est fatigué.　　Nous sommes heureux(ses).　　Ils sont gentils.
Tu es français(e).　　Elle est fatiguée.　　Vous êtes grand(e,s,es).　　Elles sont gentilles.

être gentil : 친절하다	
Je suis gentil(le).	Nous sommes gentils(les).
Tu es gentil(le).	Vous êtes gentil(le/s/les).
Il est gentil.	Ils sont gentils
Elle est gentille.	Elles sont gentilles.

être grand : 크다	
Je suis grand(e).	Nous sommes grands(es).
Tu es grand(e).	Vous êtes grand(e/s/es).
Il est grand.	Ils sont grands.
Elle est grande.	Elles sont grandes.

être fatigué : 피곤하다	
Je suis fatigué(e).	Nous sommes fatigués(es).
Tu es fatigué(e).	Vous êtes fatigué(e/s/es).
Il est fatigué.	Ils sont fatigués.
Elle est fatiguée.	Elles sont fatiguées.

être prêt : 준비되다	
Je suis prêt(e).	Nous sommes prêts(es).
Tu es prêt(e).	Vous êtes prêt(e/s/es).
Il est prêt.	Ils sont prêts.
Elle est prête.	Elles sont prêtes.

être malade : 아프다	
Je suis malade.	Nous sommes malades.
Tu es malade.	Vous êtes malade(s).
Il est malade.	Ils sont malades.
Elle est malade.	Elles sont malades.

être heureux : 행복하다	
Je suis heureux(se).	Nous sommes heureux(ses).
Tu es heureux(se).	Vous êtes heureux(se/ses).
Il est heureux.	Ils sont heureux.
Elle est heureuse.	Elles sont heureuses.

1 être 동사의 변화형을 써 보세요.

(1) Je ______________ coréenne.　　(2) Nous ______________ prêts.

(3) Tu ______________ française ?　　(4) Vous ______________ étudiant ?

(5) Il ______________ boulanger.　　(6) Ils ______________ fatigués.

(7) Elle ______________ belle.　　(8) Elles ______________ malades.

2 다음 문장을 모든 인칭으로 만들어 보세요.

(1) Je suis ____*petit*____ .　　Nous sommes ______________ .

　　Tu es ______________ .　　Vous êtes ______________ .

　　Il est ______________ .　　Ils sont ______________ .

　　Elle est ______________ .　　Elles sont ______________ .

(2) Je suis ____*heureux*____ .　　Nous sommes ______________ .

　　Tu es ______________ .　　Vous êtes ______________ .

　　Il est ______________ .　　Ils sont ______________ .

　　Elle est ______________ .　　Elles sont ______________ .

(3) Je suis ____*gros*____ .　　Nous sommes ______________ .

　　Tu es ______________ .　　Vous êtes ______________ .

　　Il est ______________ .　　Ils sont ______________ .

　　Elle est ______________ .　　Elles sont ______________ .

3 상황에 알맞게 **tu** 또는 **vous** 인칭으로 질문을 완성해 보세요.

(1) 모르는 사람에게

______________ professeur ?　　______________ musicien ?　　______________ français ?

(2) 반 친구에게

______________ italien ?　　______________ prêt ?　　______________ étudiant ?

(3) 반 친구 두 명에게

______________ fatigués ?　　______________ malades ?　　______________ musiciens ?

🌙 질문을 하는 3가지 방법과 부정문을 만드는 방법을 살펴봅시다.

억양으로 질문하기	
Je suis prêt(e) ?	Nous sommes prêts ?
Tu es prêt(e) ?	Vous êtes prêt(e/s/es) ?
Il est prêt ?	Ils sont prêts ?
Elle est prête?	Elles sont prêtes?

도치하여 질문하기	
Suis-je prêt(e) ?	Sommes-nous prêts ?
Es-tu prêt(e) ?	Etes-vous prêt(e/s/es) ?
Est-il prêt ?	Sont-ils prêts ?
Est-elle prête ?	Sont-elles prêtes ?

Est-ce que를 넣어 질문하기	
Est-ce que je suis prêt(e) ?	Est-ce que nous sommes prêts ?
Est-ce que tu es prêt(e) ?	Est-ce que vous êtes prêt(e/s/es) ?
Est-ce qu'il est prêt ?	Est-ce qu'ils sont prêts ?
Est-ce qu'elle est prête ?	Est-ce qu'elles sont prêtes ?

🌙 부정문을 만들 때는 동사의 앞과 뒤에 **ne ... pas**를 넣으면 됩니다.

Tu es français ? Es-tu français ? Est-ce que tu es français ?	⇨	Oui, je suis français. Non, je ne suis pas français.
Il est grand ? Est-il grand ? Est-ce qu'il est grand ?	⇨	Oui, il est grand. Non, il n'est pas grand.
Martin est petit ? Martin est-il petit ? Est-ce que Martin est petit ?	⇨	Oui, il est petit. Non, il n'est pas petit.
Bruno et Marie sont lycéens ? Bruno et Marie sont-ils lycéens ? Est-ce que Bruno et Marie sont lycéens ?	⇨	Oui, ils sont lycéens. Non, ils ne sont pas lycéens.
Elles sont étudiantes ? Sont-elles étudiantes ? Est-ce qu'elles sont étudiantes ?	⇨	Oui, elles sont étudiantes. Non, elles ne sont pas étudiantes.

1 알맞은 문장을 만들어 보세요.

억양으로 질문	Est-ce que를 이용한 질문	도치를 이용한 질문
(1) *Vous êtes coréen ?*		*Etes-vous coréen ?*
(2)	*Est-ce que tu es chinoise ?*	
(3)		*Est-il étudiant ?*
(4) *Elles sont françaises ?*		
(5)	*Est-ce que nous sommes gros ?*	
(6)		*Martin est-il boulanger ?*
(7) *Julie et Marie sont gentilles ?*		
(8)	*Est-ce que Laurent est beau ?*	
(9)		*Sommes-nous américains ?*

2 다음 질문에 답해 보세요.

(1) Etes-vous professeur ? → Oui, ___________________________.

(2) Est-ce que tu es coréenne ? → Oui, ___________________________.

(3) Il est chanteur ? → Oui, ___________________________.

(4) Sont-elles actrices ? → Oui, ___________________________.

(5) La chambre est grande ? → Oui, ___________________________.

(6) La voiture est-elle prête ? → Oui, ___________________________.

(7) Etes-vous fatiguée ? → Non, ___________________________.

(8) Est-ce que tu es prête ? → Non, ___________________________.

(9) Il est malade ? → Non, ___________________________.

(10) Sont-elles chanteuses ? → Non, ___________________________.

(11) La voiture est petite ? → Non, ___________________________.

(12) La maison est-elle grande ? → Non, ___________________________.

🌙 **1군 동사들은 -er로 끝나는 동사들이며 규칙적으로 변화합니다.**

parler : 말하다		aimer : 좋아하다	
je parle	nous parlons	j'aime	nous aimons
tu parles	vous parlez	tu aimes	vous aimez
il parle	ils parlent	il aime	ils aiment
elle parle	elles parlent	elle aime	elles aiment
on parle		on aime	

habiter 살다	J'habite à Séoul. 나는 서울에 살아요.
téléphoner 전화하다	Je téléphone à Sophie. 소피에게 전화해요.
travailler 일하다	Je travaille le samedi. 토요일에 일해요.
terminer 마치다	Je termine à 5 heures. 5시에 끝마쳐요.
déjeuner 점심을 먹다	Je déjeune à midi. 12시에 점심을 먹어요.
arriver 도착하다	J'arrive à Paris à 4 heures. 4시에 파리에 도착해요.
continuer 계속하다	Je continue. 나는 계속해요.
manger 먹다	Je mange un sandwich. 샌드위치를 먹어요.
regarder 보다	Je regarde la télévision. 텔레비전을 봐요.
écouter 듣다	J'écoute la radio. 라디오를 들어요.
étudier 공부하다	J'étudie à la bibliothèque. 도서관에서 공부해요.
jouer 놀다	Je joue du piano. 피아노를 쳐요.
dîner 저녁을 먹다	Je dîne à 20 heures. 20시에 저녁을 먹어요.
entrer 들어가다	J'entre dans la classe. 교실에 들어가요.
visiter 구경하다	Je visite le musée. 박물관을 구경해요.
commencer 시작하다	Je commence à 6 heures. 6시에 시작해요.

🌙 **유의해야 할 1군 동사들을 살펴봅시다.**

commencer : 시작하다		manger : 먹다	
je commence	nous commençons	je mange	nous mangeons
tu commences	vous commencez	tu manges	vous mangez
il commence	ils commencent	il mange	ils mangent
elle commence	elles commencent	elle mange	elles mangent
on commence		on mange	

essayer : 시도하다		préférer : 선호하다	
j'essaie	nous essayons	je préfère	nous préférons
tu essaies	vous essayez	tu préfères	vous préférez
il essaie	ils essaient	il préfère	ils préfèrent
elle essaie	elles essaient	elle préfère	elles préfèrent
on essaie		on préfère	

appeler : 부르다		acheter : 사다	
j'appelle	nous appelons	j'achète	nous achetons
tu appelles	vous appelez	tu achètes	vous achetez
il appelle	ils appellent	il achète	ils achètent
elle appelle	elles appellent	elle achète	elles achètent
on appelle		on achète	

1 다음 동사들의 변화형을 써 보세요.

(1) je _____*parle*_____   tu _____________   il _____________

nous _____________   vous _____________   elles _____________

(2) j'_____________   tu _____*aimes*_____   il _____________

nous _____________   vous _____________   elles _____________

(3) j'_____________   tu _____________   il _____*habite*_____

nous _____________   vous _____________   elles _____________

(4) je _____*téléphone*_____   tu _____________   il _____________

Nous _____________   vous _____________   elles _____________

(5) je _____________   tu _____________   il _____________

nous _____*travaillons*_____   vous _____________   elles _____________

(6) je _____________   tu _____________   il _____________

nous _____________   vous _____*terminez*_____   elles _____________

(7) je _____________   tu _____________   il _____________

nous _____________   vous _____________   elles _____*déjeunent*_____

(8) j'_____________   tu _____*arrives*_____   il _____________

nous _____________   vous _____________   elles _____________

(9) je _____________   tu _____________   il _____*continue*_____

nous _____________   vous _____________   elles _____________

(10) je _____________   tu _____________   il _____________

nous _____________   vous _____*mangez*_____   elles _____________

(11) je _____*regarde*_____   tu _____________   il _____________

nous _____________   vous _____________   elles _____________

(12) j'_____________   tu _____*écoutes*_____   il _____________

nous _____________   vous _____________   elles _____________

(13) j' _______________   tu _______________   il _____*étudie*_____

nous _______________   vous _______________   elles _______________

(14) je _______________   tu _______________   il _______________

nous _____*jouons*_____   vous _______________   elles _______________

(15) je _____*commence*_____   tu _______________   il _______________

nous _______________   vous _______________   elles _______________

(16) j' _______________   tu _____*essaies*_____   il _______________

nous _______________   vous _______________   il _______________

(17) j' _______________   tu _______________   il _______________

nous _____*appelons*_____   vous _______________   elles _______________

(18) j' _______________   tu _______________   il _______________

nous _______________   vous _____*achetez*_____   elles

2 다음 질문에 답해 보세요.

(1) Vous parlez français ?　→　_______________________________

(2) Vous étudiez le français ?　→　_______________________________

(3) Vous aimez le cinéma ?　→　_______________________________

(4) Vous dînez à 6 heures ?　→　_______________________________

(5) Vous habitez à Séoul ?　→　_______________________________

3 알맞은 동사를 써 보세요.

(1) Je _________ un sandwich.　(2) Tu _________ la radio.

(3) Il _________ la télévision.　(4) Nous _________ le cinéma.

(5) Vous _________ anglais.　(6) Elles _________ du piano.

(7) J' _________ à Paris.　(8) Tu _________ au restaurant.

jouer	regarder
parler	aimer
dîner	écouter
habiter	manger

🌙 **대명동사를 살펴봅시다.**

se reposer : 쉬다	s'appeler : 자신을 ～라고 부르다
Je me repose.	Je m'appelle.
Nous nous reposons.	Nous nous appelons.
Tu te reposes.	Tu t'appelles.
Vous vous reposez.	Vous vous appelez.
Il se repose.	Il s'appelle.
Ils se reposent.	Ils s'appellent.
Elle se repose.	Elle s'appelle.
Elles se reposent.	Elles s'appellent.
On se repose.	On s'appelle.

★on은 보편적인 사실을 말하거나, nous과 같이 '우리'라는 뜻의 주어로 쓰입니다.

se lever : 일어나다	se laver : 씻다
Je me lève.	Je me lave.
Nous nous levons.	Nous nous lavons.
Tu te lèves.	Tu te laves.
Vous vous levez.	Vous vous lavez.
Il se lève.	Il se lave.
Ils se lèvent.	Ils se lavent.
Elle se lève.	Elle se lave.
Elles se lèvent.	Elles se lavent.
On se lève.	On se lave.

se promener : 산책하다	se présenter : 자신을 소개하다
Je me promène.	Je me présente.
Nous nous promenons.	Nous nous présentons.
Tu te promènes.	Tu te présentes.
Vous vous promenez.	Vous vous présentez.
Il se promène.	Il se présente.
Ils se promènent.	Ils se présentent.
Elle se promène.	Elle se présente.
Elles se promènent.	Elles se présentent.
On se promène.	On se présente.

se regarder : 서로 바라보다	s'habiller : 옷을 입다
Je me regarde.	Je m'habille.
Nous nous regardons.	Nous nous habillons.
Tu te regardes.	Tu t'habilles.
Vous vous regardez.	Vous vous habillez.
Il se regarde.	Il s'habille.
Ils se regardent.	Ils s'habillent.
Elle se regarde.	Elle s'habille.
Elles se regardent.	Elles s'habillent.
On se regarde.	On s'habille.

s'ennuyer : 심심해하다	s'amuser : 즐기다
Je m'ennuie.	Je m'amuse.
Nous nous ennuyons.	Nous nous amusons.
Tu t'ennuies.	Tu t'amuses.
Vous vous ennuyez.	Vous vous amusez.
Il s'ennuie.	Il s'amuse.
Ils s'ennuient.	Ils s'amusent.
Elle s'ennuie.	Elle s'amuse.
Elles s'ennuient.	Elles s'amusent.
On s'ennuie.	On s'amuse.

1 다음 동사들의 변화형을 써 보세요.

(1) je _____*me repose*_____   tu _____________   il _____________

    nous _____________   vous _____________   elles _____________

(2) je _____________   tu _____*t'appelles*_____   il _____________

    nous _____________   vous _____________   elles _____________

(3) je _____________   tu _____________   il _____*se lève*_____

    nous _____________   vous _____________   elles _____________

(4) je _____________   tu _____________   il _____________

    nous _____*nous lavons*_____   vous _____________   elles _____________

(5) je _____________   tu _____________   il _____________

    nous _____________   vous _____*vous promenez*_____   elles _____________

(6) je _____________   tu _____________   il _____________

    nous _____________   vous _____________   elles _____*se présentent*_____

(7) je _____*me regarde*_____   tu _____________   il _____________

    nous _____________   vous _____________   elles _____________

(8) je _____________   tu _____*t'habilles*_____   il _____________

    nous _____________   vous _____________   elles _____________

(9) je _____________   tu _____________   il _____*s'ennuie*_____

    nous _____________   vous _____________   elles _____________

(10) je _____________   tu _____________   il _____________

    nous _____*nous amusons*_____   vous _____________   elles _____________

2 괄호 안의 동사를 이용해서 빈칸을 채워 보세요.

(1) Le dimanche, je _____________ (se reposer).   (2) Je _____________ (s'appeler) Fabien.

(3) Vous _____________ (s'appeler) Julie?   (4) Il _____________ (se lever) à 7 heures.

(5) Et il _____________ (se laver).   (6) On _____________ (se promener).

(7) Elle __________ (s'habiller).　　(8) Les enfants __________ (s'ennuyer).

(9) On __________ (s'amuser) bien.　　(10) Vous __________ (s'amuser) bien?

(11) Bonjour, je ________________ (se présenter).

(12) Elle __________________ (se regarder) dans le miroir.

3　다음 사람을 3인칭으로 바꾸어서 소개해 보세요.

(1) Quentin : « Je suis français. Je parle français, anglais et japonais. J'habite à Marseille. J'aime le sport. Je suis marié. Je ne suis pas cuisinier. Je suis étudiant. J'étudie la cuisine. »

→ Quentin est français. Il parle français, anglais et japonais. __________

____

____

(2) Sandrine et Hélène : « Nous sommes françaises. On parle français. On est à Paris. On aime la musique. On est célibataires. On est musiciennes. »

→ ____

____

(3) Lora : « Je suis étudiante. J'habite à Londres et je suis anglaise. Je parle anglais et français. J'aime la cuisine. Je ne suis pas mariée. »

→ ____

____

(4) Sophie, Bertrand et Magalie : « Nous sommes belges. On habite à Bruxelles. On aime les voyages. Nous sommes employés. Sophie et Magalie sont mariées. Et je suis célibataire. »

→ ____

____

🌙 **부정관사(articles indéfinis)에 대해 알아봅시다.**

un garçon 소년	un homme 남자	un père 아버지
un livre 책	un journal 신문	un gâteau 케이크

une fille 소녀	une école 학교	une route 길
une femme 여자	une gare 역	une baguette 바게트

⇩

des garçons	des hommes	des pères
des livres	des journaux	des gâteaux

des filles	des écoles	des routes
des femmes	des gares	des baguettes

un ami	une amie	des amis	des amies
un étudiant	une étudiante	des étudiants	des étudiantes
un français	une française	des français	des françaises
un coréen	une coréenne	des coréens	des coréennes
un musicien	une musicienne	des musiciens	des musiciennes
un acteur	une actrice	des acteurs	des actrices
un serveur	une serveuse	des serveurs	des serveuses
un journaliste	une journaliste	des journalistes	des journalistes

🌙 **여성명사 (nom féminin)**
e로 끝나는 명사는 대부분 여성명사입니다.

-e : la voiture
-tion / -sion : une question / une vision
-eur이지만 여성명사인 경우 : une fleur; une couleur

🌙 **남성명사 (nom masculin)**
e로 끝나지 않는 명사는 대부분 남성명사입니다.

예외적으로 e로 끝나지만 남성명사인 경우 :
-phone : un téléphone   -scope : un camescope   -age : un fromage
un problème, un programme, un modèle, un groupe, un sourire, un arbre ...

🌙 정관사(articles définis)에 대해 알아봅시다.

le garçon	l'homme	le père
le livre	le journal	le gâteau
la fille	l'école	la route
la femme	la gare	la baguette

⇩

les garçons	les hommes	les pères
les livres	les journaux	les gâteaux
les filles	les écoles	les routes
les femmes	les gares	les baguettes

l'ami	l'amie
l'étudiant	l'étudiante
le français	la française
le coréen	la coréenne
le musicien	la musicienne
l'acteur	l'actrice
le serveur	la serveuse
le journaliste	la journaliste

⇨

les amis	les amies
les étudiants	les étudiantes
les français	les françaises
les coréens	les coréennes
les musiciens	les musiciennes
les acteurs	les actrices
les serveurs	les serveuses
les journalistes	les journalistes

1 알맞은 부정관사를 써 보세요.

(1) _____________ homme

(2) _____________ ami

(3) _____________ femmes

(4) _____________ amie

(5) _____________ femme

(6) _____________ actrices

(7) _____________ gâteau

(8) _____________ livre

(9) _____________ gares

(10) _____________ baguettes

(11) _____________ école

(12) _____________ baguette

(13) _____________ française

(14) _____________ musicien

(15) _____________ livres

(16) _____________ coréens

(17) _____________ journalistes

(18) _____________ filles

(19) _____________ amies

(20) _____________ acteur

(21) _____________ camescope

(22) _____________ programme

(23) _____________ fleur

(24) _____________ voiture

(25) _____________ arbre

(26) _____________ modèle

(27) _____________ sourire

(28) _____________ téléphone

(29) _____________ question

(30) _____________ couleurs

2 알맞은 정관사를 써 보세요.

(1) ______ fille	(2) ______ journaux
(3) ______ serveur	(4) ______ route
(5) ______ hommes	(6) ______ garçon
(7) ______ gare	(8) ______ père
(9) ______ actrice	(10) ______ musicienne
(11) ______ serveuses	(12) ______ écoles
(13) ______ journal	(14) ______ gâteaux
(15) ______ coréen	(16) ______ coréennes
(17) ______ étudiante	(18) ______ françaises
(19) ______ ami	(20) ______ étudiant
(21) ______ couleur	(22) ______ téléphone
(23) ______ fromage	(24) ______ question
(25) ______ problème	(26) ______ sourire
(27) ______ questions	(28) ______ couleur
(29) ______ acteurs	(30) ______ amies

🌙 **à를 이용한 축약관사를 알아봅시다.**

à + le = au / à + la = à la / à + les = aux
'à + 모음' 또는 '무음 h'로 시작하는 명사 앞에 le 또는 la = à l'을 씁니다.
🔲 à l'école, à l'hôtel, à l'hôpital

나는 ~로 간다		
Je vais	à la maison	집으로
	à l'école	학교로
	au restaurant	레스토랑으로
	au marché	시장으로
	au bureau	사무실로
	au cinéma	영화관으로
	aux Champs-Élysées	상젤리제로

나는 ~에 있다	
Je suis	à la maison à l'école
	au restaurant au marché
	au bureau au cinéma
	aux Champs-Élysées

나는 ~를 구경한다	
Je visite	la maison l'école
	le restaurant le marché
	le bureau le cinéma
	les Champs-Élysées

🌙 **aller(가다) 3군 동사 변화**

Je vais à la maison.   Nous allons au cinéma.

Tu vas à l'école.   Vous allez aux Champs-Elysées.

Il/Elle/On va au restaurant.   Ils/Elles ont au marché.

🌙 **de를 이용한 축약관사를 알아봅시다.**

de + le = du / de + la = de la / de + les = des
'de + 모음' 또는 '무음 h'로 시작하는 명사 앞에 le 또는 la = de l'을 씁니다.
예 de l'école, de l'hôtel, de l'hôpital

나는 ~에서 온다	
Je viens	de la maison de l'école du restaurant du marché du bureau du cinéma des Champs-Élysées

~의 자동차가 아주 예쁘다		
La voiture	de la maman(mère) de l'étudiant du papa(père) du professeur du voisin de la voisine des voisins	est très jolie

🌙 **venir(오다) 3군 동사 변화**

Je viens de la maison.

Tu viens de l'école.

Il/Elle/On vient du restaurant.

Nous venons du cinéma.

Vous venez des Champs-Elysées.

Ils/Elles viennent du marché.

1 le / la / les / à la / au / aux / du / des를 이용해서 문장을 만들어 보세요.

	Je visite ~	Je suis (à) ~
(1) la Tour Eiffel		
(2) le Louvre		
(3) les Invalides		
(4) la Défense		
(5) l'Opéra		
(6) le Musée d'Orsay		
(7) les Champs-Elysées		

	Je viens (de) ~	Je vais (à) ~
(8) la Tour Eiffel		
(9) le Louvre		
(10) les Invalides		
(11) la Défense		
(12) l'Opéra		
(13) le Musée d'Orsay		
(14) les Champs-Elysées		

	une carte (de) ~ : ~ 지도	la visite (de) ~ : ~ 구경
(15) la Tour Eiffel		
(16) le Louvre		
(17) les Invalides		
(18) la Défense		
(19) l'Opéra		
(20) le Musée d'Orsay		
(21) les Champs-Elysées		

le supermarché	le cinéma	l'école	le bureau
le restaurant	la piscine	la maison	le café
la bibliothèque	le lit		

'〜시에 나는 〜에 있다.'

(1) A 7 heures, je suis _______________________________

(2) A 8 heures, je suis _______________________________

(3) A 9 heures, je suis _______________________________

(4) A 10 heures, je suis _______________________________

(5) A 12 heures, je suis _______________________________

(6) A 14 heures, je suis _______________________________

(7) A 17 heures, je suis _______________________________

(8) A 18 heures, je suis _______________________________

(9) A 20 heures, je suis _______________________________

(10) A 22 heures, je suis _______________________________

🌙 소유형용사(adjectifs possessifs)

	남성 명사	여성 명사	복수 명사
나의 ~	mon père	ma mère	mes parents
너의 ~	ton père	ta mère	tes parents
그의/그녀의 ~	son père	sa mère	ses parents
우리의 ~	notre père	notre mère	nos parents
당신의 ~	votre père	votre mère	vos parents
그들의/그녀들의 ~	leur père	leur mère Elle	leurs parents

Mon père est retraité. 나의 아버지는 퇴직자이시다.   Ta mère est française. 너의 어머니는 프랑스인이다.
Ses parents sont gentils. 그의 부모님은 좋으시다.   Notre père est grand. 우리의 아버지는 크시다.
Votre mère est gentille. 당신의 어머니는 좋으시다.   Leurs parents sont petits. 그들의 부모는 작다.

남성 단수	여성 단수	남성/여성 복수	모음으로 시작
mon stylo 볼펜	ma voiture 자동차	mes clés 열쇠들	mon école 학교
ton stylo	ta voiture	tes clés	ton école
son stylo	sa voiture	ses clés	son école
notre stylo	notre voiture	nos dés	notre école
votre stylo	votre voiture	vos clés	votre école
leur stylo	leur voiture	leurs clés	leur école

C'est mon stylo. 이것은 나의 볼펜이다.   C'est ta voiture ? 이것은 너의 자동차야?
Ce sont ses clés. 이것들은 그의 열쇠들이다.   Notre école est grande. 우리 학교는 크다.
J'aime votre voiture. 당신의 차가 좋네요.   Leurs parents sont en vacances. 그들의 부모님은 휴가 중이시다.

🌙 지시형용사(adjectifs démonstratifs)

ce stylo 이 볼펜	cette voiture 이 자동차	ces clés 이 열쇠들
cet appartement 이 아파트	ce matin 오늘 아침	cet après-midi 오늘 오후
ce soir 오늘 저녁	cette nuit 오늘 밤	cette année 올해

Ce stylo est joli. 이 볼펜이 예쁘네요.
Ce matin, je vais à la piscine. 오늘 아침, 수영장에 갑니다.
Cette voiture est rouge. 이 자동차는 빨간색이에요.
Cet après-midi, on ne va pas au bureau. 오늘 오후, 우리는 사무실에 가지 않아요.
Ces clés sont jaunes. 이 열쇠들은 노란색이에요.
Ce soir, tu manges au restaurant. 오늘 저녁, 레스토랑에서 식사해.
Cet appartement est petit. 이 아파트는 작아요.
Cette nuit, j'étudie. 오늘 저녁, 나는 공부해요.

🌙 강세형 인칭대명사(pronoms toniques)

		~이다	~를 위한 것이다	~와 말하다	~의 집에 가다
나	moi	C'est moi.	C'est pour moi.	Il parle avec moi.	On va chez moi.
너	toi	C'est toi.	C'est pour toi.	Je parle avec toi.	On va chez toi.
그	lui	C'est lui.	C'est pour lui.	Je parle avec lui.	On va chez lui.
그녀	elle	C'est elle.	C'est pour elle.	Je parle avec elle.	On va chez elle.
우리	nous	C'est nous.	C'est pour nous.	Il parle avec nous.	On va chez nous.
당신	vous	C'est vous.	C'est pour vous.	Je parle avec vous.	On va chez vous.
그들	eux	C'est eux.	C'est pour eux.	Je parle avec eux.	On va chez eux.
그녀들	elles	C'est elles.	C'est pour elles.	Je parle avec elles.	On va chez elles.

🌙 소유대명사(pronoms possessifs)

소유형용사 뒤에는 명사가 있지만, 소유대명사는 뒤에 명사 없이 쓰입니다.

📖 소유형용사 : mon sac 내 가방 → 소유대명사 : le mien 내 것

내 것	à moi
너의 것	à toi
그/그녀의 것	à lui/elle
우리 것	à nous
당신의 것	à vous
그들/그녀들의 것	à eux/elles

⇨

남성 단수	여성 단수	남성 복수	여성 복수
le mien	la mienne	les miens	les miennes
le tien	la tienne	les tiens	les tiennes
le sien	la sienne	les siens	les siennes
le nôtre	la nôtre	les nôtres	les nôtres
le vôtre	la vôtre	les vôtres	les vôtres
le leur	la leur	les leurs	les leurs

볼펜에 대해 말할 때	C'est le tien ? 네 것이니?	➡	Oui, c'est le mien. 응, 내 꺼야.
자동차에 대해 말할 때	C'est la tienne ? 네 것이야?	➡	Non, ce n'est pas la mienne. 아니, 내 꺼 아니야.
가방들에 대해 말할 때	Ce sont les vôtres ? 당신들의 것입니까?	➡	Oui, ce sont les nôtres. 네, 우리 것입니다.
사진들에 대해 말할 때	Ce sont les leurs ? 그들의 것입니까?	➡	Non, ce ne sont pas les leurs. 아니요, 그들의 것이 아니에요.

🌙 지시대명사(pronoms démonstratifs)

지시대명사는 '이것'이란 뜻으로, 다음과 같이 성과 수에 일치시켜야 합니다.

중성	남성 단수	여성 단수	남성 복수	여성 복수
ceci / cela = ça	celui-ci / celui-là	celle-ci / celle-là	ceux-ci / ceux-là	celles-ci / celles-là

★ci : 이것 / là : 저것('이것'이라는 뜻으로도 자주 쓰입니다.)

1 알맞은 소유형용사를 써 보세요.

나의 ~	________ gâteau	________ livre	________ livres	________ amie
너의 ~	________ journal	________ sac	________ voiture	________ téléphone
그의/그녀의 ~	________ père	________ parents	________ stylos	________ appartement
우리의 ~	________ téléphone	________ école	________ maison	________ amis
당신의 ~	________ question	________ gâteau	________ mère	________ téléphones
그들의/그녀들의 ~	________ gâteau	________ voiture	________ sacs	________ école

2 알맞은 지시형용사를 이용해서 프랑스어로 써 보세요.

(1) 이 볼펜 ________________

(2) 이 자동차 ________________

(3) 이 열쇠 ________________

(4) 이 학교 ________________

(5) 이 아파트 ________________

(6) 오늘 아침 ________________

(7) 오늘 오후 ________________

(8) 이 책 ________________

(9) 이 책들 ________________

(10) 오늘 저녁 ________________

(11) 오늘 밤 ________________

(12) 올해 ________________

3 알맞은 강세형 인칭대명사를 이용해서 빈칸을 완성하세요.

moi	*C'est moi.*	________________	________________
toi	________________	*C'est pour toi.*	________________
lui	________________	________________	________________
elle	________________	________________	________________
nous	________________	*C'est pour nous.*	________________
vous	________________	________________	________________
eux	*C'est eux.*	________________	________________
elles	________________	________________	*Je vais chez elles.*

4 알맞은 소유대명사를 이용해서 빈칸을 완성하세요.

à moi	le mien		les miens	les miennes
	le tien			
à lui/elle		la sienne		
			les nôtres	
				les vôtres
à eux/elles				

5 알맞은 지시대명사를 이용해서 빈칸을 완성하세요.

celui-ci		ceux-ci	
	celle-là		celles-là

avoir 동사 표현과 부정의 de

🌙 avoir 동사 변화

avoir는 '있다, 가지다'라는 뜻의 동사로 영어의 have와 같습니다.
부정관사는 영어의 a에 해당하며, 〈남성 단수 un/여성 단수 une/복수 단수 des〉로 나누어집니다.
가장 기본적인 어순인 〈avoir+부정관사+명사〉의 어순을 살펴봅시다.

J'ai une voiture. 나는 자동차가 있다.
Elle a un sac. 그녀는 가방이 있다.
Nous avons un frère. 우리는 남자 형제가 있다.
Ils ont des amis. 그들은 친구들이 있다.

Il a des livres. 그는 책들이 있다.
On a un chat. 우리는 고양이가 있다.
Vous avez une sœur. 당신은 여자 형제가 있다.
Elles ont un chien. 그녀들은 강아지가 있다.

🌙 avoir 동사를 쓰는 부정문의 경우, 부정관사 un une des 대신 de를 넣는 '부정의 de' 규칙이 적용됩니다.

Je n'ai pas de voiture. 나는 자동차가 없다.
Tu n'as pas de montre. 너는 시계가 없다.
Il n'a pas de livres. 그는 책들이 없다.
Elle n'a pas de sac. 그녀는 가방이 없다.
On n'a pas de chat. 우리는 고양이가 없다.

Nous n'avons pas de frère. 우리는 남자 형제가 없다.
Vous n'avez pas de sœur. 당신은 여자 형제가 없다.
Ils n'ont pas d'amis. 그들은 친구들이 없다.
Elles n'ont pas de chien. 그녀들은 강아지가 없다.

🌙 이번에는 〈avoir+부정관사+명사+형용사〉의 어순을 살펴봅시다.

J'ai une voiture coréenne. 나는 한국 자동차가 있다.
Tu as une montre française. 너는 프랑스 시계가 있다.
Il a des livres intéressants. 그는 흥미로운 책들이 있다.
Elle a un sac magnifique. 그녀는 예쁜 가방이 있다.
On a un chat gentil. 우리는 착한 고양이가 있다.
Nous avons un frère sérieux. 우리는 성실한 남자 형제가 있다.
Vous avez une sœur adorable. 당신은 사랑스러운 여자 형제가 있다.
Ils ont des amis sportifs. 그들은 운동을 잘하는 친구들이 있다.
Elles ont un chien mignon. 그녀들은 귀여운 강아지가 있다.

🌙 위의 문장들을 부정문으로 만들어 봅시다. 부정의 de 규칙에 주의하세요.

Je n'ai pas de voiture coréenne. 나는 한국 자동차를 가지고 있지 않다.
Tu n'as pas de montre française. 너는 프랑스 시계를 가지고 있지 않다.
Il n'a pas de livres intéressants. 그는 흥미로운 책들을 가지고 있지 않다.
Elle n'a pas de sac magnifique. 그녀는 예쁜 가방을 가지고 있지 않다.
On n'a pas de chat gentil. 우리는 착한 고양이를 가지고 있지 않다.
Nous n'avons pas de frère sérieux. 우리는 성실한 남자 형제를 가지고 있지 않다.
Vous n'avez pas de sœur adorable. 당신은 사랑스러운 여자 형제를 가지고 있지 않다.
Ils n'ont pas d'amis sportifs. 그들은 운동을 잘하는 친구들을 없다.
Elles n'ont pas de chien mignon. 그녀들은 귀여운 강아지를 가지고 있지 않다.

🌙 이번에는 〈avoir+정관사+명사〉의 어순을 살펴봅시다.

> J'ai la voiture. 나는 (그) 자동차가 있다.
> Tu as la montre. 너는 (그) 시계가 있다.
> Il a les livres. 그는 (그) 책들이 있다.
> Elle a le sac. 그녀는 (그) 가방이 있다.
> On a les réponses. 우리는 (그) 답들을 가지고 있다.
>
> Nous avons le téléphone. 우리는 (그) 전화기를 가지고 있다.
> Vous avez la photo. 당신은 (그) 사진을 가지고 있다.
> Ils ont les clés. 그들은 (그) 열쇠들을 가지고 있다.
> Elles ont le numéro. 그녀들은 (그) 번호를 가지고 있다.

🌙 avoir 동사를 쓰는 부정문이지만, 부정관사가 아닌 정관사를 쓰는 경우, '부정의 de' 규칙이 적용되지 않습니다.

> Je n'ai pas la voiture. 나는 (그) 자동차가 없다.
> Il n'a pas les livres. 그는 (그) 책들이 없다.
> On n'a pas les réponses. 우리는 (그) 답들을 가지고 있지 않다.
> Nous n'avons pas le téléphone. 우리는 (그) 전화기를 가지고 있지 않다.
> Vous n'avez pas la photo. 당신은 (그) 사진을 가지고 있지 않다.
> Ils n'ont pas les clés. 그들은 (그) 열쇠들을 가지고 있지 않다.
> Elles n'ont pas le numéro. 그녀들은 (그) 번호를 가지고 있지 않다.
>
> Tu n'as pas la montre. 너는 (그) 시계가 없다.
> Elle n'a pas le sac. 그녀는 (그) 가방이 없다.

🌙 avoir 동사는 신체묘사를 할 때, 또는 나이를 말할 때 쓰이기도 합니다.

> J'ai les yeux noirs. 나는 검은색 눈을 가졌다.
> Il a les yeux verts. 그는 초록색 눈을 가졌다.
> Nous avons les cheveux bruns. 우리는 검은색 머리카락을 가졌다.
> Vous avez les cheveux blonds. 당신은 금발 머리카락을 가졌다.
> Ils ont les cheveux roux. 그들은 붉은색 머리카락을 가졌다.
> Elles ont 25 ans. 그녀들은 25살이다.
>
> Tu as les yeux bleus. 너는 파란색 눈을 가졌다.
> Ma fille a 8 ans. 나의 딸은 8살이다.

🌙 avoir mal à ～(～가 아프다) 표현을 배워 봅시다.

> J'ai mal. 나는 아프다.
> Tu as mal à la tête. 너는 머리가 아프다.
> Il a mal à la gorge. 그는 목이 아프다.
> Elle a mal au dos. 그녀는 등이 아프다.
>
> Elles ont mal au ventre. 그녀들은 배가 아프다.
> Nous avons mal aux bras. 우리는 팔이 아픕니다.
> Vous avez mal aux jambes. 당신은 다리가 아픕니다.
> Ils ont mal à la main. 그들은 손이 아픕니다.

🌙 avoir 동사를 이용한 느낌에 관한 표현들을 배워 봅시다.

> J'ai chaud. 나는 덥다.
> Tu as froid. 너는 춥다.
> Il a faim. 그는 배가 고프다.
> Elle a soif. 그녀는 목이 마르다.
>
> Nous avons besoin (de ~) 우리는 (～가) 필요하다
> Vous avez envie (de ~) 당신은 (～를) 원하다
> Ils ont peur (de~) 그들은 (～가) 두렵다
> Elles ont sommeil. 그녀들은 졸리다.

1 부정관사/정관사를 사용하여 프랑스어로 써 보세요.

	부정관사를 사용	정관사를 사용
(1) 나는 친구들이 있다.		
(2) 너는 가방이 있다.		
(3) 그는 책들이 있다.		
(4) 그녀는 시계가 있다.		
(5) 우리는 여자 형제가 있다.		
(6) 당신은 남자 형제들이 있다.		
(7) 그들은 자동차가 있다.		
(8) 그녀들은 강아지가 있다.		
(9) 나는 한국 자동차가 있다.		
(10) 너는 프랑스 시계가 있다.		
(11) 그는 흥미로운 책들이 있다.		

2 다음 우리말을 프랑스어로 써 보세요.

(1) 그녀는 머리가 아프다.

(2) 우리는 배가 고프다.

(3) 당신은 다리가 아프다.

(4) 그들은 덥다.

(5) 그녀들은 춥다.

3 부정관사/정관사를 사용하고 ne ... pas가 들어간 부정문으로 만들어 보세요.
(부정의 de에 주의하세요.)

	부정관사를 사용	정관사를 사용
(1) 나는 친구들이 없다.		
(2) 너는 가방이 없다.		
(3) 그는 책들이 없다.		
(4) 그녀는 시계가 없다.		
(5) 우리는 여자 형제가 없다.		
(6) 당신은 남자 형제들이 없다.		
(7) 그들은 자동차가 없다.		
(8) 그녀들은 강아지가 없다.		
(9) 나는 한국 자동차가 없다.		
(10) 너는 프랑스 시계가 없다.		
(11) 그는 흥미로운 책들이 없다.		

4 다음 우리말을 프랑스어로 써 보세요.

(1) 그녀는 머리가 안 아프다.

(2) 우리는 배가 안 고프다.

(3) 당신은 다리가 안 아프다.

(4) 그들은 안 덥다.

(5) 그녀들은 안 춥다.

🌙 Il y a ~는 '(여기/저기에) ~가 있다'라는 뜻으로 자주 사용하는 표현입니다.

Il y a un stylo. 볼펜이 있다.	Il y a des tigres. 호랑이들이 있다.
Il y a des stylos. 볼펜들이 있다	Il y a un accident. 사고가 났다.
Il y a des lions. 사자들이 있다.	

위치를 추가할 수 있으며, 문장의 맨 앞이나 뒤에 들어갈 수 있습니다.

나의 가방 안에는 ~	Dans mon sac, il y a un stylo.	Il y a un stylo dans mon sac.
탁자 아래에는 ~	Sous la table, il y a des stylos.	Il y a des stylos sous la table.
아프리카에는 ~	En Afrique, il y a des lions.	Il y a des lions en Afrique.
아시아에는 ~	En Asie, il y a des tigres.	Il y a des tigres en Asie.
고속도로에서 ~	Sur l'autoroute, il y a un accident.	Il y a un accident sur l'autoroute.

부정문을 만들 때 avoir 동사이기 때문에 '부정의 de 규칙'이 적용됩니다.

Il n'y a pas de lions.	Il n'y a pas d'accident.
Il n'y a pas de stylo dans mon sac.	Il n'y a pas de stylo sous la table.

질문할 때 도치를 한다면, [Y a-t-il]처럼 발음상 t를 넣어 주어야 합니다.

Il y a un stylo ?	Il y a des tigres en Asie ?
= Est-ce qu'il y a un stylo ?	= Est-ce qu'il y a des tigres en Asie ?
= Y a-t-il un stylo ?	= Y a-t-il des tigres en Asie ?

부정문으로 질문할 때는 ne ... pas를 쓰며, avoir 동사를 썼기 때문에 부정의 de가 쓰입니다.

Il n'y a pas de stylo ?	Il n'y a pas de tigres en Asie ?
= Est-ce qu'il n'y a pas de stylo ?	= Est-ce qu'il n'y a pas de tigres en Asie ?
= N'y a-t-il pas de stylo ?	= N'y a-t-il pas de tigres en Asie ?

🌙 C'est ~는 '(이것은) ~이다'라는 뜻으로 자주 사용하는 표현입니다.

C'est Mathieu. 마티유이다.

➡ 질문 : C'est Mathieu ? = Est-ce que c'est Mathieu ? = Est-ce Mathieu ?

C'est un cadeau. 선물이다.

➡ 질문 : C'est un cadeau ? = Est-ce que c'est un cadeau ? = Est-ce un cadeau ?

> C'est une amie. 친구이다.

> ➡ 질문 : C'est une amie ? = Est-ce que c'est une amie ? = Est-ce une amie ?

복수 명사를 표현할 때는 Ce sont ~을 사용합니다. 질문할 때 Ce sont은 도치할 수 없습니다.

> Ce sont Marc et David. 마크와 다비드이다.

> ➡ 질문 : Ce sont Marc et David ? = Est-ce que ce sont Marc et David ?

> Ce sont des cadeaux. 선물들이다.

> ➡ 질문 : Ce sont des cadeaux ? = Est-ce que ce sont des cadeaux ?

> Ce sont des amis. 친구들이다.

> ➡ 질문 : Ce sont des amis ? = Est-ce que ce sont des amis ?

대답할 때는 동사의 앞과 뒤에 ne ... pas를 넣으면 됩니다.

C'est Mathieu ?	➡ Ce n'est pas Mathieu.
Ce sont Marc et David ?	➡ Ce ne sont pas Marc et David.
C'est un cadeau ?	➡ Ce n'est pas un cadeau.
Ce sont des cadeaux ?	➡ Ce ne sont pas des cadeaux.
C'est une amie ?	➡ Ce n'est pas une amie.
Ce sont des amis ?	➡ Ce ne sont pas des amis.

〈C'est+형용사〉 표현을 이용해서 간단한 문장을 만들 수 있습니다.
〈C'est+형용사〉 표현은 항상 남성형 단수로만 쓰입니다.

예뻐요?	C'est joli ?	Ce n'est pas joli.
멋져요?	C'est beau ?	Ce n'est pas beau.
큰가요?	C'est grand ?	Ce n'est pas grand.
작나요?	C'est petit ?	Ce n'est pas petit.
비싼가요?	C'est cher ?	Ce n'est pas cher.
파란색인가요?	C'est bleu ?	Ce n'est pas bleu.
맛있나요?	C'est bon ?	Ce n'est pas bon.
흥미롭나요?	C'est intéressant ?	Ce n'est pas intéressant.

1 다음 우리말을 프랑스어로 써 보세요.

	부정관사를 사용 (하나의 ~)	정관사를 사용 (그 ~)
(1) 저기 볼펜이 있다.		
(2) 나의 가방 안에는 볼펜이 있다.		
(3) 나의 가방 안에는 볼펜이 없다.		
(4) 저기 볼펜이 있어?		
(5) 너의 가방 안에 볼펜이 있어?		
(6) 너의 가방 안에 볼펜이 없어?		
(7) 여기 사자들이 있다.		
(8) 아프리카에는 사자들이 있다.		
(9) 아시아에는 사자들이 없다.		
(10) 여기 사자들이 있어?		
(11) 아프리카에 사자들이 있어?		
(12) 아시아에 사자들이 없어?		
(13) 이것이 선물이다.		
(14) 이것이 선물이야?		
(15) 이것은 선물이 아니다.		
(16) 이것은 선물이 아니야?		
(17) 이것이 선물들이다.		
(18) 이것이 선물들이야?		
(19) 이것은 선물들이 아니다.		
(20) 이것은 선물들이 아니야?		

2 다음 우리말을 프랑스어로 써 보세요.

<table>
<tr><td></td><td>긍정문</td><td>부정문 (ne ... pas)</td></tr>
<tr><td>(1) 이것은 예쁘다.</td><td></td><td></td></tr>
<tr><td>(2) 이것은 멋지다.</td><td></td><td></td></tr>
<tr><td>(3) 이것은 크다.</td><td></td><td></td></tr>
<tr><td>(4) 이것은 비싸다.</td><td></td><td></td></tr>
<tr><td>(5) 이것은 맛있다.</td><td></td><td></td></tr>
<tr><td>(6) 이것이 예뻐요?</td><td></td><td></td></tr>
<tr><td>(7) 이것이 멋지나요?</td><td></td><td></td></tr>
<tr><td>(8) 이것이 큰가요?</td><td></td><td></td></tr>
<tr><td>(9) 이것이 비싼가요?</td><td></td><td></td></tr>
<tr><td>(10) 이것이 맛있나요?</td><td></td><td></td></tr>
</table>

2군 동사

Les verbes du deuxième groupe

🌙 **2군 동사들은 ir로 끝나는 동사들이며 규칙적으로 변화합니다.**

---

finir : 끝나다

je finis	nous finissons
tu finis	vous finissez
il finit	ils finissent
elle finit	elles finissent
on finit	

Je finis à 6 heures. 6시에 끝난다.　　　On finit le travail. 우리는 일을 마친다.
Tu finis à quelle heure? 몇 시에 끝나니?　　Elle finit ses devoirs. 그녀는 과제들을 끝낸다.

---

choisir : 선택하다

je choisis	nous choisissons
tu choisis	vous choisissez
il choisit	ils choisissent
elle choisit	elles choisissent
on choisit	

Je choisis de rester. 남아 있기로 하겠습니다.　　On choisit le menu. 우리는 메뉴를 선택합니다.
Qu'est-ce que tu choisis? 무엇을 선택하겠니?　Elle choisit une glace. 그녀는 아이스크림으로 선택합니다.

---

grandir : 성장하다

je grandis	nous grandissons
tu grandis	vous grandissez
il grandit	ils grandissent
elle grandit	elles grandissent
on grandit	

Je grandis. 나는 성장한다.　　　　　　　Ma fille grandit vite. 나의 딸은 빨리 큰다.
Les enfants grandissent. 아이들은 커져 간다.　Elles grandissent tous les jours. 그녀들은 매일 성장한다.

---

grossir : 살찌다

je grossis	nous grossissons
tu grossis	vous grossissez
il grossit	ils grossissent
elle grossit	elles grossissent
on grossit	

Je grossis parce que je mange beaucoup. 많이 먹어서 살이 찐다.
Tu grossis parce que tu ne fais pas de sport. 운동을 안 해서 살이 찐다.
Mes enfants grossissent. 나의 아이들이 살이 찌고 있다.
On grossit en hiver. 겨울에는 살이 찐다.

다음 동사들의 변화형을 써 보세요.

(1) je _______*finis*_______   tu _______________   il _______________

　　nous _______________   vous _______________   elles _______________

(2) je _______________   tu _______*choisis*_______   il _______________

　　nous _______________   vous _______________   elles _______________

(3) je _______________   tu _______________   il _______*grandit*_______

　　nous _______________   vous _______________   elles _______________

(4) je _______*grossis*_______   tu _______________   il _______________

　　nous _______________   vous _______________   elles _______________

다음 질문에 Oui와 Non으로 답해 보세요.

(1) Vous finissez à 6 heures ?　→ Oui, _______________________________

　　　　　　　　　　　　　　　　→ Non, _______________________________

(2) Elle finit ses devoirs ?　→ Oui, _______________________________

　　　　　　　　　　　　　　　　→ Non, _______________________________

(3) Vous choisissez de rester ?　→ Oui, _______________________________

　　　　　　　　　　　　　　　　→ Non, _______________________________

(4) Ils choisissent le menu ?　→ Oui, _______________________________

　　　　　　　　　　　　　　　　→ Non, _______________________________

(5) Elle choisit une glace ?　→ Oui, _______________________________

　　　　　　　　　　　　　　　　→ Non, _______________________________

(6) Les enfants grandissent ?　→ Oui, _______________________________

　　　　　　　　　　　　　　　　→ Non, _______________________________

(7) Votre fille grandit vite ?　→ Oui, _______________________________

　　　　　　　　　　　　　　　　→ Non, _______________________________

🌙 3군 동사들은 불규칙적으로 변화합니다.

partir : 떠나다		
je pars tu pars il/elle/on part	nous partons vous partez ils/elles partent	Je pars à l'école. 학교로 떠난다. Tu pars de l'université. 너는 학교에서 떠난다. Vous partez en vacances ? 휴가를 떠나세요?

동일하게 변화하는 동사 : sortir 나가다 / sentir 냄새를 맡다 / dormir 자다 / servir 서비스하다

📷 Je sors avec mon mari. 남편과 외출한다.

　Vous dormez ? 자고 있어요?

écrire : 쓰다		
j'écris tu écris il/elle/on écrit	nous écrivons vous écrivez ils/Elles écrivent	J'écris une lettre. 편지를 쓴다. Tu écris un email. 이메일을 쓴다. Il écrit une carte. 엽서를 쓴다.

동일하게 변화하는 동사 : décrire 묘사하다 / s'inscrire 등록하다

📷 Je m'inscris au club. 클럽에 가입한다.

　Vous décrivez la maison. 당신은 집을 묘사한다.

lire : 읽다		
je lis tu lis il/elle/on lit	nous lisons vous lisez ils lisent	Je lis un roman. 소설을 읽는다. Tu lis ce livre ? 이 책을 읽어? Vous lisez souvent ? 자주 읽으십니까?

동일하게 변화하는 동사 : interdire 금지하다 / plaire 마음에 들다 / conduire 운전하다 / construire 건축하다

📷 Il conduit bien. 그는 운전을 잘한다.

　Vous construisez cette maison ? 이 집을 건축하세요?

mettre : 놓다		
je mets tu mets il/elle/on met	nous mettons vous mettez ils/elles mettent	Je mets ce pantalon. 이 바지를 입는다. Tu mets tes chaussures ? 이 신발을 신어? Elle met 30 minutes pour arriver ici. 여기 도착하는 데 30분이 걸린다.

동일하게 변화하는 동사 : se battre 싸우다 / permettre 허락하다 / promettre 약속하다

📷 Vous permettez ? 허락하시겠습니까?

　On se bat. 우리는 서로 싸운다.

répondre : 대답하다		
je réponds tu réponds il/elle/on répond	nous répondons vous répondez ils/elles répondent	Je réponds au téléphone. 전화를 받다. Tu ne réponds pas. 너는 (전화를) 받지 않는다. On répond aux questions. 우리는 질문에 답한다.

동일하게 변화하는 동사 : entendre 듣다 / attendre 기다리다 / vendre 팔다 / perdre 지다

Vous entendez ? 들리세요?

Attends. 기다려.

prendre : 잡다		
je prends tu prends il/elle/on prend	nous prenons vous prenez ils prennent	Je prends un café. 커피를 마신다. Tu prends le métro ? 지하철을 타니? On prend le petit-déjeuner. 아침 식사를 한다.

동일하게 변화하는 동사 : apprendre 배우다 / comprendre 이해하다

J'apprends le français. 프랑스어를 배운다.

Je ne comprends pas. 이해가 안 된다.

venir : 오다		
je viens tu viens il/elle/on vient	nous venons vous venez ils/elles viennent	Vous venez ? 오시겠습니까? Tu viens ? 올래? Je viens de Corée. 한국에서 왔어요.

동일하게 변화하는 동사 : devenir ~이 되다 / revenir 다시 오다 / tenir 잡다 / se souvenir 기억나다

Je me souviens. 기억한다.

Je reviens de Séoul. 서울에서 돌아왔다.

connaître : 알다		
je connais tu connais il/elle/on connaît	nous connaissons vous connaissez ils/elles connaissent	Vous connaissez cette ville ? 이 도시를 아세요? Je connais Julien. 나는 줄리앙을 알아요. On connaît son frère. 우리는 그의 남자 형제를 알아요.

faire : 하다		
je fais tu fais il/elle/on fait	nous faisons vous faites ils/elles font	Je fais du sport. 운동을 합니다. Qu'est-ce que tu fais ? 뭐 하니? On fait la cuisine. 요리를 합니다.

croire : 믿다		
je crois	nous croyons	Je crois. 나는 믿습니다.
tu crois	vous croyez	Tu crois en Dieu ? 신을 믿니?
il/elle/on croit	ils/elles croivent	On croit en lui. 그를 믿습니다.

voir : 보다		
je vois	nous voyons	Vous voyez bien ? 잘 보이세요?
tu vois	vous voyez	Je vois bien. 잘 보입니다.
il/elle/on voit	ils/elles voient	Je ne vois pas bien. 잘 안 보입니다.

boire : 마시다		
je bois	nous buvons	Je bois de l'eau. 물을 마셔요.
tu bois	vous buvez	Tu bois du coca. 콜라를 마셔요.
il/elle/on boit	ils/elles boivent	Je ne bois pas d'alcool. 술을 마시지 않아요.

🌙 동사 뒤에 동사원형을 넣어 다양한 표현을 할 수 있는 동사들을 배워 봅시다.

aimer : 좋아하다
J'aime regarder la télévision. 텔레비전 보는 것을 좋아한다. Tu aimes lire les livres. 책 읽는 것을 좋아한다. Il/Elle/On aime aller à l'école. 학교에 가는 것을 좋아한다. Nous aimons prendre le métro. 지하철을 타는 것을 좋아한다. Vous aimez nager. 수영하는 것을 좋아한다. Ils/Elles aiment parler français. 프랑스어 하는 것을 좋아한다.

vouloir : 원하다
Je veux regarder la télévision. 텔레비전을 보고 싶다. Tu veux lire les livres. 책을 읽고 싶다. Il/Elle/On veut aller à l'école. 학교에 가고 싶다. Nous voulons prendre le métro. 지하철을 타고 싶다. Vous voulez nager. 수영을 하고 싶다. Ils/Elles veulent parler français. 프랑스어를 하고 싶다.

<table>
<tr><td align="center">pouvoir : ~할 수 있다</td></tr>
</table>

Je peux regarder la télévision. 텔레비전을 볼 수 있다.
Tu peux lire les livres. 책을 읽을 수 있다.
Il/Elle/On peut aller à l'école. 학교에 갈 수 있다.
Nous pouvons prendre le métro. 지하철을 탈 수 있다.
Vous pouvez nager. 수영을 할 수 있다.
Ils/Elles peuvent parler français. 프랑스어를 할 수 있다.

<table>
<tr><td align="center">devoir : ~해야 한다</td></tr>
</table>

Je dois regarder la télévision. 텔레비전을 봐야 한다.
Tu dois lire les livres. 책을 읽어야 한다.
Il/Elle/On doit aller à l'école. 학교에 가야 한다.
Nous devons prendre le métro. 지하철을 타야 한다.
Vous devez nager. 수영을 해야 한다.
Ils/Elles doivent parler français. 프랑스어를 해야 한다.

<table>
<tr><td align="center">savoir : 알다</td></tr>
</table>

Je sais regarder la télévision. 텔레비전을 볼 줄 안다.
Tu sais lire les livres. 책을 읽을 줄 안다.
Il/Elle/On sait aller à l'école. 학교에 갈 줄 안다.
Nous savons prendre le métro. 지하철을 탈 줄 안다.
Vous savez nager. 수영을 할 줄 안다.
Ils/Elles savent parler français. 프랑스어를 할 줄 안다.

1 다음 동사들의 변화형을 써 보세요.

(1) je _____ *pars* _____   tu _____________   il _____________

    nous _____________   vous _____________   elles _____________

(2) je _____________   tu _____ *sors* _____   il _____________

    nous _____________   vous _____________   elles _____________

(3) je _____________   tu _____________   il _____ *sent* _____

    nous _____________   vous _____________   elles _____________

(4) je _____ *dors* _____   tu _____________   il _____________

    nous _____________   vous _____________   elles _____________

(5) je _____________   tu _____ *sers* _____   il _____________

    nous _____________   vous _____________   elles _____________

(6) j' _____________   tu _____________   Il _____ *écrit* _____

    nous _____________   vous _____________   elles _____________

(7) je _____ *décris* _____   tu _____________   il _____________

    nous _____________   vous _____________   elles _____________

(8) je _____________   tu _____ *t'inscris* _____   il _____________

    nous _____________   vous _____________   elles _____________

(9) je _____________   tu _____________   il _____ *lit* _____

    nous _____________   vous _____________   elles _____________

(10) j' _____ *interdis* _____   tu _____________   il _____________

    nous _____________   vous _____________   elles _____________

(11) je _____________   tu _____ *plais* _____   il _____ *plaît* _____

    nous _____________   vous _____________   elles _____________

(12) je _____ *mets* _____   tu _____________   il _____________

    nous _____________   vous _____________   elles _____________

(13) je ______________   tu ______ *te bats* ______   il ______________

nous ______________   vous ______________   elles ______________

(14) je ______________   tu ______________   il ______ *permet*

nous ______________   vous ______________   elles ______________

(15) je ______ *promets*   tu ______________   il ______________

nous ______________   vous ______________   elles ______________

(16) je ______________   tu ______ *réponds*   il ______________

nous ______________   vous ______________   elles ______________

(17) j' ______ *attends*   tu ______________   il ______________

nous ______________   vous ______________   elles ______________

(18) je ______________   tu ______ *vends*   il ______________

nous ______________   vous ______________   elles ______________

(19) je ______________   tu ______________   il ______ *perd*

nous ______________   vous ______________   elles ______________

(20) je ______ *prends*   tu ______________   il ______________

nous ______________   vous ______________   elles ______________

(21) j' ______________   tu ______ *apprends*   il ______________

nous ______________   vous ______________   elles ______________

(22) je ______________   tu ______________   il ______ *comprend*

nous ______________   vous ______________   elles ______________

(23) je ______ *viens*   tu ______________   il ______________

nous ______________   vous ______________   elles ______________

(24) je ______________   tu ______ *deviens*   il ______________

nous ______________   vous ______________   elles ______________

(25) je ______________   tu ______________   il ______ *revient*

nous ______________   vous ______________   elles ______________

🌙 의문사 que(무엇)

무엇을 하니?	Que fais-tu ? = Qu'est-ce que tu fais ?

친한 사람과의 대화에서는 의문사를 문장의 맨 끝에 오도록 할 수 있습니다.
문장의 뒤에 위치할 때는 quoi가 됩니다. ➡ Tu fais quoi ?

Que faites-vous dans la vie ? 당신의 삶에서 무엇을 하십니까? (직업이 무엇입니까?)
= Vous faites quoi dans la vie ?
= Qu'est-ce que vous faites dans la vie ?

Que voulez-vous ? 무엇을 원하세요?
= Qu'est-ce que vous voulez ?
= Vous voulez quoi ?

Qu'étudiez-vous ? 무엇을 공부하세요?
= Qu'est-ce que vous étudiez ?
= Vous étudiez quoi ?

Que fait-il ? 그는 무엇을 합니까?
= Qu'est-ce qu'il fait ?
= Il fait quoi ?

Que veut-elle ? 그녀는 무엇을 원합니까?
= Qu'est-ce qu'elle veut ?
= Elle veut quoi ?

Que mange-t-il ? 그는 무엇을 먹나요?   ★t는 발음상 넣어 주는 특별한 경우입니다.
= Qu'est-ce qu'il mange ?
= Il mange quoi ?

Qu'étudie-t-elle ? 그녀는 무엇을 공부하나요?
= Qu'est-ce qu'elle étudie ?
= Elle étudie quoi ?

🌙 의문사 qui(누구)

누구예요?	Qui est-ce ?

친한 사람과의 대화에서는 의문사를 문장의 맨 끝에 오도록 할 수 있습니다. ➡ C'est qui ?
의문사 qui의 경우, est-ce que를 이용해서 질문하지 않습니다.

Qui êtes-vous ? = Vous êtes qui ? 당신은 누구입니까?
Qui est cette personne ? 이 사람은 누구입니까?

의문사 qui 앞에 전치사가 올 수도 있습니다.

> Vous partez en vacances avec qui ? 누구와 휴가를 떠나세요?
> ➡ Je pars en vacances avec une amie. 친구와 휴가를 떠납니다.
>   = Avec qui partez-vous en vacances ?
>   = Avec qui est-ce que vous partez en vacances ?

🌙 의문사 où(어디)

> Où allez-vous ? 당신은 어디에 가십니까?
> = Où est-ce que vous allez ?
> = Vous allez où ?
>
> Où va-t-il ? 그는 어디에 가나요? ★t는 발음상 넣어 주는 특별한 경우입니다.
> = Où est-ce qu'il va ?
> = Il va où ?
>
> Où habites-tu ? 너는 어디에 사니?
> = Où est-ce que tu habites ?
> = Tu habites où ?
>
> Où habite-t-il ? 그는 어디에 사나요? ★t는 발음상 넣어 주는 특별한 경우입니다.
> = Où est-ce qu'il habite ?
> = Il habite où ?

Où est la maison de Sophie ? 소피의 집이 어디인가요?
Où est la Tour Eiffel ? 에펠탑이 어디에 있나요?
Où sont tes parents ? 너의 부모님은 어디에 계시니?

🌙 의문사 comment(어떻게)

> Comment partez-vous ? 어떻게 떠나세요?
> = Comment est-ce que vous partez ?
> = Vous partez comment ?
>
> Comment vous appelez-vous ? 어떻게 당신을 부르세요? (성함이 어떻게 되세요?)
> = Comment est-ce que vous vous appelez ?
> = Vous vous appelez comment ?
>
> Comment allez-vous ? 어떻게 지내세요? ★이 문장은 보통 〈의문사+동사+주어〉 어순으로만 쓰입니다.
> = Comment vas-tu ?
> = Comment va-t-elle ?

의문사 combien(얼마나)

Combien êtes-vous ? 몇 명이신가요?
= Combien est-ce que vous êtes ?
= Vous êtes combien ?

Combien coûte ce stylo ? 이 볼펜은 얼마예요?
= Ce stylo coûte combien ? ★인칭대명사가 아닌 경우, est-ce que를 이용해서 질문하지 않습니다.

Combien coûtent ces chaussures? 이 신발들은 얼마예요?
= Ces chaussures coûtent combien ?

Combien ça coûte ? 얼마예요?
= Ça coûte combien ? ★ça는 도치해서 쓸 수 없으므로 Combien coûte ça ?는 틀린 표현입니다.

의문사 combien 앞에 전치사가 올 수도 있습니다.

Vous partez dans combien de jours ? 며칠 후에 떠나세요?
= Dans combien de jours partez-vous ?
= Dans combien de jours est-ce que vous partez ?
➡ Je pars dans 3 jours. 3일 후에 떠납니다.

의문사 pourquoi(왜)

Pourquoi partez-vous en train ? 왜 기차로 떠나세요?
= Pourquoi est-ce que vous partez en train ?
   ➡ Je pars en train parce que j'ai peur de l'avion.
★대답할 때는 parce que를 이용합니다.

Pourquoi aimes-tu cette chanson ? 왜 이 노래를 좋아하니?
= Pourquoi est-ce que tu aimes cette chanson ?
   ➡ J'aime cette chanson parce que c'est une chanson française.
★pourquoi의 경우, 말할 때도 〈주어＋동사＋의문사〉 어순으로 쓰지 않습니다.

의문사 quand(언제)

Quand partez-vous ? 언제 떠나세요?
= Quand est-ce que vous partez ?
= Vous partez quand ?

Quand vas-tu en France ? 언제 프랑스로 가니?
= Quand est-ce que tu vas en France ?
= Tu vas quand en France ?

Quand prends-tu le déjeuner ? 언제 점심을 먹니?
= Quand est-ce que tu prends le déjeuner ?
= Tu prends quand le petit-déjeuner ?

🌙 의문형용사 quel ~ (어떤 ~/무슨 ~)

의문사 quel은 명사의 성과 수에 일치시켜 주어야 합니다.

Quel livre cherchez-vous ? 어떤 책을 찾으세요?
= Quel livre est-ce que vous cherchez ?
= Vous cherchez quel livre ?

Quelle langue apprenez-vous ? 어떤 언어를 배우세요?
= Quelle langue est-ce que vous apprenez ?
= Vous apprenez quelle langue ?

Quels livres lisez-vous ? 어떤 책들을 읽으세요?
= Quels livres est-ce que vous lisez ?
= Vous lisez quels livres ?

Quelles langues parlez-vous ? 어떤 언어들을 구사하세요?
= Quelles langues est-ce que vous parlez ?
= Vous parlez quelles langues ?

être 동사를 이용해서 질문할 때만 어순이 달라집니다.

Quel est le sac de Marc ? 마크의 가방이 어떤 거예요?
Quelle est votre couleur préférée ? 좋아하는 색이 어떤 건가요?
Quels sont vos livres ? 당신의 책들이 어떤 건가요?
Quelles sont les chansons de ce chanteur ? 이 가수의 노래들이 어떤 건가요?

1 의문사를 이용해서 질문해 보세요.

(1) 무엇을 하니?

(2) 직업이 무엇입니까?

(3) 무엇을 원하세요?

(4) 무엇을 공부하세요?

(5) 그는 무엇을 합니까?

(6) 그녀는 무엇을 원합니까?

(7) 그는 무엇을 먹나요?

(8) 그녀는 무엇을 먹나요?

(9) 당신은 누구입니까?

(10) 이 사람은 누구입니까?

(11) 누구와 휴가를 떠나세요?

(12) 당신은 어디에 가십니까?

(13) 그는 어디에 가나요?

(14) 너는 어디에 사니?

(15) 그는 어디에 사나요?

(16) 소피의 집이 어디 인가요?

(17) 너의 부모님은 어디에 계시니?

(18) 어떻게 떠나세요?

(19) 성함이 어떻게 되세요?

(20) 어떻게 지내세요?

(21) 몇 명이세요?

(22) 이 볼펜은 얼마예요?

(23) 이 신발들은 얼마예요?

(24) 며칠 후에 떠나세요?

(25) 왜 기차로 떠나세요?

(26) 왜 이 노래를 좋아하니?

(27) 언제 떠나세요?

(28) 언제 프랑스로 가니?

(29) 언제 점심을 먹니?

(30) 어떤 책을 찾으세요?

(31) 어떤 언어를 배우세요?

(32) 어떤 책들을 읽으세요?

(33) 어떤 언어들을 구사하세요?

(34) 좋아하는 색이 어떤 건가요?

(35) 이 가수의 노래들이 어떤 건가요?

★ plus + 형용사 : 더 ～하다

Jean est plus grand. 정이 더 크다.
Sandrine est plus grande. 성드린이 더 크다.
Xavier et Laurent sont plus petits. 자비에와 로랑이 더 작다.
Sophie et Magalie sont plus petites. 소피와 마걀리가 더 작다
Xavier est plus rapide. 자비에가 더 빠르다.
Sandrine est plus rapide. 성드린이 더 빠르다.
David et Jean sont plus lents. 다비드와 정이 더 느리다.
Magalie et Sophie sont plus lentes. 마걀리와 소피가 더 느리다.
Laurent et Jean sont plus minces. 로랑과 정이 더 날씬하다.
Magalie est plus grosse. 마걀리가 더 뚱뚱하다.
Laurent et Jean sont plus minces. 로랑과 정이 더 날씬하다.
Sophie et Sandrine sont plus minces. 소피와 성드린이 더 날씬하다.

의문문

Jean est-il plus grand ? / Est-ce que Jean est plus grand ? 정이 더 큰가요?
Est-ce que Sandrine est plus grande ? / Sandrine est-elle plus grande ? 성드린이 더 큰가요?

부정문

Jean n'est pas plus grand. / Sandrine n'est pas plus grande. / Jean et Marc ne sont pas plus grands. / Sandrine et Sophie ne sont pas plus grandes. 더 크지 않다.

C'est를 이용

C'est plus grand. 더 크다.	C'est plus cher. 더 비싸다.
Ce n'est pas plus grand. 더 크지 않다.	Ce n'est pas plus cher. 더 비싸지 않다.

★〈C'est＋형용사〉: C'est 다음에 오는 형용사는 항상 남성형 단수입니다.

지시형용사를 이용한 비교법

Ce sac est plus cher. 이 가방이 더 비싸다.	Cette montre est plus chère. 이 시계가 더 비싸다.
Ces fruits sont plus chers. 이 과일들이 더 비싸다.	Ces voitures sont plus chères. 이 자동차들이 더 비싸다.

plus + 형용사 + que : 비교하는 대상을 말할 때

Jean est plus grand que David. 정이 다비드보다 더 크다.
Sandrine est plus grande que Jean. 성드린이 정보다 더 크다.
David est plus petit que Xavier. 다비드가 자비에보다 더 작다.
Sophie est plus petite que Laurent. 소피가 로랑보다 더 작다.
Xavier et Jean sont plus rapides que David. 자비에와 정이 다비드보다 더 빠르다.
Sandrine et Sophie sont plus rapides que Xavier. 성드린과 소피가 자비에보다 더 빠르다.
David est plus lent que Laurent. 다비드가 로랑보다 더 느리다.
Magalie est plus lente que David. 마걀리가 다비드보다 더 느리다.

David est plus gros que Xavier. 다비드가 자비에보다 더 뚱뚱하다.

Magalie est plus grosse que Laurent. 마갈리가 로랑보다 더 뚱뚱하다.

Laurent et Jean sont plus minces que Sophie. 로랑과 정이 소피보다 더 날씬하다.

Sophie et Sandrine sont plus minces que Jean. 소피와 성드린이 정보다 더 날씬하다.

의문문

Est-ce que Jean est plus grand que David ? 정이 다비드보다 더 큰가요?

= Jean est-il plus grand que David ?

Est-ce que Sandrine est plus grande que Jean ? 성드린이 정보다 더 큰가요?

= Sandrine est-elle plus grande que Jean ?

부정문

Jean n'est pas plus grand que David. 정이 다비드보다 더 크지 않다.

Sandrine n'est pas plus grande que Jean. 성드린이 정보다 더 크지 않다.

Jean et David ne sont pas plus rapides que Sophie. 정과 다비드가 소피보다 더 빠르지 않다.

Sandrine et Sophie ne sont pas plus rapides que Laurent. 성드린과 소피가 로랑보다 더 빠르지 않다.

Ce sac est plus cher que le sac rouge. 이 가방이 빨간색 가방보다 더 비싸다.

Ce sac n'est pas plus cher que le sac rouge. 이 가방이 빨간색 가방보다 더 비싸지 않다.

★ le plus + 형용사 : 가장 ～하다

Laurent est le plus grand. 로랑이 가장 크다.

Sandrine est la plus grande. 성드린이 가장 크다.

Xavier et Laurent sont les plus petits. 자비에와 로랑이 가장 작다.

Sophie et Magalie sont les plus petites. 소피와 마갈리가 가장 작다.

Laurent est le plus rapide. 로랑이 가장 빠르다.

Sandrine est la plus rapide. 성드린이 가장 빠르다.

David et Jean sont les plus lents. 다비드와 정이 가장 느리다.

Magalie et Sophie sont les plus lentes. 마갈리와 소피가 가장 느리다.

David est le plus gros. 다비드가 가장 뚱뚱하다.

Magalie est la plus grosse. 마갈리가 가장 뚱뚱하다.

Laurent et Jean sont les plus minces. 로랑과 정이 가장 날씬하다.

Sophie et Sandrine sont les plus minces. 소피와 성드린이 가장 날씬하다.

최상급 의문문

Est-ce que Xavier est le plus petit ? = Xavier est-il le plus petit ? 자비에가 가장 작나요?

Est-ce que Magalie est la plus petite ? = Magalie est-elle la plus petite ? 마갈리가 가장 작나요?

최상급 부정문

Xavier n'est pas le plus grand. 자비에가 가장 크지 않아요.

Magalie n'est pas la plus grande. 마갈리가 가장 크지 않아요.

★ moins + 형용사 : 덜 ∼하다

Jean est moins grand. 정이 덜 크다.　　Sandrine est moins grande. 성드린이 덜 크다.
David est moins gros. 다비드가 덜 뚱뚱하다.　　Magalie est moins grosse. 마갈리가 덜 뚱뚱하다.
Xavier et David sont moins rapides. 자비에와 다비드가 덜 빠르다.
Sandrine et Sophie sont moins rapides. 성드린과 소피가 덜 빠르다.

의문문

Jean est-il moins grand ? = Est-ce que Jean est moins grand ? 정이 덜 큰가요?

부정문

Jean n'est pas moins grand. = Sandrine n'est pas moins grande. 덜 크지 않다.

C'est를 이용

C'est moins grand. 덜 크다.　　C'est moins cher. 덜 비싸다(저렴하다).
Ce n'est pas moins grand. 덜 크지 않다.　　Ce n'est pas moins cher. 덜 비싸지 않다.

지시형용사를 이용한 비교법

Ce sac est moins cher. 이 가방이 덜 비싸다.　　Cette montre est moins chère. 이 시계가 덜 비싸다.
Ces fruits sont moins chers. 이 과일들이 덜 비싸다.
Ces voitures sont moins chères. 이 자동차들이 덜 비싸다.

moins + 형용사 + que : 비교하는 대상을 말할 때

Jean est moins grand que David. 정이 다비드보다 덜 크다.
Sandrine est moins grande que Jean. 성드린이 정보다 덜 크다.
David et Jean sont moins gros que Xavier. 다비드와 정이 자비에보다 덜 뚱뚱하다.
Magalie et Sophie sont moins grosses que Laurent. 마갈리와 소피가 로랑보다 덜 뚱뚱하다.

의문문

Jean est-il moins grand que David ? 정이 다비드보다 덜 크나요?
= Est-ce que Jean est moins grand que David ?

부정문

Jean n'est pas moins grand que David. 정이 다비드보다 덜 크지 않다.
Sandrine n'est pas moins grande que Jean. 성드린이 정보다 덜 크지 않다.

★ 〈최상급〉 le moins + 형용사 : 가장 덜 ∼하다

Laurent est le moins grand. 로랑이 가장 덜 크다.
Sandrine est la moins grande. 성드린이 가장 덜 크다.
Xavier et Sophie sont les moins petits. 자비에와 소피가 가장 덜 작다.
Magalie et Sophie sont les moins petites. 마갈리와 소피가 가장 덜 작다.

Est-ce que Xavier est le moins rapide ? = Xavier est-il le moins rapide ? 자비에가 가장 덜 빠르나요?
Xavier n'est pas le moins petit. 자비에가 가장 덜 작지 않아요.
Magalie n'est pas la moins petite. 마갈리가 가장 덜 작지 않아요.

★ aussi + 형용사 : 똑같이 ～하다

Jean est aussi grand. 정도 똑같이 크다.　　Sandrine est aussi grande. 성드린도 똑같이 크다.
David est aussi gros. 다비드도 똑같이 뚱뚱하다.　　Magalie est aussi grosse. 마갈리도 똑같이 뚱뚱하다.
Xavier et David sont aussi rapides. 자비에와 다비드도 똑같이 빠르다.
Sandrine et Sophie sont aussi rapides. 성드린과 소피도 똑같이 빠르다.

의문문

Jean est-il aussi grand ? = Est-ce que Jean est aussi grand ? 정이 똑같이 큰가요?

부정문

Jean n'est pas aussi grand. = Sandrine n'est pas aussi grande. 똑같이 크지 않다.

C'est를 이용

C'est aussi grand. 똑같이 크다.　　C'est aussi cher. 똑같이 비싸다.
Ce n'est pas aussi grand. 그렇게 크지 않다.　　Ce n'est pas aussi cher. 그렇게 비싸지 않다.

지시형용사를 이용한 비교법

Ce sac est aussi cher. 이 가방도 똑같이 비싸다.
Cette montre est aussi chère. 이 시계도 똑같이 비싸다.
Ces fruits sont aussi chers. 이 과일들도 똑같이 비싸다.
Ces voitures sont aussi chères. 이 자동차들도 똑같이 비싸다.

aussi + 형용사 + que : 비교하는 대상을 말할 때

Jean est aussi grand que David. 정도 다비드만큼 크다.
Sandrine est aussi grande que Jean. 성드린도 정만큼 크다.
David et Jean sont aussi gros que Xavier. 다비드와 정도 자비에만큼 뚱뚱하다.
Magalie et Sophie sont aussi grosses que Laurent. 마갈리와 소피도 로랑만큼 뚱뚱하다.

의문문

Jean est-il aussi grand que David ? 정이 다비드만큼 큰가요?
= Est-ce que Jean est aussi grand que David ?

부정문

Jean n'est pas aussi grand que David. 정이 다비드만큼 크지 않다.
Sandrine n'est pas aussi grande que Jean. 성드린이 정만큼 크지 않다.

1 비교법을 이용해서 프랑스어로 써 보세요.

(1) 정이 더 크다. →

(2) 성드린이 더 크다. →

(3) 다비드와 로랑이 더 작다. →

(4) 소피와 마걀리가 더 작다. →

(5) 자비에가 더 빠르다. →

(6) 마걀리와 소피가 더 느리다. →

(7) 로랑과 정이 더 날씬한가요? →

(8) 마걀리가 더 뚱뚱한가요? →

(9) 정이 더 크지 않아요. →

(10) 성드린이 더 크지 않나요? →

(11) 이게 더 비싸다. →

(12) 이게 더 크지 않아요? →

(13) 이 가방이 더 비싸다. →

(14) 이 과일들이 더 큰가요? →

(15) 정이 다비드보다 더 크다. →

(16) 소피가 로랑보다 더 작나요? →

(17) 소피와 성드린이 정보다 더 느리다. →

(18) 이 가방이 빨간색 가방보다 덜 비싸다. →

(19) 이 가방이 가장 비싸다. →

(20) 성드린이 가장 크다. →

(21) 다비드와 정이 가장 느리다. →

(22) 소피와 성드린이 가장 뚱뚱한가요? →

(23) 정이 덜 크다. →

(24) 자비에와 다비드가 덜 빠르다. →

(25) 이 자동차들이 덜 크다. →

(26) 정이 다비드보다 덜 크다.　　　　　　→ _______________________________

(27) 마걀리와 소피가 로랑보다 덜 뚱뚱하다.　→ _______________________________

(28) 로랑이 가장 덜 크다.　　　　　　　　→ _______________________________

(29) 성드린이 정보다 덜 크지 않나요?　　　→ _______________________________

(30) 자비에가 가장 덜 빠르다.　　　　　　→ _______________________________

(31) 정도 똑같이 크다.　　　　　　　　　→ _______________________________

(32) 이것이 똑같이 큰가요?　　　　　　　→ _______________________________

(33) 정도 다비드만큼 크다.　　　　　　　→ _______________________________

(34) 마걀리와 소피도 로랑만큼 뚱뚱하다.　→ _______________________________

(35) 정이 다비드만큼 크지 않나요?　　　　→ _______________________________

🌙 **위치를 표현하는 전치사에 대해 배워 봅시다.**

---

près de ~ : ~에서 가까이

Je suis près de Séoul. 나는 서울 가까이에 있다.
Marc vient près de Lyon. 마크는 리옹 쪽으로 온다.

à côté de ~ : ~ 옆에

Je suis à côté de l'école. 나는 학교 옆에 있다.
Marc est à côté du restaurant. 마크는 레스토랑 옆에 있다.

---

loin de ~ : ~에서 멀리

Je suis loin de l'école. 나는 학교에서 멀리 있다.
Marc est loin du restaurant. 마크는 레스토랑에서 멀리 있다.

---

dans ~ : ~ 안에

Je suis dans la voiture. 나는 자동차 안에 있다.
Marc est dans le restaurant. 마크는 레스토랑 안에 있다.

à l'intérieur de ~ (= dans) : ~ 안에

Je suis à l'intérieur de la voiture. 나는 자동차 안에 있다.
Marc est à l'intérieur du restaurant. 마크는 레스토랑 안에 있다.

à l'extérieur de ~ : ~ 밖에

Je suis à l'extérieur de la voiture. 나는 자동차 밖에 있다.
Marc est à l'extérieur du restaurant. 마크는 레스토랑 밖에 있다.

---

sur ~ : ~ 위에

Je suis sur la chaise. 나는 의자 위에 있다.
Les journaux sont sur la table. 신문들이 탁자 위에 있다.

---

sous ~ : ~ 아래

Je suis sous le pont. 나는 다리 아래에 있다.
Le tapis est sous la table. 카펫이 탁자 아래에 있다.

---

devant ~ : ~ 앞에

Je suis devant vous. 나는 당신의 앞에 있다.
Le supermarché est devant la maison. 마트가 집 앞에 있다.

---

derrière ~ : ~ 뒤에
Il est derrière toi. 그는 너의 뒤에 있다. La maison est derrière l'hôpital. 집은 병원 뒤에 있다.

à (+ 장소, 도시) : ~에서, ~로	
Je suis à Séoul. 나는 서울에 있다.	Tu vas à l'école. 너는 학교로 간다.

de ~ : ~에서부터, ~의	
Je suis de Séoul. 나는 서울에서 왔다.	Tu viens de l'école. 너는 학교에서 왔다.

🌙 **위치와 시간에 사용할 수 있는 전치사에 대해 배워 봅시다.**

de ~ à ~ : ~에서 ~까지
Je vais de Séoul à Paris. 나는 서울에서 파리로 간다. Sophie est à l'école de 9 heures à 16 heures. 소피는 9시에서 16시까지 학교에 있다.

à ~ de ~ : ~에서 ~의 거리
Je suis à 5 minutes de l'école. 나는 학교에서 5분 거리에 있다. Sophie est à 300 mètres de l'école. 소피는 학교에서 300미터 거리에 있다.

entre ~ et ~ : ~와 ~ 사이
Je suis entre Paris et Lyon. 나는 파리와 리옹 사이에 있다. Marc vient entre 7 heures et 8 heures. 마크는 7시와 8시 사이에 온다.

jusqu'à ~ : ~ 까지
Je vais jusqu'à Lyon. 나는 리옹까지 간다. Je me repose jusqu'à 11 heures. 나는 11시까지 쉰다.

vers ~ : ~쯤에, ~ 쪽으로
Je viens vers 9 heures. 저는 9시쯤에 옵니다. Je vais vers la sortie. 저는 출구 쪽으로 갑니다.

environ ~ : ~ 정도
Il est environ 3 heures. 지금 3시 정도 되었습니다. L'école est environ à 5 minutes d'ici. 학교는 여기서 5분 정도 거리에 있습니다.

🌙 **위치와 시간에 사용할 수 있는 전치사에 대해 배워 봅시다.**

'～를' 이 아닌 '～에'라는 표현으로 나라에 대해 말할 때는 au, en, aux를 사용합니다.

en + 여성나라

J'aime la France. 나는 프랑스를 좋아한다.　　Je visite la Corée. 나는 한국을 방문한다.
J'habite en France. 나는 프랑스에 산다.　　Je suis en Corée. 나는 한국에 있다.

au + 남성나라

J'aime le Canada. 나는 캐나다를 좋아한다.　　Je visite le Japon. 나는 일본을 방문한다.
J'habite au Canada. 나는 캐나다에 산다.　　Je suis au Japon. 나는 일본에 있다.

aux + 복수나라

J'aime les Etats-Unis. 나는 미국을 좋아한다.　　Je visite les Philippines. 나는 필리핀을 방문한다.
J'habite aux Etats-Unis. 나는 미국에 산다.　　Je suis aux Philippines. 나는 필리핀에 있다.

1 전치사를 이용해서 프랑스어로 써 보세요.

(1) 나는 서울 가까이에 있다. → __________

(2) 마크는 리옹 쪽으로 온다. → __________

(3) 나는 학교 옆에 있다. → __________

(4) 마크는 레스토랑 옆에 있다. → __________

(5) 나는 학교에서 멀리 있다. → __________

(6) 마크는 레스토랑에서 멀리 있다. → __________

(7) 나는 자동차 안에 있다. → __________

(8) 마크는 레스토랑 안에 있다. → __________

(9) 나는 자동차 밖에 있다. → __________

(10) 마크는 레스토랑 밖에 있다. → __________

(11) 신문들이 탁자 위에 있다. → __________

(12) 나는 다리 아래에 있다. → __________

(13) 나는 당신의 앞에 있다. → __________

(14) 그는 너의 뒤에 있다. → __________

(15) 나는 서울에 있다. → __________

(16) 나는 서울에서 왔다. → __________

(17) 나는 서울에서 파리로 간다. → __________

(18) 소피는 9시에서 16시까지 학교에 있다. → __________

(19) 나는 학교에서 5분 거리에 있다. → __________

(20) 마크는 7시와 8시 사이에 온다. → __________

(21) 나는 11시까지 쉰다. → __________

(22) 저는 9시쯤에 옵니다. → __________

(23) 지금 3시 정도 되었습니다. → __________

(24) 나는 프랑스를 좋아한다. → __________

(25) 나는 프랑스에 산다. → __________

☾ **형용사는 명사를 보충하지만, 부사는 동사를 수식하여 보충해 주는 역할을 합니다.**

lent은 형용사이기 때문에 다음 문장들처럼 명사와 함께 쓰입니다.

Nice est une ville lente. 니스는 느린 도시이다.	Marc est lent. 마크는 느리다.

★니스가 어떤지, 마크가 어떤지에 관해 형용사 lent이 보충 설명해 줍니다.

부사는 다음 문장들과 같이 동사와 함께 사용합니다.

La voiture va lentement. 자동차가 천천히 간다.	Marc travaille lentement. 마크는 천천히 일한다.

★어떻게 가는지, 어떻게 일하는지에 관해 보충 설명해 주고 있습니다.

☾ **부사를 쉽게 만드는 방법을 알아봅시다.**

일반적으로 부사는 형용사의 여성형에 -ment를 붙이면 됩니다.
예를 들어, lent의 여성형 lente에 -ment를 붙인 lentement이 부사인 것입니다.

형용사 : lent 느린	➡ 여성형 : lente	➡ 부사 : lentement 천천히
Nous marchons lentement. 우리는 천천히 걷는다.		

형용사 : doux 부드러운	➡ 여성형 : douce	➡ 부사 : doucement 부드럽게, 천천히
Vous devez toucher doucement. 부드럽게 만져야 합니다.		

형용사 : heureux 행복한	➡ 여성형 : heureuse	➡ 부사 : heureusement 행복하게, 다행히
Heureusement, je suis en Corée. 다행이도 나는 한국에 있다		

형용사 : sec 건조한	➡ 여성형 : sèche	➡ 부사 : sèchement 건조하게, 단호하게
Il répond sèchement. 그는 단호하게 대답한다.		

형용사 : long 긴	➡ 여성형 : longue	➡ 부사 : longuement 길게
Il répond longuement. 그는 길게 대답한다.		

형용사 : léger 가벼운	➡ 여성형 : légère	➡ 부사 : légèrement 가볍게, 약간
Jean est légèrement plus grand que Marc. 정은 마크보다 약간 더 크다.		

형용사 : régulier 규칙적인	➡ 여성형 : régulière	➡ 부사 : régulièrement 규칙적으로

Je fais du sport régulièrement. 나는 규칙적으로 운동을 한다.

형용사 : franc 솔직한	➡ 여성형 : franche	➡ 부사 : franchement 솔직하게

Je réponds franchement. 나는 솔직하게 대답한다.

모음으로 끝나는 형용사의 경우, 남성형에 -ment을 붙여서 부사를 만듭니다.

형용사 : poli 예의 있는	➡ 여성형 : polie	➡ 부사 : poliment 예의 바르게

Vous répondez poliment. 당신은 예의 바르게 대답합니다

형용사 : absolu 진정한	➡ 여성형 : absolue	➡ 부사 : absolument 진정히

Vous êtes absolument génial. 당신은 진정히 대단합니다

★어떤 부사들은 형용사를 보충해 주는 역할로 쓰일 수도 있습니다.

형용사 : vrai 진실된	➡ 여성형 : vraie	➡ 부사 : vraiment 정말

Vous êtes vraiment génial. 당신은 정말 대단합니다

★형용사를 보충해 주는 역할로 쓰인 경우입니다.

형용사 : rare 드문, 예외적인	➡ 여성형 : rare	➡ 부사 : rarement 드물게, 예외적으로

Vous êtes rarement à la maison. 당신은 드물게 집에 있습니다.

형용사 : simple 간단한	➡ 여성형 : simple	➡ 부사 : simplement 간단히

Vous êtes simplement génial. 당신은 간단히 대단합니다. (당신은 대단할 뿐입니다.)

형용사 : rapide 빠른	➡ 여성형 : rapide	➡ 부사 : rapidement = vite 빠르게

Vous parlez rapidement. = Vous parlez vite. 당신은 빨리 말합니다.

형용사 : sincère 솔직한	➡ 여성형 : sincère	➡ 부사 : sincèrement = franchement 솔직하게

Je réponds sincèrement. 나는 솔직하게 대답한다.

형용사의 남성형이 -ent 또는 -ant로 끝나는 경우, 부사는 emment 또는 amment로 만들어집니다. 또한, 항상 [아멍]의 발음이 된다는 것에 주의하세요!

형용사 : suffisant 충분한	➡ 여성형 : suffisante	➡ 부사 : suffisamment 충분히
Vous êtes suffisamment intélligent. 당신은 충분히 똑똑합니다.		

형용사 : récent 최근의	➡ 여성형 : récente	➡ 부사 : récemment 최근에
Il est venu récemment. 그는 최근에 왔습니다.		

형용사 : fréquent 흔한	➡ 여성형 : fréquente	➡ 부사 : fréquemment 자주
Il vient fréquemment. 그는 자주 옵니다.		

🌙 예외(exception)

형용사 : gentil 친절한	➡ 여성형 : gentille	➡ 부사 : gentiment 친절하게
Marc répond gentiment. 마크는 친절하게 대답한다.		

형용사 : précis 정확한	➡ 여성형 : précise	➡ 부사 : précisément 정확하게
Marc répond précisément. 마크는 정확하게 대답한다.		

형용사 : énorme 거대한	➡ 여성형 : énorme	➡ 부사 : énormément 거대하게, 엄청
Marc aime énormément Sophie. 마크는 소피를 엄청 좋아한다.		

형용사 : profond 깊은	➡ 여성형 : profonde	➡ 부사 : profondément 깊게
Je suis profondément désolé. 깊게 죄송해 하고 있습니다. (깊은 사과를 드립니다.)		

🌙 완전히 불규칙적으로 만들어지고, 자주 쓰이는 부사들은 다음과 같습니다.

형용사 : bon 좋은	➡ 여성형 : bonne	➡ 부사 : bien 좋게, 잘
Il travaille bien. 그는 잘 일한다. (그는 일을 잘한다.)		

형용사 : mauvais 나쁜	➡ 여성형 : mauvaise	➡ 부사 : mal 나쁘게, 잘 못
Il travaille mal. 그는 잘 못 일한다. (그는 일을 잘 못한다.)		

🌙 양, 시간, 장소를 나타내는 부사들은 다음과 같습니다.

très 매우/아주	Il travaille très bien. 그는 아주 잘 일한다. Cette voiture est très grande. 이 자동차는 매우 큽니다. ★형용사 또는 부사를 보충해 주는 역할로 쓰입니다.
beaucoup 많이	Il parle beaucoup. 그는 말을 많이 합니다.
peu 조금	Il parle peu. 그는 말을 조금 합니다.
toujours 항상	Il prend toujours un café le matin. 그는 항상 아침에 커피를 마신다.
souvent 자주	Il prend souvent un café le matin. 그는 자주 아침에 커피를 마신다.
de temps en temps = parfois = quelquefois 가끔	Il prend de temps en temps un café le matin. 그는 가끔 아침에 커피를 마신다. Il prend parfois un café le matin. 그는 가끔 아침에 커피를 마신다. Il prend quelquefois un café le matin. 그는 가끔 아침에 커피를 마신다.
rarement 드물게	Il prend rarement un café le matin. 그는 드물게 아침에 커피를 마신다.
ne … jamais 절대로	Il ne prend jamais de café le matin. 그는 절대로 아침에 커피를 마시지 않는다.
tôt 일찍	Il dîne tôt. 그는 일찍 저녁 식사를 한다.
tard 늦게	Il dîne tard. 그는 늦게 저녁 식사를 한다.
ici 여기에서	Vous travaillez ici ? 여기에서 일하세요?
là 여기에서/저기에서	Vous travaillez là ? 여기에서 (또는 저기에서) 일하세요?

1 부사를 이용해서 프랑스어로 써 보세요.

(1) 마크는 느리다. → ____________________________

(2) 마크는 천천히 일한다. → ____________________________

(3) 우리는 천천히 걷는다. → ____________________________

(4) 부드럽게 만져야 합니다. → ____________________________

(5) 다행히 나는 한국에 있다. → ____________________________

(6) 그는 단호하게 대답한다. → ____________________________

(7) 그는 길게 대답한다. → ____________________________

(8) 정은 마크보다 약간 더 크다. → ____________________________

(9) 나는 규칙적으로 운동을 한다. → ____________________________

(10) 나는 솔직하게 대답한다. → ____________________________

(11) 당신은 예의 있게 대답합니다. → ____________________________

(12) 당신은 진정히 대단합니다. → ____________________________

(13) 당신은 정말 대단합니다. → ____________________________

(14) 당신은 드물게 집에 있습니다. → ____________________________

(15) 당신은 빨리 말하십니다. → ____________________________

(16) 나는 솔직하게 대답한다. → ____________________________

(17) 당신은 충분히 똑똑합니다. → ____________________________

(18) 그는 최근에 왔었습니다. → ____________________________

(19) 그는 자주 옵니다. → ____________________________

(20) 마크는 친절하게 대답한다. → ____________________________

(21) 마크는 정확하게 대답한다. → ____________________________

(22) 마크는 소피를 엄청 좋아한다. → ____________________________

(23) 마크는 집중적으로 공부한다. → ____________________________

(24) 그는 일을 잘한다. → ____________________________

(25) 그는 아주 잘 일한다. → ____________________________

(26) 이 자동차는 매우 큽니다.　　　　→ __________________________

(27) 그는 말을 많이 합니다.　　　　→ __________________________

(28) 그는 말을 조금 합니다.　　　　→ __________________________

(29) 그는 항상 아침에 커피를 마신다.　→ __________________________

(30) 그는 자주 아침에 커피를 마신다.　→ __________________________

(31) 그는 가끔 아침에 커피를 마신다.　→ __________________________

(32) 그는 드물게 아침에 커피를 마신다.　→ __________________________

(33) 그는 절대로 아침에 커피를 마시지 않는다.　→ __________________________

(34) 그는 일찍 저녁 식사를 한다.　　→ __________________________

(35) 그는 늦게 저녁 식사를 한다.　　→ __________________________

(36) 여기에서 일하세요?　　　　　→ __________________________

(37) 저기에서 일하세요?　　　　　→ __________________________

(38) 너는 프랑스어를 잘한다.　　　→ __________________________

(39) 나는 프랑스어를 아주 잘 하지는 않는다.　→ __________________________

(40) 나는 프랑스어를 많이 좋아한다.　→ __________________________

Leçon 18 — 근접미래, 근접과거

🌙 〈근접미래〉 aller + 동사원형 : ~할 것이다 (가까운 미래를 말할 때 사용)

Je vais manger.   Nous allons manger.

Tu vas manger.   Vous allez manger.

Il/Elle/On va manger.   Ils/Elles vont manger.

Vous allez vous lever à quelle heure ? 몇 시에 일어나실 겁니까?
= A quelle heures allez-vous vous lever ?
➡ Je vais me lever à 6 heures. 6시에 일어날 겁니다.

Qu'est-ce que vous allez faire ensuite ? 그다음에는 무엇을 하실 건가요?
= Vous allez faire quoi ensuite ?
➡ Je vais me laver et je vais m'habiller. 씻고 옷을 입을 겁니다.

A quelle heure allez-vous partir de la maison? 몇 시에 집에서 나가실 겁니까?
= Vous allez partir à quelle heure de la maison ?
➡ Je vais partir de la maison à 8 heures. 집에서 8시에 나갈 겁니다.

Quand allez-vous arriver au travail? 언제 일터에 도착할 겁니까?
= Vous allez arriver quand au travail ?
➡ Je vais arriver au travail à 9 heures. 일터에 9시에 도착할 것입니다.

Qu'est-ce que vous allez faire ensuite ? 그다음에는 무엇을 하실 건가요?
= Qu'allez-vous faire ensuite ?
➡ Je vais avoir une réunion à 10 heures. 10시에 회의가 있을 겁니다.

Vous allez déjeuner à quelle heure ? 몇 시에 점심을 드실 겁니까?
= A quelle heure allez-vous déjeuner ?
➡ Je vais déjeuner à midi. 12시에 점심을 먹을 겁니다.

Vous allez faire quoi après le déjeuner ? 점심 다음에는 무엇을 하실 건가요?
= Qu'est-ce que vous allez faire après le déjeuner ?
➡ Je vais me reposer un peu. 조금 쉴 겁니다.

Qu'est-ce que vous allez faire l'après-midi ? 오후에는 무엇을 하실 겁니까?
= Qu'allez-vous faire l'après-midi ?
➡ Je vais aller rencontrer les clients. 손님들을 만나러 갈 겁니다.

Vous allez terminer à quelle heure ? 몇 시에 마치실 겁니까?
= A quelle heure est-ce que vous allez terminer ?
➡ Je vais terminer à 6 heures. 6시에 마칠 겁니다.

Quand **allez**-vous rentrer chez vous ? 언제 집에 들어가실 건가요?
= Vous **allez** rentrer quand chez vous ?
➡ Je **vais** rentrer à 7 heures. 7시에 들어갈 겁니다.

Qu'**allez**-vous faire chez vous ? 집에서 무엇을 하실 건가요?
= Vous **allez** faire quoi chez vous ?
➡ Je **vais** faire de l'ordinateur. 컴퓨터를 할 겁니다.

Qu'est-ce que vous **allez** faire ensuite ? 그다음에는 무엇을 하실 건가요?
= Qu'**allez**-vous faire ensuite ?
➡ Je **vais** regarder la télévision. 텔레비전을 볼 겁니다.

A quelle heure vous **allez** dormir ? 몇 시에 주무실 건가요?
= Vous **allez** dormir à quelle heure ?
➡ Je **vais** dormir vers minuit. 12시쯤에 잘 겁니다.

🌙 〈근접과거〉 venir de + 동사원형 : ～하였다 (가까운 과거를 말할 때 사용)

Je **viens de** manger.　　　　　　Nous **venons de** manger.

Tu **viens de** manger.　　　　　　Vous **venez de** manger.

Il/Elle/On **vient de** manger.　　Ils/Elles **viennent de** manger.

Je n'ai pas faim. Je **viens de** manger. 배고프지 않아요. (방금) 먹고 왔어요.
Je n'ai pas soif. Je **viens de** boire. 목마르지 않아요. (방금) 마시고 왔어요.
Je ne suis pas fatigué. Je **viens de** me reposer. 피곤하지 않아요. (방금) 쉬었어요.
Je n'ai pas sommeil. Je **viens de** dormir. 졸리지 않아요. (방금) 잠을 잤어요.
Patrick n'est pas là. Il **vient de** partir. 파트릭이 여기 있지 않아요. (방금) 떠났어요.

Je **viens d'**arriver. 방금 도착했어요.
Je **viens de** voir Sophie. 방금 소피를 만났어요.
Je **viens de** faire du sport. 방금 운동을 했어요.
Je **viens de** prendre le train. 방금 기차를 탔어요.
Je **viens de** manger. 방금 먹었어요.

1 다음 문장을 근접미래 시제로 만들어 보세요.

(1) Je mange une pomme. → ________________

(2) A quelle heure vous levez-vous ? → ________________

(3) Je me lève à 6 heures. → ________________

(4) Qu'est-ce que vous faites ? → ________________

(5) Je me lave et je m'habille. → ________________

(6) Vous partez de la maison à 8 heures ? → ________________

(7) J'arrive au travail à 9 heures. → ________________

(8) J'ai une réunion à 10 heures. → ________________

(9) Je déjeune à midi. → ________________

(10) Je me repose un peu. → ________________

(11) Qu'est-ce que vous faites l'après-midi ? → ________________

(12) Je termine à 18 heures. → ________________

(13) Quand rentrez-vous chez vous ? → ________________

(14) Je rentre à 19 heures. → ________________

(15) Que faites-vous chez vous ? → ________________

(16) Je fais de l'ordinateur. → ________________

(17) Je regarde la télévision. → ________________

(18) Je dors vers minuit. → ________________

(19) Nous parlons à Sophie. → ________________

(20) Ils partent en France. → ________________

2 다음 문장을 근접과거 시제로 만들어 보세요.

(1) Je mange une pomme. →

(2) A quelle heure vous levez-vous ? →

(3) Je me lève. →

(4) Qu'est-ce que vous faites ? →

(5) Je me lave et je m'habille. →

(6) Vous partez de la maison ? →

(7) J'arrive au travail. →

(8) J'ai une réunion à 10 heures. →

(9) Je déjeune. →

(10) Je me repose un peu. →

(11) Qu'est-ce que vous faites ? →

(12) Je termine mon travail. →

(13) Je rentre. →

(14) Que faites-vous chez vous ? →

(15) Je fais de l'ordinateur. →

(16) Je regarde la télévision. →

(17) Je dors. →

(18) Nous parlons à Sophie. →

(19) Ils arrivent en France. →

(20) Elle prend un café. →

1군 동사 복합과거

조동사 avoir + 과거분사 : 1군 동사는 어미를 er에서 é로 바꿔 줍니다.

manger ➡ mangé

J'ai mangé.	Il a mangé.	Nous avons mangé.	Ils ont mangé.
Tu as mangé.	Elle a mangé.	Vous avez mangé.	Elles ont mangé.

Je parle à Luc.	➡ J'ai parlé à Luc. 뤼에게 말했어요.
Nous travaillons le samedi.	➡ Nous avons travaillé le samedi. 토요일에 일했어요.
Tu aimes le concert ?	➡ Tu as aimé le concert ? 콘서트를 좋아했니?
Vous téléphonez à Sophie ?	➡ Vous avez téléphoné à Sophie ? 소피에게 전화했어요?
Il habite à Paris.	➡ Il a habité à Paris. 그는 파리에서 살았습니다.
Ils déjeunent à midi.	➡ Ils ont déjeuné à midi. 그들은 12시에 점심을 먹었습니다.
Elle regarde la télévision.	➡ Elle a regardé la télévision. 그녀는 텔레비전을 보았습니다.
Elles dînent à 19 heures.	➡ Elles ont dîné à 19 heures. 그녀들은 19시에 저녁을 먹었습니다.
On écoute la radio.	➡ On a écouté la radio. 우리는 라디오를 들었습니다.

Je commence. ➡ J'ai commencé. 시작했어요.　　　　J'essaie. ➡ J'ai essayé. 시도해 봤어요.

J'appelle. ➡ J'ai appelé. 불렀어요(전화했어요).　　　J'achète. ➡ J'ai acheté. 샀어요.

다른 일반적인 부사들은 과거분사의 뒤에 위치합니다. 단, 아래의 부사를 사용해서 복합과거 문장을 만들 때는 조동사 바로 뒤에 부사를 넣습니다.

Je mange bien.	➡ J'ai bien mangé. 잘 먹었다.
Je travaille bien.	➡ J'ai bien travaillé. 잘 일했다(공부를 잘했다).
Je mange beaucoup.	➡ J'ai beaucoup mangé. 많이 먹었다.
Je travaille beaucoup.	➡ J'ai beaucoup travaillé. 많이 일했다(많이 공부했다).
Je mange un peu.	➡ J'ai un peu mangé. 조금 먹었다.
Je travaille un peu.	➡ J'ai un peu travaillé. 조금 일했다(조금 공부했다).
Je mange trop.	➡ J'ai trop mangé. 너무 먹었다.
Je travaille trop.	➡ J'ai trop travaillé. 너무 일했다(너무 공부했다).

2군 동사 복합과거

조동사 avoir + 과거분사 : 2군 동사는 어미를 ir에서 i로 바꿔 줍니다.

finir ➡ fini

j'ai fini	il a fini	nous avons fini	ils ont fini
tu as fini	elle a fini	vous avez fini	elles ont fini

Tu **as fini** à quelle heure ? 몇 시에 끝났어?
On **a fini** le travail. 일을 마쳤습니다.

J'**ai fini** à 6 heures. 6시에 끝났어.
Elle **a fini** ses devoirs. 과제를 마쳤습니다.

Les enfants **ont grandi**. 아이들이 컸어요.
J'**ai grandi**. 나는 성장했어요.

Ma fille **a grandi** vite. 나의 딸이 빨리 컸어요.
On **a grandi**. 우리는 성장했어요.

Mes enfants **ont grossi**. 나의 아이들이 살이 쪘어요.
Tu **as grossi** parce que tu n'**as** pas fait de sport. 네가 운동을 안해서 살이 쪘어.
On **a grossi** en hiver. 겨울에 살이 쪘습니다.
J'**ai grossi** parce que j'ai beaucoup mangé. 많이 먹어서 살이 쪘어요.

🌙 3군 동사 복합과거
조동사 avoir + 과거분사 : 3군 동사의 과거분사는 불규칙적입니다.

être ➡ été

Vous **avez été** en France? 프랑스에 계셨었나요?
J'**ai été** en France. 프랑스에 있었습니다.
N'**avez**-vous pas **été** en France ? 프랑스에 계시지 않았었나요?
Je n'**ai** pas **été** en France. 프랑스에 있지 않았습니다.

avoir ➡ eu

Tu **as eu** mal ? 아팠어?
Est-ce que tu n'**as** pas **eu** mal ? 아프지 않았어?

J'**ai eu** mal. 아팠어.
Je n'**ai** pas **eu** mal. 아프지 않았어.

faire ➡ fait

Qu'est-ce que tu **as fait** ? 무엇을 했어?
Qu'est-ce que tu n'**as** pas **fait** ? 무엇을 하지 않았어?

J'**ai fait** du sport. 운동을 했어.
Je n'**ai** pas **fait** de sport. 운동을 하지 않았어.

vouloir ➡ voulu

Avez-vous **voulu** prendre le métro? 지하철을 타려 했나요?
Nous **avons voulu** prendre le métro. 지하철을 타려 했습니다.
Vous n'**avez** pas **voulu** prendre le métro ? 지하철을 타려 하지 않았나요?
Nous n'**avons** pas **voulu** prendre le métro. 지하철을 타려고 하지 않았습니다.

pouvoir ➡ pu

Est-ce que vous **avez pu** nager ? 수영할 수 있었나요?
Vous n'**avez** pas **pu** nager ? 수영할 수 없었나요?

On **a pu** nager. 수영할 수 있었어요.
On n'**a** pas **pu** nager. 수영할 수 없었어요.

---

devoir ➡ dû

Avez-vous dû prendre le métro? 지하철을 타야 했나요?
Nous avons dû prendre le métro. 지하철을 타야 했어요.
Vous n'avez pas dû prendre le métro ? 지하철을 타지 말아야 했나요?
Nous n'avons pas dû prendre le métro. 지하철을 타지 말아야 했어요.

---

savoir ➡ su

Tu as su ? 알았어?   J'ai su. 알았었어.
Tu n'as pas su ? 알지 못했었어?   Je n'ai pas su. 알지 못했어.

écrire ➡ écrit

Est-ce que tu as écrit un email ? 이메일을 썼어?   J'ai écrit un email. 이메일을 썼어.
Tu n'as pas écrit d'email ? 이메일을 쓰지 않았어?   Je n'ai pas écrit d'email. 이메일을 쓰지 않았어.

★부정의 de 규칙 : être 동사가 아닌 문장에서, 부정문일 경우, 부정관사 대신 de를 넣습니다.

---

lire ➡ lu

As-tu lu ce livre ? 이 책을 읽었어?   J'ai lu ce livre. 이 책을 읽었어.
Tu n'as pas lu ce livre ? 이 책을 읽지 않았어?   Je n'ai pas lu ce livre. 이 책을 읽지 않았어.

---

mettre ➡ mis

Qu'est-ce que tu as mis ? 무엇을 입었어?   J'ai mis le pantalon. 그 바지를 입었어.
Tu n'as pas mis le pantalon ? 그 바지를 입지 않았어?   Je n'ai pas mis le pantalon. 그 바지를 입지 않았어.

---

répondre ➡ répondu

Qui a répondu au téléphone ? 누가 전화에 답했어요?
J'ai répondu au téléphone. 내가 전화에 답했습니다.
Vous avez répondu au téléphone ? 전화에 답하셨나요?
Je n'ai pas répondu au téléphone. 전화에 답하지 않았습니다.

---

entendre ➡ entendu

Vous avez bien entendu ? 잘 들으셨나요?   J'ai bien entendu. 잘 들었습니다.
Vous n'avez pas bien entendu ? 잘 듣지 않으셨나요?   Je n'ai pas bien entendu. 잘 듣지 못했습니다.

---

attendre ➡ attendu

Tu as attendu longtemps ? 오래 기다렸어?
J'ai attendu longtemps. 오래 기다렸어요.
Vous n'avez pas attendu longtemps ? 오래 기다리지 않으셨어요?
Je n'ai pas attendu longtemps. 오래 기다리지 않았어요.

dormir ➡ dormi	
Vous avez dormi ? 주무셨어요?	J'ai dormi. 잤습니다.
Est-ce que vous avez bien dormi ? 잘 주무셨어요?	Je n'ai pas bien dormi. 잘 못잤습니다.

voir ➡ vu	
Vous avez vu ? 보셨어요?	J'ai vu. 봤습니다.
Vous n'avez pas vu ? 못 보셨어요?	Je n'ai pas vu. 못 봤습니다.

boire ➡ bu	
Qu'est-ce que vous avez bu ? 무엇을 마시셨어요?	J'ai bu de l'eau. 물을 마셨습니다.
Vous avez bu de l'eau ? 물을 마시셨나요?	Je n'ai pas bu d'eau. 물을 마시지 않았습니다.

★부정의 de 규칙 : être동사가 아닌 문장에서, 부정문일 경우, 부정관사뿐만이 아니라 부분관사(셀 수 없는 명사 앞에 들어가는) du, de la, des 대신 de를 넣습니다.

prendre ➡ pris	
Qu'est-ce que vous avez pris ? 무엇을 드셨어요?	J'ai pris un café. 커피를 마셨습니다.
As-tu pris un café ? 커피를 마셨니?	Je n'ai pas pris de café. 커피를 마시지 않았어.

apprendre ➡ appris
Quelle langue avez-vous appris ? 어떤 언어를 배우셨어요?
J'ai appris le français. 프랑스어를 배웠습니다.
Vous avez appris le français dans une école ? 학교에서 프랑스어를 배우셨나요?
Je n'ai pas appris le français. 프랑스어를 배우지 않았습니다.

comprendre ➡ compris	
Est-ce que vous avez compris ? 이해하셨나요?	J'ai compris. 이해했습니다.
Tu as bien compris ? 잘 이해했니?	Je n'ai pas bien compris. 잘 이해하지 못했어요.

🌙 être 조동사

왕래발착, 즉 이동이 있는 동사는 avoir 대신 être를 조동사로 씁니다.
또한, être 동사를 조동사로 사용할 때는 과거분사를 주어의 성과 수에 일치시켜 줍니다.

Il est allé.	➡	Elle est allée.	➡	Nous sommes allés.

aller ➡ allé			
Je suis allé(e). Tu es allé(e).	Il est allé. Elle est allée.	Nous sommes allés(es). Vous êtes allé(e/s/es).	Ils sont allés. Elles sont allées.

venir ➡ venu
Comment est-il venu ? 그는 어떻게 왔나요?   Il est venu en bus. 버스로 왔습니다. Elle n'est pas venue en métro ? 그녀는 지하철로 오지 않았나요?   Elle est venue en bus. 버스로 왔습니다.

revenir ➡ revenu
Est-ce qu'il est revenu en France ? 프랑스로 돌아왔나요? Il n'est pas revenu en France. 프랑스로 돌아오지 않았습니다. N'est-elle pas revenue en France ? 프랑스로 돌아오지 않았나요? Elle n'est pas revenue en France. 프랑스로 돌아오지 않았습니다.

arriver ➡ arrivé
Quand est-ce qu'il est arrivé ? 언제 도착했나요? Il est arrivé hier. 어제 도착했습니다. Elle n'est pas arrivée hier ? 어제 도착하지 않았나요? Elle n'est pas arrivée hier. 어제 도착하지 않았습니다.

partir ➡ parti
Où est-il parti ? 어디로 떠났나요? Il est parti à l'école. 학교로 떠났습니다. N'est-elle pas partie à l'école ? 학교로 떠나지 않았나요? Elle n'est pas partie à l'école. 학교로 떠나지 않았습니다.

entrer ➡ entré
Où est-ce qu'il est entré ? 어디로 들어갔나요? Il est entré dans la voiture. 자동차로 들어갔습니다. Elle n'est pas entrée dans la voiture ? 자동차로 들어가지 않았나요? Elle n'est pas entrée dans la voiture. 자동차에 들어가지 않았습니다.

sortir ➡ sorti
Il est sorti avec qui? 누구와 나갔나요? Il est sorti avec sa femme. 그의 아내와 나갔습니다. Avec qui est-elle sortie ? 누구와 나갔나요? Elle n'est pas sortie avec son mari. 그녀의 남편과 나가지 않았습니다.

🌙 **naître**(태어나다) 동사와 **mourir**(죽다) 동사 또한 **être** 동사를 조동사로 사용합니다.

naître ➡ né
Quand est-ce qu'il est né ? 언제 태어났나요? Il est né en 1980. 1980년에 태어났습니다. Elle n'est pas née en 1983 ? 1983년에 태어나지 않았나요? Elle n'est pas née en 1983. 1983년에 태어나지 않았습니다.

mourir ➡ mort
Quand est-ce qu'il est mort (décédé) ? 그는 언제 사망했나요? Il est mort (décédé) en 1941. 1941년에 사망했습니다. Quand est-ce qu'elle est morte (décédée) ? 언제 사망했나요? Elle est morte (décédée) en 1887. 1887년에 사망했습니다.

★mourir와 décéder는 같은 뜻이지만 décéder가 좀 더 고급스러운 표현입니다.

🌙 대명동사들은 être 동사를 조동사로 취하며, 과거분사를 주어의 성과 수에 일치시킵니다.

se reposer : 쉬다	
Je me suis reposé(e). Tu t'es reposé(e). Il s'est reposé. Elle s'est reposée.	Nous nous sommes reposés(es). Vous vous êtes reposé(e/s/es). Ils se sont reposés. Elles se sont reposées.

se lever : 일어나다	
Je me suis levé(e).	Elle ne s'est pas levée.

se laver : 씻다	
Il s'est lavé.	Ils se sont lavés.

se promener : 산책하다	
Nous nous sommes promenés.	Elle ne s'est pas promenée.

s'amuser : 놀다	
Vous vous êtes amusée ?	Elles ne se sont pas amusées

1 다음 문장을 복합과거 시제로 만들어 보세요.

(1) Je mange une pomme.   → _______________________

(2) Je parle à Luc.   → _______________________

(3) Nous travaillons le samedi.   → _______________________

(4) Tu aimes le concert ?   → _______________________

(5) Vous téléphonez à Sophie ?   → _______________________

(6) Il habite à Paris.   → _______________________

(7) Ils déjeunent à midi.   → _______________________

(8) Je mange bien.   → _______________________

(9) Je mange trop.   → _______________________

(10) Je finis à 18 heures.   → _______________________

(11) On choisit le menu.   → _______________________

(12) Les enfants grandissent ?   → _______________________

(13) Je grossis en hiver.   → _______________________

(14) Je suis en France.   → _______________________

(15) Qu'est-ce que tu fais ?   → _______________________

(16) Fais-tu du sport ?   → _______________________

(17) Nous voulons prendre le métro.   → _______________________

(18) Vous pouvez nager ?   → _______________________

(19) Je dois prendre le métro.   → _______________________

(20) Tu sais ?   → _______________________

(21) J'écris un email.   → _______________________

(22) Tu lis ce livre ?   → _______________________

(23) Je mets un pantalon.   → _______________________

(24) Je ne réponds pas au téléphone.   → _______________________

(25) Je n'entends pas bien.   → _______________________

(26) Vous dormez ? → _______________________________

(27) Je vois. → _______________________________

(28) Je bois de l'eau. → _______________________________

(29) Qu'est-ce que vous prenez ? → _______________________________

(30) J'apprends le français. → _______________________________

(31) Je ne comprends pas. → _______________________________

(32) Je dors. → _______________________________

(33) Je vais à l'école. → _______________________________

(34) Je viens en bus. → _______________________________

(35) Il revient en France. → _______________________________

(36) Il n'arrive pas. → _______________________________

(37) Je ne pars pas. → _______________________________

(38) Je me repose. → _______________________________

(39) Je me lève tôt. → _______________________________

(40) Nous nous promenons. → _______________________________

'복합과거'가 일시적인 행동이나 짧은 과거의 순간을 표현할 때 사용하며 '〜하였다', '〜했다'라고 해석합니다. 반면에 '반과거'는 과거를 묘사하거나 복합과거보다 반복적이거나 긴 과거의 상황을 표현할 때 사용하며 '〜하고 있었다', '〜했었다'라고 해석합니다.

예를 들어, '나는 길을 걸어가고 있었는데 마크를 만났다.'를 말해 봅시다. 그럼 '나는 길을 걸어가고 있었다'는 과거를 묘사하는 것이고 긴 상황을 표현하기 때문에 반과거를 씁니다. 하지만 '마크를 만났다'는 순간적으로 이루어진 짧은 행동을 표현하기 때문에 복합과거를 씁니다. 즉, Je marchais dans la rue et j'ai rencontré Marc.가 됩니다.

🌙 1군 동사 반과거

동사원형에서 er를 없애고, 인칭에 알맞는 반과거 어미를 넣으면 됩니다.

---

habiter : 살다

J'habitais en Corée. 한국에 살았었습니다.
Tu habitais en France. 프랑스에 살았었습니다.
Il habitait à Séoul. 서울에 살았었습니다.
Elle habitait à Paris. 파리에 살았었습니다.
Nous habitions dans cette maison. 이 집에서 살았었습니다.
Vous habitiez dans cet appartement. 이 아파트에서 살았었습니다.
Ils habitaient à la campagne. 시골에서 살았었습니다.
Elles habitaient dans cette ville. 이 도시에서 살았었습니다.

반과거 부정문

Je n'habitais pas en Corée. 한국에서 살지 않았었습니다.
Tu n'habitais pas en France. 프랑스에서 살지 않았었습니다.
Il n'habitait pas à Séoul. 서울에서 살지 않았었습니다.
Elle n'habitait pas à Paris. 파리에서 살지 않았었습니다.
Nous n'habitions pas dans cette maison. 이 집에서 살지 않았었습니다.
Vous n'habitiez pas dans cet appartement. 이 아파트에서 살지 않았었습니다.
Ils n'habitaient pas à la campagne. 시골에서 살지 않았었습니다.
Elles n'habitaient pas dans cette ville. 이 도시에서 살지 않았었습니다.

반과거 의문문

Habitais-tu à Séoul ? 서울에서 살았었니?
Habitiez-vous à Paris? 파리에서 살았었습니까?
Est-ce que tu habitais à Séoul ? 서울에서 살았었니?
Est-ce que vous habitiez à Paris ? 파리에서 살았었습니까?
Où habitais-tu ? 어디에서 살았었니?
Où habitiez-vous ? 어디에서 사셨나요?
Où est-ce que tu habitais ? 어디에서 살았었니?
Où est-ce que vous habitiez ? 어디에서 사셨나요?

🌙 반과거와 복합과거 사용 구별하기

예문
J'habitais en Corée et j'ai rencontré ma femme. 한국에서 살고 있었는데 나의 아내를 만났다.
Tu habitais en France et tu as appris le français. 프랑스에서 살고 있었는데 프랑스어를 배웠다.
Il habitait à Séoul et il a trouvé ce travail. 서울에서 살고 있었는데 이 일자리를 찾았다.
Elle habitait à Paris et elle s'est mariée. 파리에서 살고 있었는데 결혼했다. ★se marier는 '결혼하다'라는 뜻의 대명동사입니다.
Nous habitions ici quand nous sommes partis en Italie. 이탈리아로 떠날 때 여기서 살고 있었다.
Vous habitiez dans cet appartement quand vous étiez enfant ? 어릴 적에 이 집에서 사셨었나요?
Ils habitaient à la campagne et ils ont eu de bons souvenirs. 시골에서 살았고 좋은 추억이 있었다. ★명사 앞에 위치하는 형용사를 쓸 때는 복수일 때 부정관사 des 대신 de를 씁니다.
Elles habitaient dans cette ville quand elles sont entrées dans cette école. 이 학교에 들어갔을 때 이 도시에서 살고 있었다.
Je parlais à Phillipe quand j'ai vu Patrice. 파트리스를 봤을 때 필립에게 말하고 있었다.
Tu téléphonais et tu as vu cet accident. 전화를 하고 있었고 이 사고를 봤다.
Il travaillait quand je suis venu. 내가 왔을 때 그는 일하고 있었다.
Elle mangeait quand nous sommes arrivés. 우리가 도착했을 때 그녀는 먹고 있었다.
Nous visitions le musée quand il y a eu l'incendie. 불이 났을 때 우리는 박물관을 구경하고 있었다.
Vous jouiez du piano quand je suis entré. 내가 들어왔을 때 당신은 피아노를 치고 있었다.
Ils préféraient habiter à Séoul. 그들은 서울에서 사는 것을 더 좋아했다.
Elles étudiaient à la bibliothèque. 그녀들은 도서관에서 공부하고 있었다.

🌙 불규칙적인 1군 동사 반과거

-ger로 끝나는 1군 동사

manger : 먹다		
je mangeais	tu mangeais	il/elle mangeait
nous mangions	vous mangiez	ils/elles mangeaient

voyager : 여행하다		
je voyageais	tu voyageais	il/elle voyageait
nous voyagions	vous voyagiez	ils/elles voyageaient

-cer로 끝나는 1군 동사

commencer : 시작하다		
je commençais nous commencions	tu commençais vous commenciez	il/elle commençait ils/elles commençaient

🌙 대명동사 반과거

se reposer : 쉬다		
je me reposais	tu te reposais	il se reposait

s'amuser : 놀다		
elle s'amusait	on s'amusait	nous nous amusions

🌙 2군 동사 반과거

동사원형에서 ir를 없애고 인칭에 알맞은 반과거 어미를 넣으면 됩니다.

finir : 끝나다
Tu finissais à quelle heure ? 몇 시에 끝났었어? Je finissais à 20 heures. 20시에 끝났었습니다. Il finissait tôt. 일찍 끝났었다. Elle finissait tard. 늦게 끝났었다. Nous finissions le travail. 일을 끝내고 있었다. Vous finissiez de peindre. 그림 그리는 것을 마치고 있었다. Ils finissaient ensemble. 같이 끝내고 있었다. Elles finissaient le dîner. 저녁 식사를 끝내고 있었다.

위의 문장들을 부정문으로 만들어 봅시다.

Tu ne finissais pas à quelle heure ? 몇 시에 끝나지 않았었어? Je ne finissais pas à 20 heures. 20시에 끝나지 않았었습니다. Il ne finissait pas tôt. 일찍 끝나지 않았었습니다. Elle ne finissait pas tard. 늦게 끝나지 않았었습니다. Nous ne finissions pas le travail. 일을 끝내지 않고 있었습니다. Vous ne finissiez pas de peindre. 그림 그리는 것을 마치지 않고 있었습니다. Ils ne finissaient pas ensemble. 같이 끝내지 않고 있었습니다. Elles ne finissaient pas le dîner. 저녁 식사를 끝내지 않고 있었습니다.

choisir : 선택하다	
je chois**issais**	tu chois**issais**

grandir : 성장하다	
il grand**issait**	nous grand**issions**

grossir : 살찌다	
vous gross**issiez**	ils gross**issaient**

☾ 3군 동사 반과거

3군 동사들은 어간이 불규칙적이기 때문에, 3군 동사들의 어간은 외워야 합니다.
3군 동사의 어간을 찾을 수 있는 쉬운 방법은 2인칭 복수 현재시제의 어간을 사용하는 것입니다.

vouloir ➡ voul	2인칭 복수 현재시제 : vous voul**ez**

Je voul**ais** prendre un café. 커피를 마시고 싶었습니다.
Nous voul**ions** prendre le métro. 지하철을 타고 싶었습니다.

pouvoir ➡ pouv	2인칭 복수 현재시제 : vous pouv**ez**

Je pouv**ais** nager. 수영을 할 수 있었습니다.
Vous ne pouv**iez** pas nager parce que l'eau était froide. 물이 차가워서 수영을 할 수 없었습니다.

devoir ➡ dev	2인칭 복수 현재시제 : vous dev**ez**

Je dev**ais** prendre le taxi parce que j'étais en retard. 늦어서 택시를 타야 했습니다.
Ils dev**aient** partir en vacances. 휴가를 떠나야 했습니다.

savoir ➡ sav	2인칭 복수 현재시제 : vous sav**ez**

Je sav**ais**. 알고 있었습니다.
Vous ne sav**iez** pas ? 모르셨었나요?

lire ➡ lis	2인칭 복수 현재시제 : vous lis**ez**

Je lis**ais** un livre. 책을 읽고 있었습니다.
Qu'est-ce que vous lis**iez** ? 무엇을 읽고 계셨었나요?

---

mettre → mett   2인칭 복수 현재시제 : vous **mettez**

Je **mett**ais ce pantalon. 이 바지를 입고 있었습니다.
Elle **mett**ait une heure pour venir ici. 이 바지를 입고 있었습니다.

---

attendre → attend   2인칭 복수 현재시제 : vous **attend**ez

J'**attend**ais mon ami. 나의 친구를 기다리고 있었습니다.
On **attend**ait cela. 그것을 기다리고 있었습니다.

---

dormir → dorm   2인칭 복수 현재시제 : vous **dorm**ez

Je **dorm**ais. 잠을 자고 있었습니다.
Vous **dorm**iez tard ? 늦게 주무셨었나요?

---

croire → croy   2인칭 복수 현재시제 : vous **croy**ez

Je **croy**ais. 나는 믿었었습니다.
On ne **croy**ait pas. 믿지 않았었습니다.

---

voir → voy   2인칭 복수 현재시제 : vous **voy**ez

Je **voy**ais la montagne. 산을 보고 있었습니다.
Vous ne **voy**iez pas ? 보이지 않으셨었나요?

---

boire → buv   2인칭 복수 현재시제 : vous **buv**ez

Je **buv**ais de l'eau. 물을 마시고 있었습니다.
Vous ne **buv**iez pas d'alcool. 술을 마시지 않으셨었습니다.

---

prendre → pren   2인칭 복수 현재시제 : vous **pren**ez

Je **pren**ais un café. 커피를 마셨었습니다.
Je ne **pren**ais jamais le métro. 지하철을 절대로 타지 않았었습니다.

---

comprendre ➡ compren	2인칭 복수 현재시제 : vous comprenez

Je ne comprenais pas. 이해가 되지 않았었습니다.
On comprenait son avis. 그의 의견을 이해했었습니다.

aller ➡ all	2인칭 복수 현재시제 : vous allez

J'allais à l'école. 학교에 갔었습니다.
Où est-ce que vous alliez ? 어디로 가고 계셨었나요?

partir ➡ part	2인칭 복수 현재시제 : vous partez

Nous partions à l'école. 학교에 가고 있었습니다.
Je partais toujours avec mon ami. 항상 나의 친구와 갔었습니다.

🌙 예외(exception)

2인칭 복수 현재시제가 vous faites이지만 어간은 fais입니다.

faire ➡ fais		
je faisais	tu faisais	il/elle faisait
nous faisions	vous faisiez	ils/elles faisaient

Quand j'étais étudiant, je ne faisais pas de sport. 내가 학생일 때 나는 운동을 하지 않았었습니다.

2인칭 복수 현재시제가 vous dites이지만 어간은 dis입니다.

dire ➡ dis		
je disais	tu disais	il/elle disait
je disais	vous disiez	ils/elles disaient

Qu'est-ce que vous disiez ? 무슨 말씀을 하고 계셨나요?

1 다음 문장을 반과거 시제로 만들어 보세요.

(1) Je mange une pomme. → ______

(2) Je parle à Luc. → ______

(3) Nous travaillons le samedi. → ______

(4) Tu aimes le concert ? → ______

(5) Vous téléphonez à Sophie ? → ______

(6) Il habite à Paris. → ______

(7) Ils déjeunent à midi. → ______

(8) Je mange bien. → ______

(9) Je mange trop. → ______

(10) Je finis à 18 heures. → ______

(11) On choisit le menu. → ______

(12) Les enfants grandissent ? → ______

(13) Je grossis en hiver. → ______

(14) Je suis en France. → ______

(15) Tu as mal ? → ______

(16) Qu'est-ce que tu fais ? → ______

(17) Fais-tu du sport ? → ______

(18) Nous voulons prendre le métro. → ______

(19) Vous pouvez nager ? → ______

(20) Je dois prendre le métro. → ______

(21) Tu sais ? → ______

(22) J'écris un email. → ______

(23) Tu lis ce livre ? → ______

(24) Je n'entends pas bien. → ______

(25) Je mets un pantalon. → ______

(26) Je ne réponds pas au téléphone. → ___________________________________

(27) Vous dormez ? → ___________________________________

(28) Je vois. → ___________________________________

(29) Je bois de l'eau. → ___________________________________

(30) Qu'est-ce que vous prenez ? → ___________________________________

(31) J'apprends le français. → ___________________________________

(32) Je ne comprends pas. → ___________________________________

(33) Je dors. → ___________________________________

(34) Je vais à l'école. → ___________________________________

(35) Je viens en bus. → ___________________________________

(36) Il revient en France. → ___________________________________

(37) Il n'arrive pas. → ___________________________________

(38) Je ne pars pas. → ___________________________________

(39) Je me repose. → ___________________________________

(40) Je me lève tôt. → ___________________________________

1군 동사 단순미래

단순미래를 만드는 방법은 동사원형에 이 시제의 어미를 붙이는 것입니다.
동사원형에 단순미래 어미를 붙여 1군 동사의 단순미래를 만들어 봅시다.

habiter : 살다
J'habiterai en France. 프랑스에서 살 겁니다.
Tu habiteras en Corée. 한국에서 살 겁니다.
Il habitera à Séoul. 서울에서 살 겁니다.
Elle habitera à Paris. 파리에서 살 겁니다.
Nous habiterons dans cette maison. 이 집에서 살 겁니다.
Vous habiterez dans cet appartement. 이 아파트에서 사실 겁니다.
Ils habiteront à la campagne. 시골에서 살 겁니다.
Elles habiteront dans cette ville. 이 도시에서 살 겁니다.

부정문
Je n'habiterai pas en France. 프랑스에서 살지 않을 겁니다.
Tu n'habiteras pas en Corée. 한국에서 살지 않을 겁니다.
Il n'habitera pas à Séoul. 서울에서 살지 않을 겁니다.
Elle n'habitera pas à Paris. 파리에서 살지 않을 겁니다.
Nous n'habiterons pas dans cette maison. 이 집에서 살지 않을 겁니다.
Vous n'habiterez pas dans cet appartement. 이 아파트에서 살지 않을 겁니다.
Ils n'habiteront pas à la campagne. 시골에서 살지 않을 겁니다.
Elles n'habiteront pas dans cette ville. 이 도시에서 살지 않을 겁니다.

의문문
Habiteras-tu à Séoul ? 서울에서 살 거야?
Habiterez-vous à Paris ? 파리에서 사실 겁니까?
Est-ce que tu habiteras à Séoul ? 서울에서 살 거야?
Est-ce que vous habiterez à Paris ? 파리에서 사실 겁니까?
Où habiteras-tu? 어디에서 살 거야?
Où habiterez-vous ? 어디에서 사실 겁니까?
Où est-ce que tu habiteras ? 어디에서 살 거야?
Où est-ce que vous habiterez ? 어디에서 사실 겁니까?

동사원형에 단순미래 어미를 붙이면 단순미래가 만들어집니다.

예문
Je parlerai à Phillipe. 필립에게 말할 겁니다. Vous visiterez le musée. 박물관을 관람할 겁니다. Tu téléphoneras à Marc. 마크에게 전화할 겁니다. Vous jouerez du piano ici. 여기서 피아노를 연주할 겁니다. Il travaillera dans cette société. 이 회사에서 일할 겁니다. Ils habiteront à Séoul. 서울에서 살 겁니다. Elle mangera du pain. 빵을 먹을 겁니다. Elles étudieront à la bibliothèque. 도서관에서 공부할 겁니다.

☾ 대명동사 단순미래

se reposer : 쉬다		
je me reposerai	tu te reposeras	il se reposera

s'amuser : 놀다		
elle s'amusera	on s'amusera	nous nous amuserons

☾ 2군 동사 단순미래

finir : 마치다	
Je finirai à 20 heures. 20시에 마칠 겁니다. Tu finiras à quelle heure ? 몇 시에 마칠 거야? Il finira tôt. 일찍 마칠 겁니다. Elle finira tard. 늦게 마칠 겁니다.	Nous finirons le travail. 일을 마칠 겁니다. Quand finirez-vous ? 언제 마치실 겁니까? Ils finiront ensemble. 같이 마칠 겁니다. Elles finiront bientôt. 곧 마칠 겁니다.

choisir : 선택하다
Je choisirai demain. 내일 선택할 겁니다.

grandir : 성장하다
Tu es petit mais tu grandiras. 작지만 성장할 것이다.

grossir : 살찌다
Il grossira parce qu'il mange beaucoup. 많이 먹어서 살이 찔 겁니다.

🌙 3군 동사 단순미래

3군 동사 미래시재 어간은 불규칙적이기 때문에 하나씩 외워야 합니다.

être ➡ ser

Je serai heureux(se). 행복할 겁니다.
Tu seras fatigué(e). 피곤할 겁니다.
Il sera triste. 슬플 겁니다.
Elle sera magnifique. 아름다울 겁니다.

Nous serons en France. 프랑스에 있을 겁니다.
Vous serez là ? 거기 있을 겁니까?
Ils seront là-bas. 그곳에 있을 겁니다.
Elles seront gentilles. 친절할 겁니다.

---

avoir ➡ aur

J'aurai mal. 아플 겁니다.
Tu auras peur ? 두려울 거니?
Il n'aura pas la clé. 열쇠가 없을 겁니다.
Elle aura soif. 목마를 겁니다.

Nous aurons faim. 배고플 겁니다.
Vous aurez 25 ans. 25살일 겁니다.
Ils auront mal à la tête. 머리가 아플 겁니다.
Elles n'auront pas de problèmes. 문제없을 겁니다.

★부정의 de 규칙이 적용되어 des 대신 de가 쓰였습니다.

---

aller ➡ ir

J'irai à l'école. 학교에 갈 겁니다.
Où est-ce que vous irez ? 어디로 가실 겁니까?

---

partir ➡ partir

Je partirai à l'école. 학교로 떠날 겁니다.
Elle partira avec lui. 그와 떠날 겁니다.

---

prendre ➡ prendr

Je prendrai le bus. 버스를 탈 겁니다.
On ne prendra jamais l'avion. 비행기를 절대로 타지 않을 겁니다.

---

comprendre ➡ comprendr

Il ne comprendra pas. 그는 이해를 못할 겁니다.
Tu comprendras. 너는 이해할 거야.

---

vouloir ➡ voudr

Je voudrai prendre un café. 커피를 마시고 싶을 겁니다.
Nous voudrons prendre le métro. 지하철을 타고 싶을 겁니다.

pouvoir ➡ pourr
Je **pourrai** nager. 수영을 할 줄 알 겁니다. Ils ne **pourront** pas nager parce que l'eau sera froide. 물이 차가울 것이기 때문에 수영을 할 수 없을 겁니다.

devoir ➡ devr
Je **devrai** prendre le taxi parce que je serai en retard. 늦을 것이기 때문에 택시를 타야할 겁니다. Ils **devront** partir en vacances. 휴가를 떠나야 할 겁니다.

savoir ➡ saur
Je **saurai** parler français. 프랑스어를 할 줄 알 겁니다. Tu ne **sauras** pas nager. 수영을 할 줄 모를 겁니다.

lire ➡ lir
Je **lirai** ce livre. 이 책을 읽을 겁니다. Qu'est-ce que vous **lirez** ? 무엇을 읽으실 겁니까?

mettre ➡ mettr
Je **mettrai** ce pantalon. 이 바지를 입을 겁니다. Elle **mettra** une heure pour venir ici. 여기에 오기까지 한 시간이 걸릴 겁니다.

attendre ➡ attendr
J'**attendrai**. 나는 기다릴 겁니다. On n'**attendra** pas. 우리는 기다리지 않을 겁니다.

dormir ➡ dormir
Je **dormirai**. 나는 잠을 잘 겁니다. Vous **dormirez** un peu ? 조금 주무실 겁니까?

voir ➡ verr
Je **verrai** la mer. 바다를 볼 겁니다. Vous **verrez** bien. 잘 보이실 겁니다(두고 보세요).

1 다음 문장을 단순미래 시제로 만들어 보세요.

(1) Je mange une pomme. → __________

(2) Je parle à Luc. → __________

(3) Nous travaillons le samedi. → __________

(4) Tu aimes le concert ? → __________

(5) Vous téléphonez à Sophie ? → __________

(6) Il habite à Paris. → __________

(7) Ils déjeunent à midi. → __________

(8) Je mange bien. → __________

(9) Je mange trop. → __________

(10) Je finis à 18 heures. → __________

(11) On choisit le menu. → __________

(12) Les enfants grandissent ? → __________

(13) Je grossis en hiver. → __________

(14) Je suis en France. → __________

(15) Tu as mal ? → __________

(16) Qu'est-ce que tu fais ? → __________

(17) Fais-tu du sport ? → __________

(18) Nous voulons prendre le métro. → __________

(19) Vous pouvez nager ? → __________

(20) Je dois prendre le métro. → __________

(21) Tu sais ? → __________

(22) J'écris un email. → __________

(23) Tu lis ce livre ? → __________

(24) Je mets un pantalon. → __________

(25) Je ne réponds pas au téléphone. → __________

(26) Je n'entends pas bien.   → ___________________________________

(27) Vous dormez ?   → ___________________________________

(28) Je vois.   → ___________________________________

(29) Je bois de l'eau.   → ___________________________________

(30) Qu'est-ce que vous prenez ?   → ___________________________________

(31) J'apprends le français.   → ___________________________________

(32) Je ne comprends pas.   → ___________________________________

(33) Je dors.   → ___________________________________

(34) Je vais à l'école.   → ___________________________________

(35) Je viens en bus.   → ___________________________________

(36) Il revient en France.   → ___________________________________

(37) Il n'arrive pas.   → ___________________________________

(38) Je ne pars pas.   → ___________________________________

(39) Je me repose.   → ___________________________________

(40) Je me lève tôt.   → ___________________________________

🌙 il y a(～ 전에) / dans(～ 후에)

Quand est-ce que tu arrives ? 언제 도착해?
➡ J'arrive **dans** 30 minutes. 30분 **후에** 도착해.

Quand est-ce que tu vas arriver ? 언제 도착할 거야?
➡ Je vais arriver **dans** 30 minutes. 30분 **후에** 도착할 거야.

Quand est-ce que tu es arrivé ? 언제 도착했어?
➡ Je suis arrivé **il y a** 15 minutes. 15분 **전에** 도착했어.

Quand est-ce que tu es parti en Corée ? 언제 한국으로 떠났어?
➡ Je suis parti **il y a** un mois. 한 달 **전에** 떠났어.

🌙 depuis(～부터) / pendant(～ 동안)

quand : 언제 / depuis quand : 언제부터

Depuis quand êtes-vous professeur ? 언제부터 강사이십니까?
➡ Je suis professeur **depuis** 2005. 2005년**부터** 강사입니다.

Depuis quand est-ce que tu travailles ? 언제부터 일을 하니?
➡ Je travaille **depuis** 5 ans. 5년 전**부터** 일해.

combien : 얼마나 / combien de temps : 얼마큼의 시간 /
pendant combien de temps : 얼마큼의 시간 동안

Pendant combien de temps étiez-vous professeur ? 얼마큼의 시간 동안 강사였습니까?
➡ J'étais professeur **pendant** 15 ans. 15년 **동안** 강사였습니다.

Pendant combien de temps as-tu étudié ? 얼마큼의 시간 동안 공부했니?
➡ J'ai étudié **pendant** 3 heures. 얼마큼의 시간 **동안** 공부했니?

J'ai fait du piano **pendant** 2 heures. 2시간 **동안** 피아노를 쳤어요.
➡ Je fais du piano **depuis** 3 ans. 3년 전**부터** 피아노를 쳤어요.
➡ Je ferai du piano **pendant** 4 mois. 4개월 **동안** 피아노를 칠 겁니다.

1 **다음 우리말을 프랑스어로 써 보세요.**

(1) 30분 후에 도착해. →

(2) 30분 후에 도착할 거야. (근접미래) →

(3) 15분 전에 도착했어. →

(4) 한 달 후에 떠나. →

(5) 한 달 후에 떠날 거야. (단순미래) →

(6) 한 달 전에 떠났어. →

(7) 3년 전에 프랑스에 갔습니다. →

(8) 3년 전에 프랑스에 있었습니다. →

(9) 3년 후에 프랑스에 갈 겁니다. →

(10) 3년 후에는 프랑스에 있을 겁니다. →

(11) 언제부터 강사이십니까? →

(12) 2005년부터 강사입니다. →

(13) 언제부터 일을 하니? →

(14) 5년 전부터 일해. →

(15) 얼마큼의 시간 동안 강사이셨습니까? →

(16) 15년 동안 강사였습니다. →

(17) 얼마큼의 시간 동안 공부했니? →

(18) 3시간 동안 공부했어요. →

(19) 2시간 동안 피아노를 쳤어요. →

(20) 3년 전부터 피아노를 쳤어요. →

🌙 중성대명사 y

중성대명사 y는 장소를 나타내는 〈à + 절〉을 반복하지 않기 위해 대용할 때 씁니다.

Je suis à l'école. 학교에 있다.	➡ J'y suis. 그곳에 있다.
Je vais à l'école. 학교에 간다.	➡ J'y vais. 그곳에 간다.
Je travaille à l'école. 학교에서 공부한다.	➡ J'y travaille. 그곳에서 공부한다.
J'étudie à l'école. 학교에서 공부한다.	➡ J'y étudie. 그곳에서 공부한다.

중성대명사 y는 〈à + 절〉뿐만 아니라 〈sur, dans, en ~절〉을 대용할 때도 씁니다.

Je vais sur la terrasse. 테라스에 간다.	➡ J'y vais. 그곳으로 간다.
Je travaille dans cette entreprise. 이 회사에서 일한다.	➡ J'y travaille. 그곳에서 일한다.
Je vais en cours. 수업에 간다.	➡ J'y vais. 그곳에 간다.

중성대명사 y는 반복하지 않고 '그곳에'라는 표현을 할 때 씁니다.

Comment tu vas à l'école ? 학교에 어떻게 가니?
➡ J'y vais en bus. 버스로 간다.

A quelle heure tu dois aller à la maison ? 몇 시에 집에 가야 해?
➡ Je dois y aller à 7 heures. 7시에 가야 해.

Jusqu'à quelle heure tu dois aller à la maison ? 몇 시까지 집에 가야 해?
➡ Je dois y aller jusqu'à 7 heures. 7시까지 가야 해.

Tu habites dans cette ville ? 이 도시에서 살아?
➡ Oui, j'y habite depuis 3 mois. 응, 3개월 전부터 여기서 살아.

부정문일 때는 주어 다음에 ne가, 동사 다음에는 pas가 위치합니다.

Vous y allez ? 거기로 가세요?	⇨	J'y vais. 거기로 갑니다.	⇨	Je n'y vais pas. 거기로 가지 않습니다.
Vous y êtes ? 그곳에 계세요?	⇨	J'y suis. 그곳에 있습니다.	⇨	Je n'y suis pas. 그곳에 있지 않습니다.

중성대명사 y는 장소뿐만 아니라, 사물이나 행동을 나타내는 〈à + 절〉에도 씁니다.

Je pense à mon pays. 나의 나라를 생각한다.
➡ J'y pense. 그곳을 생각한다.

Je ne réponds pas à cette annonce. 이 광고에 답하지 않는다.
➡ Je n'y réponds pas. 그것에 답하지 않는다.

Je pense à partir en Corée. 한국으로 떠날 생각을 한다.
➡ J'y pense. 그 생각을 한다.

🌙 반과거 시제에서 사용

J'étais à l'école. 학교에 있었습니다. ➡ J'y étais. 그곳에 있었습니다.
J'allais à l'école. 학교에 가고 있었습니다. ➡ J'y allais. 그곳에 가고 있었습니다.
Je travaillais à l'école. 학교에서 공부하고 있었습니다. ➡ J'y travaillais. 그곳에서 공부하고 있었습니다.
J'étudiais à l'école. 학교에서 공부하고 있었습니다. ➡ J'y étudiais. 그곳에서 공부하고 있었습니다.

J'allais sur la terrasse. 테라스로 가고 있었습니다. ➡ J'y allais. 그곳으로 가고 있었어요.

Je travaillais dans cette entreprise. 그 회사에서 일하고 있었습니다.
➡ J'y travaillais. 그곳에서 일하고 있었어요.

J'allais en cours. 수업에 가고 있었습니다.
➡ J'y allais. 그곳으로 가고 있었어요.

Comment tu allais à l'école ? 어떻게 학교에 갔었어?
➡ J'y allais en bus. 버스로 가고 있었어요.

A quelle heure tu devais aller à la maison ? 몇 시에 집으로 가야 했었어?
➡ Je devais y aller à 7 heures. 7시에 가야 했었어요.

Jusqu'à quelle heure tu devais rentrer à la maison ? 몇 시까지 집으로 들어가야 했었어?
➡ Je devais y rentrer jusqu'à 7 heures. 7시까지 들어가야 했었어요.

Tu habitais dans cette ville ? 이 도시에서 살고 있었어?
➡ Oui, j'y habitais pendant 3 mois. 3개월 동안 살았었어요.

Vous y alliez ? 그곳으로 가고 계셨나요?
➡ J'y allais. 그곳으로 가고 있었어요. ➡ Je n'y allais pas. 그곳으로 가고 있지 않았어요.

Vous y étiez ? 그곳에 계셨어요?
➡ J'y étais. 그곳에 있었어요. ➡ Je n'y étais pas. 그곳에 있지 않았어요.

Je pensais à mon pays. 나의 나라를 생각하고 있었어요.
➡ J'y pensais. 그곳을 생각하고 있었어요.

Je ne répondais pas à cette annonce. 그 광고에 답하지 않고 있었어요.
➡ Je n'y répondais pas. 그것에 답하지 않고 있었어요.

Je pensais à partir en Corée. 한국으로 떠날 생각을 하고 있었어요.
➡ J'y pensais. 그것을 생각하고 있었어요.

🌙 근접미래 시제에 사용

근접미래에서는 y가 주어 다음이 아닌, 조동사 다음에 옵니다.

Je vais être à l'école. 학교에 있을 겁니다. ➡ Je vais y être. 그곳에 있을 겁니다.
Je vais aller à l'école. 학교에 갈 겁니다. ➡ Je vais y aller. 그곳에 갈 겁니다.
Je vais travailler à l'école. 학교에서 공부할 겁니다. ➡ Je vais y travailler. 그곳에서 공부할 겁니다.
Je vais étudier à l'école. 학교에서 공부할 겁니다. ➡ Je vais y étudier. 그곳에서 공부할 겁니다.

Je vais aller sur la terrasse. 테라스로 갈 겁니다.

➡ Je vais y aller. 그곳으로 갈 겁니다.

Je vais travailler dans cette entreprise. 이 회사에서 일할 겁니다.

➡ Je vais y travailler. 그곳에서 일할 겁니다.

Je vais aller en cours. 수업에 갈 겁니다.

➡ Je vais y aller. 그곳으로 갈 겁니다.

Comment tu vas aller à l'école ? 어떻게 학교에 갈 거야?

➡ Je vais y aller en bus. 버스로 갈 거야.

A quelle heure tu vas devoir aller à la maison ? 몇 시에 집에 가야 하는 거야?

➡ Je vais devoir y aller à 7 heures. 7시에 가야 할 거야.

Jusqu'à quelle heure tu vas devoir rentrer à la maison ? 몇 시까지 집으로 들어가야 하는 거야?

➡ Je vais devoir y rentrer jusqu'à 7 heures. 7시까지 들어가야 할 거야.

Tu vas habiter dans cette ville ? 이 도시에서 살 거야?

➡ Oui, je vais y habiter pendant 3 mois. 네, 3개월 동안 여기에서 살 겁니다.

부정문에서는 ne가 주어 다음에, pas가 y 앞에 위치하기 때문에 주의해야 합니다.

Vous allez y aller ? 그곳으로 가실 겁니까?

➡ Je vais y aller 그곳으로 갈 겁니다. ➡ Je ne vais pas y aller. 그곳으로 가지 않을 겁니다.

Vous allez y être ? 그곳에 계실 겁니까?

➡ Je vais y être. 그곳에 있을 겁니다. ➡ Je ne vais pas y être. 그곳에 있지 않을 겁니다.

Je vais penser à mon pays. 나의 나라를 생각할 겁니다.

➡ Je vais y penser. 그것을 생각할 겁니다.

Je ne vais pas répondre à cette annonce. 이 광고에 대답하지 않을 겁니다.

➡ Je ne vais pas y répondre. 그것에 대답하지 않을 겁니다.

Je vais penser à partir en Corée. 한국으로 떠날 생각을 할 것입니다.

➡ Je vais y penser. 그것을 생각할 겁니다.

🌙 단순미래 시제에서 사용

Je serai à l'école. 학교에 있을 겁니다. 　　➡ J'y serai. 그곳에 있을 겁니다.

J'irai à l'école. 학교에 갈 겁니다. 　　➡ J'y irai. 그곳에 갈 겁니다.

Je travaillerai à l'école. 학교에서 공부할 겁니다. 　　➡ J'y travaillerai. 그곳에서 공부할 겁니다.

J'étudierai à l'école. 학교에서 공부할 겁니다. 　　➡ J'y étudierai. 그곳에서 공부할 겁니다.

J'irai sur la terrasse. 테라스로 갈 겁니다. 　　➡ J'y irai. 그곳으로 갈 겁니다.

Je travaillerai dans cette entreprise. 이 회사에서 일할 겁니다. ➡ J'y travaillerai. 그곳에서 일할 겁니다.

J'irai en cours. 수업에 갈 겁니다. 　　➡ J'y irai. 그곳으로 갈 겁니다.

Comment tu iras à l'école ? 어떻게 학교에 갈 거야?
➡ J'y irai en bus. 버스로 갈 거야.

A quelle heure tu devras rentrer à la maison ? 몇 시에 집에 가야 할 거야?
➡ Je devrai y aller à 7 heures. 7시에 가지러 갈 거야.

Jusqu'à quelle heure tu devras rentrer à la maison ? 몇 시까지 집으로 들어가야 하는 거야?
➡ Je devrai y rentrer jusqu'à 7 heures. 7시까지 들어가야 할 거야.

Tu habiteras dans cette ville ? 이 도시에서 살 거야?
➡ Oui, j'y habiterai pendant 3 mois. 3개월 동안 살 겁니다.

Vous y irez ? 그곳으로 가실 겁니까?
➡ J'y irai. 그곳으로 갈 겁니다. ➡ Je n'y irai pas. 그곳으로 가지 않을 겁니다.

Vous y serez ? 그곳에 계실 겁니까?
➡ J'y serai. 그곳에 있을 겁니다. ➡ Je n'y serai pas. 그곳에 있지 않을 겁니다.

Je penserai à mon pays. 나의 나라를 생각할 겁니다.
➡ J'y penserai. 그것을 생각할 겁니다.

Je ne répondrai pas à cette annonce. 이 광고에 대답하지 않을 겁니다.
➡ Je n'y répondrai pas. 그것에 대답하지 않을 겁니다.

Je penserai à partir en Corée. 한국으로 떠날 생각을 할 겁니다.
➡ J'y penserai. 그것을 생각할 겁니다.

🌙 중성대명사 en

중성대명사 en은 앞에서 제시된 전치사 de를 동반한 명사를 반복하지 않기 위해 대용할 때 사용합니다.

Tu manges de la salade ? 샐러드를 먹니?
➡ J'en mange. 그것을 먹는다. ➡ Je n'en mange pas. 그것을 먹지 않는다.

Vous buvez du vin ? 와인을 마시세요?
➡ J'en bois. 그것을 마십니다. ➡ Je n'en bois pas. 그것을 마시지 않습니다.

Il y a de l'eau ? 물이 있나요?
➡ Il y en a. 그것이 있습니다. ➡ Il n'y en a pas. 그것이 있지 않습니다.

Vous parlez de votre travail ? 당신의 일에 대해 말하시나요? / Vous en parlez ? 그것에 대해 말하시나요?
➡ J'en parle. 그것에 대해 말합니다. ➡ Je n'en parle pas. 그것에 대해 말하지 않습니다.

Vous faites de la musique ? 음악을 하시나요? / Vous en faites ? 그것을 하시나요?
➡ J'en fais. 그것을 합니다. ➡ Je n'en fais pas. 그것을 하지 않습니다.

Tu as des frères et sœurs ? 형제자매가 있니? / Tu en as ? 그들이 있니?
➡ J'en ai. 그들이 있어요. ➡ Je n'en ai pas. 그들이 있지 않아요.

Tu fais du tennis ? 테니스를 하니? / Tu en fais ? 그것을 하니?
➡ J'en fais. 그것을 합니다. ➡ Je n'en fais pas. 그것을 하지 않습니다.

중성대명사 en은 de를 동반한 동사와 절을 대용할 때 씁니다.

> Je vous remercie de m'inviter. 저를 초대해 주셔서 감사합니다.
> ➡ Je vous en remercie. 그것에 대해 감사합니다.
>
> Je suis ravi de vous rencontrer. 당신을 만나서 기쁩니다. ➡ J'en suis ravi. 그래서 기쁩니다.
>
> Je suis content d'être ici. 여기 있어서 기쁩니다. ➡ J'en suis content. 그래서 기쁩니다.

중성대명사 en은 양을 표현할 때 사용하기도 합니다.

> Combien de pommes mangez-vous ? 몇 개의 사과를 드세요?
> ➡ J'en mange une. 그것을 하나 먹습니다. ➡ J'en mange deux. 그것을 두 개 먹습니다
>
> Il y a quatre chaises ? 의자가 네 개인가요? / Combien de chaises y a-t-il ? 몇 개의 의자가 있나요?
> ★y a-t-il에서 t는 발음상 들어가게 됩니다.
> ➡ Il y en a trois. 그것이 세 개 있습니다. ➡ Il n'y en a pas quatre. 그것이 네 개 있지 않았습니다.
>
> Il y a beaucoup d'enfants ? 아이들이 많은가요? / Combien d'enfants y a-t-il ? 몇 명의 아이들이 있나요?
> ➡ Il y en a beaucoup. 많이 있습니다. ➡ Il n'y en a pas beaucoup. 많이 있지 않습니다.

🌙 복합과거 시제에서 사용

> Tu as mangé de la salade ? 샐러드를 먹었어?
> ➡ J'en ai mangé. 그것을 먹었다. ➡ Je n'en ai pas mangé. 그것을 먹지 않았다.
>
> Vous avez bu du vin ? 와인을 마시셨어요?
> ➡ J'en ai bu. 그것을 마셨습니다. ➡ Je n'en ai pas bu. 그것을 마시지 않았습니다.
>
> Il y a eu de l'eau ? 물이 있었나요?
> ➡ Il y en a eu. 그것이 있었습니다. ➡ Il n'y en a pas eu. 그것이 있지 않았습니다.
>
> Vous avez parlé de votre travail ? 당신의 일에 대해 말하셨나요?
> Vous en avez parlé ? 그것에 대해 말하셨나요?
> ➡ J'en ai parlé. 그것에 대해 말했습니다. ➡ Je n'en ai pas parlé. 그것에 대해 말하지 않았습니다.
>
> Vous avez fait de la musique ? 음악을 하셨나요? / Vous en avez fait ? 그것을 하셨나요?
> ➡ J'en ai fait. 그것을 했습니다. ➡ Je n'en ai pas fait. 그것을 하지 않았습니다.
>
> Tu as eu des frères et sœurs ? 형제자매가 있었니? / Tu en as eu ? 그들이 있었니?
> ➡ J'en ai eu. 그들이 있었어요. ➡ Je n'en ai pas eu. 그들이 있지 않았어요.
>
> Tu as fait du tennis ? 테니스를 했니? / Tu en as fait ? 그것을 했니?
> ➡ J'en ai fait. 그것을 했습니다. ➡ Je n'en ai pas fait. 그것을 하지 않았습니다.

> Je vous ai remercié de m'inviter. 저를 초대해 주셔서 감사하였습니다.
> ➡ Je vous en ai remercié. 그것에 대해 감사했습니다.
>
> J'ai été ravi de vous rencontrer. 당신을 만나서 기뻤습니다. ➡ J'en ai été ravi. 그래서 기뻤습니다.
>
> J'ai été content d'être ici. 여기 있어서 기뻤습니다. ➡ J'en ai été content. 그래서 기뻤습니다.

Combien de pommes avez-vous mangé ? 몇 개의 사과를 드셨나요?
➡ J'en ai mangé une. 그것을 하나 먹었습니다. ➡ J'en ai mangé deux. 그것을 두 개 먹었습니다.

Il y a eu quatre chaises ? 의자가 네 개였나요? / Combien de chaises y a-t-il eu ? 몇 개의 의자가 있었나요?
➡ Il y en a eu trois. 그것이 세 개 있었습니다. ➡ Il n'y en a pas eu quatre. 그것이 네 개 있지 않았습니다.

Il y a eu beaucoup d'enfants ? 아이들이 많았나요? /
Combien d'enfants y a-t-il eu ? 몇 명의 아이들이 있었나요?
➡ Il y en a eu beaucoup. 많이 있었습니다. ➡ Il n'y en a pas eu beaucoup. 많이 있지 않았습니다.

🌙 반과거 시제에서 사용

Tu mangeais de la salade ? 샐러드를 먹고 있었어?
➡ J'en mangeais. 그것을 먹고 있었다. ➡ Je n'en mangeais pas. 그것을 먹고 있지 않았다.

Vous buviez du vin ? 와인을 마시고 계셨어요?
➡ J'en buvais. 그것을 마시고 있었습니다. ➡ Je n'en buvais pas. 그것을 마시고 있지 않았습니다.

Il y avait de l'eau ? 물이 있었나요?
➡ Il y en avait. 그것이 있었습니다. ➡ Il n'y en avait pas. 그것이 있지 않았습니다.

Vous parliez de votre travail ? 당신의 일에 대해 말하고 계셨나요? /
Vous en parliez ? 그것에 대해 말하고 계셨나요?
➡ J'en parlais. 그것에 대해 말하고 있었어요. ➡ Je n'en parlais pas. 그것에 대해 말하고 있지 않았어요.

Vous faisiez de la musique ? 음악을 하셨었나요? / Vous en faisiez ? 그것을 하셨었나요?
➡ J'en faisais. 그것을 했습니다. ➡ Je n'en faisais pas. 그것을 하지 않았습니다.

Tu avais des frères et sœurs ? 형제자매가 있었니? / Tu en avais ? 그들이 있었니?
➡ J'en avais. 그들이 있었어요. ➡ Je n'en avais pas 그들이 있지 않았어요.

Tu faisais du tennis ? 테니스를 했었니? / Tu en faisais ? 그것을 했었니?
➡ J'en faisais. 그것을 했습니다. ➡ Je n'en faisais pas. 그것을 하지 않았습니다.

Je vous remerciais de m'inviter. 저를 초대해 주셔서 감사하고 있었습니다.
➡ Je vous en remerciais. 그것에 대해 감사하고 있었습니다.

J'étais ravi de vous rencontrer. 당신을 만나서 기뻤었습니다.
➡ J'en étais ravi. 그래서 기뻤었습니다.

J'étais content d'être ici. 여기 있어서 기뻤었습니다.
➡ J'en étais content. 그래서 기뻤었습니다.

Combien de pommes mangiez-vous ? 몇 개의 사과를 드셨었나요?
➡ J'en mangeais une. 그것을 하나 먹었었습니다. / J'en mangeais deux. 그것을 두 개 먹었었습니다.

Il y avait quatre chaises ? 의자가 네 개 있었나요? /
Combien de chaises y avait-il ? 몇 개의 의자가 있었나요?
➡ Il y en avait trois. 그것이 세 개 있었습니다. / Il n'y en avait pas quatre. 그것이 네 개 있지 않았었습니다.

Il y avait beaucoup d'enfants ? 아이들이 많았나요? /
Combien d'enfants y avait-il ? 몇 명의 아이들이 있었나요?
➡ Il y en avait beaucoup. 많이 있었습니다. ➡ Il n'y en avait pas beaucoup. 많이 있지 않았습니다.

근접미래 시제에서 사용

Tu vas manger de la salade ? 샐러드를 먹을 거야?
➡ Je vais en manger. 그것을 먹을 것이다. ➡ Je ne vais pas en manger. 그것을 먹지 않을 것이다.

Vous allez boire du vin ? 와인을 마실 겁니까?
➡ Je vais en boire. 그것을 마실 겁니다. ➡ Je ne vais pas en boire. 그것을 마시지 않을 겁니다.

Il va y avoir de l'eau ? 물이 있을 건가요?
➡ Il va y en avoir. 그것이 있을 겁니다. ➡ Il ne va pas y en avoir. 그것이 있지 않을 겁니다.

Vous allez parler de votre travail ? 당신의 일에 대해 말하실 겁니까? /
Vous allez en parler ? 그것에 대해 말하실 겁니까?
➡ Je vais en parler. 그것에 대해 말할 겁니다. ➡ Je ne vais pas en parler. 그것에 대해 말하지 않을 겁니다.

Vous allez faire de la musique ? 음악을 하실 건가요? / Vous allez en faire ? 그것을 하실 건가요?
➡ Je vais en faire. 그것을 할 겁니다. ➡ Je ne vais pas en faire. 그것을 하지 않을 겁니다.

Tu vas avoir des frères et sœurs ? 형제자매가 있을 건가요? / Tu vas en avoir ? 그들이 있을 건가요?
➡ Je vais en avoir. 그들이 있을 겁니다. ➡ Je ne vais pas en avoir. 그들이 있지 않을 겁니다.

Tu vas faire du tennis ? 테니스를 할 거니? / Tu vas en faire ? 그것을 할 거니?
➡ Je vais en faire. 그것을 할 겁니다. ➡ Je ne vais pas en faire. 그것을 하지 않을 겁니다.

Je vais vous remercier de m'inviter. 저를 초대해 주시면 감사하겠습니다
➡ Je vais vous en remercier. 그것에 대해 감사합니다.

Je vais être ravi de vous rencontrer. 당신을 만나서 기쁠 겁니다.
➡ Je vais en être ravi. 그래서 기쁠 겁니다.

Je vais être content d'être ici. 여기 있어서 기쁠 겁니다.
➡ Je vais en être content. 그래서 기쁠 겁니다.

Combien de pommes allez-vous manger ? 몇 개의 사과를 드실 건가요?
➡ Je vais en manger une. 그것을 하나 먹을 겁니다.
➡ Je vais en manger deux. 그것을 두 개 먹을 겁니다.

Il va y avoir quatre chaises ? 의자가 네 개일 건가요? /
Combien de chaises va-t-il y avoir ? 몇 개의 의자가 있을 건가요?
➡ Il va y en avoir trois. 그것이 세 개 있을 겁니다.
➡ Il ne va pas y en avoir quatre. 그것이 네 개 있지 않을 겁니다.

Il va y avoir beaucoup d'enfants ? 아이들이 많을 건가요? /
Combien d'enfants va-t-il y avoir ? 몇 명의 아이들이 있을 건가요?
➡ Il va y en avoir beaucoup. 많이 있을 겁니다.
➡ Il ne va pas y en avoir beaucoup. 많이 있지 않을 겁니다.

🌙 단순미래 시제에서 사용

Tu mangeras **de la salade** ? 샐러드를 먹을 거야?
➡ J'**en** mangerai. 그것을 먹을 거야. ➡ Je n'**en** mangerai pas. 그것을 먹지 않을 거야.

Vous boirez **du vin** ? 와인을 마실 겁니까?
➡ J'**en** boirai. 그것을 마실 겁니다. ➡ Je n'**en** boirai pas. 그것을 마시지 않을 겁니다.

Il y aura **de l'eau** ? 물이 있을 건가요?
➡ Il y **en** aura. 그것이 있을 겁니다. ➡ Il n'y **en** aura pas. 그것이 있지 않을 겁니다.

Vous parlerez **de votre travail** ? 당신의 일에 대해 말하실 겁니까? /
Vous **en** parlerez ? 그것에 대해 말하실 겁니까?
➡ J'**en** parlerai. 그것에 대해 말할 겁니다. ➡ Je n'**en** parlerai pas. 그것에 대해 말하지 않을 겁니다.

Vous ferez **de la musique** ? 음악을 하실 건가요? / Vous **en** ferez ? 그것을 하실 건가요?
➡ J'**en** ferai. 그것을 할 겁니다. ➡ Je n'**en** ferai pas. 그것을 하지 않을 겁니다.

Tu auras **des frères et sœurs** ? 형제자매가 있을 건가요? / Tu **en** auras ? 그들이 있을 건가요?
➡ J'**en** aurai. 그들이 있을 겁니다. ➡ Je n'**en** aurai pas. 그들이 있지 않을 겁니다.

Tu feras **du tennis** ? 테니스를 할 거니? / Tu **en feras** ? 그것을 할 거니?
➡ J'**en** ferai. 그것을 할 겁니다. ➡ Je n'**en** ferai pas. 그것을 하지 않을 겁니다.

Je vous remercierai **de m'inviter**. 저를 초대해 주셔서 감사합니다.
➡ Je vous **en** remercierai. 그것에 대해 감사합니다.

Je serai ravi **de vous rencontrer**. 당신을 만나서 기쁠 겁니다.
➡ J'**en** serai ravi. 그래서 기쁠 겁니다.

Je serai content **d'être ici**. 여기 있어서 기쁠 겁니다
➡ J'**en** serai content. 그래서 기쁠 겁니다.

Combien de pommes mangerez-vous ? 몇 개의 사과를 드실 건가요?
➡ J'**en** mangerai **une**. 그것을 하나 먹을 겁니다.
➡ J'**en** mangerai **deux**. 그것을 두 개 먹을 겁니다.

Il y aura quatre chaises ? 의자가 네 개일 건가요? /
Combien de chaises y aura-t-il ? 몇 개의 의자가 있을 건가요?
➡ Il y **en** aura **trois**. 그것이 세 개 있을 겁니다.
➡ Il n'y **en** aura pas **quatre**. 그것이 네 개 있지 않을 겁니다.

Il y aura beaucoup d'enfants ? 아이들이 많을 건가요? /
Combien d'enfants y aura-t-il ? 몇 명의 아이들이 있을 건가요?
➡ Il y **en** aura **beaucoup**. 많이 있을 겁니다.
➡ Il n'y **en** aura pas **beaucoup**. 많이 있지 않을 겁니다.

1 중성대명사 y를 이용해서 문장을 만들어 보세요.

(1) Je suis à l'école. → _______________

(2) J'ai été à l'école. → _______________

(3) J'étais à l'école. → _______________

(4) Je vais être à l'école. → _______________

(5) Je serai à l'école. → _______________

(6) Je vais sur la terrasse. → _______________

(7) Je suis allé sur la terrasse. → _______________

(8) Je travaille dans cette entreprise. → _______________

(9) J'ai travaillé dans cette entreprise. → _______________

(10) Je vais en cours. → _______________

(11) Je vais aller en cours. → _______________

(12) Comment tu vas à l'école ? → _______________

(13) Comment tu iras à l'école ? → _______________

(14) Je ne vais pas à l'école en bus. → _______________

(15) Je n'allais pas à l'école en bus. → _______________

(16) Je pense à mon pays. → _______________

(17) Je pensais à mon pays. → _______________

(18) Je ne répondrai pas à cette annonce. → _______________

(19) Je vais en cours. → _______________

(20) Nous arrivons à la fin. → _______________

2 중성대명사 en을 이용해서 문장을 만들어 보세요.

(1) Tu manges de la salade. →

(2) Tu ne manges pas de salade. →

(3) Vous parlez de votre travail. →

(4) Vous ne parlez pas de votre travail. →

(5) Je vous remercie de m'inviter. →

(6) Tu as mangé de la salade. →

(7) Tu n'as pas mangé de salade. →

(8) Il y a eu de l'eau. →

(9) Il n'y a pas eu d'eau. →

(10) Vous faisiez de la musique. →

(11) Vous ne faisiez pas de musique. →

(12) J'étais ravi de vous rencontrer. →

(13) J'étais ravi de vous rencontrer. →

(14) J'étais ravi de vous rencontrer. →

(15) Je vais parler de mon travail. →

(16) Tu feras du tennis ? →

(17) Je ne ferai pas de tennis. →

(18) Je serai ravi de vous rencontrer. →

(19) Il y a beaucoup d'enfants. →

(20) Je mange une pomme. →

me	나를	nous	우리를
te	너를	vous	당신을/너희들을
le	그를/그것을	les	그들을/그녀들을/그것들을
la	그녀를/그것을		

Je regarde le sac. 그 가방을 봅니다. ★이 문장에서 le sac를 반복하지 않기 위해 '그것을'을 사용합니다.
➡ Je le regarde. 그것을 봅니다. ➡ Je ne le regarde pas. 그것을 보지 않습니다.

J'aime Marc. 마크를 좋아합니다. ★직접목적보어인칭대명사 le는 사람에게도 적용됩니다.
➡ Je l'aime. 그를 좋아합니다. ➡ Je ne l'aime pas. 그를 좋아하지 않습니다.

Je regarde la robe. 그 원피스를 봅니다. ★여성명사의 경우 la를 사용합니다.
➡ Je la regarde. 그것을 봅니다. ➡ Je ne la regarde pas. 그것을 보지 않습니다.

J'aime Sophie. 소피를 좋아합니다.
➡ Je l'aime. 그녀를 좋아합니다. ➡ Je ne l'aime pas. 그녀를 좋아하지 않습니다.

Je regarde les enfants. 아이들을 봅니다.
➡ Je les regarde. 그들을 봅니다. ➡ Je ne les regarde pas. 그들을 보지 않습니다.

J'aime les animaux. 동물들을 좋아합니다.
➡ Je les aime. 그들을 좋아합니다. ➡ Je ne les aime pas. 그들을 좋아하지 않습니다.

직접목적보어인칭대명사를 이용해서 다양한 문장들을 만들어 봅시다.

Il me regarde. 그는 나를 봅니다.
Je le/la regarde. 나는 그를/그녀를/그것을 봅니다.
Nous vous regardons. 우리는 당신을 봅니다.
Vous les regardez. 당신은 그들을/그녀들을/그것들을 봅니다.
Ils/Elles les regardent. 그들은/그녀들은 그들을 봅니다.

Elle te regarde. 그녀는 너를 본다.
Tu nous regardes. 너는 우리를 본다.

Il m'appelle. 그는 나를 부릅니다.
Je l'appelle. 나는 그를 부릅니다.
Nous vous appelons. 우리는 당신을 부릅니다.
Vous les appelez. 당신은 그들을 부릅니다.
Ils/Elles les appellent. 그들은/그녀들은 그들을 부릅니다.

Elle t'appelle. 그녀는 너를 부른다.
Tu nous appelles. 너는 우리를 부른다.

Il m'aime. 그는 나를 좋아합니다.
Je l'aime. 나는 그를 좋아합니다.
Nous vous aimons. 우리는 당신을 좋아합니다.
Vous les aimez. 당신은 그들을 좋아합니다.
Ils/Elles les aiment. 그들은/그녀들은 그들을 좋아합니다.

Elle t'aime. 그녀는 너를 좋아한다.
Tu nous aimes. 너는 우리를 좋아한다.

Il **m**'attend. 그는 나를 기다립니다.
Je **l**'attends. 나는 그를 기다린다.
Nous **vous** attendons. 우리는 당신을 기다립니다.
Vous **les** attendez. 당신은 그들을 기다립니다.
Ils/Elles **les** attendent. 그들은/그녀들은 그들을 기다립니다.

Elle **t**'attend. 그녀는 너를 기다린다.
Tu **nous** attends. 너는 우리를 기다린다.

직접목적보어인칭대명사를 이용해서 질문을 만들어 봅시다.

그들을 보고 있나요?	Est-ce que vous **les** regardez ?	**Les** regardez-vous ?
그들이 우리를 부르나요?	Est-ce qu'ils **nous** appellent ?	**Nous** appellent-ils ?
너는 나를 사랑하니?	Est-ce que tu **m**'aimes ?	**M**'aimes-tu ?
그는 그녀를 기다리나요?	Est-ce qu'il **l**'attend ?	**L**'attend-il ?

🌙 복합과거 시제에서 사용

J'ai regardé **le sac**. 그 가방을 봤습니다. ★직접목적보어인칭대명사 le를 조동사 앞에 위치합니다.
➡ Je **l**'ai regardé. 그것을 봤습니다. ➡ Je ne **l**'ai pas regardé. 그것을 보지 않았습니다.

J'ai aimé **Marc**. 마크를 좋아했습니다.
➡ Je **l**'ai aimé. 그를 좋아했습니다. ➡ Je ne **l**'ai pas aimé. 그를 좋아하지 않았습니다.

★ 주의: 복합과거일 때 직접목적보어인칭대명사가 동사보다 앞에 위치한 경우, 과거분사를 직접목적보어
인칭대명사의 성과 수에 일치시켜 합니다.

J'ai regardé **la robe**. 그 원피스를 봤습니다. ★la robe가 여성명사이기 때문에 과거분사에 e를 추가합니다.
➡ Je **l**'ai regardé**e**. 그것을 봤습니다. ➡ Je ne **l**'ai pas regardé**e**. 그것을 보지 않았습니다.

J'ai aimé **Sophie**. 소피를 좋아했습니다.
➡ Je **l**'ai aimé**e**. 그녀를 좋아했습니다. ➡ Je ne **l**'ai pas aimé**e**. 그녀를 좋아하지 않았습니다.

J'ai regardé **les enfants**. 아이들을 봤습니다. ★les enfants이 복수명사이기 때문에 과거분사에 s를 추가합니다.
➡ Je **les** ai regardé**s**. 그들을 봤습니다. ➡ Je ne **les** ai pas regardé**s**. 그들을 보지 않았습니다.

J'ai aimé **les animaux**. 동물들을 좋아했습니다.
➡ Je **les** ai aimé**s**. 그들을 좋아했습니다. ➡ Je ne **les** ai pas aimé**s**. 그들을 좋아하지 않았습니다.

직접목적보어인칭대명사를 이용해서 다양한 문장들을 만들어 봅시다.

Il m'a regardé. 그는 나를 보았습니다. ★me가 여성일 경우, regardé에 e를 추가해야 합니다.
Elle t'a regardé. 그녀는 너를 보았다. ★te가 여성일 경우, regardé에 e를 추가해야 합니다.
Je l'ai regardé. 나는 그를/그녀를/그것을 보았습니다. ★la일 경우, regardé에 e를 추가해야 합니다.
Tu nous as regardés. 너는 우리를 보았다. ★nous가 여성 복수일 경우, regardé에 es를 추가해야 합니다.
Nous vous avons regardé. 우리는 당신을 보았습니다.
★vous의 성과 수에 따라 regardé에 e/s/es를 추가해야 합니다.
Vous les avez regardés. 당신은 그들을/그녀들을/그것들을 보았습니다.
★les가 여성일 경우, regardé에 es를 추가해야 합니다.
Ils/Elles les ont regardés. 그들은/그녀들은 그들을 보았습니다.
★les가 여성일 경우, regardé에 es를 추가해야 합니다.

Il m'a aimé. 그는 나를 좋아했습니다.   Elle t'a aimé. 그녀는 너를 좋아했다.
Je l'ai aimé. 나는 그를 좋아했습니다.   Tu nous as aimés. 너는 우리를 좋아했다.
Nous vous avons aimé. 우리는 당신을 좋아했습니다.
Vous les avez aimés. 당신은 그들을 좋아했습니다.
Ils/Elles les ont aimés. 그들은/그녀들은 그들을 좋아했습니다.

Il m'a aimé. 그는 나를 좋아했습니다.   Elle t'a aimé. 그녀는 너를 좋아했다.
Je l'ai aimé. 나는 그를 좋아했습니다.   Tu nous as aimés. 너는 우리를 좋아했다.
Nous vous avons aimé. 우리는 당신을 좋아했습니다.
Vous les avez aimés. 당신은 그들을 좋아했습니다.
Ils/Elles les ont aimés. 그들은/그녀들은 그들을 좋아했습니다.

Il m'a attendu. 그는 나를 기다렸습니다.   Elle t'a attendu. 그녀는 너를 기다렸다.
Je l'ai attendu. 나는 그를 기다렸습니다.   Tu nous as attendus. 너는 우리를 기다렸다.
Nous vous avons attendu. 우리는 당신을 기다렸습니다.
Vous les avez attendus. 당신은 그들을 기다렸습니다.
Ils/Elles les ont attendus. 그들은/그녀들은 그들을 기다렸습니다.

직접목적보어인칭대명사를 이용해서 다양한 문장들을 만들어 봅시다.

그들을 보았나요?	Est-ce que vous les avez regardés ?	Les avez-vous regardés ?
그들이 우리를 불렀나요?	Est-ce qu'ils nous ont appelés ?	Nous ont-ils appelés ?
너는 나를 사랑했니?	Est-ce que tu m'as aimé ?	M'as-tu aimé ?
그는 그녀를 기다렸나요?	Est-ce qu'il l'a attendue ?	L'a-t-il attendue ?

🌙 반과거 시제에서 사용

Je regardais le sac. 그 가방을 보고 있었습니다.
➡ Je le regardais. 그것을 보고 있었습니다. ➡ Je ne le regardais pas. 그것을 보고 있지 않았습니다.

J'aimais Marc. 마크를 좋아하고 있었습니다.
➡ Je l'aimais. 그를 좋아하고 있었습니다. ➡ Je ne l'aimais pas. 그를 좋아하고 있지 않았습니다.

Je regardais la robe. 그 원피스를 보고 있었습니다.
➡ Je la regardais. 그것을 보고 있었습니다. ➡ Je ne la regardais pas. 그것을 보고 있지 않았습니다.

J'aimais Sophie. 소피를 좋아했었습니다.
➡ Je l'aimais. 그녀를 좋아했었습니다. ➡ Je ne l'aimais pas. 그녀를 좋아하지 않았었습니다.

Je regardais les enfants. 아이들을 보고 있었습니다.
➡ Je les regardais. 그들을 보고 있었습니다. ➡ Je ne les regardais pas. 그들을 보고 있지 않았습니다.

J'aimais les animaux. 동물들을 좋아했습니다.
➡ Je les aimais. 그들을 좋아하지 않았습니다. ➡ Je ne les aimais pas. 그들을 좋아하지 않았습니다.

직접목적보어인칭대명사를 이용해서 다양한 문장들을 만들어 봅시다.

Il me regardait. 그는 나를 보고 있었습니다. Elle te regardait. 그녀는 보고 있었습니다.
Je le/la regardais. 나는 그를/그녀를/그것을 보고 있었습니다. Tu nous regardais. 너는 우리를 보고 있었습니다.
Nous vous regardions. 우리는 당신을 보고 있었습니다.
Vous les regardiez. 당신은 그들을/그녀들을/그것들을 보고 있었습니다.
Ils/Elles les regardaient. 그들은/그녀들은 그들을 보고 있었습니다.

Il m'appelait. 그는 나를 부르고 있었습니다. Elle t'appelait. 그녀는 너를 부르고 있었습니다.
Je l'appelais. 나는 그를 부르고 있었습니다. Tu nous appelais. 너는 우리를 부르고 있었습니다.
Nous vous appelions. 우리는 당신을 부르고 있었습니다.
Vous les appeliez. 당신은 그들을 부르고 있었습니다.
Ils/Elles les appelaient. 그들은/그녀들은 그들을 부르고 있었습니다.

Il m'aimait. 그는 나를 좋아하고 있었습니다. Elle t'aimait. 그녀는 너를 좋아하고 있었습니다.
Je l'aimais. 나는 그를 좋아하고 있었습니다. Tu nous aimais. 너는 우리를 좋아하고 있었습니다.
Nous vous aimions. 우리는 당신을 좋아하고 있었습니다.
Vous les aimiez. 당신은 그들을 좋아하고 있었습니다.
Ils/Elles les aimaient. 그들은/그녀들은 그들을 좋아하고 있었습니다.

Il m'attendait. 그는 나를 기다리고 있었습니다.
Elle t'attendait. 그녀는 너를 기다리고 있었습니다.
Je l'attendais. 나는 그를 기다리고 있었습니다.
Tu nous attendais. 너는 우리를 기다리고 있었습니다.
Nous vous attendions. 우리는 당신을 기다리고 있었습니다.
Vous les attendiez. 당신은 그들을 기다리고 있었습니다.
Ils/Elles les attendaient. 그들은/그녀들은 그들을 기다리고 있었습니다.

직접목적보어인칭대명사를 이용해서 다양한 문장들을 만들어 봅시다.

그들을 보고 있었나요?	Est-ce que vous les regardiez ?	Les regardiez-vous ?
그들이 우리를 부르고 있었나요?	Est-ce qu'ils nous appelaient ?	Nous appelaient-ils ?
너는 나를 사랑하고 있었니?	Est-ce que tu m'aimais ?	M'aimais-tu ?
그는 그녀를 기다리고 있었나요?	Est-ce qu'il l'attendait ?	L'attendait-il ?

☾ 근접미래 시제에서 사용

Je vais regarder le sac. 그 가방을 볼 겁니다.
★근접미래에서는 직접목적보어인칭대명사가 조동사 뒤에 위치합니다.
➡ Je vais le regarder. 그것을 볼 겁니다. ➡ Je ne vais pas le regarder. 그것을 보지 않을 겁니다.

Je vais aimer Marc. 마크를 좋아할 겁니다.
➡ Je vais l'aimer. 그를 좋아할 겁니다. ➡ Je ne vais pas l'aimer. 그를 좋아하지 않을 겁니다.

Je vais regarder la robe. 그 원피스를 볼 겁니다.
➡ Je vais la regarder. 그것을 볼 겁니다. ➡ Je ne vais pas la regarder. 그것을 보지 않을 겁니다.

Je vais aimer Sophie. 소피를 좋아할 겁니다.
➡ Je vais l'aimer. 그녀를 좋아할 겁니다. ➡ Je ne vais pas l'aimer. 그녀를 좋아하지 않을 겁니다.

Je vais regarder les enfants. 아이들을 볼 겁니다.
➡ Je vais les regarder. 그들을 볼 겁니다. ➡ Je ne vais pas les regarder. 그들을 보지 않을 겁니다.

Je vais aimer les animaux. 동물들을 좋아할 겁니다.
➡ Je vais les aimer. 그들을 좋아할 겁니다. ➡ Je ne vais pas les aimer. 그들을 좋아하지 않을 겁니다.

직접목적보어인칭대명사를 이용해서 다양한 문장들을 만들어 봅시다.

Il va me regarder. 그는 나를 볼 겁니다.　　　　Elle va te regarder. 그녀는 너를 볼 겁니다.
Je vais le/la regarder. 나는 그를/그녀를/그것을 볼 겁니다.　Tu vas nous regarder. 너는 우리를 볼 겁니다.
Nous allons vous regarder. 우리는 당신을 볼 겁니다.
Vous allez les regarder. 당신은 그들을/그녀들을/그것들을 볼 겁니다.
Ils/Elles vont les regarder. 그들은/그녀들은 그들을 볼 겁니다.

Il va m'appeler. 그는 나를 부를 겁니다.　　　　Elle va t'appeler. 그녀는 너를 부를 겁니다.
Je vais l'appeler. 나는 그를 부를 겁니다.　　　Tu vas nous appeler. 너는 우리를 부를 겁니다.
Nous allons vous appeler. 우리는 당신을 부를 겁니다.
Vous allez les appeler. 당신은 그들을 부를 겁니다.
Ils/Elles vont les appeler. 그들은/그녀들은 그들을 부를 겁니다.

Il va **m**'aimer. 그는 나를 좋아할 겁니다.
Elle va **t**'aimer. 그녀는 너를 좋아할 겁니다.
Je vais **l**'aimer. 나는 그를 좋아할 겁니다.
Tu vas **nous** aimer. 너는 우리를 좋아할 겁니다.
Nous allons **vous** aimer. 우리는 당신을 좋아할 겁니다.
Vous allez **les** aimer. 당신은 그들을 좋아할 겁니다.
Ils/Elles vont **les** aimer. 그들은/그녀들은 그들을 좋아할 겁니다.

Il va **m**'attendre. 그는 나를 기다릴 겁니다.
Elle va **t**'attendre. 그녀는 너를 기다릴 겁니다.
Je vais **l**'attendre. 나는 그를 기다릴 겁니다.
Tu vas **nous** attendre. 너는 우리를 기다릴 겁니다.
Nous allons **vous** attendre. 우리는 당신을 기다릴 겁니다.
Vous allez **les** attendre. 당신은 그들을 기다릴 겁니다.
Ils/Elles vont **les** attendre. 그들은/그녀들은 그들을 기다릴 겁니다.

직접목적보어인칭대명사를 이용해서 질문을 만들어 봅시다.

그들을 보실 건가요?	Est-ce que vous allez **les** regarder ?	Allez-vous **les** regarder ?
그들이 우리를 부를 건가요?	Est-ce qu'ils vont **nous** appeler ?	Vont-ils **nous** appeler ?
너는 나를 사랑할 거니?	Est-ce que tu vas **m**'aimer ?	Vas-tu **m**'aimer ?
그는 그녀를 기다릴 건가요?	Est-ce qu'il va **l**'attendre ?	Va-t-il **l**'attendre ?

🌙 단순미래 시제에서 사용

Je regarderai **le sac**. 그 가방을 볼 겁니다.
➡ Je **le** regarderai. 그것을 볼 겁니다. ➡ Je ne **le** regarderai pas. 그것을 보지 않을 겁니다.

J'aimerai **Marc**. 마크를 좋아할 겁니다.
➡ Je **l**'aimerai. 그를 좋아할 겁니다. ➡ Je ne **l**'aimerai pas. 그를 좋아하지 않을 겁니다.

Je regarderai **la robe**. 그 원피스를 볼 겁니다.
➡ Je **la** regarderai. 그것을 볼 겁니다. ➡ Je ne **la** regarderai pas. 그것을 보지 않을 겁니다.

J'aimerai **Sophie**. 소피를 좋아할 겁니다.
➡ Je **l**'aimerai. 그녀를 좋아할 겁니다. ➡ Je ne **l**'aimerai pas. 그녀를 좋아하지 않을 겁니다.

Je regarderai **les enfants**. 아이들을 볼 겁니다.
➡ Je **les** regarderai. 그들을 볼 겁니다. ➡ Je ne **les** regarderai pas. 그들을 보지 않을 겁니다.

J'aimerai **les animaux**. 동물들을 좋아할 겁니다.
➡ Je **les** aimerai. 그들을 좋아할 겁니다. ➡ Je ne **les** aimerai pas. 그들을 좋아하지 않을 겁니다.

직접목적보어인칭대명사

직접목적보어인칭대명사를 이용해서 다양한 문장들을 만들어 봅시다.

Il **me** regardera. 그는 나를 볼 겁니다.
Je **le/la** regarderai. 나는 그를/그녀를/그것을 볼 겁니다.
Nous **vous** regarderons. 우리는 당신을 볼 겁니다.
Vous **les** regarderez. 당신은 그들을/그녀들을/그것들을 볼 겁니다.
Ils/Elles **les** regarderont. 그들은/그녀들은 그들을 볼 겁니다.

Elle **te** regardera. 그녀는 너를 볼 겁니다.
Tu **nous** regarderas. 너는 우리를 볼 겁니다.

Il **m'**appellera. 그는 나를 부를 겁니다.
Je **l'**appellerai. 나는 그를 부를 겁니다.
Nous **vous** appellerons. 우리는 당신을 부를 겁니다.
Vous **les** appellerez. 당신은 그들을 부를 겁니다.
Ils/Elles **les** appelleront. 그들은/그녀들은 그들을 부를 겁니다.

Elle **t'**appellera. 그녀는 너를 부를 겁니다.
Tu **nous** appelleras. 너는 우리를 부를 겁니다.

Il **m'**aimera. 그는 나를 좋아할 겁니다.
Je **l'**aimerai. 나는 그를 좋아할 겁니다.
Nous **vous** aimerons. 우리는 당신을 좋아할 겁니다.
Vous **les** aimerez. 당신은 그들을 좋아할 겁니다.
Ils/Elles **les** aimeront. 그들은/그녀들은 그들을 좋아할 겁니다.

Elle **t'**aimera. 그녀는 너를 좋아할 겁니다.
Tu **nous** aimeras. 너는 우리를 좋아할 겁니다.

Il **m'**attendra. 그는 나를 기다릴 겁니다.
Je **l'**attendrai. 나는 그를 기다릴 겁입니다.
Nous **vous** attendrons. 우리는 당신을 기다릴 겁니다.
Vous **les** attendrez. 당신은 그들을 기다릴 겁니다.
Ils/Elles **les** attendront. 그들은/그녀들은 그들을 기다릴 겁니다.

Elle **t'**attendra. 그녀는 너를 기다릴 겁니다.
Tu **nous** attendras. 너는 우리를 기다릴 겁니다.

직접목적보어인칭대명사를 이용해서 다양한 문장들을 만들어 봅시다.

그들을 보실 건가요?	Est-ce que vous **les** regarderez ?	**Les** regarderez-vous ?
그들이 우리를 부를 건가요?	Est-ce qu'ils **nous** appelleront ?	**Nous** appelleront-ils ?
너는 나를 사랑할 거니?	Est-ce que tu **m'**aimeras ?	**M'**aimeras-tu ?
그는 그녀를 기다릴건가요?	Est-ce qu'il **l'**attendra ?	**L'**attendra-t-il ?

1 직접목적보어인칭대명사를 이용해서 문장을 만들어 보세요.

(1) Je regarde le sac. → _________________

(2) Je ne regarde pas le sac. → _________________

(3) J'aime Sophie. → _________________

(4) Je n'aime pas Sophie. → _________________

(5) Il attend Sophie. → _________________

(6) Il n'attend pas Sophie. → _________________

(7) J'ai regardé le sac. → _________________

(8) Je n'ai pas regardé le sac. → _________________

(9) J'ai aimé Sophie. → _________________

(10) Je n'ai pas aimé Sophie. → _________________

(11) Il a attendu Sophie. → _________________

(12) Il n'a pas attendu Sophie. → _________________

(13) Je regardais le sac. → _________________

(14) Je ne regardais pas le sac. → _________________

(15) J'aimais Sophie. → _________________

(16) Je n'aimais pas Sophie. → _________________

(17) Il attendait Sophie. → _________________

(18) Il n'attendait pas Sophie. → _________________

(19) Je vais regarder le sac. → _________________

(20) Je ne vais pas regarder le sac. → _________________

(21) Je vais aimer Sophie. → _________________

(22) Je ne vais pas aimer Sophie. → _________________

(23) Il va attendre Sophie ? → _________________

(24) Il ne va pas attendre Sophie ? → _________________

(25) Je regarderai le sac. → _________________

간접목적보어인칭대명사

me 나에게	**nous** 우리에게
te 너에게	**vous** 당신에게/너희들에게
lui 그에게/그녀에게/그것에게	**leur** 그들에게/그녀들에게/그것들에게

우선 간접목적보어인칭대명사를 사용하기 위해서는 parler à ~ 표현을 예로 들어 봅시다. parler à ~는 '~ 에게 말하다'라는 뜻입니다. 예를 들어, Je parle à Phillipe.는 '나는 필립에게 말을 합니다'라는 뜻이죠. à Phillipe를 반복하지 않고 생략하고 싶다면 간접목적보어인칭대명사를 사용해야 합니다. 전치사 à가 있 는 절이기 때문에 직접목적보어인칭대명사가 아닌, 간접목적보어인칭대명사를 사용합니다.

Je parle à Phillipe. 나는 필립에게 말을 합니다.

➡ Je lui parle. 나는 그에게 말을 합니다. ➡ Je ne lui parle pas. 나는 그에게 말을 하지 않습니다.

Je parle à Sophie. 나는 소피에게 말합니다.

★여성의 경우, 남성형과 같이 lui가 됩니다, 여성형이 따로 없습니다.

➡ Je lui parle. 나는 그녀에게 말을 합니다. ➡ Je ne lui parle pas. 나는 그녀에게 말을 하지 않습니다.

Je parle à Phillipe et Sophie. 나는 필립과 소피에게 말합니다.

★복수의 경우, leur(그들에게)를 사용합니다.

➡ Je leur parle. 나는 그들에게 말을 합니다. ➡ Je ne leur parle pas. 나는 그들에게 말을 하지 않습니다.

---

parler à ~ : ～에게 말하다

Il parle à moi.	➡ Il me parle. 그는 나에게 말한다.
Elle parle à toi.	➡ Elle te parle. 그녀는 너에게 말한다.
Je parle à lui.	➡ Je lui parle. 나는 그에게 말한다.
Tu parles à nous.	➡ Tu nous parles. 너는 우리에게 말한다.
Nous parlons à vous.	➡ Nous vous parlons. 우리는 당신에게 말한다.
Vous parlez à eux.	➡ Vous leur parlez. 당신은 그들에게 말한다.
Ils/Elles parlent à eux.	➡ Ils/Elles leur parlent. 그들은/그녀들은 그들에게 말한다.

---

demander à ~ : ～에게 물어보다

Il demande à moi.	➡ Il me demande. 그는 나에게 물어본다.
Elle demande à toi.	➡ Elle te demande. 그녀는 너에게 물어본다.
Je demande à lui.	➡ Je lui demande. 나는 그에게 물어본다.
Tu demandes à nous.	➡ Tu nous demandes. 너는 우리에게 물어본다.
Nous demandons à vous.	➡ Nous vous demandons. 우리는 당신에게 물어본다.
Vous demandez à eux.	➡ Vous leur demandez. 당신은 그들에게 물어본다.
Ils/Elles demandent à eux.	➡ Ils/Elles leur demandent. 그들은/그녀들은 그들에게 물어본다.

demander à ~ : ~에게 물어보다
Je demande au professeur. 선생님에게 물어본다. ➡ Je lui demande. 그에게 물어본다.

téléphoner à ~ : ~에게 전화하다
Elle téléphone à Pierre. 피에르에게 전화한다. ➡ Elle lui téléphone. 그에게 전화한다.

dire à ~ : ~에게 말하다 ★parler는 영어의 speak, 그리고 dire는 영어의 tell에 해당합니다.
Tu dis à ta maman. 너의 엄마에게 말한다. ➡ Tu lui dis. 그녀에게 말한다.

donner à ~ : ~에게 주다
Nous donnons à vous. 당신에게 준다. ➡ Nous vous donnons. 당신에게 준다.

écrire à ~ : ~에게 글을 쓰다
Il écrit à sa copine. 그의 여자친구에게 글을 쓴다. ➡ Il lui écrit. 그녀에게 글을 쓴다.

répondre à ~ : ~에게 대답하다
Vous répondez aux étudiants. 학생들에게 대답한다. ➡ Vous leur répondez. 그들에게 대답한다.

envoyer à ~ : ~에게 보내다
J'envole ce colls à mes parents. 이 소포를 나의 부모님께 보낸다. ➡ Je leur envoie ce colis. 그들에게 이 소포를 보낸다.

offrir à ~ : ~에게 선물하다
J'offre ce stylo à toi. 이 볼펜을 너에게 선물한다. ➡ Je t'offre ce stylo. 이 볼펜을 너에게 선물한다.

직접목적보어인칭대명사와 간접목적보어인칭대명사를 동시에 사용해서 문장을 만들 수 있는 경우도 있습니다. 그럴 때는 간접목적보어인칭대명사가 먼저 오고, 그다음에 직접목적보어인칭대명사가 옵니다.

주어 +	me te se nous vous se	le la les	lui leur	y/en + 동사

간접목적보어인칭대명사

예를 들어 '그는 나에게 그것을 준다.'라는 문장은 Il me le donne.가 됩니다. 앞의 표에서처럼 me가 먼저 오고 그다음에 le가 옵니다. 하지만 3인칭 lui, leur의 경우, le의 뒤에 와야 합니다. 예를 들면 '나는 그에게 그것을 준다.'는 문장은 Je le lui donne.가 되는 것입니다. lui, leur만 직접목적보어인칭대명사의 뒤에 위치한다는 것, 꼭 기억하세요.

Je donne la clé de la maison à Marie. 마리에게 집 열쇠를 준다.

➡ Je lui donne la clé de la maison. 그녀에게 집 열쇠를 준다.

➡ Je la donne à Marie. 마리에게 그것을 준다.

➡ Je la lui donne. 그것을 그녀에게 준다.

J'offre ce cadeau à mes enfants. 이 선물을 나의 아이들에게 준다.

➡ Je leur offre ce cadeau. 그들에게 이 선물을 준다.

➡ Je l'offre à mes enfants. 이것을 나의 아이들에게 준다.

➡ Je le leur offre. 이것을 그들에게 준다.

또한, en 또는 y의 경우, 간접목적보어인칭대명사 뒤에 오게 됩니다.

Je ne parle pas à Philiipe de son histoire avec Sophie. 소피와의 이야기를 필립에게 말하지 않는다.

➡ Je ne lui parle pas de son histoire avec Sophie. 소피와의 이야기를 그에게 말하지 않는다.

➡ Je n'en parle pas à Phillipe. 그것에 대해 필립에게 말하지 않는다.

➡ Je ne lui en parle pas. 그것에 대해 그에게 말하지 않는다.

🌙 복합과거 시제에서 사용

J'ai parlé à Phillipe. 나는 필립에게 말을 했다. ➡ Je lui ai parlé. 나는 그에게 말을 했다.

★간접목적보어인칭대명사가 조동사의 앞에 위치합니다.

➡ Je ne lui ai pas parlé. 나는 그에게 말을 하지 않았다.

★부정문의 경우 간접목적보어인칭대명사가 ne와 조동사의 사이에 위치합니다.

J'ai parlé à Sophie. 나는 소피에게 말했다.

➡ Je lui ai parlé. 나는 그녀에게 말을 했다. ➡ Je ne lui ai pas parlé. 나는 그녀에게 말을 하지 않았다.

J'ai parlé à Phillipe et Sophie. 나는 필립과 소피에게 말했다.

➡ Je leur ai parlé. 나는 그들에게 말을 했다. ➡ Je ne leur ai pas parlé. 나는 그들에게 말을 하지 않았다.

Il a parlé à moi.	➡ Il m'a parlé. 그는 나에게 말했다.
Elle a parlé à toi.	➡ Elle t'a parlé. 그녀는 너에게 말했다.
J'ai parlé à lui.	➡ Je lui ai parlé. 나는 그에게 말했다.
Tu as parlé à nous.	➡ Tu nous as parlé. 너는 우리에게 말했다.
Nous avons parlé à vous.	➡ Nous vous avons parlé. 우리는 당신에게 말했다.
Vous avez parlé à eux.	➡ Vous leur avez parlé. 당신은 그들에게 말했다.
Ils/Elles ont parlé à eux.	➡ Ils/Elles leur ont parlé. 그들은/그녀들은 그들에게 말했다.
Il a demandé à moi.	➡ Il m'a demandé. 그는 나에게 물어봤다.
Elle a demandé à toi.	➡ Elle t'a demandé. 그녀는 너에게 물어봤다.

J'ai demandé à lui. → Je lui ai demandé. 나는 그에게 물어봤다.
Tu as demandé à nous. → Tu nous as demandé. 너는 우리에게 물어봤다.
Nous avons demandé à vous. → Nous vous avons demandé. 우리는 당신에게 물어봤다.
Vous avez demandé à eux. → Vous leur avez demandé. 당신은 그들에게 물어봤다.
Ils/Elles ont demandé à eux. → Ils/Elles leur ont demandé. 그들은/그녀들은 그들에게 물어봤다.

J'ai demandé au professeur. 선생님에게 물어봤다.
→ Je lui ai demandé. 그에게 물어봤다.

Elle a téléphoné à Pierre. 피에르에게 전화했다.
→ Elle lui a téléphoné. 그에게 전화했다.

Tu as dit à ta maman. 너의 엄마에게 말했다.
→ Tu lui as dit. 그녀에게 말했다.

Nous avons donné à vous. 당신에게 주었다.
→ Nous vous avons donné. 당신에게 주었다.

Il a écrit à sa copine. 그의 여자친구에게 글을 썼다.
→ Il lui a écrit. 그녀에게 글을 썼다.

Vous avez répondu aux étudiants. 학생들에게 대답했다.
→ Vous leur avez répondu. 그들에게 대답했다.

Vous avez répondu aux étudiants. 학생들에게 대답했다.
→ Vous leur avez répondu. 그들에게 대답했다.

J'ai envoyé ce colis à mes parents. 이 소포를 나의 부모님께 보냈다.
→ Je leur ai envoyé ce colis. 그들에게 이 소포를 보냈다.

J'ai offert ce stylo à toi. 이 볼펜을 너에게 선물했다.
→ Je t'ai offert ce stylo. 이 볼펜을 너에게 선물했다.

J'ai donné la clé de la maison à Marie. 마리에게 집 열쇠를 주었다.
→ Je lui ai donné la clé de la maison. 그녀에게 집 열쇠를 주었다.
→ Je l'ai donnée à Marie. 마리에게 그것을 주었다.
→ Je la lui ai donnée. 그것을 그녀에게 주었다.

J'ai offert ce cadeau à mes enfants. 이 선물을 나의 아이들에게 주었다.
→ Je leur ai offert ce cadeau. 그들에게 이 선물을 주었다.
→ Je l'ai offert à mes enfants. 이것을 나의 아이들에게 주었다.
→ Je le leur ai offert. 이것을 그들에게 주었다.

Je n'ai pas parlé à Philiipe de son histoire avec Sophie. 소피와의 이야기를 필립에게 말하지 않았다.
→ Je ne lui ai pas parlé de son histoire avec Sophie. 소피와의 이야기를 그에게 말하지 않았다.
→ Je n'en ai pas parlé pas à Phillipe. 그것에 대해 필립에게 말하지 않았다.
→ Je ne lui en ai pas parlé. 그것에 대해 그에게 말하지 않았다.

🌙 반과거 시제에서 사용

Je parlais à Phillipe. 나는 필립에게 말을 하고 있었다.

➡ Je lui parlais. 나는 그에게 말을 하고 있었다. ★간접목적보어인칭대명사가 동사의 앞에 위치합니다.

➡ Je ne lui parlais pas. 나는 그에게 말을 하고 있지 않았다.

★부정문의 경우 간접목적보어인칭대명사가 ne와 동사의 사이에 위치합니다.

Je parlais à Sophie. 나는 소피에게 말하고 있었다.

➡ Je lui parlais. 나는 그녀에게 말을 하고 있었다.

➡ Je ne lui parlais pas. 나는 그녀에게 말을 하고 있지 않았다.

Je parlais à Phillipe et Sophie. 나는 필립과 소피에게 말하고 있었다.

➡ Je leur parlais. 나는 그들에게 말을 하고 있었다.

➡ Je ne leur parlais pas. 나는 그들에게 말을 하고 있지 않았다.

Il parlait à moi.	➡ Il me parlait. 그는 나에게 말하고 있었다.
Elle parlait à toi.	➡ Elle te parlait. 그녀는 너에게 말하고 있었다.
Je parlais à lui.	➡ Je lui parlais. 나는 그에게 말하고 있었다.
Tu parlais à nous.	➡ Tu nous parlais. 너는 우리에게 말하고 있었다.
Nous parlions à vous.	➡ Nous vous parlions. 우리는 당신에게 말하고 있었다.
Vous parliez à eux.	➡ Vous leur parliez. 당신은 그들에게 말하고 있었다.
Ils/Elles parlaient à eux.	➡ Ils/Elles leur parlaient. 그들은/그녀들은 그들에게 말하고 있었다.

Il demandait à moi.	➡ Il me demandait. 그는 나에게 물어보고 있었다.
Elle demandait à toi.	➡ Elle te demandait. 그녀는 너에게 물어보고 있었다.
Je demandais à lui.	➡ Je lui demandais. 나는 그에게 물어보고 있었다.
Tu demandais à nous.	➡ Tu nous demandais. 너는 우리에게 물어보고 있었다.
Nous demandions à vous.	➡ Nous vous demandions. 우리는 당신에게 물어보고 있었다.
Vous demandiez à eux.	➡ Vous leur demandiez. 당신은 그들에게 물어보고 있었다.
Ils/Elles demandaient à eux.	➡ Ils/Elles leur demandaient. 그들은/그녀들은 그들에게 물어보고 있었다.

Je demandais au professeur. 선생님에게 물어보고 있었다.

➡ Je lui demandais. 그에게 물어보고 있었다

Elle téléphonait à Pierre. 피에르에게 전화하고 있었다.

➡ Elle lui téléphonait. 그에게 전화하고 있었다.

Tu disais à ta maman. 너의 엄마에게 말하고 있었다.

➡ Tu lui disais. 그녀에게 말하고 있었다

Nous donnions à vous. 당신에게 주고 있었다.

➡ Nous vous donnions. 당신에게 주고 있었다.

Il écrivait à sa copine. 그의 여자친구에게 글을 쓰고 있었다.

➡ Il lui écrivait. 그녀에게 글을 쓰고 있었다.

Vous répondiez aux étudiants. 학생들에게 대답하고 있었다.

➡ Vous leur répondiez. 그들에게 대답하고 있었다.

J'envoyais ce colis à mes parents. 이 소포를 나의 부모님께 보내고 있었다.
➡ Je leur envoyais ce colis. 그들에게 이 소포를 보내고 있었다.

J'offrais ce stylo à toi. 이 볼펜을 너에게 선물하고 있었다.
➡ Je t'offrais ce stylo. 이 볼펜을 너에게 선물하고 있었다.

Je donnais la clé de la maison à Marie. 마리에게 집 열쇠를 주었었다.
➡ Je lui donnais la clé de la maison. 그녀에게 집 열쇠를 주었었다.
➡ Je la donnais à Marie. 마리에게 그것을 주었었다.
➡ Je la lui donnais. 그것을 그녀에게 주었었다.

J'offrais ce cadeau à mes enfants. 이 선물을 나의 아이들에게 주었었다.
➡ Je leur offrais ce cadeau. 그들에게 이 선물을 주었었다.
➡ Je l'offrais à mes enfants. 이것을 나의 아이들에게 주었었다.
➡ Je le leur offrais. 이것을 그들에게 주었었다.

Je ne parlais pas à Philiipe de son histoire avec Sophie. 소피와의 이야기를 필립에게 말하지 않았었다.
➡ Je ne lui parlais pas de son histoire avec Sophie. 소피와의 이야기를 그에게 말하지 않았었다.
➡ Je n'en parlais pas à Phillipe. 그것에 대해 필립에게 말하지 않았었다.
➡ Je ne lui en parlais pas. 그것에 대해 그에게 말하지 않았었다.

☾ 근접미래 시제에서 사용

Je vais parler à Phillipe. 나는 필립에게 말을 할 것이다.
➡ Je vais lui parler. 나는 그에게 말을 할 것이다. ★간접목적보어인칭대명사가 조동사의 뒤에 위치합니다.
➡ Je ne vais pas lui parler. 나는 그에게 말을 하지 않을 것이다
★부정문의 경우, 간접목적보이인칭대명사가 ne 뒤가 아닌 pas 뒤에 위치합니다.

Je vais parler à Sophie. 나는 소피에게 말을 할 것이다.
➡ Je vais lui parler. 나는 그녀에게 말을 할 것이다.
➡ Je ne vais pas lui parler. 나는 그녀에게 말을 하지 않을 것이다.

Je vais parler à Phillipe et Sophie. 나는 필립과 소피에게 말을 할 것이다.
➡ Je vais leur parler. 나는 그들에게 말을 할 것이다.
➡ Je ne vais pas leur parler. 나는 그들에게 말을 하지 않을 것이다.

Il va parler à moi. ➡ Il va me parler. 그는 나에게 말할 것이다.
Elle va parler à toi. ➡ Elle va te parler. 그녀는 너에게 말할 것이다.
Je vais parler à lui. ➡ Je vais lui parler. 나는 그에게 말할 것이다.
Tu vas parler à nous. ➡ Tu vas nous parler. 너는 우리에게 말할 것이다.
Nous allons parler à vous. ➡ Nous allons vous parler. 우리는 당신에게 말할 것이다.
Vous allez parler à eux. ➡ Vous allez leur parler. 당신은 그들에게 말할 것이다.
Ils/Elles vont parler à eux. ➡ Ils/Elles vont leur parler. 그들은/그녀들은 그들에게 말할 것이다.

Il va demander à moi. → Il va me demander. 그는 나에게 물어볼 것이다.
Elle va demander à toi. → Elle va te demander. 그녀는 너에게 물어볼 것이다.
Je vais demander à lui. → Je vais lui demander. 나는 그에게 물어볼 것이다.
Tu vas demander à nous. → Tu vas nous demander. 너는 우리에게 물어볼 것이다.
Nous allons demander à vous. → Nous allons vous demander. 우리는 당신에게 물어볼 것이다.
Vous allez demander à eux. → Vous allez leur demander. 당신은 그들에게 물어볼 것이다.
Ils/Elles vont demander à eux. → Ils/Elles vont leur demander. 그들은/그녀들은 그들에게 물어볼 것이다.

Je vais demander au professeur. 선생님에게 물어볼 것이다.
→ Je vais lui demander. 그에게 물어볼 것이다.

Elle va téléphoner à Pierre. 피에르에게 전화할 것이다.
→ Elle va lui téléphoner. 그에게 전화할 것이다.

Tu vas dire à ta maman. 너의 엄마에게 말할 것이다.
→ Tu vas lui dire. 그녀에게 말할 것이다.

Nous allons donner à vous. 당신에게 줄 것이다.
→ Nous allons vous donner. 당신에게 줄 것이다.

Il va écrire à sa copine. 그의 여자친구에게 글을 쓸 것이다
→ Il va lui écrire. 그녀에게 글을 쓸 것이다.

Vous allez répondre aux étudiants. 학생들에게 대답할 것이다.
→ Vous allez leur répondre. 그들에게 대답할 것이다.

Je vais envoyer ce colis à mes parents. 이 소포를 나의 부모님께 보낼 것이다.
→ Je vais leur envoyer ce colis. 그들에게 이 소포를 보낼 것이다.

Je vais offrir ce stylo à toi. 이 볼펜을 너에게 선물할 것이다.
→ Je vais t'offrir ce stylo. 이 볼펜을 너에게 선물할 것이다.

Je vais donner la clé de la maison à Marie. 마리에게 집 열쇠를 줄 것이다.
→ Je vais lui donner la clé de la maison. 그녀에게 집 열쇠를 줄 것이다.
→ Je vais la donner à Marie. 마리에게 그것을 줄 것이다.
→ Je vais la lui donner. 그것을 그녀에게 줄 것이다.

Je vais offrir ce cadeau à mes enfants. 이 선물을 나의 아이들에게 줄 것이다.
→ Je vais leur offrir ce cadeau. 그들에게 이 선물을 줄 것이다.
→ Je vais l'offrir à mes enfants. 이것을 나의 아이들에게 줄 것이다.
→ Je vais le leur offrir. 이것을 그들에게 줄 것이다.

Je ne vais pas parler à Philiipe de son histoire avec Sophie.
소피와의 이야기를 필립에게 말하지 않을 것이다.
→ Je ne vais pas lui parler de son histoire avec Sophie. 소피와의 이야기를 그에게 말하지 않을 것이다.
→ Je ne vais pas en parler à Phillipe. 그것에 대해 필립에게 말하지 않을 것이다.
→ Je ne vais pas lui en parler. 그것에 대해 그에게 말하지 않을 것이다.

🌙 단순미래 시제에서 사용

Je parlerai à Phillipe. 나는 필립에게 말을 할 것이다.
➡ Je lui parlerai. 나는 그에게 말을 할 것이다. ★간접목적보어인칭대명사가 동사의 앞에 위치합니다.
➡ Je ne lui parlerai pas. 나는 그에게 말을 하지 않을 것이다.
★부정문의 경우 간접목적보어인칭대명사가 ne 뒤에 위치합니다.

Je parlerai à Sophie. 나는 소피에게 말을 할 것이다.
➡ Je lui parlerai. 나는 그녀에게 말을 할 것이다.
➡ Je ne lui parlerai pas. 나는 그녀에게 말을 하지 않을 것이다.

Je parlerai à Phillipe et Sophie. 나는 필립과 소피에게 말을 할 것이다.
➡ Je leur parlerai. 나는 그들에게 말을 할 것이다.
➡ Je ne leur parlerai pas. 나는 그들에게 말을 하지 않을 것이다.

Il parlera à moi. ➡ Il me parlera. 그는 나에게 말할 것이다.
Elle parlera à toi. ➡ Elle te parlera. 그녀는 너에게 말할 것이다.
Je parlerai à lui. ➡ Je lui parlerai. 나는 그에게 말할 것이다.
Tu parleras à nous. ➡ Tu nous parleras. 너는 우리에게 말할 것이다.
Nous parlerons à vous. ➡ Nous vous parlerons. 우리는 당신에게 말할 것이다.
Vous parlerez à eux. ➡ Vous leur parlerez. 당신은 그들에게 말할 것이다.
Ils/Elles parleront à eux. ➡ Ils/Elles leur parleront. 그들은/그녀들은 그들에게 말할 것이다.

Il demandera à moi. ➡ Il me demandera. 그는 나에게 물어볼 것이다.
Elle demandera à toi. ➡ Elle te demandera. 그녀는 너에게 물어볼 것이다.
Je demanderai à lui. ➡ Je lui demanderai. 나는 그에게 물어볼 것이다.
Tu demanderas à nous. ➡ Tu nous demanderas. 너는 우리에게 물어볼 것이다.
Nous demanderons à vous. ➡ Nous vous demanderons. 우리는 당신에게 물어볼 것이다.
Vous demanderez à eux. ➡ Vous leur demanderez. 당신은 그들에게 물어볼 것이다.
Ils/Elles demanderont à eux. ➡ Ils/Elles leur demanderont. 그들은/그녀들은 그들에게 물어볼 것이다.

Je demanderai au professeur. 선생님에게 물어볼 것이다.
➡ Je lui demanderai. 그에게 물어볼 것이다.

Elle téléphonera à Pierre. 피에르에게 전화할 것이다.
➡ Elle lui téléphonera. 그에게 전화할 것이다.

Tu diras à ta maman. 너의 엄마에게 말할 것이다.
➡ Tu lui diras. 그녀에게 말할 것이다.

Nous donnerons à vous. 당신에게 줄 것이다.
➡ Nous vous donnerons. 당신에게 줄 것이다.

Il écrira à sa copine. 그의 여자친구에게 글을 쓸 것이다.
➡ Il lui écrira. 그녀에게 글을 쓸 것이다.

Vous répondrez aux étudiants. 학생들에게 대답할 것이다.

➡ Vous leur répondrez. 그들에게 대답할 것이다.

J'enverrai ce colis à mes parents. 이 소포를 나의 부모님께 보낼 것이다.

➡ Je leur enverrai ce colis. 그들에게 이 소포를 보낼 것이다.

★envoyer 동사는 1군 동사이지만 단순미래의 어간이 enverr로 불규칙적으로 만들어지는 특징이 있습니다.

J'offrirai ce stylo à toi. 이 볼펜을 너에게 선물할 것이다.

➡ Je t'offrirai ce stylo. 이 볼펜을 너에게 선물할 것이다.

Je donnerai la clé de la maison à Marie. 마리에게 집 열쇠를 줄 것이다.

➡ Je lui donnerai la clé de la maison. 그녀에게 집 열쇠를 줄 것이다.

➡ Je la donnerai à Marie. 마리에게 그것을 줄 것이다.

➡ Je la lui donnerai. 그것을 그녀에게 줄 것이다.

J'offrirai ce cadeau à mes enfants. 이 선물을 나의 아이들에게 줄 것이다.

➡ Je leur offrirai ce cadeau. 그들에게 이 선물을 줄 것이다.

➡ Je l'offrirai à mes enfants. 이것을 나의 아이들에게 줄 것이다.

➡ Je le leur offrirai. 이것을 그들에게 줄 것이다.

Je ne parlerai pas à Philiipe de son histoire avec Sophie.
소피와의 이야기를 필립에게 말하지 않을 것이다.

➡ Je ne lui parlerai pas de son histoire avec Sophie. 소피와의 이야기를 그에게 말하지 않을 것이다.

➡ Je n'en parlerai pas à Phillipe. 그것에 대해 필립에게 말하지 않을 것이다.

➡ Je ne lui en parlerai pas. 그것에 대해 그에게 말하지 않을 것이다.

1 간접목적보어인칭대명사를 이용해서 문장을 만들어 보세요.

(1) Je parle à Phillipe. → ________________

(2) Je ne parle pas à Phillipe. → ________________

(3) Je parle à Phillipe et Sophie. → ________________

(4) Je ne parle pas à Phillipe et Sophie. → ________________

(5) Je demande au professeur. → ________________

(6) Je donne la clé de la maison à Marie. → ________________

(7) J'offre ce cadeau à mes enfants. → ________________

(8) J'ai parlé à Phillipe. → ________________

(9) Je n'ai pas parlé à Phillipe. → ________________

(10) J'ai parlé à Phillipe et Sophie. → ________________

(11) Je n'ai pas parlé à Phillipe et Sophie. → ________________

(12) J'ai demandé au professeur. → ________________

(13) J'ai donné la clé de la maison à Marie. → ________________

(14) J'ai offert ce cadeau à mes enfants. → ________________

(15) Je parlais à Phillipe. → ________________

(16) Je ne parlais pas à Phillipe. → ________________

(17) Je parlais à Phillipe et Sophie. → ________________

(18) Je ne parlais pas à Phillipe et Sophie. → ________________

(19) Je demandais au professeur. → ________________

(20) Je donnais la clé de la maison à Marie. → ________________

(21) J'offrais ce cadeau à mes enfants. → ________________

(22) Je vais parler à Phillipe. → ________________

(23) Je ne vais pas parler à Phillipe. → ________________

(24) Je vais parler à Phillipe et Sophie. → ________________

(25) Je ne vais pas parler à Phillipe et Sophie. → ________________

관계사 qui

관계사 qui는 주어가 반복되지 않도록 하며 관계사절에서 주어 역할을 합니다.

Le garçon est là-bas. 그 소년이 저기 있다. + Il est intelligent. 그는 똑똑하다.
= Le garçon qui est là-bas est intelligent. 저기 있는 소년은 똑똑하다.

La voiture passe. 자동차가 지나간다. + Elle est très chère. 그것은 비싸다.
= La voiture qui passe est très chère. 지나가는 자동차는 비싸다.

Cette fille travaille dans mon bureau. 이 여자는 나의 사무실에서 일한다.
+ Elle parle très bien anglais. 그녀는 영어를 아주 잘한다.
= Cette fille qui travaille dans mon bureau parle très bien anglais.
사무실에서 일하는 여자는 영어를 아주 잘한다.

Je connais les personnes. 그 사람들을 안다. + Les personnes vont venir. 그 사람들은 올 것이다.
= Je connais les personnes qui vont venir. 올 사람들을 알고 있다.

Marie achète une robe. 마리는 원피스를 산다. + La robe est magnifique. 그 원피스는 아름답다.
= Marie achète une robe qui est magnifique. 마리는 아름다운 원피스를 산다.

주어를 강조할 때 사용하기도 합니다.

J'ai la clé. 나는 열쇠를 가지고 있다.
➡ C'est moi qui ai la clé. 열쇠를 가지고 있는 사람은 나이다.

Vous êtes professeur. 당신은 선생님이다.
➡ C'est vous qui êtes professeur. 선생님은 당신이다.

Elles prendront le taxi. 그녀들은 택시를 탈 것이다.
➡ C'est elles qui prendront le taxi. 택시를 탈 사람은 그녀들이다.

Jean parle japonais. 정은 일본어를 한다.
➡ C'est Jean qui parle japonais. 일본어를 하는 사람은 정이다.

Marc ne parle pas anglais. 마크는 영어를 못한다.
➡ C'est Marc qui ne parle pas anglais. 영어를 못하는 사람은 마크다.

관계사 que

관계사 que는 목적어가 반복되지 않도록 하며 관계사절에서 목적어 역할을 합니다.

Je dois faire le devoir. 나는 과제를 해야 한다. + Le devoir est difficile. 과제가 어렵다.
= Le devoir que je dois faire est difficile. 내가 해야 할 과제가 어렵다.

On a vu le film. 우리는 그 영화를 봤다. + Le film est émouvant. 그 영화는 감동적이다.
= Le film qu'on a vu est émouvant. 우리가 본 영화는 감동적이다.

Tu vas écouter une chanson. 너는 노래를 들을 것이다.
+ La chanson est très célèbre. 그 노래를 아주 유명하다.
La chanson que tu vas écouter est très célèbre. 네가 들을 노래는 아주 유명하다.

Vous lisez le livre. 당신은 그 책을 읽는다. + Le livre est intéressant. 그 책은 흥미롭다.
= Le livre que vous lisez est intéresssant. 당신이 읽는 그 책은 흥미롭다.

☾ 관계사 où

관계사 où는 '장소'나 '시간'을 선행사로 취합니다.

> La chambre est petite. 그 방은 작다. + Je dors dans cette chambre. 나는 그 방에서 잠을 잔다.
> = La chambre où je dors est petite. 내가 잠을 자는 방은 작다.
>
> La ville est grande. 그 도시는 크다. + J'ai grandi dans cette ville. 나는 이 도시에서 성장했다.
> = La ville où j'ai grandi est une grande ville. 내가 성장한 도시는 크다.
>
> Je vous ai rencontré ce jour. 나는 당신을 그날 만났습니다.
> + Tout a changé ce jour-là. 그날 모든 것이 바뀌었습니다.
> = Le jour où je vous ai rencontré, tout a changé. 내가 당신을 만난 날 모든 것이 바뀌었습니다.

☾ 관계사 dont

관계사 dont은 de로 연결되는 표현을 대신합니다.

> Je suis le directeur de la société. 나는 그 회사의 부장이다.
> + J'aime la société. 나는 그 회사를 좋아한다.
> = J'aime la société dont je suis le directeur. 내가 부장인 회사를 좋아한다.
>
> J'aime la cuisine du restaurant. 나는 그 레스토랑의 요리를 좋아한다.
> + Voici le restaurant. 여기 그 레스토랑이 있다.
> = Voici le restaurant dont j'aime la cuisine. 내가 요리를 좋아하는 레스토랑이 여기 있다.
>
> Tu m'as parlé de la personne. 너는 나에게 그 사람에 대해 말했다.
> + Je rencontre la personne. 나는 그 사람을 만난다.
> = Je rencontre la personne dont tu m'as parlé. 네가 나에게 말했던 그 사람을 만난다.

☾ 관계사 ce que / ce qui / ce dont

이 관계사들은 '어떠한 것'을 표현할 때 씁니다.

> Vous faites cela. 당신은 그것을 한다. + J'aime cela. 나는 그것을 좋아한다.
> = J'aime ce que vous faites. 나는 당신이 하는 것을 좋아합니다.
>
> C'est cher. 이것은 비싸다. + Jean achète cela. 정은 그것을 산다.
> = Jean achète ce qui est cher. 정은 비싼 것을 산다.
>
> Tu parles de cela. 너는 그것에 대해 말한다. + Je comprends cela. 나는 그것을 이해한다.
> = Je comprends ce dont tu parles. 네가 말하는 것을 이해한다.
>
> Vous dites cela. 당신은 그것을 말한다. + Je ne comprends pas cela. 나는 그것을 이해하지 못한다.
> = Je ne comprends pas ce que vous dites. 당신이 말하는 것을 이해하지 못한다.

1 관계사를 이용해서 문장을 만들어 보세요.

(1) Le garçon est là-bas. + Il est intelligent.

→ ____

(2) La voiture passe. + Elle est très chère.

→ ____

(3) Je connais les personnes. + Les personnes vont venir.

→ ____

(4) Je dois faire le devoir. + Le devoir est difficile.

→ ____

(5) On a vu le film. + Le film est émouvant.

→ ____

(6) Tu vas écouter une chanson. + La chanson est très célèbre.

→ ____

(7) La chambre est petite. + Je dors dans cette chambre.

→ ____

(8) La ville est grande. + J'ai grandi dans cette ville.

→ ____

(9) Marie achète une robe. + La robe est magnifique.

→ ____

(10) Cette fille travaille dans mon bureau. + Elle parle très bien anglais.

→ ____

(11) Tu vas écouter une chanson. + La chanson est très célèbre.

→ ____

(12) Vous lisez le livre. + Le livre est intéressant.

→ ____

(13) Je vous ai rencontré ce jour. + Tout a changé ce jour-là.

→ ____

(14) Je suis le directeur de la société. + J'aime la société.

→ ____

(15) J'aime la cuisine du restaurant. + Voici le restaurant.

→ ____

(16) Tu m'as parlé de la personne. + Je rencontre la personne.

→ ____

(17) Vous faites cela. + J'aime cela.

→ ____

(18) C'est cher. + Jean achète cela.

→ ____

(19) Tu parles de cela. + Je comprends cela.

→ ____

(20) Vous dites cela. + Je ne comprends pas cela.

→ ____

🌙 간접화법은 다음과 같은 경우에 사용합니다.

말을 옮길 때

Je dis : « C'est grand. » 나는 말한다. "이것은 크다."
➡ Je dis que c'est grand. 나는 이것이 크다고 말한다.
★Je dis que 다음에 문장을 그대로 붙이면 됩니다.

Jean dit : « Tu dois faire le devoir. » 정은 말한다. "너는 숙제를 해야 돼."
➡ Jean dit que je dois faire le devoir. 정은 내가 숙제를 해야 한다고 말한다.

Vincent dit : « Le film est génial. » 방썽은 말한다. "영화가 재밌다."
➡ Vincent dit que le film est génial. 방썽은 영화가 재미있다고 말한다.

Vincent dit : « Le film n'est pas génial. » 방썽은 말했다. "영화가 재미없다."
➡ Vincent dit que le film n'est pas génial. 방썽은 영화가 재미없다고 말한다.

과거시제에서 사용할 때

J'ai dit : « C'est grand. » 나는 말했다. "이것은 크다."
➡ J'ai dit que c'était grand. 이것이 크다고 말했다.
★과거를 말할 때는 반과거를 사용합니다.

Jean disait : « Tu dois faire le devoir. » 정은 말했었다. "너는 숙제를 해야 돼."
➡ Jean disait que je devais faire le devoir. 그는 내가 숙제를 해야 한다고 말했었다.

Vincent a dit : « Le film est génial. » 방썽은 말했다. "영화가 재밌다."
➡ Vincent a dit que le film était génial. 방썽은 영화가 재미있었다고 말했다.

Vincent a dit : « Le film n'est pas génial. » 방썽은 말했다. "영화가 재미없다."
➡ Vincent a dit que le film n'était pas génial. 방썽은 영화가 재미없었다고 말했다.

생각이나 의견을 말할 때

Je pense : « Le cours est très intéressant. » 나는 생각한다. "수업이 아주 흥미롭다."
➡ Je pense que le cours est très intéressant. 수업이 아주 흥미롭다고 생각한다.
= Je crois que le cours est très intéressant. 수업이 아주 흥미롭다고 믿는다.
= Je trouve que le cours est très intéressant. 수업이 아주 흥미로운 것 같다.
★Je pense, Je crois, Je trouve는 '~인 것 같다' '~라고 생각한다' '~라고 믿는다'라는 비슷한 뜻으로 사용됩니다.

Je pense : « Le cours a été très intéressant. » 나는 생각한다. "수업이 아주 흥미로웠다."
➡ Je pense que le cours a été très intéressant. 수업이 아주 흥미로웠다고 생각한다.
= Je crois que le cours a été très intéressant. 수업이 아주 흥미로웠다고 믿는다.
= Je trouve que le cours a été très intéressant. 수업이 아주 흥미로웠던것 같다.

Je pense : « Le cours était très intéressant. » 나는 생각한다. "수업이 아주 흥미로웠었다."
➡ Je pense que le cours était très intéressant. 수업이 아주 흥미로웠었다고 생각한다.
= Je crois que le cours était très intéressant. 수업이 아주 흥미로웠었다고 믿는다.
= Je trouve que le cours était très intéressant. 수업이 아주 흥미로웠었던 것 같다.

Je pense : « Le cours va être très intéressant. » 나는 생각한다. "수업이 아주 흥미로울 것이다."
➡ Je pense que le cours va être très intéressant. 수업이 아주 흥미로울 거라고 생각한다.
= Je crois que le cours va être très intéressant. 수업이 아주 흥미로울 거라고 믿는다.
★Je trouve는 미래를 말할 때는 사용하지 않습니다.
Je pense : « Le cours sera très intéressant. » 나는 생각한다. "수업이 아주 흥미로울 것이다."
➡ Je pense que le cours sera très intéressant. 수업이 아주 흥미로울 거라고 생각한다.
= Je crois que le cours sera très intéressant. 수업이 아주 흥미로울 거라고 믿는다.

과거시제에서 사용할 때

J'ai pensé : « Le cours est très intéressant. » 나는 생각했다. "수업이 아주 흥미롭다."
➡ J'ai pensé que le cours était très intéressant. 수업이 아주 흥미로웠다고 생각했다.

J'ai cru : « Tu dois faire le devoir. » 나는 믿었다(생각했다). "너는 숙제를 해야 해."
➡ J'ai cru que tu devais faire le devoir. 네가 숙제를 해야 한다고 생각했다.

J'ai trouvé : « Le film est génial. » 나는 생각했다. "영화가 재밌다."
➡ J'ai trouvé que le film était génial. 영화가 재밌다고 생각했다.

Je demande : « C'est grand ? » 나는 물어본다. "이것은 크니?"
★질문의 경우 que 대신 si를 사용합니다.
➡ Je demande si c'est grand. 나는 이것이 큰지 물어본다.

Jean demande : « Dois-tu faire le devoir ? » 정은 물어본다. "너는 숙제를 해야 돼?"
➡ Jean demande si je dois faire le devoir. 정은 내가 숙제를 해야 하는지 물어본다.

Vincent demande : « Est-ce que le film est génial ? » 방썽은 물어본다. "영화가 재밌어?"
➡ Vincent demande si le film est génial. 방썽은 영화가 재미있는지 물어본다.

J'ai demandé : « C'est grand ? » 나는 물어봤다. "이것은 크니?"
➡ J'ai demandé si c'était grand : 나는 이것이 큰지 물어봤다.

Jean a demandé : « Dois-tu faire le devoir ? » 정은 물어봤다. "너는 숙제를 해야 돼?"
➡ Jean a demandé si je devais faire le devoir. 정은 내가 숙제를 해야 하는지 물어봤다.

Vincent a demandé : « Est-ce que le film est génial ? » 방썽은 물어봤다. "영화가 재밌어?"
➡ Vincent a demandé si le film était génial. 방썽은 영화가 재미있는지 물어봤다.

장소와 관련된 질문의 경우 où를 사용합니다.

Je demande : « Où habitez-vous ? » 나는 물어본다. "어디에 사십니까?"
➡ Je demande où il habite. 나는 그가 어디에 사는지 물어본다.

Jean demande : « Où est-elle ? » 정은 물어본다. "그녀는 어디 있어?"
➡ Jean demande où elle est. 정은 그녀가 어디에 있는지 물어본다.

J'ai demandé : « Où habitez-vous ? » 나는 물어봤다. "어디에 사십니까?"
➡ J'ai demandé où il habitait. 나는 그가 어디에 사는지 물어봤다.

시간과 관련된 질문의 경우 quand을 사용합니다.

> Je demande : « Quand partez-vous ? » 나는 물어본다. "언제 떠나세요?"
> ➡ Je demande quand il part. 나는 그가 언제 떠나는지 물어본다.
>
> Jean demande : « Quand arrives-tu ? » 정은 나에게 물어본다. "너는 언제 도착해?"
> ➡ Jean demande quand j'arrive. 정은 내가 언제 도착하는지 물어본다.
>
> J'ai demandé : « Quand partez-vous ? » 나는 물어봤다. "언제 떠나세요?"
> ➡ J'ai demandé quand il partait. 나는 그가 언제 떠나는지 물어봤다.

Que/Qu'est-ce que로 질문하는 경우 ce que를 사용합니다.

> Je demande : « Qu'est-ce que c'est ? » 나는 물어본다. "이것이 무엇입니까?"
> ➡ Je demande ce que c'est. 나는 이것이 무엇인지 물어봅니다.
>
> Jean demande : « Que voulez-vous ? » 정은 나에게 물어본다. "무엇을 원하세요?"
> ➡ Jean demande ce que je veux. 정은 내가 무엇을 원하는지 물어본다.
>
> J'ai demandé : « Que veut-elle ? Qu'est-ce qu'elle veut ? » 나는 물어봤다. "그녀는 무엇을 원하나요?"
> ➡ J'ai demandé ce qu'elle voulait. 나는 그녀가 무엇을 원하는지 물어봤다.

명령문의 경우 〈de + 동사원형〉을 사용합니다.

> Je dis à Sophie : « Partez ! » 나는 소피에게 말한다. "가세요!"
> ➡ Je dis à Sophie de partir. 나는 소피에게 가라고 했다.
>
> Jean a dit : « Ne mangez pas ! » 정은 나에게 말했다. "먹지 마!"
> ➡ Jean a dit de ne pas manger. 정은 나에게 먹지말라고 했다.
> ★동사원형의 부정문은 ne pas를 붙여서 동사원형 앞에 놓습니다. 📖 partir → ne pas partir

1 간접화법을 이용해서 문장을 만들어 보세요.

(1) Je dis : « C'est grand. » → __________

(2) Jean dit : « Tu dois faire le devoir. » → __________

(3) Vincent dit : « Le film est génial. » → __________

(4) Vincent dit : « Le film n'est pas génial. » → __________

(5) J'ai dit : « C'est grand. » → __________

(6) Jean disait : « Tu dois faire le devoir. » → __________

(7) Vincent a dit : « Le film est génial. » → __________

(8) Vincent a dit : « Le film n'est pas génial. » → __________

(9) Je pense : « Le cours est très intéressant. » → __________

(10) Je pense : « Le cours a été très intéressant. » → __________

(11) Je pense : « Le cours était très intéressant. » → __________

(12) Je pense : « Le cours va être très intéressant. » → __________

(13) Je pense : « Le cours sera très intéressant. » → __________

(14) J'ai pensé : « Le cours est très intéressant. » → __________

(15) J'ai cru : « Tu dois faire le devoir. » → __________

(16) J'ai trouvé : « Le film est génial. » → __________

(17) Je demande : « C'est grand ? » → __________

(18) Jean demande : « Dois-tu faire le devoir ? » → __________

(19) J'ai demandé : « C'est grand ? » → __________

(20) Jean a demandé : « Dois-tu faire le devoir ? » → __________

(21) Je demande : « Où habitez-vous ? » → __________

(22) Jean demande : « Où est-elle ? » → __________

(23) J'ai demandé : « Où habitez-vous ? » → __________

(24) Je demande : « Quand partez-vous ? » → __________

(25) Jean demande : « Quand arrives-tu ? » → __________

🌙 조건법 만드는 방법

조건법은 단순미래의 어간과 반과거의 어미로 만들게 됩니다. 예를 들어, vouloir의 조건법을 만들려면 이 동사의 단순미래 어간 **voudr**를 사용합니다. 그리고 그 뒤에 반과거의 어미를 넣으면 됩니다.

vouloir 동사의 조건법 동사 변화 (vouloir 동사의 단순미래 어간 ➡ voudr)	
je voudrais	nous voudrions
tu voudrais	vous voudriez
il/elle voudrait	ils/elles voudraient

devoir 동사의 조건법 동사 변화 (devoir 동사의 단순미래 어간 ➡ devr)	
je devrais	nous devrions
tu devrais	vous devriez
il/elle devrait	ils/elles devraient

faire 동사의 조건법 동사 변화 (faire 동사의 단순미래 어간 ➡ fer)	
je ferais	nous ferions
tu ferais	vous feriez
il/elle ferait	ils/elles feraient

1군, 2군 동사의 경우, 단순미래의 어간인 동사원형으로 만듭니다.

aimer 동사의 조건법 동사 변화	
j'aimerais	nous aimerions
tu aimerais	vous aimeriez
il/elle aimerait	ils/elles aimeraient

manger 동사의 조건법 동사 변화	
je mangerais	nous mangerions
tu mangerais	vous mangeriez
il/elle mangerait	ils/elles mangeraient

finir 동사의 조건법 동사 변화	
je finirais	nous finirions
tu finirais	vous finiriez
il/elle finirait	ils/elles finiraient

조건법은 정중하게 말할 때 사용합니다.

> Je veux un café, s'il vous plaît. 커피를 원합니다.
> ➡ Je voudrais un café, s'il vous plaît. 커피를 주세요.
>
> Je peux avoir une chaise ? 의자를 가질 수 있습니까?
> ➡ Je pourrais avoir une chaise ? 의자를 주세요.

조건법은 충고할 때도 사용합니다.

> Vous devez partir demain. 내일 떠나야 합니다.
> ➡ Vous devriez partir demain. 내일 떠나는 것이 좋을 겁니다.
>
> Tu dois apprendre le français. 너는 프랑스어를 배워야 한다.
> ➡ Tu devrais apprendre le français. 너는 프랑스어를 배우면 좋을 것이다.

조건법은 소망이나 바람을 말할 때도 사용합니다.

> J'aime partir en vacances. 바캉스를 떠나는 것을 좋아한다.
> ➡ J'aimerais partir en vacances. 바캉스를 떠나고 싶습니다.
>
> Nous voulons partir demain. 내일 떠나고 싶습니다.
> ➡ Nous voudrions partir demain. 내일 떠나기를 바랍니다.

조건법은 불확실한 일을 가정하거나 추측할 때도 사용합니다.

> Sans toi, la vie est insignifiante. 너 없이는 삶이 무의미하다.
> ➡ Sans toi, la vie serait insignifiante. 너 없이는 삶이 무의미할 것이다.
>
> L'économie doit progresser l'année prochaine. 경제가 내년에는 성장해야 한다.
> ➡ L'économie devrait progresser l'année prochaine. 경제가 내년에는 성장할 것이라고 예상한다.

간접화법 시 과거에서의 미래를 말할 때 사용합니다.

> Je dis : « Il vient. »   ➡ Je dis qu'il vient. 나는 그가 온다고 말한다.
> J'ai dit : « Il vient. »   ➡ J'ai dit qu'il venait. 나는 그가 왔다고 말했다.
> J'ai dit : « Il viendra. »   ➡ J'ai dit qu'il viendrait. 나는 그가 올 것이라고 말했다.
>
> Marc demande : « Le film est génial ? »
> ➡ Marc demande si le film est génial. 마크는 영화가 재밌는지 물어본다.
>
> Marc a demandé : « Le film est génial ? »
> ➡ Marc a demandé si le film était génial. 마크는 영화가 재밌었는지 물어봤다.
>
> Marc a demandé : « Le film sera génial ? »
> ➡ Marc a demandé si le film serait génial. 마크는 영화가 재미있을 건지 물어봤다.

1 조건법으로 동사의 변화형을 써 보세요.

(1) je _____ *voudrais*   tu _____   il _____

   nous _____   vous _____   elles _____

(2) je _____   tu _____ *devrais*   il _____

   nous _____   vous _____   elles _____

(3) je _____   tu _____   il _____ *ferait*

   nous _____   vous _____   elles _____

(4) j' _____ *aimerais*   tu _____   il _____

   nous _____   vous _____   elles _____

(5) je _____   tu _____ *mangerais*   il _____

   nous _____   vous _____   elles _____

(6) je _____   tu _____   il _____ *finirait*

   nous _____   vous _____   elles _____

(7) je _____ *serais*   tu _____   il _____

   nous _____   vous _____   elles _____

(8) j' _____   tu _____ *aurais*   il _____

   nous _____   vous _____   elles _____

(9) je _____   tu _____   il _____ *pourrait*

   nous _____   vous _____   elles _____

(10) je _____ *devrais*   tu _____   il _____

   nous _____   vous _____   elles _____

(11) je _____   tu _____ *saurais*   il _____

   nous _____   vous _____   elles _____

(12) je _____   tu _____   il _____ *lirait*

   nous _____   vous _____   elles _____

(13) je _____*mettrais*_____   tu _____________   il _____________

nous _____________   vous _____________   elles _____________

(14) j' _____________   tu _____*attendrais*_____   il _____________

nous _____________   vous _____________   elles _____________

(15) je _____________   tu _____________   il _____*verrait*_____

nous _____________   vous _____________   elles _____________

2 조건법을 이용해서 문장을 만들어 보세요.

(1) Je veux un café, s'il vous plaît. → _____________

(2) Je peux avoir une chaise ? → _____________

(3) Vous devez partir demain. → _____________

(4) J'aime partir en vacances. → _____________

(5) Nous voulons partir demain. → _____________

(6) Sans toi, la vie est insignifiante. → _____________

(7) L'économie doit progresser l'année prochaine.

→ _____________

(8) J'ai dit : « Il viendra. » → _____________

(9) Marc a demandé : « Le film sera génial ? »

→ _____________

(10) Nous avons demandé : « Ce sera bien ? »

→ _____________

접속법을 만드는 방법

접속법은 현재시제의 3인칭 복수의 어간에 접속법 어미를 붙여서 만듭니다. 예를 들어, parler 동사의 접속법을 만들려면 이 동사의 현재시제의 3인칭 복수의 어간을 찾습니다. Ils parlent. 즉, parl가 어간입니다. 그리고 그 뒤에 접속법의 어미를 넣으면 됩니다.

---

parler 동사의 접속법 동사 변화 (parler 동사의 현재시제의 3인칭 복수의 어간 ➡ ils parlent)

je parle	nous parlions
tu parles	vous parliez
il/elle parle	ils/elles parlent

---

manger 동사의 접속법 동사 변화 (manger 동사의 현재시제의 3인칭 복수의 어간 ➡ ils mangent)

je mange	nous mangions
tu manges	vous mangiez
il/elle mange	ils/elles mangent

---

finir 동사의 접속법 동사 변화 (finir 동사의 현재시제의 3인칭 복수의 어간 ➡ ils finissent)

je finisse	nous finissions
tu finisses	vous finissiez
il/elle finisse	ils/elles finissent

---

partir 동사의 접속법 동사 변화 (partir 동사의 현재시제의 3인칭 복수의 어간 ➡ ils partent)

je parte	nous partions
tu partes	vous partiez
il/elle parte	ils/elles partent

---

mettre 동사의 접속법 동사 변화 (mettre 동사의 현재시제의 3인칭 복수의 어간 ➡ ils mettent)

je mette	nous mettions
tu mettes	vous mettiez
il/elle mette	ils/elles mettent

---

lire 동사의 접속법 동사 변화 (lire 동사의 현재시제의 3인칭 복수의 어간 ➡ ils lisent)

je lise	nous lisions
tu lises	vous lisiez
il/elle lise	ils/elles lisent

★écrire, attendre, sortir 등의 동사들의 접속법이 이렇게 만들어집니다.

단, 현재시제에서 nous와 vous 인칭의 어간이 다른 경우, 접속법에서도 그렇게 유지가 됩니다. 예를 들어 boire 동사의 경우, 현재시제의 동사 변화를 해 봅시다.

je bois	nous buvons
tu bois	vous buvez
il/elle boit	ils/elles boivent

이와 같이, 이 동사의 접속법의 어간은 ils boivent의 boiv입니다. 하지만 nous와 vous 인칭에서는 어간이 buv가 됩니다. 그래서 boire 동사의 접속법은 다음과 같이 만들어집니다.

je boive	nous buvions
tu boives	vous buviez
il/elle boive	ils/elles boivent

다른 예를 들어 봅시다. prendre 동사의 현재시제의 동사 변화를 해 봅시다.

je prends	nous prenons
tu prends	vous prenez
il/elle prend	ils/elles prennent

이와 같이, 이 동사의 접속법의 어간은 ils prennent의 prenn입니다. 하지만 nous와 vous 인칭에서는 어간이 pren가 됩니다. 그래서 prendre 동사의 접속법은 다음과 같이 만들어집니다.

je prenne	nous prenions
tu prennes	vous preniez
il/elle prenne	ils prennent

★ venir, acheter, jeter, appeler, voir 등의 동사들의 접속법이 이렇게 만들어집니다.

🌙 접속법이 불규칙하게 만들어지는 동사

être	
je sois	nous soyons
tu sois	vous soyez
il/elle soit	ils/elles soient

avoir	
j'aie	nous ayons
tu aies	vous ayez
il/elle ait	ils/elles aient

aller	
j'aille	nous allions
tu ailles	vous alliez
il/elle aille	ils/elles aillent

faire	
je fasse	nous fassions
tu fasses	vous fassiez
il/elle fasse	ils/elles fassent

★ faire 동사의 접속법 어간은 fass입니다.

savoir	
je sache	nous sachions
tu saches	vous sachiez
il/elle sache	ils/elles sachent

★savoir 동사의 접속법 어간은 sach입니다.

pouvoir	
je puisse	nous puissions
tu puisses	vous puissiez
il/elle puisse	ils/elles puissent

★pouvoir 동사의 접속법 어간은 puiss입니다.

🌙 Il faut que ～(～해야 한다)

접속법은 '～해야 한다'라는 뜻을 나타날 때 사용합니다. devoir와 falloir 동사는 모두 '～해야 한다'라는 뜻이지만 falloir 동사는 비인칭 il로만 씁니다.

Tu dois boire de l'eau. 너는 물을 마셔야 한다.
➡ Il faut que tu boives de l'eau. ★Il faut que를 사용해서 말할 때는 tu boives 접속법을 사용해야 합니다.

Nous devons prendre le train. 우리는 기차를 타야 한다.
➡ Il faut que nous prenions le train.

Je dois être à l'école. 나는 학교에 있어야 한다.
➡ Il faut que je sois à l'école.

Marc doit avoir le passeport. 마크는 여권을 가지고 있어야 한다.
➡ Il faut que Marc ait le passeport.

Je dois aller faire du sport. 나는 운동을 하러 가야 한다.
➡ Il faut que j'aille faire du sport.

Vous devez faire attention. 당신은 조심해야 합니다.
➡ Il faut que vous fassiez attention.

🌙 접속법의 다양한 활용

Il vaut mieux que je parte. 내가 떠나는 것이 나을 것 같다.
Il est normal que vous finissiez tôt. 일찍 마치시는 것이 정상입니다.
Il est possible que vous mettiez 3 tables ? 탁자 세 개를 놓는 것이 가능한가요?
Il est important que nous fassions du sport. 우리가 운동을 하는 것이 중요합니다.

Je veux que tu ailles au supermarché. 네가 슈퍼마켓에 가기를 원한다.
Je voudrais que tu ailles au supermarché. 네가 슈퍼마켓에 가 줬으면 좋겠다.
J'aimerais que nous soyons aimables. 우리가 친절했으면 좋겠습니다.
Je souhaite que nous prenions le déjeuner ensemble. 우리가 함께 점심 식사를 했으면 합니다.
J'ai peur qu'il soit trop tard. 너무 늦었을까 봐 겁난다.

Je ne pense pas que ce soit grand. 그것이 크다고 생각하지 않는다.
Je ne crois pas que Marc ait beaucoup d'expérience. 마크가 많은 경험이 있다고 생각하지 않는다.

접속법은 다음의 부사절에서도 사용됩니다.

pour que ~ : ~를 하기 위해서
Je fais le devoir pour que j'aie une bonne note. 좋은 점수를 받기 위해서 과제를 합니다.

afin que ~ : ~를 하기 위해서
Mon père travaille afin que je puisse aller à l'école. 내가 학교에 가기 위해 나의 아버지께서 일하십니다.

sans que ~ : ~ 없이는
C'est impossible d'être en bonne santé sans que nous fassions du sport. 운동을 하지 않고는 건강할 수 없다.

bien que ~ : ~에도 불구하고
L'économie progresse bien que le chômage augmente. 실업이 증가함에도 불구하고 경제가 발전한다.

à condition que ~ : ~ 조건 하에
Tu peux avoir une bonne note à condition que tu travailles bien. 공부를 잘한다는 조건 하에 좋은 점수를 받을 수 있다.

à moins que ~ : ~가 아니라면
Sophie doit être à l'école à moins qu'elle soit dans le bus. 소피는 버스 안에 있지 않다면 학교에 있을 것이다.

avant que ~ : ~하기 전에
Je dois partir avant qu'il fasse nuit. 밤이 되기 전에 나는 떠나야 한다.

en attendant que ~ : ~를 기다리는 동안
Nous pouvons parler en anglais en attendant que vous sachiez parler français. 당신이 프랑스어를 할 줄 아는 것을 기다리는 동안 우리는 영어로 말할 수 있다.

jusqu'à ce que ~ : ~할 때까지
Je vous aimerai jusqu'à ce que la mort nous sépare. 죽음이 우리를 갈라놓을 때까지 나는 당신을 사랑할 겁니다.

1 접속법으로 동사의 변화형을 써 보세요.

(1) je _____ *parle* _____   tu _____   il _____

nous _____   vous _____   elles _____

(2) je _____   tu _____ *manges* _____   il _____

nous _____   vous _____   elles _____

(3) je _____   tu _____   il _____ *finisse* _____

nous _____   vous _____   elles _____

(4) je _____ *parte* _____   tu _____   il _____

nous _____   vous _____   elles _____

(5) je _____   tu _____ *mettes* _____   il _____

nous _____   vous _____   elles _____

(6) je _____   tu _____   il _____ *lise* _____

nous _____   vous _____   elles _____

(7) je _____ *boive* _____   tu _____   il _____

nous _____   vous _____   elles _____

(8) je _____   tu _____ *prennes* _____   il _____

nous _____   vous _____   elles _____

(9) je _____   tu _____   il _____ *vienne* _____

nous _____   vous _____   elles _____

(10) je _____ *sois* _____   tu _____   il _____

nous _____   vous _____   elles _____

(11) j' _____   tu _____ *aies* _____   il _____

nous _____   vous _____   elles _____

(12) j' _____   tu _____   il _____ *aille* _____

nous _____   vous _____   elles _____

(13) je _____ *fasse*   tu _____   il _____

     nous _____   vous _____   elles _____

(14) je _____   tu _____ *saches*   il _____

     nous _____   vous _____   elles _____

(15) je _____   tu _____   il _____ *puisse*

     nous _____   vous _____   elles _____

2 접속법을 이용해서 프랑스어로 써 보세요.

(1) 너는 물을 마셔야 한다. → _____

(2) 우리는 기차를 타야 한다. → _____

(3) 나는 학교에 있어야 한다. → _____

(4) 마크는 여권을 가지고 있어야 한다. → _____

(5) 내가 떠나는 것이 나을 것 같다. → _____

(6) 우리가 운동을 하는 것이 중요합니다. → _____

(7) 나는 네가 슈퍼마켓에 가기를 원한다. → _____

(8) 너무 늦었을까 봐 겁난다. → _____

(9) 그것이 크다고 생각하지 않는다. → _____

(10) 좋은 점수를 받기 위해서 과제를 합니다. → _____

(11) 운동을 하지 않고는 건강할 수 없다. → _____

(12) 나는 밤이 되기 전에 떠나야 한다. → _____

(13) 죽음이 우리를 갈라놓을 때까지 나는 당신을 사랑할 겁니다.

     → _____

(14) 나는 가야 해. → _____

(15) 당신은 아침 식사를 해야 합니다. → _____

🌙 부정형용사(l'adjectif indéfini)

부정형용사는 명사에 부속되어서 그 성질, 수량, 유사성, 차이 등을 한정하는 형용사입니다.

quelques ~ : 몇몇 ~ (항상 복수)
Quelques pommes sont vertes. 몇몇 사과들이 초록색입니다.

plusieurs ~ : 여러 ~ (항상 복수)
Plusieurs personnes travaillent tous les jours. 여러 사람들이 매일 일을 합니다.

d'autres ~ : 다른 ~ (항상 복수)
D'autres personnes ne travaillent pas. 다른 사람들은 일을 하지 않습니다.

chaque ~ : 각각의 ~ (항상 단수)
Chaque personne veut réussir. 각각의 사람들이 성공하고 싶어 합니다.

certain과 tout는 명사의 성과 수에 일치시켜 주어야 합니다

certains / certaines : 어떤 ~
Certains jours, je suis triste. 어떤 날은 슬픕니다. Certaines nuits, je ne dors pas. 어떤 밤은 잠을 자지 않습니다. Certains étudiants n'ont pas fait le devoir. 어떤 학생들은 과제를 하지 않았습니다. Certaines étudiantes ne sont pas en cours. 어떤 여학생들은 수업에 없습니다.

tout / toute / tous / toutes : ~ 전체, 모든 ~
Je connais tout le groupe. 그룹 전체를 압니다. Toute la classe est partie en voyage scolaire. 반 전체는 수학여행을 떠났습니다. Je mange du yaourt tous les jours. 매일 요거트를 먹습니다. Toutes les nuits, je lis avant de dormir. 매일 밤, 잠자기 전에 책을 읽습니다.

☾ 부정대명사(le pronom indéfini)

부정대명사는 명사에 부속되지 않습니다.

plusieurs : 여러 사람들
Plusieurs sont français. 여러 사람들은 프랑스인입니다.

d'autres : 다른 사람들
D'autres sont anglais. 다른 사람들은 영국인입니다.

quelqu'un : 누군가
Quelqu'un est venu. 누군가 왔습니다.

quelques-uns / quelques-unes : 몇몇 사람들
Quelques-uns sont grands. 몇몇 사람들은 키가 큽니다. **Quelques-unes** sont petites. 몇몇 여성들은 키가 작습니다.

certain과 tout는 성과 수에 따라 달라집니다.

Tout va bien. 모든 것이 잘되어 갑니다. **Tous** veulent apprendre le français. 모두들 프랑스어를 배우고 싶어 합니다. **Toutes** parlent français. 모든 여성들이 프랑스어를 합니다.
Certains sont coréens. 몇몇의 사람들은 한국인입니다. **Certaines** sont étudiantes. 몇몇의 여성들은 학생입니다.

부정대명사가 동사의 뒤에 위치할 수도 있습니다.

Je comprends **tout**. 모든 것을 이해합니다. J'attends **quelqu'un**. 누군가를 기다립니다. Je cherche **quelque chose**. 무언가를 찾고 있습니다. Je voudrais partir **quelque part**. 어디론가 떠나고 싶습니다. Elles sont **toutes** à l'école. 그녀들은 모두 학교에 있습니다.

부정대명사가 전치사의 뒤에 위치할 수도 있습니다.

Merci pour **tout**. 모든 것에 대해 감사합니다. Merci à **tous**. 모두에게 감사합니다.

1 부정사를 이용해서 프랑스어로 써 보세요.

(1) 몇몇 사과들이 초록색입니다.　→

(2) 여러 사람들이 매일 일을 합니다.　→

(3) 다른 사람들은 일을 하지 않습니다.　→

(4) 각각의 사람들이 성공하고 싶어 합니다.　→

(5) 어떤 날은 슬픕니다.　→

(6) 어떤 밤은 잠을 자지 않습니다.　→

(7) 어떤 학생들은 과제를 하지 않았습니다.　→

(8) 어떤 여자 학생들은 수업에 없습니다.　→

(9) 그룹 전체를 압니다.　→

(10) 반 전체는 수학여행을 떠났습니다.　→

(11) 매일 요거트를 먹습니다.　→

(12) 매일 밤, 잠을 자기 전에 책을 읽습니다.　→

(13) 다른 사람들은 영국인입니다.　→

(14) 누군가 왔습니다.　→

(15) 몇몇 사람들은 키가 큽니다.　→

(16) 몇몇 여성들은 키가 작습니다.　→

(17) 모든 것이 잘되어 갑니다.　→

(18) 모두들 프랑스어를 배우고 싶어 합니다.　→

(19) 모든 여성들이 프랑스어를 합니다.　→

(20) 몇몇 사람들은 한국인입니다.　→

(21) 몇몇 여성들은 학생입니다.　→

(22) 모든 것을 이해합니다.　→

(23) 누군가를 기다립니다.　→

(24) 어디론가 떠나고 싶습니다.　→

(25) 모두에게 감사합니다.　→

Leçon 01 남성형과 여성형   *Le masculin et le féminin*

1
(1) Madame Martin est employée.
(2) Elle est belge.
(3) Elle est heureuse.
(4) Elle est jeune.
(5) Elle est grande.
(6) Elle est brune.
(7) Elle est grosse.
(8) Elle est gentille.

2
(1) Jean-Michel Dupont est étudiant.
(2) Il est français.
(3) Il est serveur.
(4) Il est beau.
(5) Il est mignon.
(6) Il est petit.
(7) Il est blond.
(8) Il est gentil.

3
(1) Elle est étudiante.
(2) Il est avocat.
(3) Elle est employée.
(4) Il est retraité.
(5) Elle est française.
(6) Il est anglais.
(7) Elle est chinoise.
(8) Il est petit.
(9) Il est japonais.
(10) Il est grand.
(11) Il est musicien.
(12) Elle est blonde.
(13) Il est brun.
(14) Il est lycéen.
(15) Elle est italienne.
(16) Elle est coréenne.
(17) Il est bon.
(18) Elle est collégienne.
(19) Il est mécanicien.
(20) Elle est boulangère.
(21) Elle est mignonne.
(22) Il est cuisinier.
(23) Elle est danseuse.
(24) Elle est infirmière.
(25) Il est étranger.
(26) Il est heureux.
(27) Il est serveur.
(28) Elle est menteuse.
(29) Elle est actrice.
(30) Il est vendeur.
(31) Il est chômeur.
(32) Elle est chanteuse.
(33) Elle est agricultrice.
(34) Il est instituteur.
(35) Il est vieux.
(36) Elle est belle.
(37) Il est gros.
(38) Elle est espagnole.
(39) Elle est gentille.
(40) Il / Elle est médecin.

4
(1) Je suis petit(e).
(2) Je suis mince.
(3) Je suis brun(e).
(4) Je suis professeur.
(5) Je suis marié(e).

1
(1) Patrick et Sébastien sont employés.
(2) Ils sont belges.
(3) Ils sont heureux.
(4) Ils sont jeunes.
(5) Ils sont grands.
(6) Ils sont bruns.
(7) Ils sont gros.
(8) Ils sont gentils.
(9) Stéphanie et Magalie sont étudiantes.
(10) Elles sont françaises.
(11) Elles sont serveuses.
(12) Elles sont belles.
(13) Elles sont mignonnes.
(14) Elles sont petites.
(15) Elles sont blondes.
(16) Elles sont gentilles.

2
(1) Elle est musicienne.
(2) Elle est grande.
(3) Elle est photographe.
(4) Elle est coréenne.
(5) Elle est belle.
(6) Elle est gentille.
(7) Elle est petite.

3
(1) Ils sont étudiants.
(2) Ils sont avocats.
(3) Elles sont employées.
(4) Il est retraité.
(5) Elle est française.
(6) Elles sont anglaises.
(7) Elles sont chinoises.
(8) Il est espagnol.
(9) Elle est japonaise.
(10) Ils sont grands.
(11) Elles sont petites.
(12) Ils sont blonds.
(13) Ils sont bruns.
(14) Elles sont musiciennes.
(15) Ils sont italiens.
(16) Elles sont coréennes.
(17) Ils sont lycéens.
(18) Elles sont collégiennes.
(19) Il est mécanicien.
(20) Elles sont bonnes.
(21) Ils sont mignons.
(22) Elles sont cuisinières.
(23) Elle est boulangère.
(24) Il est infirmier.
(25) Ils sont étrangers.
(26) Elles sont danseuses.
(27) Ils sont serveurs.
(28) Elles sont menteuses.
(29) Elle est heureuse.
(30) Elles sont vendeuses.
(31) Il est chômeur.
(32) Elles sont actrices.
(33) Il est agriculteur.
(34) Ils sont instituteurs.
(35) Elles sont chanteuses.
(36) Elles sont belles.
(37) Elles sont grosses.
(38) Elles sont vieilles.
(39) Ils sont gentils.
(40) Ils / Elles sont médecins.

1 (1) Je suis coréenne.　　　　　　　(2) Nous sommes prêts.

　 (3) Tu es française ?　　　　　　　(4) Vous êtes étudiant ?

　 (5) Il est boulanger.　　　　　　　(6) Ils sont fatigués.

　 (7) Elle est belle.　　　　　　　　(8) Elles sont malades.

2 (1) Je suis petit / petite.　　　　　Nous sommes petits / petites.

　　 Tu es petit / petite.　　　　　Vous êtes petit / petite / petits / petites.

　　 Il est petit.　　　　　　　　Ils sont petits.

　　 Elle est petite.　　　　　　　Elles sont petites.

　 (2) Je suis heureux / heureuse.　　Nous sommes heureux / heureuses.

　　 Tu es heureux / heureuse.　　　Vous êtes heureux / heureuse / heureux / heureuses.

　　 Il est heureux.　　　　　　　Ils sont heureux.

　　 Elle est heureuse.　　　　　　Elles sont heureuses.

　 (3) Je suis gros / grosse.　　　　　Nous sommes gros / grosses.

　　 Tu es gros / grosse.　　　　　Vous êtes gros / grosse / gros / grosses.

　　 Il est gros.　　　　　　　　Ils sont gros.

　　 Elle est grosse.　　　　　　　Elles sont grosse.

3 (1) Vous êtes professeur ?　　　　Vous êtes musicien ?　　　　Vous êtes français ?

　 (2) Tu es italien ?　　　　　　　Tu es prêt ?　　　　　　　Tu es étudiant ?

　 (3) Vous êtes fatigués ?　　　　　Vous êtes malades ?　　　　Vous êtes musiciens ?

1　억양으로 질문　　　　　　　Est-ce que를 이용한 질문　　　　도치를 이용한 질문

　 (1) Vous êtes coréen ?　　　　　Est-ce que vous êtes coréen ?　　Etes-vous coréen ?

　 (2) Tu es chinoise ?　　　　　　Est-ce que tu es chinoise ?　　　Es-tu chinoise ?

　 (3) Il est étudiant ?　　　　　　Est-ce qu'il est étudiant ?　　　Est-il étudiant ?

　 (4) Elles sont françaises ?　　　　Est-ce qu'elles sont françaises ?　Sont-elles françaises ?

　 (5) Nous sommes gros ?　　　　　Est-ce que nous sommes gros ?　　Sommes-nous gros ?

　 (6) Martin est boulanger ?　　　　Est-ce que Martin est boulanger ?　Martin est-il boulanger ?

　 (7) Julie et Marie sont gentilles ?　Est-ce que Julie et Marie sont gentilles ?　Julie et Marie sont-elles gentilles ?

　 (8) Laurent est beau ?　　　　　Est-ce que Laurent est beau ?　　Laurent est-il beau ?

　 (9) Nous sommes américains ?　　Est-ce que nous sommes américains ?　Sommes-nous méricains ?

2 (1) Oui, je suis professeur.

(2) Oui, je suis coréenne.

(3) Oui, il est chanteur.

(4) Oui, elles sont actrices.

(5) Oui, elle est grande.

(6) Oui, elle est prête.

(7) Non, je ne suis pas fatiguée.

(8) Non, je ne suis pas prête.

(9) Non, il n'est pas malade.

(10) Non, elles ne sont pas chanteuses.

(11) Non, elle n'est pas petite.

(12) Non, elle n'est pas grande.

Leçon 05 1군 동사 — *Les verbes du premier groupe*

1 (1) je parle — tu parles — il parle

nous parlons — vous parlez — elles parlent

(2) j'aime — tu aimes — il aime

nous aimons — vous aimez — elles aiment

(3) j'habite — tu habites — il habite

nous habitons — vous habitez — elles habitent

(4) je téléphone — tu téléphones — il téléphone

nous téléphonons — vous téléphonez — elles téléphonent

(5) je travaille — tu travailles — il travaille

nous travaillons — vous travaillez — elles travaillent

(6) je termine — tu termines — il termine

nous terminons — vous terminez — elles terminent

(7) je déjeune — tu déjeunes — il déjeune

nous déjeunons — vous déjeunez — elles déjeunent

(8) j'arrive — tu arrives — il arrive

nous arrivons — vous arrivez — elles arrivent

(9) je continue — tu continues — il continue

nous continuons — vous continuez — elles continuent

(10) je mange — tu manges — il mange

nous mangeons — vous mangez — elles mangent

(11) je regarde — tu regardes — il regarde

nous regardons — vous regardez — elles regardent

(12) j'écoute — tu écoutes — il écoute

nous écoutons — vous écoutez — elles écoutent

(13) j'étudie — tu étudies — il étudie

nous étudions — vous étudiez — elles étudient

(14) je joue — tu joues — il joue

nous jouons — vous jouez — elles jouent

(15) je commence — tu commences — il commence

nous commençons — vous commencez — elles commencent

(16) j'essaie	tu essaies	il essaie
nous essayons	vous essayez	elles essaient
(17) j'appelle	tu appelles	il appelle
nous appelons	vous appelez	elles appellent
(18) j'achète	tu achètes	il achète
nous achetons	vous achetez	elles achètent

2
(1) Oui, je parle français.
(2) Oui, j'étudie le français.
(3) Oui, j'aime le cinéma.
(4) Non, je ne dîne pas à 6 heures.
(5) Non, je n'habite pas à Séoul.

3
(1) Je mange un sandwich.
(2) Tu écoutes la radio.
(3) Il regarde la télévision.
(4) Nous aimons le cinéma.
(5) Vous parlez anglais.
(6) Elles jouent du piano.
(7) J'habite à Paris.
(8) Tu dînes au restaurant.

Leçon 06 대명동사

Les verbes pronominaux

1

(1) je me repose	tu te reposes	il se repose
nous nous reposons	vous vous reposez	elles se reposent
(2) je m'appelle	tu t'appelles	il s'appelle
nous nous appelons	vous vous appelez	elles s'appellent
(3) je me lève	tu te lèves	il se lève
nous nous levons	vous vous levez	elles se lèvent
(4) je me lave	tu te laves	il se lave
nous nous lavons	vous vous lavez	elles se lavent
(5) je me promène	tu te promènes	il se promène
nous nous promenons	vous vous promenez	elles se promènent
(6) je em présente	tu te présentes	il se présente
nous nous présentons	vous vous présentez	elles se présentent
(7) je me regarde	tu te regardes	il se regarde
nous nous regardons	vous vous regardez	elles se regardent
(8) je m'habille	tu t'habilles	il s'habille
nous nous habillons	vous vous habillez	elles s'habillent
(9) je m'ennuie	tu t'ennuies	il s'ennuie
nous nous ennuyons	vous vous ennuyez	elles s'ennuient
(10) je m'amuse	tu t'amuses	il s'amuse
nous nous amusons	vous vous amusez	elles s'amusent

2 (1) Le dimanche, je me repose.   (2) Je m'appelle Fabien.

(3) Vous vous appelez Julie ?   (4) Il se lève à 7 heures.

(5) Et il se lave.   (6) On se promène.

(7) Elle s'habille.   (8) Les enfants s'ennuient.

(9) On s'amuse bien.   (10) Vous vous amusez bien ?

(11) Bonjour, je me présente.   (12) Elle se regarde dans le miroir.

3 (1) Quentin est français. Il parle français, anglais et japonais. Il habite à Marseille. Il aime le sport. Il est marié. Il n'est pas cuisinier. Il est étudiant. Il étudie la cuisine.

(2) Sandrine et Hélène sont françaises. Elles parlent français. Elles sont à Paris. Elles aiment la musique. Elles sont célibataires. Elles sont musiciennes.

(3) Lora est étudiante. Elle habite à Londres et elle est anglaise. Elle parle anglais et français. Elle aime la cuisine. Elle n'est pas mariée.

(4) Sophie, Bertrand et Magalie sont belges. Ils habitent à Bruxelles. Ils aiment les voyages. Ils sont employés. Sophie et Magalie sont mariées. Et Bertrand est célibataire.

Leçon 07 부정관사, 정관사   *L'article indéfini et l'article défini*

1 (1) un homme   (2) un ami   (3) des femmes

(4) une amie   (5) une femme   (6) des actrices

(7) un gâteau   (8) un livre   (9) des gares

(10) des baguettes   (11) une école   (12) une baguette

(13) une française   (14) un musicien   (15) des livres

(16) des coréens   (17) des journalistes   (18) des filles

(19) des amies   (20) un acteur   (21) un camescope

(22) un programme   (23) une fleur   (24) une voiture

(25) un arbre   (26) un modèle   (27) un sourire

(28) un téléphone   (29) une question   (30) des couleurs

2 (1) la fille   (2) les journaux   (3) le serveur   (4) la route

(5) les hommes   (6) le garçon   (7) la gare   (8) le père

(9) l'actrice   (10) la musicienne   (11) les serveuses   (12) les écoles

(13) le journal   (14) les gâteaux   (15) le coréen   (16) les coréennes

(17) l'étudiante   (18) les françaises   (19) l'ami   (20) l'étudiant

(21) la couleur   (22) le téléphone   (23) le fromage   (24) la question

(25) le problème   (26) le sourire   (27) les questions   (28) la couleur

(29) les acteurs   (30) les amies

1   Je visite ~   Je suis (à) ~

(1) Je visite la Tour Eiffel.   Je suis à la Tour Eiffel.

(2) Je visite le Louvre.   Je suis au Louvre.

(3) Je visite les Invalides.   Je suis aux Invalides.

(4) Je visite la Défense.   Je suis à la Défense.

(5) Je visite l'Opéra.   Je suis à l'Opéra.

(6) Je visite le Musée d'Orsay.   Je suis au Musée d'Orsay.

(7) Je visite les Champs-Elysèes.   Je suis aux Champs-Elysèes.

         Je viens (de) ~   Je vais (à) ~

(8) Je viens de la Tour Eiffel.   Je vais à la Tour Eiffel.

(9) Je viens du Louvre.   Je vais au Louvre.

(10) Je viens des Invalides.   Je vais aux Invalides.

(11) Je viens de la Défense.   Je vais à la Défense.

(12) Je viens de l'Opéra.   Je vais à l'Opéra.

(13) Je viens du Musée d'Orsay.   Je vais au Musée d'Orsay.

(14) Je viens des Champs-Elysèes.   Je vais aux Champs-Elysèes.

         une carte (de) ~ : ～ 지도   la visite (de) ~ : ～ 구경

(15) une carte de la Tour Eiffel   la visite de la Tour Eiffel

(16) une carte du Louvre   la visite du Louvre

(17) une carte des Invalides   la visite des Invalides

(18) une carte de la Défense   la visite de la Défense

(19) une carte de l'Opéra   la visite de l'Opéra

(20) une carte du Musée d'Orsay   la visite du Musée d'Orsay

(21) une carte des Champs-Elysèes   la visite des Champs-Elysèes

2   (1) A 7 heures, je suis la maison.   (2) A 8 heures, je suis à la bibliothèque.

(3) A 9 heures, je suis à l'école.   (4) A 10 heures, je suis à la picsine.

(5) A 12 heures, je suis au restaurant.   (6) A 14 heures, je suis au bureau.

(7) A 17 heures, je suis supermarché.   (8) A 18 heures, je suis cinéma.

(9) A 20 heures, je suis au café.   (10) A 22 heures, je suis au lit.

1

mon gâteau	mon livre	mes livres	mon amie
ton journal	ton sac	ta voiture	ton téléphone
son père	ses parents	ses stylos	son appartement
notre téléphone	notre école	notre maison	nos amis
votre question	votre gâteau	votre mère	vos téléphones
leur gâteau	leur voiture	leurs sacs	leur école

2

(1) ce styolo	(2) cette voiture	(3) cette clé	(4) cette école
(5) cet appartement	(6) ce matin	(7) cet après-midi	(8) ce livre
(9) ces livres	(10) ce soir	(11) ce soir	(12) cette année

3

moi	C'est moi.	C'est pour moi.	Je vais chez moi.
toi	C'est toi.	C'est pour toi.	Je vais chez toi.
lui	C'est lui.	C'est pour lui.	Je vais chez lui.
elle	C'est elle.	C'est pour elle.	Je vais chez elle.
nous	C'est nous.	C'est pour nous.	Je vais chez nous.
vous	C'est vous.	C'est pour vous.	Je vais chez vous.
eux	C'est eux.	C'est pour eux.	Je vais chez eux.
elles	C'est elles.	C'est pour elles.	Je vais chez elles.

4

à moi	le mien	la mienne	les miens	les miennes
à toi	le tien	la tienne	les tiens	les tiennes
à lui/elle	le sien	la sienne	les siens	les siennes
à nous	le nôtre	la nôtre	les nôtres	les nôtres
à vous	le vôtre	la vôtre	les vôtres	les vôtres
à eux/elles	le leur	la leur	les leurs	les leurs

5

celui-ci	celle-ci	ceux-ci	celles-ci
celui-là	celle-là	ceux-là	celles-là

1   부정관사를 사용 / 정관사를 사용

부정관사를 사용	정관사를 사용
(1) J'ai des amis.	J'ai les amis.
(2) Tu as un sac.	Tu as le sac.
(3) Il a des livres.	Il a les livres.
(4) Elle a une montre.	Elle a la montre.
(5) Nous avons une sœur.	Nous avons la sœur.
(6) Vous avez des frères.	Vous avez les frères.
(7) Ils ont une voiture.	Ils ont la voiture.
(8) Elles ont un chien.	Elles ont le chien.
(9) J'ai une voiture coréenne.	J'ai la voiture coréenne.
(10) Tu as une montre française.	Tu as la montre française.
(11) Il a des livres intéressants.	Il a les livres intéressants.

2

(1) Elle a mal à la tête.	(2) Nous avons faim.
(3) Vous avez mal aux jambes.	(4) Ils ont chaud.
(5) Elles ont froid.	

3   부정관사를 사용 / 정관사를 사용

부정관사를 사용	정관사를 사용
(1) Je n'ai pas d'amis.	Je n'ai pas les amis.
(2) Tu n'as pas de sac.	Tu n'as pas le sac.
(3) Il n'a pas de livres.	Il n'a pas les livres.
(4) Elle n'a pas de montre.	Elle n'a pas la montre.
(5) Nous n'avons pas de sœur.	Nous n'avons pas la sœur.
(6) Vous n'avez pas de frères.	Vous n'avez pas les frères.
(7) Ils n'ont pas de voiture.	Ils n'ont pas la voiture.
(8) Elles n'ont pas de chien.	Elles n'ont pas le chien.
(9) Je n'ai pas de voiture coréenne.	Je n'ai pas la voiture coréenne.
(10) Tu n'as pas de montre française.	Tu n'as pas la montre française.
(11) Il n'a pas de livres intéressants.	Il n'a pas les livres intéressants.

4

(1) Elle n'a pas mal à la tête.	(2) Nous n'avons pas faim.
(3) Vous n'avez pas mal aux jambes.	(4) Ils n'ont pas chaud.
(5) Elles n'ont pas froid.	

1   부정관사를 사용 (하나의 ~)   정관사를 사용 (그 ~)

(1) Il y a un stylo.   Il y a le stylo.

(2) Dans mon sac, il y a un stylo.   Dans mon sac, il y a le stylo.

(3) Dans mon sac, il n'y a pas de stylo.   Dans mon sac, il n'y a pas le stylo.

(4) Est-ce qu'il y a un stylo ?   Est-ce qu'il y a le stylo ?

(5) Il y a un stylo dans ton sac ?   Il y a le stylo dans ton sac ?

(6) Il n'y a pas de stylo dans ton sac ?   Il n'y a pas le stylo dans ton sac ?

                                                 Il y a les lions.

(7) Il y a des lions.

(8) En Afrique, il y a des lions.   En Afrique, il y a les lions.

(9) En Asie, il n'y a pas de lions.   En Asie, il n'y a pas les lions.

(10) Est-ce qu'il y a des lions ?   Est-ce qu'il y a les lions ?

(11) Il y a des lions en Afrique ?   Il y a les lions en Afrique ?

(12) Il n'y a pas de lions en Asie ?   Il n'y a pas les lions en Asie ?

(13) C'est un cadeau.   C'est le cadeau.

(14) Est-ce que c'est un cadeau ?   Est-ce que c'est le cadeau ?

(15) Ce n'est pas un cadeau.   Ce n'est pas le cadeau.

(16) N'est-ce pas un cadeau ?   N'est-ce pas le cadeau ?

(17) Ce sont des cadeaux ?   Ce sont les cadeaux ?

(18) Est-ce que ce sont des cadeaux ?   Est-ce que ce sont les cadeaux ?

(19) Ce ne sont pas des cadeaux.   Ce ne sont pas les cadeaux.

(20) Est-ce que ce ne sont pas des cadeaux ?   Est-ce que ce ne sont pas les cadeaux ?

2   긍정문   부정문 (ne ... pas)

(1) C'est joli.   Ce n'est pas joli.

(2) C'est beau.   Ce n'est pas beau.

(3) C'est grand.   Ce n'est pas grand.

(4) C'est cher.   Ce n'est pas cher.

(5) C'est bon.   Ce n'est pas bon.

(6) Est-ce que c'est joli ?   Est-ce que ce n'est pas joli ?

(7) Est-ce que c'est beau ?   Est-ce que ce n'est pas beau ?

(8) Est-ce que c'est grand ?   Est-ce que ce n'est pas grand ?

(9) Est-ce que c'est cher ?   Est-ce que ce n'est pas cher ?

(10) Est-ce que c'est bon ?   Est-ce que ce n'est pas bon ?

1 (1) je finis   tu finis   il finit
       nous finissons   vous finissez   elles finissent
    (2) je choisis   tu choisis   il choisit
       nous choisissons   vous choisissez   elles choisissent
    (3) je grandis   tu grandis   il grandit
       nous grandissons   vous grandissez   elles grandissent
    (4) Je grossis   tu grossis   il grossit
       nous grossissons   vous grossissez   elles grossissent

2 (1) Oui, je finis à 6 heures.   Non, je ne finis pas à 6 heures.
    (2) Oui, elle finit ses devoirs.   Non, elle ne finit pas ses devoirs.
    (3) Oui, je choisis de rester.   Non, je ne choisis pas de rester.
    (4) Oui, ils choisissent le menu.   Non, ils ne choisissent le menu.
    (5) Oui, elle choisit une glace.   Non, elle ne choisit pas de glace.
    (6) Oui, ils grandissent.   Non, ils ne grandissent pas.
    (7) Oui, elle grandit vite.   Non, elle ne grandit pas vite.

Leçon 13   3군 동사와 조동사   *Les verbes du troisième groupe et les verbes auxiliaires*

1 (1) je pars   tu pars   il part
       nous partons   vous partez   elles partent
    (2) je sors   tu sors   il sort
       nous sortons   vous sortez   elles sortent
    (3) je sens   tu sens   il sent
       nous sentons   vous sentez   elles sentent
    (4) je dors   tu dors   il dort
       nous dormons   vous dormez   elles dorment
    (5) je sers   tu sers   il sert
       nous servons   vous servez   elles servent
    (6) j'écris   tu écris   il écrit
       nous écrivons   vous écrivez   elles écrivent
    (7) je décris   tu décris   il décrit
       nous décrivons   vous dévrivez   elles décrivent
    (8) je m'inscris   tu t'inscris   il s'inscrit
       nous nous inscrivons vous vous inscrivez elles s'inscrivent

(9) je lis   tu lis   il lit
     nous lisons   vous lisez   elles lisent
(10) j'interdis   tu interdis   il interdit
     nous interdisons   vous interdisez   elles interdisent
(11) je plais   tu plais   il plaît
     nous plaisons   vous plaisez   elles plaisent
(12) je mets   tu mets   il met
     nous mettons   vous mettez   elles mettent
(13) je me bats   tu te bats   il se bat
     nous nous battons   vous vous battez   elles se battent
(14) je permets   tu parmets   il permet
     nous permettons   vous permettez   elles permettent
(15) je promets   tu promets   il promet
     Nous promettons   vous promettez   elles promettent
(16) je réponds   tu réponds   il répond
     nous répondons   vous répondez   elles répondent
(17) j'attends   tu attends   il attend
     nous attendons   vous attendez   elles attendent
(18) je vends   tu vends   il vend
     nous vendons   vous vendez   elles vendent
(19) je perds   tu perds   il perd
     nous perdons   vous perdez   elles perdent
(20) je prends   tu prends   il prend
     Nous prenons   vous prenez   elles prennent
(21) j'apprends   tu apprends   il apprend
     nous apprenons   vous apprenez   elles apprennent
(22) Je comprends   tu comprends   il comprend
     nous comprenons   vous comprenez   elles comprennent
(23) je viens   tu viens   il vient
     nous venons   vous venez   elles viennent
(24) je deviens   tu deviens   il devient
     nous devenons   vous devenez   elles deviennent
(25) je reviens   tu reviens   il revient
     nous revenons   vous revenez   elles reviennent

1
(1) Que fais-tu ?
(2) Que faites-vous dans la vie ?
(3) Que voulez-vous ?
(4) Qu'étudiez-vous ?
(5) Que fait-il ?
(6) Que veut-elle ?
(7) Que mange-t-il ?
(8) Que mange-t-elle ?
(9) Qui êtes-vous ?
(10) Qui est cette personne ?
(11) Avec qui partez-vous en vacances?
(12) Où allez-vous ?
(13) Où va-t-il ?
(14) Où habite-tu ?
(15) Où habite-t-il ?
(16) Où est la maison de Sophie ?
(17) Où sont tes parents ?
(18) Comment partez-vous ?
(19) Comment vous appelez-vous ?
(20) Comment allez-vous ?
(21) Combien êtes-vous ?
(22) Combien coûte ce stylo ?
(23) Combien coûtent ces chaussures ?
(24) Dans combien de jours partez-vous ?
(25) Pourquoi partez-vous en train ?
(26) Pourquoi aimes-tu cette chanson ?
(27) Quand partez-vous ?
(28) Quand vas-tu en France ?
(29) Quand prends-tu le déjeuner ?
(30) Quel livre cherchez-vous ?
(31) Quelle langue apprenez-vous ?
(32) Quels livres lisez-vous ?
(33) Quelles langues parlez-vous ?
(34) Quelle est votre couleur préférée ?
(35) Quelles sont les chansons de ce chanteur ?

1
(1) Jean est plus grand.
(2) Sandrine est plus grande.
(3) Xavier et Laurent sont plus petits.
(4) Sophie et Magalie sont plus petites.
(5) Xavier est plus rapide.
(6) Magalie e Sophie sont plus lentes.
(7) Laurent et Jean sont plus minces ?
(8) Magalie est plus grosse.
(9) Jean n'est pas plus grand.
(10) Sandrine n'est pas plus grande ?
(11) C'est plus cher.
(12) Ce n'est pas plus grand ?
(13) Ce sac est plus cher.
(14) Ces fruits sont plus grands ?
(15) Jean est plus grand que David.
(16) Sophie est plus petite que Laurent.
(17) Sophie et Sandrine sont plus lentes que Jean.
(18) Ce sac est moins cher que le sac rouge.
(19) Ce sac est le plus cher.
(20) Sandrine est la plus grande.
(21) David et Jean sont les plus lents.
(22) Sophie et Sandrine sont les plus grosses ?
(23) Jean est moins grand.
(24) Xavier et David sont moins rapides.
(25) Ces voitures sont moins grandes.
(26) Jean est moins grand que David.
(27) Magalie et Sophie sont moins grosses que Laurent.
(28) Laurent est le moins grand.

(29) Sandrine n'est pas moins grande que Jean ?   (30) Est-ce que Xavier est le moins rapide.

(31) Jean est aussi grand.   (32) C'est aussi grand ?

(33) Jean est aussi grand que David.   (34) Magalie et Sophie sont aussi grosses que Laurent.

(35) Jean n'est-il pas aussi grand que David ?

Leçon 16 전치사   *Les prépositions*

1 (1) Je suis près de Séoul.   (2) Marc vient près de Lyon.

(3) Je suis à côté de l'école.   (4) Marc est à côté du restaurant.

(5) Je suis loin de l'école.   (6) Marc est loin du restaurant.

(7) Je suis dans la voiture.   (8) Marc est dans le restaurant.

(9) Je suis à l'extérieur de la voiture.   (10) Marc est à l'extérieur du restaurant.

(11) Les journaux sont sur la table.   (12) Je suis sous le pont.

(13) Je suis devant vous.   (14) Il est derrière toi.

(15) Je suis à Séoul.   (16) Je suis de Séoul.

(17) Je vais de Séoul à Paris.   (18) Sophie est à l'école de 9 heures à 16 heures.

(19) Je suis à 5 minutes de l'école.   (20) Marc vient entre 7 heures et 8 heures.

(21) Je me repose jusqu'à 11 heures.   (22) Je viens vers 9 heures.

(23) Il est environ 3 heures.   (24) J'aime la France.

(25) J'habite en France.

Leçon 17 부사   *L'adverbe*

1 (1) Marc est lent.   (2) Marc travaille lentement.

(3) Nous marchons lentement.   (4) Vous devez toucher doucement.

(5) Heureusement, je suis en Corée.   (6) Il répond sèchement.

(7) Il répond longuement.   (8) Jean est légèrement plus grand que Marc.

(9) Je fais du sport régulièrement.   (10) Je réponds franchement.

(11) Vous répondez poliment.   (12) Vous êtes absolument génial.

(13) Vous êtes vraiment génial.   (14) Vous êtes rarement à la maison.

(15) Vous parlez rapidement. / Vous parlez vite.   (16) Je réponds sincèrement.

(17) Vous êtes suffisamment intelligent.   (18) Il est venu récemment.

(19) Il vient fréquemment.   (20) Marc répond gentiment.

(21) Marc répond précisément.   (22) Marc aime énormément Sophie.

(23) Il travaille intensément.   (24) Il travaille bien.

(25) Il travaille très bien.

(26) Cette voiture est très grande.

(27) Il parle beaucoup.

(28) Il parle peu.

(29) Il prend toujours un café le matin.

(30) Il prend souvet un café le matin.

(31) Il prend de temps en temps un café le matin.

(32) Il prend rarement un café le matin.

(33) Il ne prend jamais de café le matin.

(34) Il dîne tôt.

(35) Il dîne tard.

(36) Vous travaillez ici ?

(37) Vous travaillez là ?

(38) Tu parles bien français.

(39) Je ne parle pas très bien français.

(40) J'aime beaucoup le français.

Leçon 18 근접미래, 근접과거 — *Le futur proche, le passé proche*

1

(1) Je vais manger une pomme.

(2) A quelle heure allez-vous vous lever ?

(3) Je vais me lever à 6 heures.

(4) Qu'est-ce que vous allez faire ?

(5) Je vais me laver et je vais m'habiller.

(6) Vous allez partir de la maison à 8 heures ?

(7) Je vais arriver au travail à 9 heures.

(8) Je vais avoir une réunion à 10 heures.

(9) Je vais déjeuner à midi.

(10) Je vais me reposer un peu.

(11) Qu'est-ce que vous allez faire l'après-midi ?

(12) Je vais terminer à 18 heures.

(13) Quand allez-vous rentrer chez vous ?

(14) Je vais rentrer à 19 heures.

(15) Qu'allez-vous faire chez vous ?

(16) Je vais faire de l'ordinateur.

(17) Je vais regarder la télévision.

(18) Je vais dormir vers minuit.

(19) Nous allons parler à Sophie.

(20) Ils vont partir en France.

2

(1) Je viens de manger une pomme.

(2) A quelle heure venez-vous de vous lever ?

(3) Je viens de me lever.

(4) Qu'est-ce que vous venez de faire ?

(5) Je viens de me laver et je viens de m'habiller.

(6) Vous venez de partir de la maison ?

(7) Je viens d'arriver au travail.

(8) Je viens d'avoir une réunion à 10 heures.

(9) Je viens de déjeuner.

(10) Je viens de me reposer un peu.

(11) Qu'est-ce que vous venez de faire ?

(12) Je viens de terminer mon travail.

(13) Je viens de rentrer.

(14) Que venez-vous de faire chez vous ?

(15) Je viens de faire de l'ordinateur.

(16) Je viens de regarder la télévision.

(17) Je viens de dormir.

(18) Nous venons de parler à Sophie.

(19) Ils viennent d'arriver en France.

(20) Elle vient de prendre un café.

1　(1) J'ai mangé une pomme.　　　　(2) J'ai parlé à Luc.

(3) Nous avons travaillé le samedi.　　(4) Tu as aimé le concert ?

(5) Vous avez téléphoné à Sophie ?　　(6) Il a habité à Paris.

(7) Ils ont déjeuné à midi.　　(8) J'ai bien mangé.

(9) J'ai trop mangé.　　(10) J'ai fini à 18 heures.

(11) On a choisi le menu.　　(12) Les enfants ont grandi ?

(13) J'ai grossi en hiver.　　(14) J'ai été en France.

(15) Qu'est-ce que tu as fait ?　　(16) As-tu fait du sport ?

(17) Nous avons voulu prendre le métro　　(18) Vous avez pu nager ?

(19) J'ai dû prendre le métro.　　(20) Tu as su ?

(21) J'ai écrit un email.　　(22) Tu as lu ce livre ?

(23) J'ai mis un pantalon.　　(24) Je n'ai pas répondu au téléphone.

(25) Je n'ai pas bien entendu.　　(26) Vous avez dormi ?

(27) J'ai vu.　　(28) J'ai bu de l'eau.

(29) Qu'est-ce que vous avez pris ?　　(30) J'ai appris le français.

(31) Je n'ai pas compris.　　(32) J'ai dormi.

(33) Je suis allé à l'école.　　(34) Je suis venu en bus.

(35) Il est revenu en France.　　(36) Il n'est pas arrivé.

(37) Je ne suis pas parti.　　(38) Je ne me suis pas reposé.

(39) Je me suis levé tôt.　　(40) Nous nous sommes promenés.

1　(1) Je mangeais une pomme.　　(2) Je parlais à Luc.

(3) Nous travaillions le samedi.　　(4) Tu aimais le concert ?

(5) Vous téléphoniez à Sophie ?　　(6) Il habitait à Paris.

(7) Ils déjeunaient à midi.　　(8) Je mangeais bien.

(9) Je mangeais trop.　　(10) Je finissais à 18 heures.

(11) On choisissait le menu.　　(12) Les enfants grandissaient ?

(13) Je grossissais en hiver.　　(14) J'étais en France.

(15) Tu avais mal ?　　(16) Qu'est-ce que tu faisais ?

(17) Faisais-tu du sport ?　　(18) Nous voulions prendre le métro.

(19) Vous pouviez nager ?　　(20) Je devais prendre le métro.

(21) Tu savais ?　　(22) J'écrivais un email.

(23) Tu lisais ce livre ?　　(24) Je n'entendais pas bien.

(25) Je mettais un pantalon.

(27) Vous dormiez ?

(29) Je buvais de l'eau.

(31) J'apprenais le français.

(33) Je dormais.

(35) Je venais en bus.

(37) Il n'arrivait pas.

(39) Je me reposais.

(26) Je ne répondais pas au téléphone.

(28) Je voyais.

(30) Qu'est-ce que vous preniez ?

(32) Je ne comprenais pas.

(34) J'allais à l'école.

(36) Il revenait en France.

(38) Je ne partais pas.

(40) Je me levais tôt.

Leçon 21 단순미래 — *Le futur simple*

1

(1) Je mangerai une pomme.

(3) Nous travaillerons le samedi.

(5) Vous téléphonerez à Sophie ?

(7) Ils déjeuneront à midi.

(9) Je mangerai trop.

(11) On choisira le menu.

(13) Je grossirai en hiver.

(15) Tu auras mal ?

(17) Feras-tu du sport ?

(19) Vous pourrez nager ?

(21) Tu sauras ?

(23) Tu liras ce livre ?

(25) Je ne répondrai pas au téléphone.

(27) Vous dormirez ?

(29) Je boirai de l'eau.

(31) J'apprendrai le français.

(33) Je dormirai.

(35) Je viendrai en bus.

(37) Il n'arrivera pas.

(39) Je me reposerai.

(2) Je parlerai à Luc.

(4) Tu aimeras le concert ?

(6) Il habitera à Paris.

(8) Je mangerai bien.

(10) Je finirai à 18 heures.

(12) Les enfants grandiront ?

(14) Je serai en France.

(16) Qu'est-ce que tu feras ?

(18) Nous voudrons prendre le métro.

(20) Je devrai prendre le métro.

(22) J'écrirai un email.

(24) Je mettrai un pantalon.

(26) Je n'entendrai pas bien.

(28) Je verrai.

(30) Qu'est-ce que vous prendrez ?

(32) Je ne comprendrai pas.

(34) J'irai à l'école.

(36) Il reviendra en France.

(38) Je ne partirai pas.

(40) Je me lèverai tôt.

1　(1) J'arrive dans 30 minutes.　　　　(2) Je vais arriver dans 30 minutes.

(3) Je suis arrivé il y a 15 minutes.　　(4) Je pars dans un mois.

(5) Je partirai dans un mois.　　　　(6) Je suis pari il y a un mois.

(7) Je suis allé en France il y a trois ans.　　(8) J'étais en France il y a trois ans.

(9) J'irai en France dans trois ans.　　(10) Je serai en France dans 3 ans.

(11) Depuis quand êtes-vous professeur ?　　(12) Je suis professeur depuis 2005.

(13) Depuis quand est-ce que tu travailles ?　　(14) Je travaille depuis 5 ans.

(15) Pendant combien de temps étiez-vous professeur ?　　(16) J'étais professeur pendant 15 ans.

(17) Pendant combien de temps as-tu étudié ?　　(18) J'ai étudié pendant 3 heures.

(19) J'ai fait du piano pendant 2 heures.　　(20) Je fais du piano depuis 3 ans.

1　(1) J'y suis.　　　　　　　　(2) J'y ai été.

(3) J'y étais.　　　　　　　　(4) Je vais y être.

(5) J'y serai.　　　　　　　　(6) J'y vais.

(7) J'y suis allé.　　　　　　　(8) J'y travaille.

(9) J'y ai travaillé.　　　　　　(10) J'y vais.

(11) Je vais y aller.　　　　　　(12) Comment tu y vas ?

(13) Comment tu y iras ?　　　　(14) Je n'y vais pas en bus.

(15) Je n'y allais pas en bus.　　　(16) J'y pense.

(17) J'y pensais.　　　　　　　(18) Je n'y répondrai pas.

(19) J'y vais.　　　　　　　　(20) Nous y arrivons.

2　(1) Tu en manges.　　　　　　(2) Tu n'en manges pas.

(3) Vous en parlez.　　　　　　(4) Vous n'en parlez pas.

(5) Je vous en remercie.　　　　(6) Tu en as mangé.

(7) Tu n'en as pas mangé.　　　(8) Il y en a eu.

(9) Il n'y en a pas eu.　　　　　(10) Vous en faisiez.

(11) Vous n'en faisiez pas.　　　(12) J'en étais ravi.

(13) Vous allez en boire.　　　　(14) Vous n'allez pas en boire.

(15) Je vais en parler.　　　　　(16) Tu en feras ?

(17) Je n'en ferai pas.　　　　　(18) J'en serai ravi.

(19) Il y en a beaucoup.　　　　(20) J'en mange une.

1　(1) Je le regarde.

(2) Je ne le regarde pas.

(3) Je l'aime.

(4) Je ne l'aime pas.

(5) Il l'attend.

(6) Il ne l'attend pas.

(7) Je l'ai regardé.

(8) Je ne l'ai pas regardé.

(9) Je l'ai aimée.

(10) Je ne l'ai pas aimée.

(11) Il l'a attendue.

(12) Il ne l'a pas attendue.

(13) Je le regardais.

(14) Je ne le regardais pas.

(15) Je l'aimais.

(16) Je ne l'aimais pas.

(17) Il l'attendait.

(18) Il ne l'attendait pas.

(19) Je vais le regarder.

(20) Je ne vais pas le regarder.

(21) Je vais l'aimer.

(22) Je ne vais pas l'aimer.

(23) Il va l'attendre.

(24) Il ne va pas l'attendre.

(25) Je le regarderai.

1　(1) Je lui parle.

(2) Je ne lui parle pas.

(3) Je leur parle.

(4) Je ne leur parle pas.

(5) Je lui demande.

(6) Je lui donne la clé.

(7) Je leur offre ce cadeau.

(8) Je lui ai parlé.

(9) Je ne lui ai pas parlé.

(10) Je leur ai parlé.

(11) Je ne leur ai pas parlé.

(12) Je lui ai demandé.

(13) Je lui ai donné la clé.

(14) Je leur ai offert ce cadeau.

(15) Je lui parlais.

(16) Je ne lui parlais pas.

(17) Je leur parlais.

(18) Je ne leur parlais pas.

(19) Je lui demandais.

(20) Je lui donnais la clé.

(21) Je leur offrais ce cadeau.

(22) Je vais lui parler.

(23) Je ne vais pas lui parler.

(24) Je vais leur parler.

(25) Je ne vais pas leur parler.

1 (1) Le garçon qui est là-bas est intelligent.

(2) La voiture qui passe est très chère.

(3) Je connais les personnes qui vont venir.

(4) Le devoir que je dois faire est difficile.

(5) Le film qu'on a vu est émouvant.

(6) La chanson que tu vas écouter est très célèbre.

(7) La chambre où je dors est petite.

(8) La ville où j'ai grandi est une grande ville.

(9) Marie achète une robe qui est magnifique.

(10) Cette fille qui travaille dans mon bureau parle très bien anglais.

(11) La chanson que tu vas écouter est très célèbre.

(12) Le livre que vous lisez est intéresssant.

(13) Le jour où je vous ai rencontré, tout a changé.

(14) J'aime la société dont je suis le directeur.

(15) Voici le restaurant dont j'aime la cuisine.

(16) Je rencontre la personne dont tu m'as parlé.

(17) J'aime ce que vous faites.

(18) Jean achète ce qui est cher.

(19) Je comprends ce dont tu parles.

(20) Je ne comprends pas ce que vous dites.

1 (1) Je dis que c'est grand.

(2) Jean dit que je dois faire le devoir.

(3) Vincent dit que le film est génial.

(4) Vincent dit que le film n'est pas génial.

(5) J'ai dit que c'était grand.

(6) Jean disait que je devais faire le devoir.

(7) Vincent a dit que le film était génial.

(8) Vincent a dit que le film n'était pas génial.

(9) Je pense que le cours est très intéressant.

(10) Je pense que le cours a été très intéressant.

(11) Je pense que Je cours était très intéressant.

(12) Je pense que le cours va être très intéressant.

(13) Je pense que le cours sera très intéressant.

(14) J'ai pensé que le cours était très intéressant.

(15) J'ai cru que tu devais faire le devoir.

(16) J'ai trouvé que le film était génial.

(17) Je demande si c'est grand.

(18) Jean demande si je dois faire le devoir.

(19) J'ai demandé si c'était grand.

(20) Jean a demandé si je devais faire le devoir.

(21) Je demande où il habite.

(22) Jean demande où elle est.

(23) J'ai demandé où il habitait.

(24) Je demande quand il part.

(25) Jean demande quand j'arrive.

1

(1) je voudrais	tu voudrais	il voudrait
nous voudrions	vous voudriez	elles voudraient
(2) je devrais	tu devrais	il devrait
nous devrions	vous devriez	elles devraient
(3) je ferais	tu ferais	il ferait
nous ferions	vous feriez	elles feraient
(4) j'aimerais	tu aimerais	il aimerait
nous aimerions	vous aimeriez	elles aimeraient
(5) je mangerais	tu mangerais	il mangerait
nous mangerions	vous mangeriez	elles mangeraient
(6) je finirais	tu finirais	il finirait
nous finirions	vous finiriez	elles finiraient
(7) je serais	tu serais	il serait
nous serions	vous seriez	elles seraient
(8) j'aurais	tu aurais	il aurait
nous aurions	vous auriez	elles auraient
(9) je pourrais	tu pourrais	il pourrait
nous pourrions	vous pourriez	elles pourraient
(10) je devrais	tu devrais	il devrait
nous devrions	vous devriez	elles devraient
(11) je saurais	tu saurais	il saurait
nous saurions	vous sauriez	elles sauraient
(12) je lirais	tu lirais	il lirait
nous lirions	vous liriez	elles liraient
(13) je mettrais	tu mettrais	il mettrait
nous mettrions	vous mettriez	elles mettraient
(14) j'attendrais	tu attendrais	il attendrait
nous attendrions	vous attendriez	elles attendraient
(15) je verrais	tu verrais	il verrait
nous verrions	vous verriez	elles verraient

2

(1) Je voudrais un café, s'il vous plaît.

(2) Je pourrais avoir une chaise ?

(3) Vous devriez partir demain.

(4) J'aimerais partir en vacances.

(5) Nous voudrions partir demain.

(6) Sans toi, la vie serait insignifiante.

(7) L'économie devrait progresser l'année prochaine.

(8) J'ai dit qu'il viendrait.

(9) Marc a demandé si le film serait génial.

(10) Nous avons demandé si ce serait bien.

1　(1) je parle　　　　tu parles　　　　il parle
　　　　nous parlions　　vous parliez　　elles parlent

　　(2) je mange　　　　tu manges　　　il mange
　　　　nous mangions　vous mangiez　elles mangent

　　(3) je finisse　　　　tu finisses　　　il finisse
　　　　Nous finissions　vous finissiez　elles finissent

　　(4) je parte　　　　tu partes　　　il parte
　　　　nous partions　vous partiez　elles partent

　　(5) je mette　　　　tu mettes　　　il mette
　　　　nous mettions　vous mettiez　elles mettent

　　(6) je lise　　　　tu lises　　　il lise
　　　　nous lisions　vous lisiez　elles lisent

　　(7) je boive　　　　tu boives　　　il boive
　　　　nous buvions　vous buviez　elles boivent

　　(8) je prenne　　　　tu prennes　　il prenne
　　　　nous prenions　vous preniez　elles prennent

　　(9) je vienne　　　　tu viennes　　il vienne
　　　　nous venions　vous veniez　elles viennent

　　(10) je sois　　　　tu sois　　　il soit
　　　　nous soyons　vous soyez　elles soient

　　(11) j'aie　　　　tu aies　　　il ait
　　　　nous ayons　vous ayez　elles aient

　　(12) j'aille　　　　tu ailles　　il aille
　　　　nous allions　vous alliez　elles aillent

　　(13) je fasse　　　　tu fasses　　il fasse
　　　　nous fassions　vous fassiez　elles fassent

　　(14) je sache　　　　tu saches　　il sache
　　　　nous sachions　vous sachiez　elles sachent

　　(15) je puisse　　　　tu puisses　　il puisse
　　　　nous puissions　vous puissiez　elles puissent

2　(1) Il faut que tu boives de l'eau.

　　(2) Il faut que nous prenions le train.

　　(3) Il faut que je sois à l'école.

　　(4) Il faut que Marc ait le passeport.

　　(5) Il vaut mieux que je parte.

　　(6) Il est important que nous fassions du sport.

(7) Je veux que tu ailles au supermarché.

(8) J'ai peur qu'il soit trop tard.

(9) Je ne pense pas que ce soit grand.

(10) Je fais le devoir pour que j'aie une bonne note.

(11) C'est impossible d'être en bonne santé sans que nous fassions du sport.

(12) Je dois partir avant qu'il fasse nuit.

(13) Je vous aimerai jusqu'à ce que la mort nous sépare.

(14) Il faut que j'aille.

(15) Il faut que vous preniez le petit-déjeuner.

Leçon 30 부정사 *Les indéfinis*

1
(1) Quelques pommes sont vertes.

(2) Plusieurs personnes travaillent tous les jours.

(3) D'autres personnes ne travaillent pas.

(4) Chaque personne veut réussir.

(5) Certains jours, je suis triste.

(6) Certaines nuits, je ne dors pas.

(7) Certains étudiants n'ont pas fait le devoir.

(8) Certaines étudiantes ne sont pas en cours.

(9) Je connais tout le groupe.

(10) Toute la classe est partie en voyage scolaire.

(11) Je mange du yaourt tous les jours.

(12) Toutes les nuits, je lis avant de dormir.

(13) D'autres sont anglais.

(14) Quelqu'un est venu.

(15) Quelques-uns sont grands.

(16) Quelques-unes sont petites.

(17) Tout va bien.

(18) Tous veulent apprendre le français.

(19) Toutes parlent français.

(20) Certains sont coréens.

(21) Certaines sont étudiantes.

(22) Je comprends tout.

(23) J'attends quelqu'un.

(24) Je voudrais partir quelque part.

(25) Merci à tous.

Partie 1 가장 많이 쓰는 프랑스어 표현 30

Partie 2 한눈에 보는 프랑스어 동사 변화표

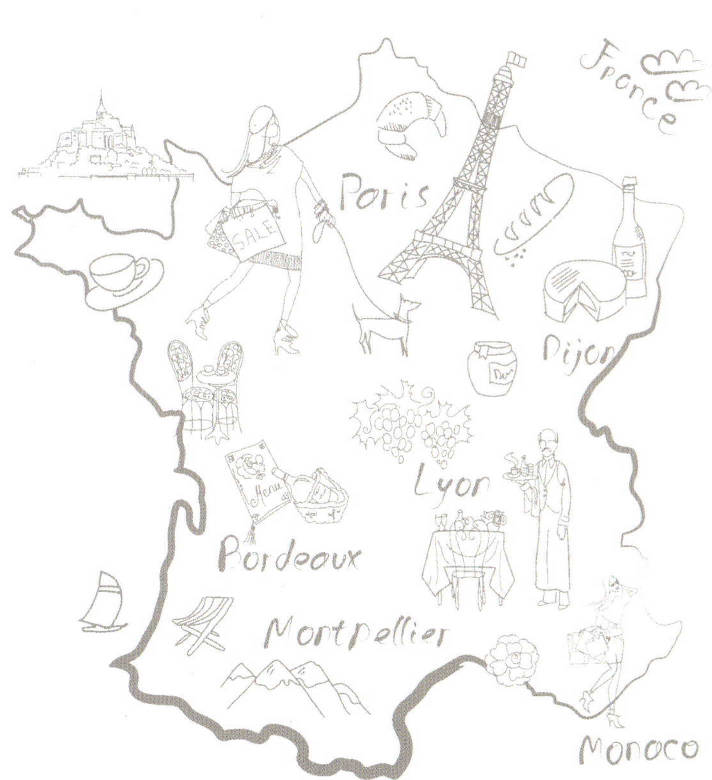

▶ Bonne chance !   행운을 빕니다!

시험을 보러 가거나 프로포즈를 하려는 사람에게 행운을 빌어 주고 싶다면 Bonne chance !라고 말해 보세요. 그럼 상대방은 Merci.라고 대답하며 행복해할 겁니다. 영어권에서 검지와 중지를 꼬면서 Good luck!이라고 말하는 것처럼 프랑스에서도 같은 손동작을 하면서 Bonne chance !라고 말한답니다.

▶ Bon courage !   힘내세요!

bon은 '좋은', courage는 '용기'라는 뜻입니다. '모두 힘내세요!'는 Bon courage à tous !라고 합니다.

▶ A bientôt !   곧 만나요!

영어의 See you.와 같은 표현으로 '다시 만나요, 또 만나요, 잘 있어, 잘 가, 또 봐' 등의 의미로 다양하게 사용합니다. 그럼 '다음 시간에 만나요!'는 어떻게 표현할까요? 똑같이 A bientôt !라고 합니다.

▶ A tout à l'heure !   잠시 후에 봅시다! / 이따 봐!

잠시 후에 만날 친구에게 또는 점심을 같이 먹을 동료에게 말할 수 있는 표현입니다.

▶ Félicitations !   축하합니다!

아기가 태어났을 때, 시험에 합격한 학생에게, 결혼하는 커플에게 등등 축하할 일이 생겼을 때 가장 많이 쓰는 표현이 바로 Félicitations !입니다.

▶ C'est gentil !   친절하시군요!

누군가가 나를 위해 문을 열어 주었거나 친절한 사람을 만났을 때 Merci.라고 말해 보세요. 그다음에 C'est gentil.라는 말을 덧붙여 주면 더욱 좋습니다.

▶ Ah bon ?   그렇습니까? / 그래요? / 그래?

놀라운 소식을 들었을 때나 깜짝 놀랐을 때 사용하는 표현입니다. 감탄사 Oh là là !(아이구!/저런!)만큼이나 많이 쓰는 표현이랍니다.

▶ **Bon voyage !** 좋은 여행 되세요!

여행을 떠나는 사람에게, 비행기를 타거나 기차를 타는 친구에게 Bon voyage !라고 말해 보세요.

▶ **C'est parfait !** 완벽합니다! / 딱 좋아요!

딱 맞는 옷을 찾았거나 감탄을 표현할 때 많이 사용합니다. C'est 뒤에 parfait(완벽한)이라는 형용사를 사용해서 문장을 만들며 C'est 없이 그냥 Parfait !처럼 말할 수도 있습니다.

▶ **Exactement !** 정확합니다! / 바로 그거야!

상대방의 이야기에 맞장구칠 때 사용하는 표현입니다. Absolument !와 Tout à fait !도 같은 상황에서 쓸 수 있는 표현이니 함께 알아 두세요.

▶ **Merci !** 감사합니다! / 고마워!

Bonjour !만큼이나 프랑스 사람들이 자주 쓰는 표현은 무엇일까요? 아마도 Merci.일 겁니다. 글로 또는 정중히 감사함을 표현할 때는 Je vous remercie.라고 합니다.

▶ **On y va !** 갑시다!

On은 '우리는' y는 '그곳으로' va는 '갑니다'라는 뜻이지만 '그곳으로 갑시다'가 '갑시다', '시작합시다'라는 의미로 쓰이게 됐습니다. 영어의 Let's go.와 같으며, 다양한 상황에서 자주 쓸 수 있는 표현입니다. 비슷한 표현으로는 Allons-y ! 그리고 C'est parti !가 있습니다.

▶ **Bonne semaine !** 좋은 한 주 보내세요!

bonne은 bon(좋은)의 여성형이며 semaine은 '일주일'이란 뜻입니다. 참고로 '좋은 하루 보내세요!'는 Bonne journée !, '좋은 저녁 보내세요!'는 Bonne soirée !라고 합니다.

▶ **Bonne santé !** 건강하세요!

bon(좋은)의 여성형 Bonne에 '건강'이라는 뜻의 Santé을 추가해 만들어진 문장입니다. 새해가 되었을 때 다같이 Bonne année, Bonne santé라고 하면서 축하해줍니다. 건배를 할 때에는 Santé라고 하기도 합니다.

▶ **J'ai froid !** 나는 추워요!

'추운 날씨다.'는 Il fait froid. '더운 날씨다.'는 Il fait chaud. '나는 더워요.'는 J'ai chaud.로 표현합니다. 그럼 '날씨가 좋다'는 어떻게 말할까요? Il fait beau.라고 합니다.

C'est dommage ! 안타깝네요!

이 말에 대한 적절한 대답으로는 Oui, c'est dommage.(네, 안타깝네요.) 또는 Ce n'est pas grave.(괜찮습니다.)가 있습니다.

C'est bon ! 맛있다!/맛있습니다!

'아주 맛있다.'는 C'est très bon. '매우 맛있다.'는 C'est trop bon.이라고 합니다. 같은 의미의 표현으로는 C'est délicieux !가 있습니다.

Ça y est ! 다 됐습니다!/끝났습니다!

비슷한 표현으로는 C'est fini !와 J'ai terminé !가 있습니다.

Tu me manques ! 보고 싶어!

영어의 I miss you.에 해당하는 말입니다. 존댓말로 말하거나 여러 명에게 말할 때는 Vous me manquez.라고 하면 됩니다. '많이 보고 싶다.'는 Tu me manques beaucoup. '아주 많이 보고 싶다.'는 Tu me manques énormément.이라고 합니다.

Joyeux Noël ! 메리 크리스마스!/즐거운 크리스마스!

Je vous souhaite un joyeux Noël ! 또는 Nous vous souhaitons un très joyeux Noël !라고 말할 수도 있습니다.

Tu es libre ? 시간 있어?

libre는 영어의 free처럼 '자유로운'이란 뜻의 단어입니다. 프랑스어에서는 '시간 있어?'를 '자유롭니?'라고 물어봅니다. 존댓말은 Vous êtes libre ?로 표현하고, 대답은 Oui, je suis libre. 또는 Non, je ne suis pas libre.라고 합니다.

Ça sent bon ! 향기가 좋다!

맛있는 요리가 나왔거나 향이 좋은 향수를 맡았을 때 Ça sent bon.(향기가 좋네요.) 또는 Ça sent très bon.(향기가 아주 좋네요.)라고 말합니다. 동사원형은 sentir이며 3군 동사입니다.

Vous voulez boire quelque chose ? 차 한잔하실래요?

직역하면 '무언가를 마시겠어요?'라는 뜻이지만, 일반적으로 '차 한잔하실래요?'라는 의미로 쓰입니다. 편한 친구 사이에서는 vous 대신 tu를 주어로 써서 Tu veux boire quelque chose ?라고 하면 됩니다. '차 한잔하러 가시겠어요?'라고 누군가를 초대하고 싶을 때는 Vous voulez aller boire quelque chose ?라고 하며, 친구에게는 Tu veux aller boire quelque chose ?라고 할 수 있습니다.

Bonne nuit ! 안녕히 주무세요! / 잘 자!

bonne은 형용사 bon(좋은)의 여성형이고 nuit은 '밤'이란 뜻의 명사입니다. 그럼 '좋은 꿈 꾸세요.'는 어떻게 말할까요? faire 동사를 이용해서 Faites de beaux rêves.라고 합니다. faire는 '하다'라는 뜻의 동사로 영어의 동사 do와 같습니다. des 대신 de가 쓰인 것은 형용사 beau(멋진)의 복수형 beaux가 쓰였기 때문이며 rêves는 '꿈'이란 뜻의 복수 명사입니다.

On se voit à ~ ~에서 만납시다 / ~에서 만나자

■ 어느 '장소'에서 만나자고 약속을 정할 때 많이 사용하는 유용한 표현입니다.

카페에서 만나자.	On se voit au café.
레스토랑에서 만나자..	On se voit au restaurant.
사무실에서 만나자.	On se voit au bureau.
학교에서 만나자.	On se voit à l'école / à l'université / à la fac.
우리 집에서 만나자.	On se voit chez moi.

■ On se voit 다음에는 '장소' 대신 '시간'이 올 수도 있습니다.

내일 만나자.	On se voit demain.
월요일에 만나자.	On se voit lundi.
이따가 만나자.	On se voit tout à l'heure.
오후 2시에 만나자..	On se voit à 14 heures.
내일 오후 2시에 만나자.	On se voit demain à 14 heures.

■ '장소'와 '시간'을 함께 말할 수도 있습니다.

| 내일 카페에서 만나자. | On se voit demain au café. |

tomber amoureux 사랑에 빠지다

tomber 동사는 '넘어지다, 떨어지다(fall)'라는 뜻의 1군동사입니다. Je suis tombé(e) amoureux(se).라고 하면 '난 사랑에 빠졌다.'라는 뜻이 되는데요. 그럼 '첫눈에 반했다'는 어떻게 말할까요? Avoir un coup de foudre.라고 합니다. coup de foudre는 '벼락'이란 뜻으로 J'ai eu un coup de foudre.를 직역하면 '나는 벼락을 맞았다'가 됩니다. 누군가에게 첫눈에 반할 때 벼락을 맞은 것처럼 온몸에 전율이 느껴져서일까요? 이 표현은 '나는 첫눈에 반했어'라는 뜻으로 사용되고 있습니다. 참 재미있는 표현이지요?

mais 그러나 / 하지만 / 그런데

mais와 비슷한 의미로 자주 쓰이는 표현 중에는 en revanche(그 대신)와 par contre(반대로)가 있습니다. 그리고 말할 때는 잘 사용하지 않지만, 글에서는 자주 볼 수 있는 cependant(그렇지만)과 néanmoins, pourtant(그럼에도 불구하고)도 있는데요. 델프와 같은 시험에서 이런 표현들을 골고루 사용하면 좋은 점수를 얻을 수 있습니다.

Qu'est-ce que ça veut dire ? 무슨 뜻이에요?

직역하면 '이것은 무엇을 말하길 원합니까?'이지만, 모르는 단어가 있거나 문장의 뜻이 궁금할 때 가장 많이 사용하는 질문입니다. 예를 들어, cependant이란 단어의 뜻이 궁금하다면 Qu'est-ce que ça veut dire << cependant >> ? 이라고 묻습니다. 그럼 << Cependant >>, ça veut dire …라고 답을 하겠지요. 가까운 친구 사이에서는 Ça veut dire quoi ? 라고 질문할 수도 있습니다. 글을 쓸 때나 정중하게 표현할 때는 Que signifie … ?라고 합니다.
Qu'est-ce que ça veut dire << cependant >> ? / Ça veut dire quoi << cependant >> ? / Que signifie << cependant >> ? 이라고 질문하면 << Cependant >>, ça veut dire << mais >>.라고 대답할 수 있습니다. 참고로 cependant은 mais와 같은 뜻의 단어입니다.

Pardon ? 뭐라고요? / 다시 말씀해 주시겠어요?

Pardon.은 '미안합니다.'라는 뜻이지만, 상대방의 말을 이해하지 못해서 되물을 때 사용하기도 합니다. Excusez-moi, vous pouvez répéter, s'il vous plaît.가 좀 더 예의 바른 표현이며, 조건법을 이용해서 Vous pourriez répéter.라고 말하면 더욱 정중한 표현이 됩니다. Répétez.(다시 말하세요.) 또는 Quoi ?(뭐?)와 같은 표현은 무례하게 들릴 수 있으니 사용하지 않도록 조심해야 합니다. '잘 못들었어요.'는 Je n'ai pas bien entendu.라고 하면 됩니다. Excusez-moi, je n'ai pas bien entendu. Vous pourriez répéter, s'il vous plaît ?은 조금 길지만 가장 정중한 표현이니 꼭 기억해 두세요!

Oh là là ! 이럴 수가! / 이런! / 정말?

놀라움을 나타내는 감탄사 Oh là là !입니다. 상황에 따라 기쁨이나 실망을 나타낼 수도 있습니다. Oh là là ! 만큼 자주 쓰는 표현으로는 Ah bon ?(그래?)과 '정말?'이란 뜻의 C'est vrai ?, Vraiment ?이 있습니다. Incroyable !(대단해!) 또는 C'est incroyable !(믿을 수가 없어!)라고도 말할 수 있습니다. 이 표현들은 모두 존댓말로도 똑같이 사용할 수 있습니다.
Oh là là ! Ah bon ? C'est vrai ? C'est incroyable !

한눈에 보는 프랑스어 동사 변화표

▶ **être** : ~이다 (be)

indicatif présent 직설법 현재	passé composé 복합과거	imparfait 반과거
je suis tu es il est nous sommes vous êtes ils sont	j'ai été tu as été il a été nous avons été vous avez été ils ont été	j'étais tu étais il était nous étions vous étiez ils étaient
Exemple Je suis étudiant. 나는 학생이다.	**Exemple** J'ai été étudiant. 나는 학생이었다.	**Exemple** J'étais étudiant. 나는 학생이었었다.

futur simple 단순미래	subjonctif présent 접속법 현재	conditionnel présent 조건법 현재
je serai tu seras il sera nous serons vous serez ils seront	que je sois que tu sois qu'il soit que nous soyons que vous soyez qu'ils soient	je serais tu serais il serait nous serions vous seriez ils seraient
Exemple Je serai étudiant. 나는 학생일 것이다.	**Exemple** Je suis content que tu sois étudiant. 네가 학생이어서 기쁘다.	**Exemple** Vous seriez d'accord pour revenir au franc ? 프랑으로 돌아가는 것에 찬성하시겠습니까?

▶ **avoir** : 가지다 (**have**)

indicatif présent 직설법 현재	passé composé 복합과거	imparfait 반과거
j'ai tu as il a nous avons vous avez ils ont	j'ai eu tu as eu il a eu nous avons eu vous avez eu ils ont eu	j'avais tu avais il avait nous avions vous aviez ils avaient
Exemple J'ai faim. 배고프다.	**Exemple** J'ai eu faim. 배고팠다.	**Exemple** J'avais faim. 배가 고팠었다.

futur simple 단순미래	subjonctif présent 접속법 현재	conditionnel présent 조건법 현재
j'aurai tu auras il aura nous aurons vous aurez ils auront	que j'aie que tu aies qu'il ait que nous ayons que vous ayez que ils aient	j'aurais tu aurais il aurait nous aurions vous auriez ils auraient
Exemple J'aurai faim. 배가 고플 것이다.	**Exemple** La journée est passée sans que j'aie faim. 배가 고프지 않고 하루가 지나갔다.	**Exemple** Auriez-vous du pain ? 빵이 있으신가요?

aimer : 좋아하다, 사랑하다 (like, love)

· 비슷한 뜻의 동사 : adorer 열렬히 좋아하다 / apprécier 높이 평가하다

indicatif présent 직설법 현재	passé composé 복합과거	imparfait 반과거
j'aime tu aimes il aime nous aimons vous aimez ils aiment	j'ai aimé tu as aimé il a aimé nous avons aimé vous avez aimé ils ont aimé	j'aimais tu aimais il aimait nous aimions vous aimiez ils aimaient
Exemple J'aime la cuisine française. 프랑스 요리를 좋아한다.	**Exemple** J'ai aimé la cuisine française. 프랑스 요리를 좋아했다.	**Exemple** J'aimais la cuisine française. 프랑스 요리를 좋아했었다.

futur simple 단순미래	subjonctif présent 접속법 현재	conditionnel présent 조건법 현재
j'aimerai tu aimeras il aimera nous aimerons vous aimerez ils aimeront	que j'aime que tu aimes qu'il aime que nous aimions que vous aimiez qu'ils aiment	j'aimerais tu aimerais il aimerait nous aimerions vous aimeriez ils aimeraient
Exemple J'aimerai la cuisine française. 프랑스 요리를 좋아할 것이다.	**Exemple** Nous faisons le maximum pour que vous aimiez le français. 당신이 프랑스어를 좋아하도록 최선을 다하고 있습니다.	**Exemple** Nous aimerions vous inviter à une fête. 당신을 파티에 초대하고 싶습니다.

manger : 먹다 (eat)

indicatif présent 직설법 현재	passé composé 복합과거	imparfait 반과거
je mange tu manges il mange nous mangeons vous mangez ils mangent	j'ai mangé tu as mangé il a mangé nous avons mangé vous avez mangé ils ont mangé	je mangeais tu mangeais il mangeait nous mangions vous mangiez ils mangeaient
Exemple Je mange une pomme. 나는 사과를 먹는다.	**Exemple** J'ai mangé une pomme ce matin. 오늘 아침 사과를 먹었다.	**Exemple** Je mangeais une pomme quand ma mère est entrée. 나의 어머니가 들어오셨을 때 나는 사과를 먹고 있었다.

futur simple 단순미래	subjonctif présent 접속법 현재	conditionnel présent 조건법 현재
je mangerai tu mangeras il mangera nous mangerons vous mangerez ils mangeront	que je mange que tu manges qu'il mange que nous mangions que vous mangiez qu'ils mangent	je mangerais tu mangerais il mangerait nous mangerions vous mangeriez ils mangeraient
Exemple Je mangerai une pomme ce soir. 오늘 저녁 사과를 먹을 것이다.	**Exemple** Il faut que vous mangiez des pommes pour votre santé. 당신의 건강을 위해 사과를 먹어야 합니다.	**Exemple** Je mangerais bien une pomme d'amour. 뽐므다무르(캐러멜을 입힌 사과)를 먹었으면 좋겠다.

▶ **appeler** : 부르다 (call)

indicatif présent 직설법 현재	passé composé 복합과거	imparfait 반과거
j'appelle tu appelles il appelle nous appelons vous appelez ils appellent	j'ai appelé tu as appelé il a appelé nous avons appelé vous avez appelé ils ont appelé	j'appelais tu appelais il appelait nous appelions vous appeliez ils appelaient

Exemple

Je m'appelle Christophe.
제 이름은 크리스토프입니다.

Exemple

J'ai appelé la police.
나는 경찰을 불렀습니다.

Exemple

Quand je voulais savoir quelque chose sur ce métier, j'appelais Jean-Claude.
이 직업에 대해 알고 싶은 것이 있을때 나는 장클로드를 불렀었습니다.

futur simple 단순미래	subjonctif présent 접속법 현재	conditionnel présent 조건법 현재
j'appellerai tu appelleras il appellera nous appellerons vous appellerez ils appelleront	que j'appelle que tu appelles qu'il appelle que nous appelions que vous appeliez qu'ils appellent	j'appellerais tu appellerais il appellerait nous appellerions vous appelleriez ils appelleraient

Exemple

Je t'appellerai plus tard.
나중에 전화할게.

Exemple

Il faut que j'appelle mes parents.
나의 부모님께 전화드려야 해.

Exemple

Si j'avais le temps, j'appellerais mes amis d'enfance.
시간이 있다면 나의 어릴 적 친구들에게 전화할 거야.

envoyer : 보내다 (send)

· 비슷한 뜻의 동사 : adresser (우편물 등을) 부치다 / expédier 발송하다 / transmettre 전하다

indicatif présent 직설법 현재	passé composé 복합과거	imparfait 반과거
j'envoie tu envoies il envoie nous envoyons vous envoyez ils envoient	j'ai envoyé tu as envoyé il a envoyé nous avons envoyé vous avez envoyé ils ont envoyé	j'envoyais tu envoyais il envoyait nous envoyions vous envoyiez ils envoyaient

Exemple

J'envoie un email aux étudiants.

학생들에게 메일을 보낸다.

Exemple

J'ai envoyé un colis à mes parents.

소포를 부모님께 보내드렸다.

Exemple

J'envoyais une lettre à La Poste lorsque cette personne est entrée.

이 사람이 들어왔을 때 나는 우체국에서 편지를 보내고 있었다.

futur simple 단순미래	subjonctif présent 접속법 현재	conditionnel présent 조건법 현재
j'enverrai tu enverras il enverra nous enverrons vous enverrez ils enverront	que j'envoie que tu envoies qu'il envoie que nous envoyions que vous envoyiez qu'ils envoient	j'enverrais tu enverrais il enverrait nous enverrions vous enverriez ils enverraient

Exemple

Je t'enverrai un texto ce soir.

오늘 저녁에 문자를 보낼게.

Exemple

J'aimerais que vous nous envoyiez cette lettre.

이 편지를 보내주셨으면 좋겠습니다.

Exemple

Il a dit qu'il m'enverrait un email.

나에게 이메일을 보낼 것이라고 말했다.

commencer : 시작하다 (begin)

indicatif présent 직설법 현재	passé composé 복합과거	imparfait 반과거
je commence tu commences il commence nous commençons vous commencez ils commencent	j'ai commencé tu as commencé il a commencé nous avons commencé vous avez commencé ils ont commencé	je commençais tu commençais il commençait nous commencions vous commenciez ils commençaient
Exemple Je commence ou vous commencez ? 제가 시작할까요? / 당신이 시작하시겠어요?	**Exemple** J'ai commencé mon devoir de français. 프랑스어 과제를 시작했다.	**Exemple** Je commençais à m'inquiéter. 걱정하기 시작했었다.

futur simple 단순미래	subjonctif présent 접속법 현재	conditionnel présent 조건법 현재
je commencerai tu commenceras il commencera nous commencerons vous commencerez ils commenceront	que je commence que tu commences qu'il commence que nous commencions que vous commenciez qu'ils commencent	je commencerais tu commencerais il commencerait nous commencerions vous commenceriez ils commenceraient
Exemple Je commencerai demain. 내일 시작할 것이다.	**Exemple** Je voudrais que vous commenciez à travailler. 일을 시작하시기 바랍니다.	**Exemple** Isabelle savait que Luc commencerait un jour à travailler. 이자벨은 뤽이 언젠가는 일하기 시작할 것이라는 것을 알고 있었다.

placer : 놓다 (put)

· 비슷한 뜻의 동사 : mettre 넣다 / déposer 내려놓다 / installer 설치하다 / positionner 위치에 놓다

indicatif présent 직설법 현재	passé composé 복합과거	imparfait 반과거
je place tu places il place nous plaçons vous placez ils placent	j'ai placé tu as placé il a placé nous avons placé vous avez placé ils ont placé	je plaçais tu plaçais il plaçait nous placions vous placiez ils plaçaient

Exemple

Je place mon argent à la banque.

돈을 은행에 맡긴다.

Exemple

J'ai placé toutes les chaises là-bas.

모든 의자들을 저기에 놓았다.

Exemple

Je plaçais ma main sur la paroi du mur.

나의 어머니가 들어오셨을 때 나는 벽면에 나의 손을 얹었다.

futur simple 단순미래	subjonctif présent 접속법 현재	conditionnel présent 조건법 현재
je placerai tu placeras il placera nous placerons vous placerez ils placeront	que je place que tu places qu'il place que nous placions que vous placiez qu'ils placent	je placerais tu placerais il placerait nous placerions vous placeriez ils placeraient

Exemple

Je placerai un lien sur le site.

사이트에 링크를 걸겠습니다.

Exemple

Il faut que je place ces quelques mots.

몇 마디 해야겠습니다.

Exemple

Quel est le premier meuble que vous placeriez dans une maison ?

집에 가장 먼저 놓을 가구는 무엇이겠습니까?

peser : 무게를 달다 (weigh)

indicatif présent 직설법 현재	passé composé 복합과거	imparfait 반과거
je pèse tu pèses il pèse nous pesons vous pesez ils pèsent	j'ai pesé tu as pesé il a pesé nous avons pesé vous avez pesé ils ont pesé	je pesais tu pesais il pesait nous pesions vous pesiez ils pesaient
Exemple Je pèse 75 kilos. 나의 몸무게는 75킬로그램입니다.	**Exemple** J'ai pesé jusqu'à 85 kg. 85킬로그램까지 나갔었습니다.	**Exemple** Cette pastèque pesait presque 3 kg. 그 수박은 거의 3킬로그램이 나갔었습니다.

futur simple 단순미래	subjonctif présent 접속법 현재	conditionnel présent 조건법 현재
je pèserai tu pèseras il pèsera nous pèserons vous pèserez ils pèseront	que je pèse que tu pèses qu'il pèse que nous pesions que vous pesiez qu''ils pèsent	je pèserais tu pèserais il pèserait nous pèserions vous pèseriez ils pèseraient
Exemple Je pèserai les fruits et les légumes séparément. 과일과 채소의 무게를 따로 달겠습니다.	**Exemple** Je ferai pour que nous pesions tous 10 kilos de moins. 우리 모두 10킬로그램 덜 나가도록 하겠어.	**Exemple** Si vous mangiez moins, vous pèseriez moins lourd. 덜 드신다면 덜 무게가 나가실 거예요.

payer : 지불하다 (pay)

· 비슷한 뜻의 동사 : acheter 사다 / régler 지불하다 / verser 입금하다 / donner 주다

indicatif présent 직설법 현재	passé composé 복합과거	imparfait 반과거
je paie	j'ai payé	je payais
tu paies	tu as payé	tu payais
il paie	il a payé	il payait
nous payons	nous avons payé	nous payions
vous payez	vous avez payé	vous payiez
ils paient	ils ont payé	ils payaient

Exemple

Vous payez par carte bleue ? 신용카드로 지불하시겠어요?	J'ai déjà payé mon loyer. 월세를 이미 냈습니다.	Je payais ma baguette de pain quand tu m'as appelé. 네가 나에게 전화했을 때 나는 바게트를 사고 있었다.

futur simple 단순미래	subjonctif présent 접속법 현재	conditionnel présent 조건법 현재
je paierai	que je paie	je paierais
tu paieras	que tu paies	tu paierais
il paiera	qu'il paie	il paierait
nous paierons	que nous payions	nous paierions
vous paierez	que vous payiez	vous paieriez
ils paieront	qu'ils paient	ils paieraient

Exemple

Je paierai mon abonnement par virement bancaire. 요금을 계좌 이체로 지급하겠습니다.	On vous fera une ristourne à condition que vous payiez en une fois. 한 번에 지불하시는 조건에 할인해 드리겠습니다.	Si tu venais ce soir, je paierais le dîner. 오늘 저녁에 오면 저녁을 내가 낼게.

lancer : 던지다, 론칭하다 (throw)

· 비슷한 뜻의 동사 : jeter 버리다 / commercialiser 상품화하다

indicatif présent 직설법 현재	passé composé 복합과거	imparfait 반과거
je lance	j'ai lancé	je lançais
tu lances	tu as lancé	tu lançais
il lance	il a lancé	il lançait
nous lançons	nous avons lancé	nous lancions
vous lancez	vous avez lancé	vous lanciez
ils lancent	ils ont lancé	ils lançaient

Exemple

Je lance un dé.
주사위를 던진다.

Exemple

Nous avons lancé un nouveau produit.
새로운 제품을 론칭하였습니다.

Exemple

Je lançais un SOS quand les secours sont arrivés.
구조대가 왔을 때 나는 SOS를 외치고 있었습니다.

futur simple 단순미래	subjonctif présent 접속법 현재	conditionnel présent 조건법 현재
je lancerai	que je lance	je lancerais
tu lanceras	que tu lances	tu lancerais
il lancera	qu'il lance	il lancerait
nous lancerons	que nous lancions	nous lancerions
vous lancerez	que vous lanciez	vous lanceriez
ils lanceront	qu'ils lancent	ils lanceraient

Exemple

Je lancerai ce slogan: Bienvenue dans un monde libre.
'자유로운 세상에 오신 것을 환영합니다' 이 구호를 내놓겠습니다.

Exemple

Il faut que vous lanciez cette ligne de vêtements.
이 옷 라인업을 론칭셔야 합니다.

Exemple

Si vous investissiez, je lancerais ce produit sur le marché.
투자하신다면 이 제품을 시장에 내놓겠습니다.

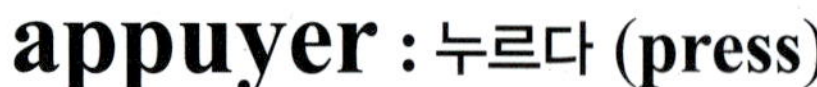

appuyer : 누르다 (press)

- 다른 뜻 : 받치다, 기대다, 근거를 두다, 강조하다
- 비슷한 뜻의 동사 : presser 짜다 / poser 놓다 / baser 기초를 두다 / soutenir 지탱하다

indicatif présent 직설법 현재	passé composé 복합과거	imparfait 반과거
j'appuie tu appuies il appuie nous appuyons vous appuyez ils appuient	j'ai appuyé tu as appuyé il a appuyé nous avons appuyé vous avez appuyé ils ont appuyé	j'appuyais tu appuyais il appuyait nous appuyions vous appuyiez ils appuyaient

Exemple

J'appuie sur ce bouton.
이 버튼을 누른다.

Exemple

Vous avez appuyé sur le bouton de l'ascenseur ?
엘리베이터 버튼을 누르셨나요?

Exemple

Il appuyait son argumentation sur le rapport.
그 보고를 통해 논거를 제시했습니다.

futur simple 단순미래	subjonctif présent 접속법 현재	conditionnel présent 조건법 현재
j'appuierai tu appuieras il appuiera nous appuierons vous appuierez ils appuieront	que j'appuie que tu appuies qu'il appuie que nous appuyions que vous appuyiez qu'ils appuient	j'appuierais tu appuierais il appuierait nous appuierions vous appuieriez ils appuieraient

Exemple

J'appuierai sur la touche au moment venu.
때가 되면 그 키를 누를 겁니다.

Exemple

J'aimerais que vous appuyiez sur la pédale d'accélération.
가속장치를 밟으셨으면 좋겠습니다.

Exemple

J'appuierais bien sur ce bouton juste pour voir ce qui se passe.
어떤 일이 생길지 이 버튼을 눌러 보고 싶다.

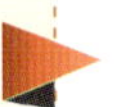 **finir** : 끝내다 (**finish**)

· 다른 뜻 : 마치다, 그치다, 완성시키다, 소진하다, 끝맺다, 마무리하다
· 비슷한 뜻의 동사 : **terminer** 마치다 / **cesser** 그만하다 / **accomplir** 실형되다 / **clore** 마감하다
conclure 결론짓다

indicatif présent 직설법 현재	passé composé 복합과거	imparfait 반과거
je finis tu finis il finit nous finissons vous finissez ils finissent	j'ai fini tu as fini il a fini nous avons fini vous avez fini ils ont fini	je finissais tu finissais il finissait nous finissions vous finissiez ils finissaient
Exemple Je finis avec ce client et je suis à vous. 이 손님과 마치면, 상담해 드리겠습니다.	**Exemple** Vous avez fini le dessert ? 디저트 마치셨나요?/ 다 드셨나요?	**Exemple** Avant, je finissais mon travail à 22 heures. 예전에는 22시에 일을 마쳤었어요.

futur simple 단순미래	subjonctif présent 접속법 현재	conditionnel présent 조건법 현재
je finirai tu finiras il finira nous finirons vous finirez ils finiront	que je finisse que tu finisses qu'il finisse que nous finissions que vous finissiez qu'ils finissent	je finirais tu finirais il finirait nous finirions vous finiriez ils finiraient
Exemple Tu finiras par l'oublier. 언젠가는 잊게 될 거야.	**Exemple** Prenez un café en attendant que je finesse. 제가 마치는 동안, 커피를 드시고 계세요.	**Exemple** Je savais bien que vous finiriez par en rire. 결국 웃으실 거라는 걸 잘 알고 있었어요.

aller : 가다 (go)

· 비슷한 뜻의 동사 : partir 떠나다 / venir 오다 / se rendre 방문하다 / passer 지나가다

Indicatif présent 직설법 현재	Passé composé 복합과거	Imparfait 반과거
je vais tu vas il va nous allons vous allez ils vont	je suis allé tu es allé il est allé nous sommes allés vous êtes allés ils sont allés	j'allais tu allais il allait nous allions vous alliez ils allaient

Exemple

Vous allez bien ?
잘 지내세요?

Exemple

Je suis allé au cinéma.
영화관에 갔어요.

Exemple

J'allais justement vous appeler.
마침 전화드리려고 했었어요.

futur simple 단순미래	subjonctif présent 접속법 현재	conditionnel présent 조건법 현재
j'irai tu iras il ira nous irons vous irez ils iront	que j'aille que tu ailles qu'il aille que nous allions que vous alliez qu'ils aillent	j'irais tu irais il irait nous irions vous iriez ils iraient

Exemple

J'irai là-bas
난 그곳에 갈 거야.

Exemple

Il faut que j'aille.
난 가야 해.

Exemple

Je savais qu'il irait là-bas.
그가 거기로 갈 거라는 걸 알고 있었어.

 venir : 오다 (come)

- venir 계열 동사 : convenir 적절하다, 어울리다 / devenir ~가 되다 / intervenir 개입하다
  parvenir 다다르다 / provenir 유래하다 / prévenir 경고하다 / souvenir 기억하다
  redevenir 전과 같이 되다 / revenir 돌아오다 / subvenir 비용을 대다
- 비슷한 뜻의 동사 : arriver 도착하다
- 비슷한 동사 변화 : tenir 잡다 / appartenir 속하다 / contenir 포함하다 / détenir 소지하다
  obtenir 얻다 / soutenir 지지하다

indicatif présent 직설법 현재	passé composé 복합과거	imparfait 반과거
je viens	je suis venu	je venais
tu viens	tu es venu	tu venais
il vient	il est venu	il venait
nous venons	nous sommes venus	nous venions
vous venez	vous êtes venus	vous veniez
ils viennent	ils sont venus	ils venaient

Exemple

Vous venez avec moi ? 저와 같이 가시겠어요?	Je suis venu te dire que je m'en vais. 내가 떠난다고 말하러 왔어.	Je venais d'avoir 18 ans. 18살이 되었었습니다.

futur simple 단순미래	subjonctif présent 접속법 현재	conditionnel présent 조건법 현재
je viendrai	que je vienne	je viendrais
tu viendras	que tu viennes	tu viendrais
il viendra	qu'il vienne	il viendrait
nous viendrons	que nous venions	nous viendrions
vous viendrez	que vous veniez	vous viendriez
ils viendront	qu'ils viennent	ils viendraient

Exemple

Je viendrai te voir. 너를 보러 올게.	Il faut que tu viennes ! 네가 와야 해!	Si tu m'invitais, je viendrais avec plaisir. 날 초대한다면, 기꺼이 가겠어.

partir : 떠나다, 출발하다 (leave)

- 비슷한 뜻의 동사 : aller 가다 / quitter 떠나다 / voyager 여행하다
- 반대 뜻의 동사 : arriver 도착하다
- 비슷한 동사 변화 : sortir 나가다 / sentir 냄새 맡다, 느끼다 / mentir 거짓말하다 / dormir 자다
  servir 시중들다, 손님을 대하다 / se repentir 뉘우치다 / pressentir 예감하다

- partir 계열 동사 : repartir 다시 떠나다

indicatif présent 직설법 현재	passé composé 복합과거	imparfait 반과거
je pars	je suis parti	je partais
tu pars	tu es parti	tu partais
il part	il est parti	il partait
nous partons	nous sommes partis	nous partions
vous partez	vous êtes partis	vous partiez
ils partent	ils sont partis	ils partaient

Exemple	Exemple	Exemple
Nous partons en vacances.	Nous sommes partis en vacances en France.	Je partais à l'école quand tu m'as appelé.
우리는 휴가를 떠나요.	우리는 프랑스로 휴가를 떠났어요.	네가 전화했을 때 나는 학교로 출발하고 있었어.

futur simple 단순미래	subjonctif présent 접속법 현재	conditionnel présent 조건법 현재
je partirai	que je parte	je partirais
tu partiras	que tu partes	tu partirais
il partira	qu'il parte	il partirait
nous partirons	que nous partions	nous partirions
vous partirez	que vous partiez	vous partiriez
ils partiront	qu'ils partent	ils partiraient

Exemple	Exemple	Exemple
Je partirai en France.	Tu aimerais que je parte ?	Je savais qu'il partirait le lendemain.
프랑스로 떠날 거야.	내가 떠났으면 좋겠어?	그가 그다음 날 떠날 것을 알고 있었어요.

recevoir : 받다 (receive)

- 비슷한 뜻의 동사 : accueillir 맞이하다 / percevoir 지각하다, 이해하다
- 비슷한 동사 변화 : concevoir 구상하다, 고안하다 / décevoir 실망하다 / percevoir 지각하다
  apercevoir 발견하다, 식별하다

indicatif présent 직설법 현재	passé composé 복합과거	imparfait 반과거
je reçois	j'ai reçu	je recevais
tu reçois	tu as reçu	tu recevais
il reçoit	il a reçu	il recevait
nous recevons	nous avons reçu	nous recevions
vous recevez	vous avez reçu	vous receviez
ils reçoivent	ils ont reçu	ils recevaient

Exemple

Je ne reçois pas les appels depuis hier.
어제부터 전화를 받을 수가 없어요.

Exemple

J'ai bien reçu votre email.
메일을 잘 받았습니다.

Exemple

Je recevais 1000 euros.
1000유로를 받고 있었습니다.

futur simple 단순미래	subjonctif présent 접속법 현재	conditionnel présent 조건법 현재
je recevrai	que je reçoive	je recevrais
tu recevras	que tu reçoives	tu recevrais
il recevra	qu'il reçoive	il recevrait
nous recevrons	que nous recevions	nous recevrions
vous recevrez	que vous receviez	vous recevriez
ils recevront	qu'ils reçoivent	ils recevraient

Exemple

Je vous recevrai demain dans mon bureau.
내일 제 사무실에서 만나 뵙겠습니다.

Exemple

Il arrive que je reçoive des messages de mon ancien travail.
예전에 일하던 곳의 메시지를 받을 때가 있습니다.

Exemple

Il m'a dit que je recevrais une réponse dans la journée.
오늘 중에 답변을 받을 거라고 하셨습니다.

répondre : 대답하다 (answer)

- 반대 뜻의 동사 : demander 물어보다
- 비슷한 동사 변화: attendre 기다리다 / confondre 혼동되다 / correspondre ~에 일치하다
  défendre 지키다 / dépendre ~에 달려 있다 / descendre 내려가다
  redescendre 다시 내려가다 / détendre 풀다 / étendre 펼치다 / fondre 녹다
  perdre 지다 / prétendre 주장하다 / rendre 돌려주다 / répandre 발산하다
  répondre 대답하다 / sous-entendre 암시하다 / suspendre 중단하다
  stendre 당기다 / stondre 깎다 / tordre 비틀다 / vendre 팔다
  revendre 다시 팔다 / pondre 낳다

indicatif présent 직설법 현재	passé composé 복합과거	imparfait 반과거
je réponds tu réponds il répond nous répondons vous répondez ils répondent	j'ai répondu tu as répondu il a répondu nous avons répondu vous avez répondu ils ont répondu	je répondais tu répondais il répondait nous répondions vous répondiez ils répondaient
Exemple Vous répondez ? 대답하시겠어요?	**Exemple** J'ai répondu à votre question. 당신의 질문에 답변했습니다.	**Exemple** Ce matin, tu ne répondais pas. 오늘 아침 너는 전화를 안 받았어.

futur simple 단순미래	subjonctif présent 접속법 현재	conditionnel présent 조건법 현재
je répondrai tu répondras il répondra nous répondrons vous répondrez ils répondront	que je réponde que tu répondes qu'il réponde que nous répondions que vous répondiez qu'ils répondent	je répondrais tu répondrais il répondrait nous répondrions vous répondriez ils répondraient
Exemple Je te répondrai ce soir. 오늘 저녁에 답변을 줄게.	**Exemple** J'aimerais que vous répondiez. 답변을 주시면 좋겠습니다.	**Exemple** Si tu posais de bonnes questions, il te répondrait. 좋은 질문을 했다면, 대답해 주셨을 거야.

prendre : 잡다, 타다, 먹다 (**take**)

· prendre 계열 동사 : apprendre 배우다 / comprendre 이해하다 / entreprendre 착수하다
réapprendre 다시 배우다 / reprendre 되찾다 / surprendre 놀라게 하다

indicatif présent 직설법 현재	passé composé 복합과거	imparfait 반과거
je prends tu prends il prend nous prenons vous prenez ils prennent	j'ai pris tu as pris il a pris nous avons pris vous avez pris ils ont pris	je prenais tu prenais il prenait nous prenions vous preniez ils prenaient

Exemple

Je prends le bus pour venir à l'école. 나는 학교에 버스를 타고 와.	Vous avez pris votre petit-déjeuner ? 아침 식사를 하셨습니까?	Je prenais le métro pour aller à mon travail. 회사에 지하철을 타고 다녔었습니다.

futur simple 단순미래	subjonctif présent 접속법 현재	conditionnel présent 조건법 현재
je prendrai tu prendras il prendra nous prendrons vous prendrez ils prendront	que je prenne que tu prennes qu'il prenne que nous prenions que vous preniez qu'ils prennent	je prendrais tu prendrais il prendrait nous prendrions vous prendriez ils prendraient

Exemple

Je prendrai le taxi pour rentrer. 집에 택시를 타고 들어갈 겁니다.	Il faut que vous preniez ce medicament 2 fois par jour. 이 약을 하루에 두 번 드셔야 합니다.	Ces citrons sont si grands qu'on les prendrait pour des pamplemousses. 이 레몬들은 너무 커서 자몽인 것 같아.

ouvrir : 열다 (open)

- 반대 뜻의 동사 : fermer 닫다
- 비슷한 동사 변화 : souffrir 고통받다
- ouvrir 계열 동사 : couvrir 덮다 / découvrir 발견하다 / redécouvrir 재발견하다 / recouvrir 뒤덮다

indicatif présent 직설법 현재	passé composé 복합과거	imparfait 반과거
j'ouvre tu ouvres il ouvre nous ouvrons vous ouvrez ils ouvrent	j'ai ouvert tu as ouvert il a ouvert nous avons ouvert vous avez ouvert ils ont ouvert	j'ouvrais tu ouvrais il ouvrait nous ouvrions vous ouvriez ils ouvraient
Exemple J'ouvre les yeux. 눈을 뜹니다.	**Exemple** J'ai ouvert la porte. 문을 열었습니다.	**Exemple** J'ouvrais mon livre quand tu m'as appelé. 네가 나에게 전화했을 때 나는 책을 펼치고 있었어.

futur simple 단순미래	subjonctif présent 접속법 현재	conditionnel présent 조건법 현재
j'ouvrirai tu ouvriras il ouvrira nous ouvrirons vous ouvrirez ils ouvriront	que j'ouvre que tu ouvres qu'il ouvre que nous ouvrions que vous ouvriez qu'ils ouvrent	j'ouvrirais tu ouvrirais il ouvrirait nous ouvririons vous ouvririez ils ouvriraient
Exemple Plus tard, j'ouvrirai un restaurant coréen à Paris. 나중에, 파리에 한국 식당을 열 거예요.	**Exemple** Il faut que tu ouvres les yeux sur la réalité. 현실에 눈을 떠야 해.	**Exemple** J'ouvrirais bien cette boîte pour voir ce qu'il y a dedans. 이 상자 안에 무엇이 있는지 한번 열어보고 싶네요.

voir : 보다 (see)

- 명사 : vision 비전
- 비슷한 뜻의 동사 : regarder
  - ★voir는 영어의 see와 같은 동사입니다. 자신의 의지와는 상관없이 보이는 것을 말합니다.
    - 예 Je vois la mer.
  - ★regarder는 영어의 look, watch 와 같은 동사입니다. 의식적으로 보는 것을 말합니다.
    - 예 Je regarde la télévision.
- voir 계열 동사 : revoir 다시 보다 / prévoir 예측하다

indicatif présent 직설법 현재	passé composé 복합과거	imparfait 반과거
je vois tu vois il voit nous voyons vous voyez ils voient	j'ai vu tu as vu il a vu nous avons vu vous avez vu ils ont vu	je voyais tu voyais il voyait nous voyions vous voyiez ils voyaient
Exemple Vous voyez bien ? 잘 보이세요?	**Exemple** Hier, j'ai vu un film génial. 어제, 재미있는 영화를 봤어.	**Exemple** Je ne voyais pas très bien. 잘 보이지 않았었어요.

futur simple 단순미래	subjonctif présent 접속법 현재	conditionnel présent 조건법 현재
je verrai tu verras il verra nous verrons vous verrez ils verront	que je voie que tu voies qu'il voie que nous voyions que vous voyiez qu'ils voient	je verrais tu verrais il verrait nous verrions vous verriez ils verraient
Exemple On verra bien. 두고 보자.	**Exemple** Il faut absolument que tu voies ce film. 이 영화를 꼭 봐야 해.	**Exemple** Je savais que tu verrais ce film. 네가 이 영화를 볼 줄 알았어.

vouloir : 원하다 (want)

- 명사 : volonté 의사 / désir 욕구 / souhait 소망
- 비슷한 뜻의 동사 : désirer 바라다 / souhaiter 소망하다

indicatif présent 직설법 현재	passé composé 복합과거	imparfait 반과거
je veux tu veux il veut nous voulons vous voulez ils veulent	j'ai voulu tu as voulu il a voulu nous avons voulu vous avez voulu ils ont voulu	je voulais tu voulais il voulait nous voulions vous vouliez ils voulaient
Exemple Quand on veut, on peut. 원한다면 할 수 있다.	**Exemple** J'ai voulu partir en vacances. 휴가를 떠나고 싶었어요.	**Exemple** Je voulais être pompier. 소방관이 되고 싶었습니다.

futur simple 단순미래	subjonctif présent 접속법 현재	conditionnel présent 조건법 현재
je voudrai tu voudras il voudra nous voudrons vous voudrez ils voudront	que je veuille que tu veuilles qu'il veuille que nous voulions que vous vouliez qu'ils veuillent	je voudrais tu voudrais il voudrait nous voudrions vous voudriez ils voudraient
Exemple On ira où tu voudras. 우리는 네가 원하는 곳으로 갈 거야.	**Exemple** Je parlerai jusqu'à ce que tu veuilles m'écouter. 네가 내 말을 듣기 원할 때까지 말 할거야.	**Exemple** Je voudrais un café, s'il vous plaît. 커피 한 잔 주시기 바랍니다.

pouvoir : 할 수 있다 (can)

- 명사 : possibilité 가능성

indicatif présent 직설법 현재	passé composé 복합과거	imparfait 반과거
je peux	j'ai pu	je pouvais
tu peux	tu as pu	tu pouvais
il peut	il a pu	il pouvait
nous pouvons	nous avons pu	nous pouvions
vous pouvez	vous avez pu	vous pouviez
ils peuvent	ils ont pu	ils pouvaient

Exemple

Je peux essayer ?
입어 볼 수 있나요?

Exemple

Je n'ai pas pu venir.
갈 수가 없었어.

Exemple

Je ne pouvais pas.
그럴 수가 없었어.

futur simple 단순미래	subjonctif présent 접속법 현재	conditionnel présent 조건법 현재
je pourrai	que je puisse	je pourrais
tu pourras	que tu puisses	tu pourrais
il pourra	qu'il puisse	il pourrait
nous pourrons	que nous puissions	nous pourrions
vous pourrez	que vous puissiez	vous pourriez
ils pourront	qu'ils puissent	ils pourraient

Exemple

Fais tout ce que
tu pourras !
네가 할 수 있는 모든 걸 해 봐!

Exemple

Vous pouvez expliquer
facilement que je
puisse comprendre ?
제가 이해할 수 있도록 쉽게 설명해
주실 수 있으세요?

Exemple

Vous pourriez m'aider ?
저를 도와주실 수 있으시겠습니까?

devoir : ~해야 한다 (**must**)

· 명사 : un devoir 과제 / une obligation 의무
· 비슷한 뜻의 동사 : falloir ~해야 한다

indicatif présent 직설법 현재	passé composé 복합과거	imparfait 반과거
je dois tu dois il doit nous devons vous devez ils doivent	j'ai dû tu as dû il a dû nous avons dû vous avez dû ils ont dû	je devais tu devais il devait nous devions vous deviez ils devaient

Exemple

Je vous dois combien ?
얼마를 드려야 하나요?

Exemple

J'ai dû partir.
떠나야 했어.

Exemple

Vous deviez me le donner avant samedi.
토요일 전에 그것을 저에게 주셔야 했어요.

futur simple 단순미래	subjonctif présent 접속법 현재	conditionnel présent 조건법 현재
je devrai tu devras il devra nous devrons vous devrez ils devront	que je doive que tu doives qu'il doive que nous devions que vous deviez qu'ils doivent	je devrais tu devrais il devrait nous devrions vous devriez ils devraient

Exemple

Tu devras trouver le trésor caché.
감춰져 있는 보물을 찾아야 할 거야.

Exemple

Aidez-moi avant que je doive formater et tout effacer.
포맷을 하고 다 삭제해야 하기 전에 도와주세요.

Exemple

Tu devrais te reposer.
쉬는 것이 나을 텐데.

savoir : 알다 (know)

- 명사 : un savoir 지식 / une connaissance 지식, 앎
- 비슷한 뜻의 동사 : connaître 알다
- 반대 뜻의 동사 : ignorer 모르다

indicatif présent 직설법 현재	passé composé 복합과거	imparfait 반과거
je sais	j'ai su	je savais
tu sais	tu as su	tu savais
il sait	il a su	il savait
nous savons	nous avons su	nous savions
vous savez	vous avez su	vous saviez
ils savent	ils ont su	ils savaient

Exemple

Vous savez nager ? 수영할 줄 아세요?	Je n'ai pas su t'écouter. 네 말을 들을 줄 몰랐어.	Je ne savais pas. 몰랐습니다.

futur simple 단순미래	subjonctif présent 접속법 현재	conditionnel présent 조건법 현재
je saurai	que je sache	je saurais
tu sauras	que tu saches	tu saurais
il saura	qu'il sache	il saurait
nous saurons	que nous sachions	nous saurions
vous saurez	que vous sachiez	vous sauriez
ils sauront	qu'ils sachent	ils sauraient

Exemple

Tu sauras que c'est moi. 나라는 것을 알게 될 거야.	Il faut que tu saches. 넌 이걸 알아야 해.	Sauriez-vous me dire où se trouve la Corée ? 한국이 어디에 있는지 말해 줄 수 있겠어요?

faire : 하다 (do)

- 명사 : un fait 일, 사건
- faire 계열 동사 : refaire 다시 하다 / défaire 풀다, 해체하다 / satisfaire 만족하다

indicatif présent 직설법 현재	passé composé 복합과거	imparfait 반과거
je fais tu fais il fait nous faisons vous faites ils font	j'ai fait tu as fait il a fait nous avons fait vous avez fait ils ont fait	je faisais tu faisais il faisait nous faisions vous faisiez ils faisaient
Exemple Qu'est-ce que tu fais ? 뭐 해?	**Exemple** Qu'est-ce que tu as fait hier ? 어제 뭐 했어?	**Exemple** Qu'est-ce que tu faisais hier ? 어제 뭐 하고 있었어?

futur simple 단순미래	subjonctif présent 접속법 현재	conditionnel présent 조건법 현재
je ferai tu feras il fera nous ferons vous ferez ils feront	que je fasse que tu fasses qu'il fasse que nous fassions que vous fassiez qu'ils fassent	je ferais tu ferais il ferait nous ferions vous feriez ils feraient
Exemple Qu'est-ce que tu feras plus tard ? 나중에 뭐 할 거야?	**Exemple** Il faut que tu fasses attention. 조심해야 돼.	**Exemple** Tu ferais mieux de rentrer chez toi. 너희 집에 돌아가는 게 좋을 거야.

ecrire : 쓰다 (write)

- 명사 : un écrit 문서 / un texte 글 / une rédaction 작문
- 비슷한 뜻의 동사 : rédiger 작성하다
- 반대 뜻의 동사 : lire 읽다
- écrire 계열 동사 : décrire 묘사하다 / inscrire 등록하다 / prescrire 규정하다 / proscrire 금지하다
  souscrire 서명하다

indicatif présent 직설법 현재	passé composé 복합과거	imparfait 반과거
j'écris tu écris il écrit nous écrivons vous écrivez ils écrivent	j'ai écrit tu as écrit il a écrit nous avons écrit vous avez écrit ils ont écrit	j'écrivais tu écrivais il écrivait nous écrivions vous écriviez ils écrivaient

Exemple

Qu'est-ce que tu écris ?
뭘 쓰고 있어?

Exemple

J'ai écrit un email.
이메일을 썼어.

Exemple

J'écrivais à mon professeur.
선생님께 글을 쓰고 있었어.

futur simple 단순미래	subjonctif présent 접속법 현재	conditionnel présent 조건법 현재
j'écrirai tu écriras il écrira nous écrirons vous écrirez ils écriront	que j'écrive que tu écrives qu'il écrive que nous écrivions que vous écriviez qu'ils écrivent	j'écrirais tu écrirais il écrirait nous écririons vous écririez ils écriraient

Exemple

Je vous écrirai plus tard.
나중에 편지를 보낼게요.

Exemple

Le professeur veut que j'écrive un texte en français.
선생님께서는 내가 프랑스어로 글을 쓰길 바라십니다.

Exemple

Je savais qu'il m'écrirait une lettre.
그가 나에게 편지를 쓸 줄 알았어.

 **mettre** : 놓다, 넣다, 입다 (**put**)

- 비슷한 뜻의 동사 : poser 놓다 / placer 위치하다
- mettre 계열 동사 : admettre 승락하다 / commettre 저지르다 / émettre 발신하다
  permettre 허락하다 / promettre 약속하다 / transmettre 전하다

indicatif présent 직설법 현재	passé composé 복합과거	imparfait 반과거
je mets tu mets il met nous mettons vous mettez ils mettent	j'ai mis tu as mis il a mis nous avons mis vous avez mis ils ont mis	je mettais tu mettais il mettait nous mettions vous mettiez ils mettaient

Exemple

Je mets de la musique pour le bébé. 아기를 위해 음악을 틀어요.	J'ai mis tes photos sur mon site. 내 사이트에 네 사진들을 올렸어.	Je mettais 2 heures pour aller à l'école. 학교에 가는 데 2시간이 걸렸었습니다.

futur simple 단순미래	subjonctif présent 접속법 현재	conditionnel présent 조건법 현재
je mettrai tu mettras il mettra nous mettrons vous mettrez ils mettront	que je mette que tu mettes qu'il mette que nous mettions que vous mettiez qu'ils mettent	je mettrais tu mettrais il mettrait nous mettrions vous mettriez ils mettraient

Exemple

Je mettrai une casquette. 모자를 쓸 거예요.	Ce soir, il faut que tu mettes cette jupe. 오늘 저녁에 이 치마를 꼭 입어야 해.	J'espérais qu'il mettrait un but dans ce match. 그가 이 경기에서 한 골을 넣길 바랐어.

connaître : 알다 (know)

- 명사 : une connaissance 앎, 지식 · 비슷한 뜻의 동사 : savoir 알다
  - ★savoir는 '~할 줄 안다'처럼 능력을 말할 때 사용하며, savoir 뒤에 동사가 올 수 있습니다.
    - 예 Je sais nager.
  - ★connaître는 '~를 안다'와 같이 해석되며, connaître 뒤에 명사가 올 수 있습니다.
    - 예 Je connais cette personne.
- 반대 뜻의 동사 : ignorer 모르다 · connaître 계열 동사 : reconnaître 인정하다
- 비슷하게 변화되는 동사 : apparaître 나타나다 / disparaître 사라지다

indicatif présent
직설법 현재

je connais
tu connais
il connaît
nous connaissons
vous connaissez
ils connaissent

Exemple

Je connais cette personne.

이 사람을 알아요.

passé composé
복합과거

j'ai connu
tu as connu
il a connu
nous avons connu
vous avez connu
ils ont connu

Exemple

J'ai connu des moments difficiles dans ma vie.

제 삶에 힘든 시기가 있었습니다.

imparfait
반과거

je connaissais
tu connaissais
il connaissait
nous connaissions
vous connaissiez
ils connaissaient

Exemple

Je ne connaissais pas l'heure de départ.

출발 시간을 몰랐어요.

futur simple
단순미래

je connaîtrai
tu connaîtras
il connaîtra
nous connaîtrons
vous connaîtrez
ils connaîtront

Exemple

Tu connaîtras des moments de joie.

기쁨의 시간들을 맞이하게 될 거야.

subjonctif présent
접속법 현재

que je connaisse
que tu connaisses
qu'il connaisse
que nous connaissions
que vous connaissiez
qu'ils connaissent

Exemple

Tu es la personne la plus gentille que je connaisse.

너는 내가 아는 가장 착한 사람이야.

conditionnel présent
조건법 현재

je connaîtrais
tu connaîtrais
il connaîtrait
nous connaîtrions
vous connaîtriez
ils connaîtraient

Exemple

Je cherche une personne qui connaîtrait un professeur de français.

프랑스어 선생님을 아는 분이 있으신지 찾고 있습니다.

croire : 믿다 (believe)

- 명사 : une croyance 믿음
- 비슷한 뜻의 동사 : penser 생각하다 / supposer 예측하다 / imaginer 상상하다
  ★penser와 croire는 '〜인 것 같다', '〜라고 생각한다'를 표현할 때 자주 사용합니다.
  예 C'est fini. (끝났다.) ➡ Je pense que c'est fini. = Je crois que c'est fini. (끝난 것 같다.)

indicatif présent 직설법 현재	passé composé 복합과거	imparfait 반과거
je crois	j'ai cru	je croyais
tu crois	tu as cru	tu croyais
il croit	il a cru	il croyait
nous croyons	nous avons cru	nous croyions
vous croyez	vous avez cru	vous croyiez
ils croient	ils ont cru	ils croyaient

Exemple

Je crois en toi.	Je t'ai cru.	Je croyais à son discours.
널 믿어.	널 믿었어.	그의 말을 믿었었습니다.

futur simple 단순미래	subjonctif présent 접속법 현재	conditionnel présent 조건법 현재
je croirai	que je croie	je croirais
tu croiras	que tu croies	tu croirais
il croira	qu'il croie	il croirait
nous croirons	que nous croyions	nous croirions
vous croirez	que vous croyiez	vous croiriez
ils croiront	qu'ils croient	ils croiraient

Exemple

Tu penses qu'il croira à tout cela ?	Vous réussirez à condition que vous croyiez en vous-même.	S'il venait me le dire, je le croirais.
그가 이 모든 것을 믿을 거라고 생각해?	자신을 믿는다면 당신은 성공할 겁니다.	나에게 와서 그 말을 한다면 나는 믿겠어.

dire : 말하다 (tell)

- 명사 : une affirmation 주장 / une déclaration 발표 / une expression 표현 / une information 정보 / une formulation 진술 / une communication 의사소통 / une explication 설명 / une précision 분명함
- 비슷한 뜻의 동사 : affirmer 주장하다 / éclarer 발표하다 / exprimer 표현하다 / informer 정보를 전하다 / formuler 진술하다 / communiquer 소통하다 expliquer 설명하다 / préciser 분명히 하다
  - ★parler는 영어의 speak, talk와 같은 뜻입니다. 말하는 그 자체를 표현할 때 씁니다.
    - 예 Je parle français.
  - ★dire는 영어의 tell, say와 같은 뜻입니다. 말하는 내용을 표현할 때 씁니다.
    - 예 Je dis « bonjour ».
- 반대 뜻의 동사 : écouter 듣다 / entendre 듣다
- dire 계열 동사 : redire 다시 말하다 / prédire 예언하다 / contredire 반대하다 / interdire 금지하다 maudire 저주하다

indicatif présent 직설법 현재	passé composé 복합과거	imparfait 반과거
je dis	j'ai dit	je disais
tu dis	tu as dit	tu disais
il dit	il a dit	il disait
nous disons	nous avons dit	nous disions
vous dites	vous avez dit	vous disiez
ils disent	ils ont dit	ils disaient

Exemple	Exemple	Exemple
Je vous dis « bonjour ». "안녕하세요."라고 말합니다.	Qu'est-ce que vous avez dit ? 뭐라고 하셨나요?	Je vous disais « merci ». 감사하다고 말하고 있었습니다.

futur simple 단순미래	subjonctif présent 접속법 현재	conditionnel présent 조건법 현재
je dirai	que je dise	je dirais
tu diras	que tu dises	tu dirais
il dira	qu'l dise	il dirait
nous dirons	que nous disions	nous dirions
vous direz	que vous disiez	vous diriez
ils diront	qu'ils disent	ils diraient

Exemple	Exemple	Exemple
Je vous dirai plus tard. 나중에 말씀드릴게요.	Il faut que je te dise quelque chose. 너한테 이 말을 해 줘야겠어.	Que diriez-vous d'un autre verre ? 한 잔 더 하시겠습니까?

entendre : 듣다 (hear)

- 비슷한 뜻의 동사 : écouter 듣다
  - ★entendre는 영어의 hear와 같은 뜻입니다. 자신의 의지와 상관없이 들리는 것을 말합니다.
    - 예 Je ne vous entends pas très bien.
  - ★écouter는 영어의 listen과 같은 뜻입니다. 의식적으로 귀 기울여 듣는 것을 말합니다.
    - 예 J'écoute la radio.
- 반대 뜻의 동사 : parler 말하다 / dire 말하다
- 비슷한 동사 변화 : attendre 기다리다 / confondre 혼동되다 / correspondre ~에 일치하다
  défendre 지키다 / dépendre ~에 달려 있다 / descendre 내려가다
  détendre 풀다 / étendre 펼치다 / fondre 녹다 / perdre 지다 / pondre 낳다
  prétendre 주장하다 / edescendre 다시 내려가다 / rendre 돌려주다
  répandre 발산하다 / répondre 대답하다 / revendre 다시 팔다
  sous-entendre 암시하다 / suspendre 중단하다 / tendre 당기다
  tondre 깎다 / tordre 비틀다 / vendre 팔다

indicatif présent 직설법 현재	passé composé 복합과거	imparfait 반과거
j'entends	j'ai entendu	j'entendais
tu entends	tu as entendu	tu entendais
il entend	il a entendu	il entendait
nous entendons	nous avons entendu	nous entendions
vous entendez	vous avez entendu	vous entendiez
ils entendent	ils ont entendu	ils entendaient

Exemple	Exemple	Exemple
Vous entendez ? 들리세요?	Je n'ai rien entendu. 난 아무것도 못 들었어.	Je n'entendais rien. 아무것도 들리지 않았어요.

futur simple 단순미래	subjonctif présent 접속법 현재	conditionnel présent 조건법 현재
j'entendrai	que j'entende	j'entendrais
tu entendras	que tu entendes	tu entendrais
il entendra	qu'il entende	il entendrait
nous entendrons	que nous entendions	nous entendrions
vous entendrez	que vous entendiez	vous entendriez
ils entendront	qu'ils entendent	ils entendraient

Exemple	Exemple	Exemple
Vous entendrez deux textes. 두 개의 지문을 들으실 겁니다.	Je parlerai fort pour que tu entendes ma voix. 네가 내 목소리를 들을 수 있도록 크게 말할 거야.	Si tu te concentrais un peu, tu entendrais ma voix. 조금 집중하면 내 목소리가 들릴 텐데.

acquérir : 획득하다 (acquire)

- 명사 : une acquisition 획득, 취득
- 비슷한 뜻의 동사 : obtenir 얻다 / acheter 사다
- 반대 뜻의 동사 : perdre 지다, 잃다 / vendre 팔다
- 비슷한 동사 변화 : conquérir 정복하다

indicatif présent 직설법 현재	passé composé 복합과거	imparfait 반과거
j'acquiers tu acquiers il acquiert nous acquérons vous acquérez ils acquièrent	j'ai acquis tu as acquis il a acquis nous avons acquis vous avez acquis ils ont acquis	j'acquérais tu acquérais il acquérait nous acquérions vous acquériez ils acquéraient

Exemple

L'habilité s'acquiert par l'entraînement.

숙련은 훈련을 통해 얻어진다.

Exemple

J'ai acquis une propriété dans le sud.

남쪽에 부동산을 취득하였습니다.

Exemple

Il acquérait une réputation dans le milieu.

그는 그 분야에서 명성을 얻고 있었습니다.

futur simple 단순미래	subjonctif présent 접속법 현재	conditionnel présent 조건법 현재
j'acquerrai tu acquerras il acquerra nous acquerrons vous acquerrez ils acquerront	que j'acquière que tu acquières qu'il acquière que nous acquérions que vous acquériez qu'ils acquièrent	j'acquerrais tu acquerrais il acquerrait nous acquerrions vous acquerriez ils acquerraient

Exemple

Avec le temps, j'acquerrai de la sagesse.

시간이 지나면 현명함을 얻게 될 겁니다.

Exemple

Il y a de fortes chances que j'acquière de l'expérience avec cette occasion.

이 기회를 통해 경험을 쌓게 될 가능성이 높다.

Exemple

Si tu acquerrais une formation dans le domaine culinaire ?

요리 분야에서 교육을 받는다면 어떨까?

courir : 뛰다 (run)

- 명사 : une course 뜀뛰기, 경기, 장
- 비슷한 뜻의 동사 : avancer 앞으로 가다 / marcher 걷다
- 반대 뜻의 동사 : reculer 뒤로 가다 / ramper 기어가다
- courir 계열 동사 : concourir 경쟁하다 / parcourir 편력하다 / secourir 구조하다

indicatif présent
직설법 현재

je cours
tu cours
il court
nous courons
vous courez
ils courent

Exemple

Je cours vers le but.
목표를 향해 뛴다.

passé composé
복합과거

j'ai couru
tu as couru
il a couru
nous avons couru
vous avez couru
ils ont couru

Exemple

J'ai couru plus vite avec ces chaussures.
이 신발로는 더 빨리 뛰었어요.

imparfait
반과거

je courais
tu courais
il courait
nous courions
vous couriez
ils couraient

Exemple

Je courais après toi.
네 뒤를 따라 뛰고 있었어.

futur simple
단순미래

je courrai
tu courras
il courra
nous courrons
vous courrez
ils courront

Exemple

Je courrai dimanche prochain.
다음 주 일요일에 뛸 거야.

subjonctif présent
접속법 현재

que je coure
que tu coures
qu'il coure
que nous courions
que vous couriez
qu'ils courent

Exemple

Il ne faut pas qu'on coure dans le couloir.
복도에서 뛰면 안 됩니다.

conditionnel présent
조건법 현재

je courrais
tu courrais
il courrait
nous courrions
vous courriez
ils courraient

Exemple

Si tu t'entraînais tous les jours, tu courrais plus vite.
매일 연습한다면, 더 빨리 뛸 거야.

lire : 읽다 (read)

- 명사 : une lecture 독서
- 비슷한 뜻의 동사 : bouquiner 독서하다
- 반대 뜻의 동사 : écrire 쓰다
- lire 계열 동사 : relire 다시 읽다 / élire 투표하다 / réélire 재투표하다

indicatif présent 직설법 현재	passé composé 복합과거	imparfait 반과거
je lis tu lis il lit nous lisons vous lisez ils lisent	j'ai lu tu as lu il a lu nous avons lu vous avez lu ils ont lu	je lisais tu lisais il lisait nous lisions vous lisiez ils lisaient
Exemple Je lis tous les jours. 매일 책을 읽습니다.	**Exemple** Est-ce que vous avez lu ce livre ? 이 책을 읽어 보셨나요?	**Exemple** Avant, je ne lisais jamais. 예전에는 책을 전혀 읽지 않았습니다.

futur simple 단순미래	subjonctif présent 접속법 현재	conditionnel présent 조건법 현재
je lirai tu liras il lira nous lirons vous lirez ils liront	que je lise que tu lises qu'il lise que nous lisions que vous lisiez qu'ils lisent	je lirais tu lirais il lirait nous lirions vous liriez ils liraient
Exemple Un jour, je lirai ce livre. 언젠가는 이 책을 읽을 거야.	**Exemple** Il faut que je lise. 나는 책을 읽어야 해.	**Exemple** Je lirais bien ce livre. 이 책을 읽으면 좋겠다.

rire : 웃다 (laugh)

- 명사 : un rire 웃음 / un sourire 미소
- 비슷한 뜻의 동사 : rigoler 재미있게 웃다 / se marrer 깔깔대며 웃다
- 반대 뜻의 동사 : pleurer 울다
- rire 계열 동사 : sourire 미소 짓다

indicatif présent 직설법 현재	passé composé 복합과거	imparfait 반과거
je ris tu ris il rit nous rions vous riez ils rient	j'ai ri tu as ri il a ri nous avons ri vous avez ri ils ont ri	je riais tu riais il riait nous riions vous riiez ils riaient
Exemple Riez ! 웃으세요!	**Exemple** J'ai beaucoup ri en regardant ce film. 이 영화를 보면서 많이 웃었습니다.	**Exemple** Avant, tu riais beaucoup. 예전에 너는 많이 웃었었어.

futur simple 단순미래	subjonctif présent 접속법 현재	conditionnel présent 조건법 현재
je rirai tu riras il rira nous rirons vous rirez ils riront	que je rie que tu ries qu'il rie que nous riions que vous riiez qu'ils rient	je rirais tu rirais il rirait nous ririons vous ririez ils riraient
Exemple Quand tu verras ce film, tu riras forcément. 이 영화를 보면 웃게 될 거야.	**Exemple** Il faut que nous riions plus souvent. 우리는 더 자주 웃어야 합니다.	**Exemple** Comment tu savais qu'il rirait autant ? 그가 그렇게 많이 웃을지 어떻게 알았어?

s'asseoir / s'assoir : 앉다 (sit)

- 반대 뜻의 동사 : se lever 일어나다
- asseoir 계열 동사 : rasseoir 다시 앉다

indicatif présent
직설법 현재

je m'assois
tu t'assois
il s'assoit
nous nous assoyons
vous vous assoyez
ils s'assoient

je m'assieds
tu t'assieds
il s'assied
nous nous asseyons
vous vous asseyez
ils s'asseyent

Exemple

Asseyez-vous là.
여기 앉으세요.

passé composé
복합과거

je me suis assis
tu t'es assis
il s'est assis
nous nous sommes assis
vous vous êtes assis
ils se sont assis

Exemple

Alors, je me suis assis.
그래서 앉았습니다.

imparfait
반과거

je m'assoyais
tu t'assoyais
il s'assoyait
nous nous assoyions
vous vous assoyiez
ils s'assoyaient

je m'asseyais
tu t'asseyais
il s'asseyait
nous nous asseyions
vous vous asseyiez
ils s'asseyaient

Exemple

Je m'asseyais sur
la chaise quand le
téléphone a sonné.
의자에 앉으려고 했을 때, 전화가
왔습니다.

je m'assoirai
tu t'assoiras
il s'assoira
nous nous assoirons
vous vous assoirez
ils s'assoiront

je m'assiérai
tu t'assiéras
il s'assiéra
nous nous assiérons
vous vous assiérez
ils s'assiéront

Exemple

Je m'assiérai en haut de la colline.
언덕 위에 앉을 것입니다.

que je m'assoie
que tu t'assoies
qu'il s'assoie
que nous nous assoyions
que vous vous assoyiez
qu'ils s'assoient

que je m'asseye
que tu t'asseyes
qu'il s'asseye
que nous nous asseyions
que vous vous asseyiez
qu'ils s'asseyent

Exemple

J'aimerais que vous vous asseyiez.
앉으셨으면 좋겠습니다.

je m'assoirais
tu t'assoirais
il s'assoirait
nous nous assoirions
vous vous assoiriez
ils s'assoiraient

je m'assiérais
tu t'assiérais
il s'assiérait
nous nous assiérions
vous vous assiériez
ils s'assiéraient

Exemple

Je m'assiérais bien dans ce fauteuil.
이 소파에 앉았으면 좋겠다.

falloir : ~해야 한다 (must)

· 비슷한 뜻의 동사 : devoir ~해야 한다
★falloir 동사는 3인칭 단수로만 변화합니다.
　(devoir 동사의 경우, 주어를 모은 인칭으로 사용할 수 있지만, falloir 동사는 주어를 비인칭 il로만 쓸 수 있습니다.)
　주어 il은 비인칭으로 〈Il faut + 동사원형〉 표현에 사용합니다.
　예 Il faut venir. = On doit venir. (와야 한다.)
　　　Il faut écouter. = On doit écouter. (들어야 한다.)
★Il faut que 표현의 경우, que 다음에는 접속법이 와야 합니다.
　예 Il faut que tu viennes. = Tu dois venir. (와야 한다.)
　　　Il faut que vous fassiez quelque chose. = Vous devez faire quelque chose.
　　　(당신은 무언가를 해야 한다.)

indicatif présent 직설법 현재	passé composé 복합과거	imparfait 반과거
il **faut**	il a **fallu**	il **fallait**
Exemple Il faut absolument regarder ce film. 이 영화를 꼭 봐야 한다.	*Exemple* Il a fallu revenir chez moi. 집으로 돌아와야 했다.	*Exemple* Il fallait le faire. 그렇게 해야 했었어요.

futur simple 단순미래	subjonctif présent 접속법 현재	conditionnel présent 조건법 현재
il **faudra**	qu'il **faille**	il **faudrait**
Exemple Il faudra leur dire. 그들에게 말을 해야 할 거예요.	*Exemple* Je ne pense pas qu'il faille changer d'entraîneur. 감독을 바꾸어야 한다고 생각하지 않습니다.	*Exemple* Marc a dit qu'il faudrait apporter un cadeau. 선물을 가져와야 할 것이라고 마크가 말했습니다.

외국어 출판 40년의 신뢰
외국어 전문 출판 그룹
동양북스가 만드는 책은 다릅니다.

40년의 쉼 없는 노력과 도전으로 책 만들기에 최선을 다해온 동양북스는
오늘도 미래의 가치에 투자하고 있습니다.
대한민국의 내일을 생각하는 도전 정신과 믿음으로 최선을 다하겠습니다.

동양북스

일본어 교재의 최강자, 동양북스 추천 교재

회화 코스북

일본어뱅크 다이스키
STEP 1·2·3·4·5·6·7·8

일본어뱅크
좋아요 일본어 1·2·3·4·5·6

일본어뱅크 도모다찌
STEP 1·2·3

분야서

일본어뱅크
좋아요 일본어 독해 STEP 1·2

일본어뱅크
일본어 작문 초급

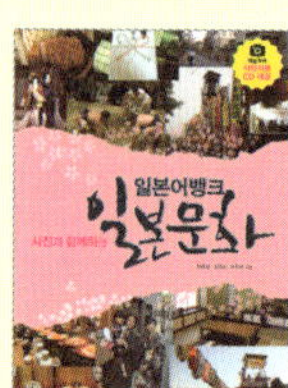

일본어뱅크
사진과 함께하는
일본 문화

일본어뱅크
항공 서비스 일본어

가장 쉬운 독학
일본어 현지회화

수험서

일취월장 JPT
독해·청해

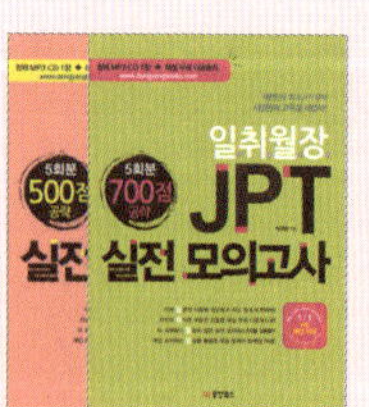

일취월장 JPT
실전 모의고사 500·700

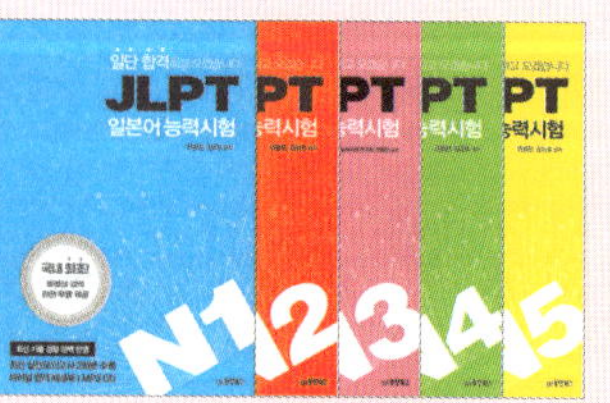

일단 합격하고 오겠습니다
JLPT 일본어능력시험
N1·N2·N3·N4·N5

일단 합격하고 오겠습니다
JLPT 일본어능력시험
실전모의고사 N1·N2·N3·N4/5

단어·한자

특허받은
일본어 한자 암기박사

일본어 상용한자 2136
이거 하나면 끝!

일본어뱅크
좋아요 일본어 한자

가장 쉬운 독학
일본어 단어장

일단 합격하고 오겠습니다
JLPT 일본어능력시험
단어장 N1·N2·N3

중국어 교재의 최강자, 동양북스 추천 교재

중국어뱅크 북경대학 신한어구어
1 · 2 · 3 · 4 · 5 · 6

중국어뱅크 스마트중국어
STEP 1 · 2 · 3 · 4

중국어뱅크 집중중국어
STEP 1 · 2 · 3 · 4

중국어뱅크
뉴! 버전업 사진으로
보고 배우는 중국문화

중국어뱅크
문화중국어 1 · 2

중국어뱅크
관광 중국어 1 · 2

중국어뱅크
여행실무 중국어

중국어뱅크
호텔 중국어

중국어뱅크
판매 중국어

중국어뱅크
항공 실무 중국어

정반합 新HSK
1급 · 2급 · 3급 · 4급 · 5급 · 6급

일단 합격 新HSK 한 권이면 끝
3급 · 4급 · 5급 · 6급

버전업! 新HSK
VOCA 5급 · 6급

가장 쉬운 독학
중국어 단어장

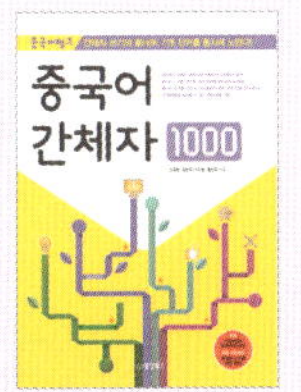

중국어뱅크
중국어 간체자 1000

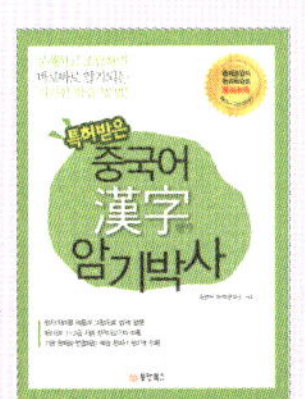

특허받은
중국어 한자 암기박사

동양북스 추천 교재